1

# Découvertes

**Lehrerbuch** **Série jaune**

von
Britta Jung
U. C. Lange
Inge Mühlmann
Hildegard Scheying
Antje Schmidt
Ute Tometten
Hermann Voss

Ernst Klett Verlag
Stuttgart · Leipzig

# Inhalt

# Symbole und Abkürzungen

| | |
|---|---|
| Hör-(Seh-)verstehen | |
| Sprechen | |
| Leseverstehen | |
| Schreiben | |
| Partnerarbeit | |
| Gruppenarbeit | |
| einfachere Übung | |
| schwierigere Übung | |

| | |
|---|---|
| L | Lehrerinnen und Lehrer |
| S | Schülerinnen und Schüler |
| SB | Schülerbuch |
| U | *Unité* |
| CdA | *Cahier d'activités* |
| GBH | Grammatisches Beiheft |
| G | Grammatikparagraph |
| KV | Kopiervorlage |
| HV | Hörverstehen |
| UG | Unterrichtsgespräch |

# Allgemeiner Teil

**Das Lehrerbuch**

Das Lehrerbuch ***Découvertes – Série jaune*** versteht sich als **Angebot**. Die Vorschläge zur Erarbeitung der *Unités* des Schülerbuchs sowie des *Cahier d'activités* folgen in allen Teilen demselben Prinzip, sodass die Unterrichtenden das für sie passende Angebot leicht auswählen können.
Jede *Unité* beginnt mit einem Teil, in dem ausgehend von den Bildungsstandards von 2003 (s. dazu weiter unten) die zu erwerbenden Kompetenzen im Schülerbuch und im *Cahier d'activités* entsprechend ausgewiesen sind.
Für eine rasche Unterrichtsvorbereitung gibt es die Rubrik ***Préparation en trois minutes***.
Im Anschluss daran wird ein **exemplarischer Weg** für die Lektionserarbeitung vorgeschlagen; dieser folgt immer demselben „Schritte-Modell" („Hinführung", „Problematisierung", „Erarbeitung", „Sicherung" und „Festigung"). Die Lösungen der Schülerbuch- und der *Cahier d'activités*-Übungen befinden sich auf der CD-ROM, die diesem Lehrerbuch beigelegt ist.
**Tipps und Tricks** bilden eine weitere Rubrik. Für eine schnelle Orientierung sind die zentralen Begriffe in der Randspalte verschlagwortet. Die Methodenkästchen ***Boîtes à outils*** enthalten v. a. wertvolle Tipps für den Unterricht und dessen abwechslungsreiche Durchführung.
Zusätzlich gibt es vielfältige **Kopiervorlagen**, z. B. für die Erarbeitung der *Atelier*-Texte und für die Stärkung der Mündlichkeit; den Schwerpunkt bilden Kopiervorlagen zur **Diagnose**, zum **Fördern** und für die **Differenzierung**, letztere als Zusatz zu Schülerbuchaufgaben, um lernschwächere Schülerinnen und Schüler zu unterstützen und lernstärkere zusätzlich zu fordern.
Das Lehrerbuch gibt es als als Printprodukt, als Ringordner mit ausgedruckten Lösungen und als Bestandteil des **Digitalen Unterrichtsassistenten**.

## Konzeption des Lehrwerks

**Ziele und Adressaten**

***Découvertes – Série jaune*** richtet sich speziell an Lernerinnen und Lerner, die Französisch ab Klasse 6 als 2. Fremdsprache am Gymnasium lernen. Schulen, in denen Französisch ab Klasse 7 unterrichtet wird, finden mit ***Découvertes – Série bleue*** ein passendes Angebot.
Bei der Konzeption wurden die Empfehlungen und Vorgaben der Bildungsstandards ebenso berücksichtigt wie internationale Standards und Erkenntnisse aus der Fachdidaktik und Sprachlehrforschung sowie der Lernpsychologie.
Dem Lehrwerk zugrunde liegen die Bildungsstandards für die erste Fremdsprache (Englisch/Französisch) für den Mittleren Schulabschluss aus dem Jahr 2003 sowie die Kernlehrpläne der Bundesländer.

**Abschlussniveau**

***Découvertes Band 1*** vermittelt den Lernenden Grundkenntnisse der französischen Sprache sowie Basisinformationen zu Frankreich und Paris. Das Lehrbuch versteht sich als Gesamtangebot. Die Schwerpunkte der schulinternen Curricula der einzelnen Gymnasien legen fest, welche Texte und Aufgaben in *Découvertes 1* als verpflichtend zu betrachten sind. Beispiele für schulinterne Curricula werden im Internet unter www.klett.de angeboten, zudem gibt es auf der CD-ROM ein Beispiel für die *Unité 1* und eine Blanko-Vorlage.
Mit *Découvertes Band 1* erreichen die Schülerinnen und Schüler die Kompetenzstufe **A1** des **Gemeinsamen europäischen Referenzrahmens**. In Abhängigkeit von den Vorgaben der Bildungsstandards und der Kernlehrpläne sind auch bereits Elemente der Kompetenzstufe **A2** enthalten. Die weiteren Bände des Lehrwerks führen zu folgenden Niveaustufen:
***Découvertes Band 2,*** Klasse 7: **A2**
***Découvertes Band 3,*** Klasse 8: **A2** mit Anteilen **B1**
***Découvertes Band 4,*** Klasse 9: **A2–B1** (produktiv); **B1** (rezeptiv)

**Buchaufbau**

Das Buch besteht aus einem fakultativen Vorkurs *(Au début)*, sieben ***Unités***, drei dazwischengeschalteten fakultativen ***Plateaus*** (nach den *Unités 2, 4* und *7*) und einem fakultativen ***En-plus***-Teil zur Differenzierung. Daran schließen sich eine Zusammenstellung der wichtigsten im Buch vermittelten Lern- und Arbeitstechniken, das Lernvokabular der *Unités*, alphabetische Wortlisten sowie ein Lösungsteil an. Kartenmaterial zum Schauplatz der Texte, zu Paris und zu Frankreich befindet sich im Vorsatz vorn und hinten.

---

**Aufbau der Unités**

Die sieben *Unités* sind jeweils bestimmten Themenschwerpunkten zugeordnet, die im Inhaltsverzeichnis ausgewiesen sind. Eine *Unité* besteht in der Regel aus folgenden fünf Teilen:

**1. Découvertes**

Die ***Découvertes***-Seiten führen in das Thema ein, stellen ersten lexikalischen Input bereit und bieten erste Sprechanlässe. Die ***Vis-à-vis***-Infoboxen zielen auf das **interkulturelle Lernen** ab und bauen in Band 1 vor allem das soziokulturelle Orientierungswissen auf. Die „**Portfolio**-Box" nennt das Ziel der *Unité*.

**2. Ateliers**

In den nach A-B(-C) gegliederten ***Ateliers*** werden die zentralen **Kompetenzen** nach und nach in Texten und Übungen entwickelt. Die Atelier-**Texte** führen in die Welt einer Gruppe von Pariser Kindern ein, beschreiben deren Alltag und stellen Sprechanlässe zur Verfügung. Sprachliche Mittel, Arbeits- und Lernmethoden sowie soziokulturelles Orientierungswissen werden vermittelt und in überschaubaren **Übungen** trainiert. Die *Atelier*-Übungen sind den Kompetenzen zugeordnet, die in der Randspalte ausgewiesen sind. An die Übungen anschließende Transferteile sowie einzelne offene Aufgabenstellungen nehmen die Steuerung zurück und führen auf die Anwendung hin.
***Découvertes Band 1*** macht in in jeder *Unité* Angebote für die Entwicklung aller Kompetenzen und Fertigkeiten. Dies schließt eine Schwerpunktsetzung im Rahmen des Fachcurriculums nicht aus. Ausgehend von den Inhalten bieten sich folgende **Kompetenzsschwerpunkte** an: Die *Unités 1 + 2* eignen sich besonders für die Schwerpunkte „Hören" und „Sprechen", die *Unités 3, 6 + 7* für „Schreiben", die *Unités 4 + 5* für die Schwerpunkte „Lesen" und „Sprechen".

**3. Pratique: tâches**

In ***Pratique*** tritt die fiktive Lehrbuchwelt zugunsten der Schülerperspektive zurück. Die Schüler wenden die in den *Ateliers* erworbenen **Kompetenzen** in realitätsbezogenen **Aufgaben** an und entwickeln sie weiter. Die Didaktisierung sowie angebotene Hilfestellungen treten sukzessive zurück, die Problemlösung steht im Vordergrund. Unbekannte Wörter in Dokumenten und Lesetexten zählen nicht zum Lernwortschatz.
Die jeweils letzte Aufgabe in *Pratique* ist eine **Portfolio**-Aufgabe. Sie führt zu einem Produkt, das dem zu Beginn der *Unité* genannten Ziel der Einheit entspricht und schließt die Klammer. Das Ergebnis dieser Aufgabe kann in den Dossier-Teil des Sprachenportfolios übernommen bzw. abgeheftet werden.
Individuelle Ausdruckswünsche bei der Bearbeitung der Portfolioaufgabe werden bei den Lernenden zu einer punktuellen Nachfrage nach weiterer Lexik führen. Daher wird hier unter der Rubrik ***Mon dico personnel*** die individuelle Erweiterung des eigenen Wortschatzes angeregt bzw. unterstützt und im Vokabelteil am Ende einer *Unité* fortgeführt. Der hier vorgeschlagene Wortschatz ist als beispielhaft zu verstehen und zählt nicht zum allgemeinen Lernwortschatz. Im Vokabelteil ist der individuelle Wortschatz blau in einer nachempfundenen Handschrift ausgezeichnet.

**4. Bilan**

Die ***Bilan***-Teile fassen die wichtigsten Inhalte der *Unité* zusammen und ermöglichen anhand geschlossener Aufgabenformate sowie eines Lösungsteils im Anhang des Buches die selbstständige Überprüfung des Gelernten. Das Ampel-Symbol fordert im Sinne des Europäischen Sprachenportfolios zur Selbsteinschätzung auf. Wird diese als unzureichend eingestuft, so kann über das Internet kostenlos auf weiteres Übungsmaterial zugegriffen werden (⟶ Online-Links in der Randspalte, z. B. Schülerbuch, S. 24).

**5. Grammaire (G)**
Anhand kurzer Bildsequenzen werden die grammatischen Inhalte der *Unité* signalgrammatisch dargestellt. Die verwendeten grammatikalischen Begriffe werden erläutert.

---

**Besondere Unités**

Die *Unités 5* und *7* weichen von dem oben erläuterten Aufbau ab.
In *Unité 5* folgt auf den *Atelier*-Teil ein **Übungszirkel**. Hier können die Lernenden die in der Rubrik ***Activités au choix*** angebotenen Übungen in beliebiger Reihenfolge in Partnerarbeit durchführen und sich anhand der Lösungen (S. 200–204) selbst kontrollieren. Der *Pratique*-Teil entfällt in *Unité 5*.
In *Unité* 7 wird das Gliederungsprinzip *Atelier – Pratique* zugunsten des Arbeitens an **Lernstationen** aufgegeben. In den Stationen 1–4 üben die Lernenden nicht nur selbstständig, sondern erarbeiten sich auch überschaubare sprachliche Inhalte selbstgesteuert. Dem Erschließen von Wörtern und Aussprache kommt in dieser Einheit eine besondere Bedeutung zu. Das methodische Vorgehen in dieser *Unité* wird durch entsprechende Angebote im *Cahier d'activités* begleitet. Die *Unités 5 + 7* können aber auch herkömmlich durchgenommen werden.

---

**Übungsrubriken**

Die Übungen und Aufgaben sind sichtbar in der Randspalte den **zentralen Kompetenzen** *Ecouter + Regarder, Lire, Parler* und *Médiation* (Sprachmittlung) zugeordnet; Mischformen wie *Ecouter et parler* können vorkommen.
Die **interkulturelle Kompetenz** wird in der Rubrik *Vis-à-vis* geübt, die **Methodenkompetenz** in der Rubrik *Stratégies*.
Übungen und Aufgaben, die sich für die Vorbereitung auf das französische Sprachzertifikate *DELF (Diplôme d'Etudes en Langue Française)* eignen, sind durch ein Symbol (Delfin) gekennzeichnet. Aufgaben, deren Ergebnis in den Dossier-Teil des Europäischen Sprachenportfolios übernommen werden kann, sind entsprechend ausgezeichnet.
Die **sprachlichen Mittel** werden in den Übungsrubriken *Jeu de mots* (Lexik), *Jeu de sons* (Aussprache) und *En forme* (Grammatik) entwickelt.

---

**Plateauseiten**

Nach den *Unités 2, 4* und *7* folgen jeweils drei *Plateau*-Seiten, die keinen neuen Lernstoff enthalten. Die *Plateaus* enthalten je eine Seite zum **Lesen** bzw. **Hören** *(Plaisir de lire* bzw. *Plaisir d'écouter)*, eine Seite mit **Wiederholungsübungen** sowie eine Seite mit Aufgaben zur Vorbereitung auf das französischen Sprachzertifikat ***DELF*** *(Diplôme d'Etudes en Langue Française)*. Diese drei Seiten können unabhängig voneinander eingesetzt werden.

---

**En plus**

Ein zusätzliches Übungsangebot im *En plus*-Teil (S. 124–137) ermöglicht **binnendifferenzierendes Arbeiten**. Die *En-plus*-Übungen sind nach *Unités* gegliedert und beziehen sich auf genau definierte Stellen innerhalb der Ateliers. An entsprechenden Stellen im *Atelier*-Teil der *Unités* wird auf die Differenzierungsmöglichkeit hingewiesen. Das Angebot umfasst einfachere und schwierigere Zusatzübungen für die qualitative Differenzierung sowie Zusatzübungen von ähnlichem Schwierigkeitsgrad wie in *Atelier* für die quantitative Differenzierung. Stellenweise wird auch eine methodische Differenzierung ermöglicht (z. B. eine Hörübung für Inhalte, denen in *Atelier* eine Sprechübung zugeordnet ist).

---

**Lösungen**

Die Lösungen (S. 200–204) dienen der **Selbstkontrolle** der Lernenden; sie beziehen sich auf die *Bilan*-Teile und auf die *Révisions*-Seiten der Plateau-Teile. Außerdem werden die Lösungen zu den *Activités au choix* in *Unité 5* sowie die Lösungen zu den Lernstationen in *Unité 7* zur Verfügung gestellt.

---

**Das lektionsbegleitende Vokabular**

*Découvertes Série jaune 1* enthält **492 Lernwörter** ohne Eigennamen. Das Vokabular von *Au début* wird in den *Unités* nicht vorausgesetzt. Die gesprochenen Vokabeln können im Internet angehört werden.
Das Vokabular wird in **drei Spalten** präsentiert: links steht das französische Wort mit der Phonetik, in der Mitte die deutsche Übersetzung. Die rechte Spalte enthält Beispielsätze aus den *Unités* mit deren Übersetzung und vieles mehr.
Am Anfang der *Unités* stehen Tipps zum Vokabellernen und *Tu te rappelles?*-Kästen, in denen auf bereits gelernte Wörter hingewiesen wird und die in der folgenden *Unité* wieder vorkommen.
Wörter, die interkulturelle Besonderheiten betreffen, werden in *Vis-à-vis*-Kästchen erläutert.
Dort, wo es sich anbietet, wird neuer Wortschatz „vernetzt"; für das, was zusammengehört, gibt es „Auf einen Blick"-Rahmentexte; Sprechanlässe mit neuem Vokabular werden kontrastiv gebündelt. Am Ende jeder *Unité* steht die Rubrik *Mon dico personnel*, die zusätzlichen **individuellen Wortschatz** enthält.

**Differenzierung**

*Découvertes* bietet zahlreiche Differenzierungsmöglichkeiten in qualitativer und quantitativer Hinsicht.
Die ***Pratique***-Teile, die dosiert aus der Progression aussteigen, bieten bereits die Möglichkeit, die Schülerinnen und Schüler gezielt zu fördern. Da in den *Pratique*-Teilen kein Lernvokabular eingeführt wird, kann aus diesen auch gezielt ausgewählt und Übungen z. B. nur einer ausgewählten Lerngruppe zugewiesen werden. Diese Aufgaben können individuell in ganz unterschiedlicher Tiefe bearbeitet werden.
Eine weitere Differenzierungsmöglichkeit bieten die ***Plateau***-Teile. Von kompakten Lesetexten bis hin zu einfachen Wiederholungsübungen bieten sie Material für ganz unterschiedliche Bedürfnisse.
Kern des Differenzierungskonzepts im *Découvertes*-Schülerbuch ist der ***En plus***- bzw. ***Différenciation***-Teil (ab S. 124). In den *Atelier*-Teilen der *Unités* wird konkret auf Zusatzübungen verwiesen. Ein „leeres" Dreieck bedeutet, dass es sich um eine einfachere, ein „gefülltes" Dreieck bedeutet, dass es sich um eine anspruchsvollere Übung handelt.
Der *En plus-/Différenciation*-Teil ist nicht ausschließlich als Angebot für die Leistungsdifferenzierung konzipiert. Es gibt auch weiterführende Übungen, Übungen zu einer anderen Fertigkeit und anderes mehr.
Ein Angebot für die reine Leistungsdifferenzierung (gleiche Übungen einmal mit mehr, einmal mit weniger Hilfen) bietet das **Lehrerbuch** (siehe dazu weiter oben).
Weitere Differenzierungübungen gibt es im Internet. Im *Bilan*-Teil werden die Lerner auf **Online-Links** zu einfachen Förderübungen hingewiesen. Es handelt sich dabei um kostenlose, sehr einfache Arbeitsblätter zu den Lernzielen der jeweiligen *Bilan*-Aufgaben.
Verweise auf Übungen im *Cahier d'activités* erfolgen im Schülerbuch dann, wenn diese ein besonders kleinschrittiges Vorgehen anbieten oder wenn eine *Cahier*-Übung eine unmittelbare Unterstützung für die entsprechende Schülerbuch-Übung darstellt.
Punktuelle Differenzierungshinweise gibt es im **Lehrerbuch** unter der Rubrik „Tipps und Tricks".

## Weitere Werkteile

**Die Lehrerausgabe**

In der Lehrerausgabe des Schülerbuchs (Klett-Nr.: 622013) erscheinen der neue Wortschatz und die neuen Strukturen entsprechend markiert.
Auf Fotos mit den realen Lehrwerkfiguren sind häufig die Namen der Personen mitabgedruckt, damit die Unterrichtenden deren Namen sofort parat haben.
Die Lehrerausgabe des Schülerbuchs enthält sämtliche Verweise auf zugeordnete Übungen des *Cahier d'activités*.
Rote Zahlen in der Randspalte verweisen auf die Tracknummern der gesonderten Audio-CD (siehe dazu weiter unten „Tonträger"), die auch im MP3-Format vorliegen.

**Grammatisches Beiheft**

Der Aufbau des Grammatischen Beiheftes (Klett-Nr.: 622018) folgt den *Unités* des Schülerbuchs. Die einzelnen Abschnitte (G) folgen dem Prinzip der **Induktion**: Ziel ist es, dass die Lernenden die Regeln selbst formulieren. Die Zählung der Grammatik-Abschnitte entspricht der Zählung in den Schülerbuch-*Unités* (siehe oben 5.).
Merksprüche sowie Hinweise auf Fehlerquellen ermöglichen einen **altersgerechten Zugang** zu den grammatischen Inhalten und führen behutsam in die grammatische Terminologie ein.
Leichte Übungen mit der Möglichkeit zur **Selbstkontrolle** (Lösungen sind mitabgedruckt) unterstützen das selbstverantwortliche Lernen. Eine separate, behutsame **„Kleine Grammatikschule"** sichert die unverzichtbare grammatische Terminologie.

---

**Das Cahier d'activités**

Das *Cahier d'activités* bietet für alle Kompetenzen und deren Training ein **zusätzliches Übungsangebot** für die Arbeit im Unterricht oder zu Hause. Das *Cahier d'activités* ist fest verlinkt mit dem Schülerbuch: in jeder Überschrift gibt es einen Verweis auf die entsprechende Schülerbuchaufgabe. Parallel zu den *Bilan*- und den *Plateau*-Teilen des Schülerbuchs gibt das *Cahier d'activités* außerdem die Möglichkeit zur ***«auto-évaluation»***. Im Sinne des Sprachenpasses des *Europäischen Portfolios für Sprachen* werden die Schülerinnen und Schüler angehalten, über ihren **individuellen Lernprozess zu reflektieren**. Die entsprechenden Seiten können direkt in die Arbeit mit dem *Portfolio* einbezogen werden. Dies gilt auch für die heraustrennbaren, kartonierten Seiten des ***Dico personnel***, auf denen die Schülerinnen und Schüler ihren individuellen Wortschatz eintragen können.
Im *En plus*-Teil gibt es **differenzierende Übungen** zu den *Cahier*-Aufgaben weiter vorne. Einfachere Übungen tragen dazu bei, dass alle Lernenden dasselbe Niveau erreichen; schwierigere Übungen sind ein Zusatzangebot für leistungsstärkere Schüler/innen.
Extra-Seiten für die Vorbereitung auf die internationale ***DELF*-Prüfung** sowie **Anregungen für das Theaterspielen** runden das Angebot des *Cahier d'activités* ab.
Das Theaterspielen wird am Ende jeder *Unité* unter der Überschrift *Nous faisons du théâtre* mit besonderen Übungsanweisungen vorbereitet.
Grundlage für diesen Übungsteil ist das Theaterstück „Lisa à Paris" von Astrid Sacher und Frédéric Camus (Knirps Theater). Das Theaterstück mit getrennten Hinweisen für die Lehrerinnen und Lehrer sowie für die Schüler/innen steht im Internet unter www.klett.de.
Als Hörspiel steht es auch auf den MP3- bzw. Audio-CDs zur Verfügung.
Das *Cahier d'activités* liegt für die Schülerinnen und Schüler in zwei unterschiedlichen Versionen vor:
Version 1 und 2 (Klett-Nr.: 622016 und 622015) enthalten beide
- eine MP3-CD mit Hörtexten aus dem Schülerbuch und dem *Cahier d'activités*,
- eine Video-DVD mit Videodokumenten aus dem Schülerbuch und dem *Cahier d'activités*.

Version 2 (Klett-Nr.: 622015) enthält außerdem eine Übungssoftware zum Lernen am Computer.
Das ***Cahier d'activités* für Lehrerinnen und Lehrer** (Klett-Nr.: 622017) enthält neben allen Lösungen und den transkribierten Hörtexten sowohl die MP3-CD als auch die Video-DVD als auch die Übungssoftware. In der Lehrerversion sind auf der MP3-CD und der Video-DVD auch didaktische Lieder enthalten, die aus lizenzrechtlichen Gründen in der Schülerversion fehlen.

---

**Tonträger**

Neben den dem *Cahier d'activités* beiliegenden CDs gibt es eine separate, kostenpflichtige Audio-CD. Sie enthält die Vertonungen der Lektionstexte, die Hörverstehenstexte sowie die Chansons.

---

**Folien**

Für die Unterrichtsdurchführung gibt es sowohl Overhead-Folien mit Abbildungen und/oder Bildergeschichten aus dem Schülerbuch als auch Transferfolien für den zusätzlichen Einsatz im Unterricht. In diesem Lehrerbuch wird bei der Planung des Unterrichts jeweils auf die Folien Bezug genommen.

---

**Interaktive Tafelbilder**

Die interaktiven Tafelbilder (Klett-Nr.: 622073) dienen der Einführung und Wiederholung von zentralen Themen unter der Voraussetzung, dass an der Schule mit einem Whiteboard gearbeitet werden kann.
Neben motivierenden Tafelbildern zum Üben von Wortschatz und Grammatik können u.a. die verschiedenen Kompetenzbereiche interaktiv und spielerisch eingeübt werden.

**DVD-ROM/Video: Ça tourne**

*Ça tourne* enthält Spielfilme, Reportagen, Interviews, eine Fotogalerie, Filmtranskripte und Unterrichtsvorschläge (Klett-Nr.: 622099).
Die **Spielfilme** werden als Ganzes und in Sequenzen passgenau zu den *Unités* des Schülerbuches angeboten.
Zu jedem Spielfilm gibt es einen Unterrichtsvorschlag. Weitere detaillierte Unterrichtsvorschläge, Beschreibungen zu den Filmen, Arbeitsblätter als Kopiervorlagen mit Lösungen befinden sich im speziellen **Lehrerbegleitheft** (Klett-Nr.: 622103).
Die Spielfilme wurden u.a. an Originalschauplätzen des Lehrwerks in Paris im 17. Arrondissement und im Collège Honoré de Balzac gedreht.

***Découvertes – Série jaune*** bietet eine Fülle unterschiedlicher Zusatzmaterialien, hier eine Auswahl.

## Klassenarbeiten, Tests und Übungsmaterialien

**Sesam: Lernstandserhebungen mit kompetenzorientierten Aufgaben**

Mit dieser Aufgabensammlung (Klett-Nr.: 622107) werden zu jeder *Unité* die **Kernkompetenzen** in situativer Einbettung überprüft. Darüber hinaus gibt es Aufgaben für eine **mündliche Klassenarbeit**, mit der die Kompetenz *Parler* überprüft werden kann. Die Aufgabensammlung enthält zudem ein umfangreiches Angebot an Materialien zu den **sprachlichen Mitteln**. Alle Aufgaben stehen als **editierbare Word-Dokumente** zur Verfügung.

**Fit für Tests und Klassenarbeiten**

Das Übungsheft (Klett-Nr.: 622010) bereitet die Schülerinnen und Schüler auf **kompetenzorientierte Klassenarbeiten** vor. Dazu gibt es zu jeder *Unité* einen Übungsteil, der die Basiskompetenzen trainiert. Zahlreiche Aufgaben des Übungsteils belegen die grammatischen Pensen einer *Unité* und wälzen den neuen Wortschatz um. Lerntipps und Verweise auf **Differenzierungsaufgaben** auf der CD runden den Übungsteil ab. Zu jeder *Unité* gibt es eine **simulierte Klassenarbeit**. Die beiliegende CD-Extra enthält außer den Tonmaterialien auch sämtliche Lösungen, Checklisten zur Kontrolle des Lernprozesses sowie Diagnosebögen zur Selbstüberprüfung.

**Das Trainingsbuch**

Das Trainingsbuch (Klett-Nr.: 622220) ist ideal zum **selbstständigen Lernen** am Nachmittag: *Unité* für *Unité* wird alles Wichtige wiederholt.
Neben Aufgaben zur schriftlichen Produktion und zur Spachmittlung gibt es zahlreiche Übungen zur Festigung der Grammatik und des Wortschatzes.
Das Hörverstehen kann mit der beiliegenden Audio-CD geübt werden.
Das Trainingsbuch kann auch zur Vorbereitung auf Klassenarbeiten und Tests benutzt werden, die ausführlichen Lösungen dienen der Selbstkontrolle.

**99 grammatische Übungen**
**99 Wortschatzübungen**

Die beiden Hefte (Klett-Nr.: 622019 und 622061) mit Lösungsteil enthalten Übungen zur Wiederholung und Festigung des Gelernten. Tipps und Illustrationen enthalten nützliche Hinweise und erleichtern das Lernen. Bei jeder Übung wird auf die Grammatik im Schülerbuch und auf das Grammatische Beiheft verwiesen. Jede *Unité* schließt mit einem *Tout compris?*-Teil ab. Darin wird den Schülerinnen und Schülern u.a. gesagt, was sie schon können (müssten); zusätzlich werden Strategien genannt, mit denen die Schülerinnen und Schüler das Gelernte sichern können.

**Testen und Fördern** Der **kostenlose Online-Service** enthält sechs Kompetenztests zur Bearbeitung. Die automatische Auswertung auf Knopfdruck gibt einen Überblick über den Lernstand und den Lernfortschritt der Klasse. Zum Ausdrucken gibt es individuelle Diagnoseübungen, Fördermaterialien und vieles mehr.

## Lehrersoftware

**Der digitale Unterrichtsassistent: für Lehrerinnen und Lehrer** Der **Digitale Unterrichtsassistent** (DUA, Klett-Nr.: 622005) enthält neben dem vollständigen digitalen Schülerbuch auch den gesamten Lehrerband mit Kopiervorlagen zum Ausdrucken, die Lehrerausgabe des *Cahier d'activités*, alle Audio-Date en des Schülerbuchs, Videoausschnitte zum unmittelbaren Einsatz im Unterricht, Differenzierungshinweise und vieles mehr – genau den Schülerbuchseiten zugeordnet. Damit zeigt er auf einen Blick, welche Materialien an welcher Stelle im Unterricht eingesetzt werden können.
Als zusätzliche Hilfe für die Unterrichtsvorbereitung sind ein **Interaktiver Stoffverteilungsplaner** sowie **Fremdsprachen-Werkzeuge** integriert. Damit können u. a. eigene Texte mit dem Lernstand der Schülerinnen und Schüler (bezogen auf *Découvertes*) abgeglichen weren, Vokabeltest aus dem *Découvertes*-Vokabelbestand erzeugt und Arbeitsblätter erstellt werden.
Der DUA kann auch direkt im Unterricht per Beamer oder Whiteboard eingesetzt werden. Videoausschnitte, Audios und Interaktive Tafelbilder sind unmittelbar bei den passenden Aufgaben platziert und können somit direkt ohne Wechsel des Datenträgers an die Wand projiziert werden.

## Übungssoftware

**für Schülerinnen und Schüler** Die **Übungssoftware** folgt exakt den *Unités* des Schülerbuches und bietet Schülerinnen und Schülern abwechslungsreiche Übungsmöglichkeiten.
Die Schülerinnen und Schüler können verschiedene Themenbereiche, die im Unterricht behandelt wurden, ganz in ihrem eigenen Tempo vertiefen; dazu gehören vor allem Aufgaben mit authentischen Audios und Videoausschnitten zur Förderung des Hör- und Sehverstehens. Daneben gilt es, Dialoge zu bilden, die Aussprache zu üben, Texte in die richtige Reihenfolge zu bringen und vieles mehr.
Mit verschiedenen Selbsttests können die Schülerinnen und Schüler sich selbst einschätzen. Sie sehen, wo sie noch Schwächen haben und in welchen Bereichen sie noch verstärkt üben sollten. Speziell zu diesen Bereichen erhalten sie im Anschluss ganz individuelle Übungs-Empfehlungen.
Die CD-ROM liegt dem *Cahier d'activités* (Klett-Nr.: 622015) bei. Eine umfangreichere Version mit einem extra Vokabeltrainer ist separat erhältlich.

**Für Materialien, die hier nicht erwähnt sind: ⟶ www.klett.de**

# Hör-Seh-Verstehen bei Découvertes

***Découvertes*** bietet für jede *Unité* Spielfilme, Reportagen, Comicstrips oder Interviews an, die das Hör-Seh-Verstehen trainieren. Das Filmmaterial befindet sich auf einer dem *Cahier d'activités* beiliegenden DVD-Video sowie bei *Ça tourne 1* (Klett-Nr.: 622099). *Ça tourne 1* enthält genau auf die *Unité* des Lehrwerks abgestimmte Spielfilme, Reportagen, Interviews, Fotos mit Fotogalerie und Unterrichtsvorschlägen auf DVD. Weitere umfassendere Unterrichtsvorschläge befinden sich im Lehrerbegleitheft zu *Ça tourne 1* (Klett-Nr.: 622103).

## Filmübersicht für das Schülerbuch

Zu diesen Filmen für das Schülerbuch wird Unterrichtsmaterial auf der Klett-Homepage (www.klett.de) zum Download angeboten. Die Filme befinden sich auf der DVD-Video des *Cahier d'activités*.

**Unité 1**

**Filmtitel: Le 17e arrondissement**

**Einsatzort:**
Seite 14, Vis-à-vis

**Unité 2**

**Filmtitel: La maison de la presse**

**Einsatzort:**
Seite 26, Vis-à-vis

**Unité 3**

**Filmtitel: Une fête d'anniversaire**

**Einsatzort:**
Seite 42, Vis-à-vis

**Unité 3**

**Filmtitel: La chambre de Léo**

**Einsatzort:**
Seite 45, Nr. 3

**Unité 3**

**Filmtitel: L'anniversaire de Lou**

**Einsatzort:**
Seite 51, Nr. 7

**Unité 4**

**Filmtitel: Le lycée-collège Honoré de Balzac**

**Einsatzort:**
Seite 59, Vis-à-vis

**Unité 5**

**Filmtitel: Avec les copains**

**Einsatzort:**
Seite 76, Vis-à-vis

**Unité 6**

**Filmtitel: Le 14 Juillet**

**Einsatzort:**
Seite 92, Vis-à-vis

Unité 7

**Filmtitel: A Paris**

**Einsatzort:**
Seite 108

## Filmübersicht für das Cahier d'activités

Zu diesen Filmen bietet das *Cahier d'activités* Unterrichtsmaterial an. Die Filme befinden sich auf der DVD-Video des *Cahier d'activités* .

Unité 1

**Filmtitel: Bonjour et au revoir! 1–3**

**Einsatzort:**
*Cahier d'activités:* Seite 15, Nr. 13
(nach Schülerbuch, Seite 22, Nr. 1)

Unité 2

**Filmtitel: Qui est-ce? 1–4**

**Einsatzort:**
*Cahier d'activités:* Seite 28, Nr. 16
(nach Schülerbuch, Seite 35, Nr. 4)

Unité 2

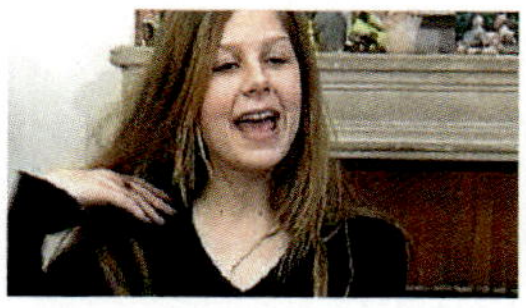

**Filmtitel: Driss et Marion**

**Einsatzort:**
*Cahier d'activités:* Seite 29, Nr. 2
(nach Schülerbuch, Seite 37, Nr. 3)

Unité 3

**Filmtitel: Que dit Amélie?**

**Einsatzort:**
*Cahier d'activités:* Seite 44, Nr. 18
(nach Schülerbuch, Seite 54, Nr. 4)

Unité 3

**Filmtitel: Tu t'appelles comment?**

**Einsatzort:**
*Cahier d'activités:* Seite 45, Nr. 2
(nach Schülerbuch, Seite 55, Nr. 2)

Unité 3

**Filmtitel: Où est mon cadeau?**

**Einsatzort:**
*Cahier d'activités:* Seite 47, Nr. 6

Unité 5

**Filmtitel: Jean petit qui danse**

**Einsatzort:**
*Cahier d'activités:* Seite 73, Nr. 1

Unité 6

**Filmtitel: Une fête**

**Einsatzort:**
*Cahier d'activités:* Seite 84, Nr. 5

# Au début
S. 8–13 **Bienvenue!**

## Ziele

**Durchnahme fakultativ**

***Au début*** stellt Materialien für einen möglichen Vorkurs bereit. Die Durchnahme ist fakultativ; *Au début* (im Folgenden „Vorkurs") bietet einen besonders behutsamen Einstieg in das Lehrwerk an. Die Inhalte des Vorkurses werden in den folgenden Lektionen nicht vorausgesetzt. Im Vorkurs stehen das Hören und Sprechen im Vordergrund; das Lesen hat im Vergleich dazu eine noch geringe Rolle, das Schreiben wird nur in elementarer Form geübt.

**Inhaltlicher Schwerpunkt**

Der Schwerpunkt des Vorkurses ist die Erstbegegnung mit der französischen Sprache und dem Land vor dem Hintergrund der eigenen Erfahrungen und der Präsenz des Französischen im deutschsprachigen Kontext. Dabei stehen kleine Dialoge in Begegnungssituationen zwischen Kindern untereinander thematisch im Mittelpunkt.

**Kompetenzerwartung**

Die Schülerinnen und Schüler können sich begrüßen und vorstellen, einfache französische Laute unterscheiden und richtig aussprechen, erkennen für Frankreich typische Bilder und Produktnamen (vor allem auch in ihrem Umfeld) und können diese anhand eines Plakats präsentieren (Portfolio: Schülerbuch, S. 13).

## Kompetenzen (Die Schüler können …)

**Funktionale kommunikative Kompetenzen: Kommunikative Fertigkeiten**

### Hör-(Seh-)verstehen/Sprechen

| Kompetenzerwartungen | Kompetenztraining |
|---|---|
| - Französisch im Unterschied zu anderen Sprachen erkennen und Wörter/Texte/Lieder nachsprechen<br>- sich begrüßen, sich vorstellen, nach dem Namen und Befinden fragen und sich verabschieden | SB: (Hören) S. 8 (1), 10 (3/4), 11 (5), 12 (6); (Sprechen) 12 (7)<br>CdA: (Hören) S. 5 (3), 7 (6)<br>CdA: (Sprechen) S. 7 (6/7), S. 8 (8)<br>SB: (Sprechen) S. 8 (1), S. 9 (2), 10 (3/4B) |

### Schreiben

| Kompetenzerwartungen | Kompetenztraining |
|---|---|
| - in der Schreibung erste Unterschiede zum Deutschen erkennen (Akzente, Groß-und Kleinschreibung, abweichende Buchstabenfolge) | CdA: (Schreiben) S. 5 (2), 6 (4), 8 (9) |

**Funktionale kommunikative Kompetenzen: Verfügung über die sprachlichen Mittel**

### Wortschatz

| Kompetenzerwartungen | Kompetenztraining |
|---|---|
| - aktiv über einen Basiswortschatz verfügen, um elementaren Kommunikationssituationen gerecht zu werden: Vorstellung, Befinden, Verabschiedung; bis zwölf zählen | SB: S. 8 (1), 9 (2), 12 (6/7)<br>CdA: S. 8 (8) |
| - Internationalismen erschließen und einige Wörter kennen, die für Frankreich Typisches ausdrücken | SB: S. 13 (8)<br>CdA: S. 4 (1) |

### Grammatik

| Kompetenzerwartungen | Kompetenztraining |
|---|---|
| – Besonderheiten von Wörtern erkennen | CdA: S. 6 (4) |

### Aussprache und Intonation

| Kompetenzerwartungen | Kompetenztraining |
|---|---|
| – grundlegende Ausspracheregeln erkennen und üben (stimmhaftes/stimmloses *s*, Nasale) | SB: S. 8 (1), 10 (4), 11 (5)<br>CdA: S. 6 (5), 7 (6/7), 8 (8) |
| – Zungenbrecher artikulieren | KV 7 |

### Orthografie

| Kompetenzerwartungen | Kompetenztraining |
|---|---|
| – Wortgrenzen und erste Regeln der französischen Orthografie im Unterschied zum Deutschen erkennen | CdA: S. 6 (4), 8 (9) |

## Interkulturelle Kompetenzen

- soziokulturelles Orientierungswissen
- praktische Bewältigung interkultureller Begegnungssituationen
- verständnisvoller Umgang mit kultureller Differenz

| Kompetenzerwartungen | Kompetenztraining |
|---|---|
| – über ein grundlegendes Orientierungswissen für elementare Begegnungssituationen in Frankreich verfügen und in Beziehung zur eigenen Situation setzen (z. B. *Salut* als Begrüßungs- und Abschiedsformel, *la bise*); französische Städte, den Namen und die Farben der frz. Flagge benennen | SB: S. 8 (1), 9 (2)<br>CdA: S. 7 (6) |
| – für Frankreich typische Begriffe bzw. Produkte kennen/benennen (Internationalismen) | SB: S. 13 (8)<br>CdA: S. 4 (1) |
| – ein frz. Kinderlied singen | SB: S. 12 (6) |
| – ein Bewusstsein für unterschiedliche Sprachen entwickeln | CdA: S. 5 (3) |

## Methodische Kompetenzen

### Textrezeption

| Kompetenzerwartungen | Kompetenztraining |
|---|---|
| – Unterschiede zwischen verschiedenen Lauten sowie die unterschiedliche Aussprache dt. und frz. Wörter, die im Schriftbild gleich sind, erkennen | SB: 10 (4), 11 (5)<br>CdA: S. 6 (5), 7 (6) |

### Interaktion/Textproduktion

| Kompetenzerwartungen | Kompetenztraining |
|---|---|
| - Sprechfertigkeiten in kommunikativen Alltagssituationen üben<br>- Spiel zu Frankreich fertigen und spielen<br>- Wörter durch das Einsetzen einzelner Buchstaben vervollständigen | SB: S. 8 (1), 9 (2)<br>CdA: S. 8 (9)<br>CdA: S. 4 (1) |

### Lernstrategien

| Kompetenzerwartungen | Kompetenztraining |
|---|---|
| - Erschließen einzelner Begriffe durch Zuordnung von Bildern; vorhandenes Sprachwissen bei Vergleich nutzen<br>- Sprachenbiografie erstellen | SB: S. 11 (5), 13 (8)<br>CDA: 4 (1)<br><br>KV 6 |

### Präsentation

| Kompetenzerwartungen | Kompetenztraining |
|---|---|
| - für Frankreich Typisches, das sich im Umfeld der S befindet, in Form eines Plakats vorstellen; Fotos und Zeichnungen zur Gestaltung nutzen | SB: S. 13 (Portfolio) |

## S. 8–13 Bienvenue

**Préparation en 3 minutes**

- **Mitnehmen!** Schülerbuch, CD-Player, CD 1 (Track 1 + 2; MP3 1 + 2), Overheadprojektor, Folie, Softball, Maskottchen *Moustique* (Kopiervorlage 1 ⟶ *Boîte à outils 1*), Softball, Kopiervorlage 2, *Cahier d'activités*
- **Schülerbuch:** S. 8: Bienvenue!
- **Methodeneinsatz:** Namenskarten (Kopiervorlage 2 ⟶ *Boîte à outils 2*), Omniumkontakt (⟶ *Boîte à outils 3*), Fragekette (⟶ *Boîte à outils 13*), Echo-Lesen (*Boîte à outils 15*)
- **Hausaufgabe:** *Cahier d'activités*, S. 5, Nr. 2

**Neue Wörter**

Bienvenue!, Salut!, je m'appelle, et, toi, moi, Sarah, Lucie, Gaspard, Anne, Béatrice, Elise, Fleur, Gabrielle, Joséphine, Léa, Lilou, Louise, Manon, Marie, Zoé, Antoine, Charles, Clément, Justin, Léo, Louis, Maurice, Paul, Pierre, Romain, Thomas, Valentin

**Schritte zur Erarbeitung**

**Hinführung** (Moustique ⟶ Kopiervorlage 1)
L begrüßt S mit *„Bonjour"* und stellt sich vor: *Moi, je m'appelle …, et toi?* (zum Maskottchen, ⟶ *Boîte à outils 1*). – *Je m'appelle Moustique.* – *Bonjour, Moustique!* S sprechen *Bonjour, Moustique!* im Chor nach.

**Problematisierung** (Softball)
L bittet S durch Geste (Ritualisierung) aufzustehen und wiederholt die Frage:

*Je m'appelle…, et toi?* und wirft einem S einen Softball zu, der die Frage beantwortet. Reihum stellen die S sich auf diese Weise im *Kettenspiel* vor ( ⟶ *Fragekette, Boîte à outils 13*). Wer an der Reihe war, darf sich setzen (Geste von L).

**Erarbeitung** (Schülerbuch, CD 1, Folie)
S. 8, Nr. 1: Präsentation der Folie (AD/1) (die Sprechblasen sind leer) und des Hörtextes: CD 1 (Track 1; MP3 1). S sprechen im Chor und einzeln nach. Vorspielen der frz. Namen bei geschlossenem Buch von CD 1, Track 2, S sprechen im Chor nach.

**Sicherung** (Namenskarten ⟶ Kopiervorlage 2)
L hält Namenskarten (⟶ *Boîte à outils 2*) durcheinander hoch oder zeigt auf Folie mit Namen, S sprechen im Chor nach.
S ziehen aus zwei Kisten je eine vorbereitete Namenskarte (Jungen und Mädchen getrennt) und gehen im Raum/im Flur (Ritualisierung) umher und begrüßen sich im Omniumkontakt (⟶ *Boîte à outils 3*) mit den Namen auf den Karten. Auf Signal von L (1x Klatschen) werden Karten getauscht. Auf ein zweites Signal (2x Klatschen) wird das Spiel beendet.

**Festigung** (Schülerbuch, CD 1)
S. 8, Nr. 1: S hören den Text von jeweils einer Sprechblase und lesen ihn als Echo (⟶ Echo-Lesen, ⟶ *Boîte à outils 15*), dann in verteilten Rollen in 4er-Gruppen (die vierte Person antwortet dabei mit eigenem Namen).
**Hausaufgabe:** 1. *Cahier d'activités*, S. 5, Nr. 2 (Namensschild basteln, bei Doppelstunden auch im Unterricht möglich).
2. S erhält folgende Aufgabe: Notiere auf einem Blatt alles, was du mit Frankreich verbindest. Frage auch deine Familie. (⟶ Interkulturelle Kompetenz)

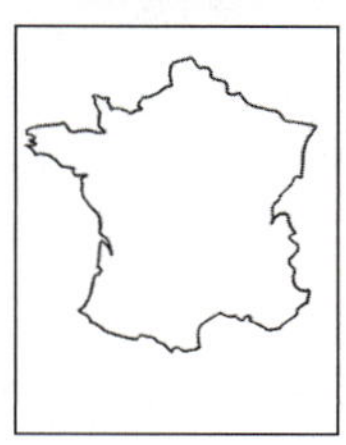

**Interkulturelles**

***Cahier d'activités*. S. 4, Nr. 1: C'est la France.**
Das *Cahier d'activités* beginnt mit dem Übungstyp *Vis-à-Vis*, um die Bedeutung der interkulturellen Kompetenz für das Lehrwerk zu unterstreichen. Vor Durchnahme der Übung können die S auf einem Blatt alles aufschreiben, was sie mit Frankreich verbinden (vgl. Hausaufgabe, 2.). Möglicher Einsatzort: ⟶ Doppelstunde.
Nach Durchnahme der Zuordnungsübung (Lösung ⟶ CD-ROM) können die S selbst Kärtchen mit weiteren Begriffen und Bildern basteln, die dem Spiel hinzugefügt werden können. In der nächsten Stunde bilden die S 4er-Gruppen und legen ihre selbstangefertigten Kärtchen verdeckt auf den Tisch. (Damit die Kärtchen nicht anhand der Rückseite zugeordnet werden können, kann der L vorgeschnittene Kartons oder einheitliche Karteikarten – in der Art und Größe der Memory-Kärtchen – verteilen, auf die dann die Begriffe geschrieben bzw. das Bild gezeichnet oder geklebt wird.) Die S decken reihum eine Karte auf und ordnen diese nach und nach in eine Reihe „Bild" und in eine andere Reihe „Begriff". Dabei tauschen sie sich über eventuell unbekannte Begriffe bzw. Bilder aus. Sind alle Karten zugeordnet, werden die Ergebnisse entweder kurz im Plenum vorgestellt oder es findet ein Museumsgang statt (⟶ *Boîte à outils 12*).

Mit Klebepunkten (nicht auf den Tisch, sondern auf ein ausliegendes Blatt Papier) wird der „beste Tisch" gewählt. Dessen Beispiele können auf ein Blatt Papier aufgeklebt und im Klassenraum ausgehängt werden. Weitere Möglichkeit: Jeder Tisch wählt sein „bestes Beispiel" aus und leistet somit seinen Beitrag für ein „Klassenposter".
Anschließend kann mit dem erweiterten Kartenmaterial Memory gespielt werden.
Die Begleit-CD-ROM enthält die Kärtchen des *Cahier d'activités* von S. 4 in vergrößerter Form zum farbigen Ausdrucken (⟶ Kopiervorlage 9).

## Tipps und Tricks

**Zur Methodik**

Einige Übungs-/Arbeitsformen müssen zu Beginn etwas ausführlicher erklärt werden, z. B. das zeitgleiche Lesen in Gruppen, Omniumkontakt (⟶ *Boîte à outils 3*) und Signalvereinbarung. Das Aufstehen und sich wieder Hinsetzen bei der Fragekette mit Softball (⟶ siehe *Boîte à outils 13*) ermöglicht einen Überblick, wer schon an der Reihe war und kommt dem Bewegungsdrang der jungen Lerner entgegen. Alternativ setzen sich die S nicht wieder hin, sondern alle spielen weiter mit.

**Boîte à outils 1**

### *Moustique* – das Maskottchen

*Moustique* ist der Sprachassistent des L. *Moustique* ist Franzose und daher spricht er immer Französisch (Deutsch allenfalls mit französischem Akzent). *Moustique* spielt mit dem L Szenen vor, die dem Einüben neuer Redemittel dienen. Von *Moustique* gibt es eine Handpuppe. Alternativ kann *Moustique* auch als „Stockpuppe" gebastelt werden, dazu wird die Kopiervorlage 1 von rechts und links auf dickes Papier kopiert und um einen kleinen Holzstab geklebt.
Wer nicht basteln lassen möchte, kann ersatzweise auch die Folie auflegen.

**Boîte à outils 2**

### Namenskarten

Die Namen im Schülerbuch, S. 8 werden nach Geschlecht farblich unterschiedlich als laminierte Karten vorbereitet (Namen auf mindestens DIN-A5 großen Karton aufkleben), mit dem Locher gestanzt und mit Bändern zum Umhängen versehen, um einen schnellen Wechsel zu ermöglichen.
Alternativ können Nichtbastler mit Klebezetteln (z. B. Post-its) arbeiten und den Namenzettel am Körper oder auf der Stirn anheften.

**Boîte à outils 3**

### Omniumkontakt

Beim Omniumkontakt gehen die S frei im Raum herum und sprechen sich spontan an, wenn sie sich begegnen. Auf Signal von L (z. B. 1x Klatschen) werden bestimmte Handlungen ausgeführt, z. B. Namenskarten tauschen. Auf ein zweites Signal (z. B. 2x Klatschen) wird das Spiel beendet. Auf diese Weise ist ein hoher Sprachumsatz in kurzer Zeit mit zahlreichen Gesprächspartnern möglich.

**Der besondere Tipp**

Es empfiehlt sich, von Anfang an bzgl. der **Arbeits- und Sozialformen** zu **ritualisieren**, indem Sie entsprechende Formen sukzessive einüben, die in der Folge per Geste oder laminierter Karte (⟶ Kopiervorlage 3) unaufwändig abgerufen werden. Bei der Einübung fördert es die Motivation der jungen Lerner, spielerisch auf Zeit zu arbeiten (z. B. Schafft ihr es, euch in zwei Minuten im Flur in zwei Kreisen aufzustellen?).

**Stärkung der Mündlichkeit**

Durch den Omniumkontakt wird dezentral ein hoher Sprachumsatz möglich. Da viele Klassenräume sehr klein sind, sollte auch das Ausweichen in den Flur oder die Pausenhalle (ggf. bei gutem Wetter auch auf den Schulhof) geübt und praktiziert werden.

**Alternative** Weniger Vorbereitung: direkter Einstieg mit Folie, Text von der CD 1 (Track 1; MP3 1) und anschließendem Echo-Lesen, ohne Maskottchen und Namenskarten.

**Doppelstunde** In der ersten Stunde wird ohne Buch die Begrüßungssituation noch intensiver geübt und mit den Namen gearbeitet. Zu Beginn der Folgestunde kann dann der Schülerbuchtext S. 8 als Einstieg zur Wiederholung dienen. Anschließend wird mit den Namenskarten fortgefahren und noch ausführlicher geübt. Außerdem kann hier auch gut **C'est la France**. (*Cahier d'activités*, S. 4, Nr. 1) eingesetzt werden.

## S. 9–10 Ça va?/Chanson

**Préparation en 3 minutes**

- **Mitnehmen!** Schülerbuch, CD-Player, CD 1 (Track 3 + 4; MP3 3–5), Folie, Overheadprojektor, Namenskarten (Kopiervorlage 2)
- **Schülerbuch:** S. 9: Begrüßung, nach dem Befinden fragen, Verabschiedung; S. 10: Chanson *Salut*
- **Methodeneinsatz:** Omniumkontakt (⟶ *Boîte à outils 3*), Auswischtechnik (⟶ *Boîte à outils 4*)
- **Hausaufgabe:** Lied auswendig lernen, *Cahier d'activités*, S. 6, Nr. 4

**Neue Wörter** Ça va?, oui, merci, A plus!, Bonjour!, bien, au revoir, salut, les amis, une chanson, Venez!, à, les copains, à demain

**Schritte zur Erarbeitung**

**Hinführung** (Namensschilder)
Einstieg über eine Begrüßung mithilfe der als HA gebastelten Namensschilder (auch ⟶ *Cahier d'activités*, S. 5, Nr. 2): L stellt sich vor und fragt S nach ihren Namen.

**Problematisierung** (Schülerbuch, CD 1, Folie)
S. 9: S sehen sich die Folie (AD/2) an und hören dabei den Text (1x vorspielen) von CD 1 (Track 3; MP3 3).
L bespricht mit den S die *Vis-à-vis*-Frage (Lösung ⟶ CD-ROM).

**Erarbeitung** (Schülerbuch, CD 1, Tafelbild 1)
S. 9: Text erneut von CD 1 (Track 3; MP3 3) vorspielen, S lesen Text in verteilten Rollen.
L schreibt die Redemittel an die Tafel (⟶ Tafelbild 1).
Nachsprechen mit Auswischtechnik (⟶ *Boîte à outils 4*).

**Sicherung** (Namenskarten ⟶ Kopiervorlage 2, Tafelbild 1)
Im Omniumkontakt (⟶ *Boîte à outils 3*), Redemittel erneut üben, anschließend noch einmal in Partnerarbeit mit französischen Namen. Im Plenum vorspielen (mindestens ein Mädchen- und ein Jungenpärchen); (⟶ Alternativen, ⟶ Doppelstunde).

**Festigung** (Schülerbuch, CD 1)
S. 10, Nr. 3: S hören das Lied *Salut* von CD 1 (Track 4; MP3 4), singen es gemeinsam mehrmals und lernen es als **Hausaufgabe** (ggf. mithilfe der CD) auswendig.
**Zusätzliche Hausaufgabe:** *Cahier d'activités*, S. 6, Nr. 4

**Interkulturelles**

**La bise**
Als freundschaftliche Begrüßung ist die *bise* unter Mädchen stärker verbreitet als unter Jungen. Männer begrüßen sich selten mit der *bise*, es sei denn, sie sind enge Freunde oder Familienmitglieder. Wie oft man die angedeuteten Küsse austauscht, ist regional unterschiedlich (⟶ Kopiervorlage 4).
Sehr schönes Text- und Video-Material zur *bise* findet sich auf der Webseite der Arte-Sendung *Karambolage*.

Obama fait la bise à Carla Bruni

## Tipps und Tricks

**Zur Methodik**

In *Au début* geht es vor allem um die Sensibilisierung für die französische Sprache in Hör- und Sprechaufgaben. Leseaufgaben werden ebenfalls angeboten, das Schriftliche wird aber zunächst nur in elementarer Weise thematisiert; deshalb wird hier auch ein Tafelbild vorgeschlagen. Darüber hinaus dient im *Cahier d'activités*, S. 6, Nr. 4 die Übung dazu, die Aufmerksamkeit der S auf einige formale Besonderheiten des Französischen zu lenken: Groß-/Kleinschreibung von Nomen/Namen sowie auf Akzente.

**Boîte à outils 4**

**Auswischtechnik**
Der Tafelanschrieb wird von den S im Chor und/oder einzeln auf Zeichen nachgesprochen und sukzessive mit dem Schwamm weggewischt, wobei die S das jeweils Fehlende ergänzen müssen, bis sie die Redemittel auswendig können.

**Der besondere Tipp**

Beim Vorspielen vor der Klasse zu diesem frühen Zeitpunkt sollten die präsentierenden S sehr **vorsichtig ausgewählt werden** oder sich nach Möglichkeit **freiwillig melden**, damit nicht Hemmungen erzeugt werden.
In kleineren Lerngruppen ist es auch möglich, im Stuhlkreis zu arbeiten; dieses Verfahren ist sehr übersichtlich und jeder S kann alle anderen S sehen und somit besser einschätzen. Alternativ kann man auch auf den Flur oder den Pausenhof gehen, die größere Bewegungsfreiheit fördert dabei die Interaktion.

**Alternativen**

**Variante 1:** Die Sicherung kann wahlweise auch nur im Omniumkontakt (⟶ *Boîte à outils 3*) oder in Partnerarbeit vorgenommen werden.
**Variante 2:** Die S stellen sich in zwei Reihen auf, die jeweils ersten beiden S begegnen sich und stellen sich nach erfolgtem Gespräch wieder hinten an.

**Doppelstunde**

Je nach Länge der Unterrichtseinheiten kann die Sicherung entsprechend breit und vielfältig angelegt sein oder aber auf eine Variante beschränkt werden; im Fall einer Einzelstunde können die aufgezeigten Alternativen in der Folgestunde dann als *déblocage* bzw. Einstieg genutzt werden.

**Tafelbild 1**

| | | |
|---|---|---|
| Salut, Sarah!<br>Bonjour, Thomas! | Ça va (bien)?<br>Oui, ça va, merci! | Salut!<br>Au revoir!<br>A plus! |

# CdA S. 5 Le français et d'autres langues

**Préparation en 3 minutes**

- **Mitnehmen!** Schülerbuch, CD-Player, CD 1 (Track 9; MP3 9 + 10), *Cahier d'activités*, Kopiervorlagen 5 + 6, Trinkhalme, Papier, Klebestift, Buntstifte
- **Schülerbuch:** S. 10: Chanson *Salut*
- ***Cahier d'activités***: S. 5, Nr. 3
- **Schwerpunkt:** Flaggen basteln (⟶ *Boîte à outils 5*), Sprachenbiografie (Kopiervorlage 6)
- **Hausaufgabe:** Ankündigung und Erläuterung des Portfolioauftrags (Schülerbuch, S. 13 als Langzeithausaufgabe (⟶ Zur Methodik, *Unité 1*)

**Schritte zur Erarbeitung**

**Hinführung** (*Cahier d'activités*)
Besprechung der Hausaufgabe, S. 6, Nr. 4 (Lösung ⟶ CD-ROM)

**Problematisierung** (*Cahier d'activités*)
Ausgehend von der Überschrift S. 6, Nr. 4 *C'est du français* nach anderen Sprachen fragen (⟶ Zur Methodik).

**Erarbeitung** (Tafel)
Unterschiedliche Sprachen, die die S sprechen, an der Tafel sammeln, ggfs. Besonderheiten benennen.

**Sicherung** (Kopiervorlage 5, *Cahier d'activités*, CD 1)
Flaggen basteln (⟶ *Boîte à outils 5*, evtl. mithilfe von Kopiervorlage 5)
S. 5, Nr. 3: Französisch neben anderen Sprachen erkennen: Text von CD 1 (Track 9; MP3 11) hören und Flaggen hochheben, ggf. durch weitere Herkunftsprachen der S ergänzen. (Lösung ⟶ CD-ROM)

**Festigung** (Kopiervorlage 6, Schülerbuch)
Begriff der *Sprachenbiografie* erläutern. (⟶ *Boîte à outils 6*)
**Hausaufgabe:** Sprachenbiografie (Kopiervorlage 6) bearbeiten.
Ankündigung und Erläuterung des Portfolioauftrags (Schülerbuch, S. 13, Nr. 8) als Langzeithausaufgabe (⟶ Zur Methodik, *Unité 1*).

## Tipps und Tricks

**Zur Methodik**

Die kurze Einheit ermöglicht eine **Wertschätzung der in der Lerngruppe vorhandenen Sprachen** und zielt auf die Bewusstmachung des Sprachenlernens. Methodisches Vorwissen aus anderen Sprachlernprozessen kann jeweils nutzbar gemacht werden. Je nach den in der Lerngruppe vorhandenen Sprachen wird diese Einheit variieren, in sehr homogenen Gruppen kann aber dennoch das Deutsche und Englische als erste Fremdsprache zum Vergleich herangezogen werden.

**Boîte à outils 5**

## Flaggen basteln

Mithilfe von Trinkhalmen, Papier und Klebestift kann man ganz leicht Nationalflaggen basteln. Jeder S sollte je eine deutsche und eine französische Flagge basteln, die immer wieder bei den entsprechenden Übungen eingesetzt werden können. Darüber hinaus müssen im Rahmen der individuellen Sprachenbiografie die evtl. in der Lerngruppe vorhandenen Herkunftsprachen ebenfalls gewürdigt und Flaggen ihrer Nationalität gebastelt werden. Auch kann der Flaggensatz nach und nach um die Länder der Frankophonie erweitert werden.

**Boîte à outils 6**

## Sprachenbiografie

Im Rahmen einer individuellen Sprachenbiografie werden die vorhandenen Herkunftssprachen der S wertgeschätzt und ein Sprach(lern)bewusstsein geschaffen. Dazu erstellt jeder S auf einem Blatt eine Übersicht über erlernte Sprachen, über die Sprachen der Familie usw. Dieses Blatt wird anschließend im Portfolio-Ordner abgeheftet.

# S. 10 Schlangen-s und Bienen-s

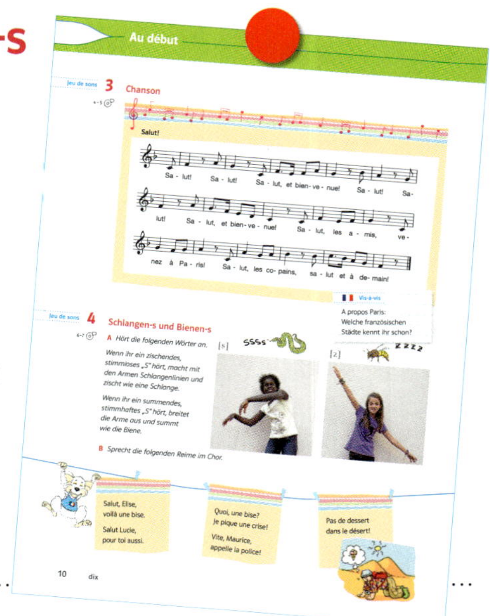

Au début

Jeu de sons 3 Chanson

4–5

Salut!

Sa - lut! Sa - lut! Sa - lut, et bien - ve - nue! Sa - lut! Sa - lut! Sa - lut, et bien - ve - nue! Sa - lut, les a - mis, ve - nez à Pa - ris! Sa - lut, les co - pains, sa - lut et à de - main!

Vis-à-vis

A propos Paris: Welche französischen Städte kennt ihr schon?

Jeu de sons 4 Schlangen-s und Bienen-s

6–7

A *Hört die folgenden Wörter an.*

*Wenn ihr ein zischendes, stimmloses „S“ hört, macht mit den Armen Schlangenlinien und zischt wie eine Schlange.*

*Wenn ihr ein summendes, stimmhaftes „S“ hört, breitet die Arme aus und summt wie die Biene.*

[s] SSSS

[z] ZZZZ

B *Sprecht die folgenden Reime im Chor.*

Salut, Elise, voilà une bise. Salut Lucie, pour toi aussi.

Quoi, une bise? Je pique une crise! Vite, Maurice, appelle la police!

Pas de dessert dans le désert!

10 dix

**Préparation en 3 minutes**

- **Mitnehmen!** Schülerbuch, CD-Plyer, CD 1 (Tracks 4 + 6; MP3 4–7), Kopiervorlage 7, *Cahier d'activités*
- **Schwerpunkt:** stimmhaftes und stimmloses „s“
- **Schülerbuch:** S. 10, Nr. 4
- ***Cahier d'activités*:** S. 6, Nr. 5. Zungenbrecher als Differenzierungsmaterial (Kopiervorlage 7)
- **Methodeneinsatz:** Lire – Regarder – Parler (⟶ *Boîte à outils 7*)
- **Hausaufgabe:** Zungenbrecher auswendig lernen

**Neue Wörter** voilà, une bise, pour, aussi, Quoi?, Je pique une crise!, vite, Appelle la police!, pas de dessert, dans le désert

**Schritte zur Erarbeitung**

**Hinführung** (CD 1)
CD 1 (Track 4; MP3 4): Singen des Liedes Salut; anschließend vergleichen und nachsprechen: *Salut, les_amis*

**Problematisierung** (*Cahier d'activités*)
S. 6, Nr. 5: Summen [z] und Zischen [s] erspüren.

**Erarbeitung** (Schülerbuch, CD 1)
Stimmhaftes [s] und stimmloses s [z] thematisieren.
S. 10, Nr. 4A (CD 1, Track 5; MP3 6): anhören und Bewegungen machen;
[z] *cousine, rose, Louise, la bise, musique, visite, chaise, Zinedine*
[s] *merci, salut, Maurice, monsieur, adresse, chance, classe, touriste*

Zweiter Durchgang: anhören und Wörter nachsprechen.
Die Beispiele für stimmhaftes und stimmloses „s" werden an der Tafel festgehalten und von den S ins Heft abgeschrieben.

**Sicherung** (Schülerbuch)
S. 10, Nr. 4B: Reime nachsprechen, besonders achten auf *Salut Elise, une bise, Salut Lucie, aussi, une crise, Maurice, la police, dessert, désert.*
Ergänzung des Tafelbildes und ins Heft eintragen.

**Festigung** (Kopiervorlage 7)
Zungenbrecher-Wettbewerb: L liest einen Zungenbrecher (aus Niveau 1) und S sprechen ihn nach; anschließend mit den Zungenbrechern aus Niveau 2 + 3 weitermachen (⟶ Zur Methodik).
**Hausaufgabe:** einen Zungenbrecher auswendig lernen

## Tipps und Tricks

**Zur Methodik**

Der Vorkurs gibt Gelegenheit, spielerisch die Aussprache einiger typisch französischen Laute zu trainieren, vor allem das stimmhafte und stimmlose „s". Ohne zwangsläufig wissen zu müssen, was jedes einzelne Wort bedeutet (wenn gewünscht, kann die Bedeutung erklärt werden), hilft das **rhythmische Sprechen und Singen**, die Aussprache zu üben und die Behaltensleistung zu steigern. Gleichzeitig passende Bewegungen durchzuführen verstärkt diesen Effekt zusätzlich. Außerdem steigert der Wettbewerbscharakter erfahrungsgemäß deutlich die Motivation. Das rhythmische Sprechen kommt in den folgenden *Unités* immer wieder als Methode zum Einsatz, z. B. bei der Konjugation der Verben (⟶ *Le rap des verbes*).
Anhand der vom Deutschen erschließbaren Wörter *adresse, classe, chance, crise* kann hier auch auf das stumme Auslaut-*e* eingegangen werden.
Zum Auswendiglernen in Partnerarbeit eignet sich die Strategie *Lire – Regarder – Parler* (vgl. auch Schülerbuch, *Unité 3*)

**Boîte à outils 7**

### Lire – Regarder – Parler

Mit diesem Verfahren können die S ihre Aussprache üben. Um einen kurzen Text auswendig zu lernen, sitzen sich die S gegenüber. Ein S liest zunächst einen Satz leise, bis er ihn auswendig kann. Dann schaut er seinem Partner in die Augen und spricht den Satz laut, ohne dabei auf den Text zu sehen. Anschließend ist der Partner an der Reihe.

**Der besondere Tipp**

Kurze Reime und Zungenbrecher (*vire-langues*) lassen sich hervorragend zur Differenzierung einsetzen. Die Kopiervorlage 7 macht gestufte Vorschläge zum Erproben und Auswendiglernen. Außerdem findet man zahlreiche weitere Vorschläge im Internet unter dem Suchbegriff *Vire-langue(s).*

# S. 11 Les bonbons, c'est bon!

**Préparation en 3 minutes**

- **Mitnehmen!** Schülerbuch, CD-Player, CD 1 (Tracks 7, 10, 11, 12; MP3 8, 12, 13, 14), *Cahier d'activités*, Flaggen, Kopiervorlage 8
- **Schwerpunkt:** Nasale
  **Schülerbuch:** S. 11, Nr. 5: Tafelbild 2
- ***Cahier d'activités*:** S. 7, Nr. 6 (*Vis-à-vis*), Nr. 7
- **Hausaufgabe:** Auswendiglernen der eigenen Reime

**Neue Wörter**

un bonbon, c'est, bon, un croissant, un ballon, un lapin, un volcan, une main, un chien, un crayon, un éléphant, un enfant, une maison, un gratin

**Schritte zur Erarbeitung**

**Hinführung**
**Hausaufgabe:** Zungenbrecher vortragen

**Problematisierung** (*Cahier d'activités*, CD 1, Flaggen, Tafelbild 2)
S. 7, Nr. 6A: Erstes Vorspielen von CD 1 (Track 10; MP3 12): nur Hören, zweites Vorspielen: S heben gebastelte D/F-Flaggen, wenn sie ein deutsches/französisches Wort hören; gemeimsam *Vis-à-vis* besprechen. (⟶ Alternative 1; Lösung ⟶ CD-ROM)
S. 7, Nr. 6B, CD 1 (Track 11; MP3 13): ein Wort anhören, dann nachsprechen usw.; auf die drei verschiedenen Nasale aufmerksam machen und an die Tafel schreiben: *croiss<u>ant</u>, b<u>on</u>b<u>on</u>, lap<u>in</u>*. (⟶ Tafelbild 2)

**Erarbeitung** (Schülerbuch, CD 1)
S. 11, Nr. 5B, CD 1 (Track 7; MP3 8): mit geschlossenen Augen zuhören und nachsprechen
Nr. 5B, Track 7: nochmaliges Zuhören: drei Gruppen entsprechend der Laute bilden oder Karten in drei Farben verteilen, S heben die Hände oder zeigen die passende Karte, wenn sie ein Wort hören, das zu ihrer Gruppe gehört. L schreibt die Wörter in die entsprechende Rubrik an die Tafel. (⟶ Tafelbild 2)
Tipp: Moustique: Kopf in den Nacken, *a*-Nasal sprechen üben.

**Sicherung** (*Cahier d'activités*)
S. 7, Nr. 7A, CD 1 (Track 12; MP3 14): Vornamenpaare, die sich reimen, erkennen, und in Einzelarbeit ausmalen; 7B: in Partnerarbeit Reime finden. (⟶ Differenzierung; Lösung ⟶ CD-ROM)

**Festigung**
Reime vortragen üben, anschließend der Klasse präsentieren.
**Hausaufgabe:** Reime auswendig lernen. (⟶ Alternative 2)

## Tipps und Tricks

**Zur Methodik**

**1.** Da **Nasale** eine besondere Lernschwierigkeit darstellen, muss behutsam in kleinen Schritten gearbeitet werden. Das Anhören der Laute mit geschlossenen Augen erhöht deutlich die Konzentration mit dem Ziel der Lautdiskriminierung. Erst danach wird das aktive Nachsprechen geprobt. Der **Nackentipp** von Moustique (Schülerbuch, S. 11) erzielt oft Aha-Effekte bei den S. Bei der kreativen Reimfindung ist Partner- oder Kleingruppenarbeit sehr wichtig, da so die Kreativität gesteigert werden kann.
*Cahier d'activitiés*, S. 7, Nr. 6: Die Wörter lassen neben den Nasalen folgende Merkmale

erkennen: Endbetonung, Wegfall von Endvokalen *(lampe* vs. *Lampe)* und -konsonanten *(éléphant vs. Elefant)*, unterschiedliche Aussprache des „g" *(général vs. General)*, anlautendes „s" stimmhaft im Deutschen (*S*[z]*ofa*), stimmlos im Französischen (*s*[s]*ofa*). Die Übung bereitet die Nr. 5 im Schülerbuch S. 11 vor, die sich auf die Nasallaute des Französischen konzentriert.
**2.** *Cahier d'activitiés*, S. 7, Nr. 7: Hier werden im Anschluss an Schülerbuch S. 11, Nr. 5 die beiden bisher behandelten Aussprachemerkmale noch einmal kreativ zusammengefasst. Es handelt sich ausschließlich um bereits bekannte Vornamen. Die Reime können von den S durch Austauschen der Namen variiert werden. Einzige Bedingung: Sie müssen sich reimen.
Die kleinen Verse wiederholen gleichzeitig die Redemittel der S. 8 und 9 des Vorkurses. Evtl. finden einige S schon eigene Verse. Für das Vortragen werden die S aufgefordert, den Stil zu variieren: laut, leise, flüsternd, geheimnisvoll, einschmeichelnd usw. So werden erste Schritte zum Vortragen eingeübt.

**Der besondere Tipp**

Das Kennenlernen und Einüben der **französischen Lautzeichen** erfolgt im Schülerbuch sukzessiv im Vokabelteil (Schülerbuch, ab S. 142).

**Differenzierung**

**Variante 1:** Für leistungsschwächere Klassen können mögliche Reimwörter auch auf Karten in zusammenpassenden Sets angeboten werden, sodass nur noch gepuzzelt werden muss.
**Variante 2:** Ebenso können auch die vorgegebenen kleinen Verse des *Cahier d'activités*, S. 7 für stärkere S verwürfelt angeboten werden, sodass sie zuerst zusammengebaut werden müssen (⟶ Kopiervorlage 8).

**Alternativen**

**1:** Sollten die Flaggen nicht vorhanden sein, können die S zur Unterscheidung zwischen deutscher und französischer Aussprache auch unterschiedliche Bewegungen machen, z. B. D = aufstehen, F = in die Hocke gehen, oder D = Hände hoch, F = Hände auf den Tisch.
**2:** Wenn nicht erneut als Hausaufgabe auswendig gelernt werden soll, kann man auch das Vortragen der Reime mit Textstütze wählen, dies ist auch zur Differenzierung möglich.

**Tafelbild 2**

| [ɑ̃] | [ɔ̃] | [ɛ̃] |
|---|---|---|
| croissant | bonbon | lapin |
| éléphant | ballon | chien |
| enfant | crayon | gratin |
| volcan | maison | main |

## S. 12–13 Mon petit chat Un deux trois … Dans la rue

**Préparation en 3 minutes**

- **Mitnehmen!** Schülerbuch, CD-Player, CD 1 (Tracks 8 + 13), *Cahier d'activités*, Portfolio-Material
- **Schwerpunkt:** Zahlen bis 12; interkulturell: französische Wörter, die verstanden werden können
- **Schülerbuch:** S. 12, Nr. 6 und 7; S. 13, Nr. 8
- ***Cahier d'activités*:** S. 8, Nr. 8
- **Methodeneinsatz:** Gruppeneinteilung mit Zahlen (⟶ *Boîte à outils 8, 9*), Zahlenspiele, Portfolio-Mappen (⟶ *Boîte à outils 10*); Museumsgang (⟶ *Boîte à outils 12*)
- **Hausaufgabe:** *Cahier d'activités*, S. 8, Nr. 9

**Neue Wörter**

**Nr. 6**: un, deux, trois, quatre, cinq, six, sept, huit, neuf, dix, onze, douze, mon petit chat; die folgenden Wörter gehören nicht zum Lernwortschatz: voler, une saucisse, un œuf, sur, une pelouse
**Nr. 8**: dans la rue, une maison de la presse, un bureau de poste, une pharmacie, un cinéma, un parc, un café, une médiathèque, une boulangerie, un restaurant

**Schritte zur Erarbeitung**

**Hinführung**
Vortragen der auswendig gelernten Reime (Hausaufgabe)

**Problematisierung** (Schülerbuch, CD 1)
S. 12, Nr. 6: Chanson *Mon petit chat* bei geschlossenen Büchern von CD 1 (Track 8) vorspielen. (⟶ Zur Methodik 1)

**Erarbeitung** (Schülerbuch, *Cahier d'activités*; CD, Tracks 8 + 13)
Schülerbuch, S. 12, Nr. 6A: Einüben des Liedes im Sitzkreis mit den entsprechenden Bewegungen mithilfe von CD 1 (Track 8; MP3 9). (⟶ Arbeits- und Sozialformen)
Schülerbuch, S. 12, Nr. 6B und Nr. 7: erst im Kreis, danach in Kleingruppen zählen üben; Gruppenbildung mit Zahlen (⟶ *Boîte à outils 8*).
*Cahier d'activités*, S. 8, Nr. 8 (CD 1, Track 13; MP3 15): Anhören und Einüben des Liedes *Un kilomètre à pied* im Plenum mit den für eine Polonaise üblichen Bewegungen. (⟶ Zur Methodik 2)

**Sicherung** (Schülerbuch, *Cahier d'activités*)
Singen mit entsprechenden Bewegungen, z. B. auf dem Schulhof. S können auch in Gruppen arbeiten und beide Lieder abwechselnd singen.

**Festigung** (Schülerbuch, *Cahier d'activités*, Portfoliomaterial)
Anhand der Lieder nochmalige Thematisierung der Aussprache, z. B. der s-Laute, zunächst isoliert, dann kombiniert:
[s]: ***S**alut, **c**inq, **s**ix, **s**au**c**i**ss**e, **s**ept, à plu**s**, di**x**, **ç**a, **s**ouliers*
[z]: *on**z**e, dou**z**e, pelou**s**e, u**s**e.*
[s]/[z]: z. B. *di**x**, on**z**e, dou**z**e; **ç**a u**s**e les **s**ouliers.*
Frankreich-Typisches: Schülerbuch, S. 13, Nr. 8 (⟶ Zur Methodik 3); Portfolio-Mappen (⟶ *Boîte à outils 10*) vorstellen, Fertigstellung und Präsentation der Portfolioergebnisse (Materialien aus der Langzeithausgabe, ⟶ Festigung).
**Hausaufgabe:** *Cahier d'activités*, S. 8, Nr. 9. (Lösung ⟶ CD-ROM)

## Tipps und Tricks

**Zur Methodik**

**1.** Das Lied ***Mon petit chat*** wird auf der CD in zwei Versionen angeboten, als Rap und als Playback-Fassung. Während des ersten Hörens kann der L die Bewegungen vormachen.
**2.** Das Chanson ***Un kilomètre à pied*** soll dem Bewegungsdrang der S Rechnung tragen. Daher sollen die Schüler nicht nur singen, sondern sich auch entsprechend bewegen. Der Rhythmus des Auftretens wird durch die Betonungen bestimmt: *Un kilomètre à pied, ça use, ça use, … les souliers.*
**3.** In der **Festigungsphase** wird noch einmal über für Frankreich Typisches gesprochen und Zeit für die Fertigstellung der Portfolios gegeben.
Den Ergebnissen der Portfolioarbeit sollte Raum zur wertschätzenden Präsentation gegeben werden; für diese Phase eignet sich hervorragend der Museumsgang (⟶ *Boîte à outils 12*).
Am Ende des Vorkurses und als Übergang zur *Unité 1* wird von den S das aktive Schreiben in Form des Einsetzens einzelner Buchstaben verlangt. Außerdem erkennen sie die Wortgrenzen (⟶ *Cahier d'activités*, S. 8, Nr. 9).

**Boîte à outils 8**

### Gruppenbildung mit Zahlen

Die Gruppeneinteilung kann bereits über die Zahlen erfolgen, indem bis zu der Zahl gezählt wird, in deren Anzahl Kleingruppen erforderlich sind.
Später sortieren sich die Einser, die Zweier usw. zusammen und üben in Gruppen.
(⟶ Zahlen bis 39, *Unité 3*)

**Boîte à outils 9**

### Zahlenspiele

1. Man zählt bis zwölf und dann rückwärts. Beim nächsten Durchgang in Zweierschritten, dann in Dreierschritten usw.
2. Es gibt verschiedenfarbige Sets von Karten mit Zahlen von eins bis zwölf. Die S ziehen Karten und müssen ihre Partner finden, indem sie Fragen stellen: *Tu as le 3? Oui/ Non, j'ai le … .*)
3. Sobald die Zahlen bis 39 (*Unité 3*) und bis 100 (*Unité 5*) bekannt sind, kann „Die verflixte 7" gespielt werden.

**Boîte à outils 10**

### Portfolio-Mappen

Die S sollten gleich zu Anfang an das eigenständige Führen einer Portfolio-Mappe gewöhnt werden. Hier können sie ihre **Sprachenbiografie** (Teil 1) weiterführen (indem sie ihre Kenntnisse und Ziele beim Sprachenlernen festhalten), die schönsten Exemplare ihrer Arbeiten in einem **Dossier** (Teil 2) einheften (hier wird der Fortschritt im Fach Französisch dokumentiert: die persönlichen „Produkte" in französischer Sprache wie eigene Gedichte, Briefe usw., können hier gesammelt und nachgeschlagen werden), sowie Bögen zur Auto-Evaluation und später auch Delf-Diplome, Wettbewerbsurkunden und ähnliches (Teil 3 = **Sprachenpass**) unterbringen. Dies geschieht in Anlehnung an das Europäische Sprachenportfolio.

### Unterrichtsmappen

Im Unterschied zu Portfolio-Mappen führen die S außerdem „normale" Unterrichtsmappen, in die sie Tafelbilder, Redemittel + besondere Vokabeln, Hausaufgaben und Arbeitsblätter, Fehlerprotokolle usw. einheften.

**Doppelstunde**

Die Portfolioarbeit kann sehr ausführlich mit ausgedehnten Phasen im Unterricht stattfinden. Es ist aber auch möglich, die Portfolios nur als Einstieg zur Portfolioarbeit in der folgenden *Unité 1* zu sehen und hier nur einen Zwischenstand festzuhalten.

**Un kilomètre à pied**

Un kilomètre à pied,
ça use ça use,
Un kilomètre à pied,
ça use les souliers.

**Der besondere Tipp**

**Bringen Sie Bewegung in den Unterricht!** Unter diesem Motto kann das Chanson *Un kilomètre à pied* als Polonaise in zahlreichen Varianten durchgenommen werden:
**Variante 1:** Jede Zahl entspricht einer bestimmten Bewegung: (1) mit dem linken Fuß auftreten, (2) mit dem rechten Fuß auftreten, (3) einen Arm hoch, (4) beide Arme hoch, (5) in die Hände klatschen, (6) auf die Schulter klatschen, (7) auf die Oberschenkel klatschen, (8) in die Luft springen, (9) in die Hocke gehen, (10) Finger an die Nase, (11) Hände auf den Kopf legen, (12. Arme verschränken).
**Variante 2:** Pro Zahl etwas Typisches machen: (1) auf die **eine** Nase zeigen, (2) an die **zwei** Ohren fassen, (3) mit Daumen und zwei Fingern in der Luft bis **drei** zählen, (4) Ecken der Tafel zeigen, (5) Finger einer Hand hochhalten, (6) mit Zeigefinger eine **sechs** in der Luft schreiben, (7) Zwergenmütze auf dem Kopf darstellen und dabei lustig hüpfen (Schneewittchen), (8) liegende **acht** zeichnen, (9) alle **Neune** Kegeln kegeln mit entsprechender Körperhaltung, (10) alle **zehn** Finger hochhalten, (11) Fußball spielen und einem anderen S die Zahl **11** auf den Rücken schreiben, (12) Ei aufschlagen und **ein Dutzend** mit den Händen zeigen.
**Variante 3:** Verschiedene Gangarten zu jeder Strophe: schleichen, schreiten, stampfen, defilieren und freundlich nickend grüßen, auf der Stelle rennen, auf Zehenspitzen oder mit den Hacken auftreten, Entengang usw.

**Arbeits- und Sozialformen**

Der **Sitzkreis** hilft, die Bewegungen zu koordinieren, da alle S füreinander sichtbar sind. Außerdem eignet er sich gut bei den Zahlenspielen im Plenum, bevor in Gruppen gearbeitet wird. Möglichkeiten der Gruppenbildung über Zahlen und Spiele (⟶ *Boîte à outils 8 + 9*).

**Hinweis:** Die **Hausaufgabe** wird in der Folgestunde besprochen. Da hier der *Au début*-Teil endet, wird die Aufgabe nicht in die Erarbeitung der *Unité 1* aufgenommen.

## *Moustique* – das Maskottchen

## Namenskarten

| | | | |
|---|---|---|---|
| Anne | Lilou | Antoine | Louis |
| Béatrice | Louise | Charles | Maurice |
| Elise | Lucie | Clément | Paul |
| Fleur | Manon | Gabriel | Pierre |
| Gabrielle | Marie | Gaspard | Romain |
| Joséphine | Sarah | Justin | Thomas |
| Léa | Zoé | Léo | Valentin |

Sozialformenkarten

# Partnerarbeit

# Omniumkontakt

# Echo-Lesen

 

## Sozialformenkarten

# Fragekarten

# Fragekette

# Museumsgang

## La carte des bises

Damit du dich in Frankreich, Belgien oder in der Schweiz auskennst, wenn es heißt „Küsschen links, Küsschen rechts", steht hier auf der Karte die Anzahl der „Küsschen", die man sich gibt.

  

## Flaggen basteln

bitte knicken

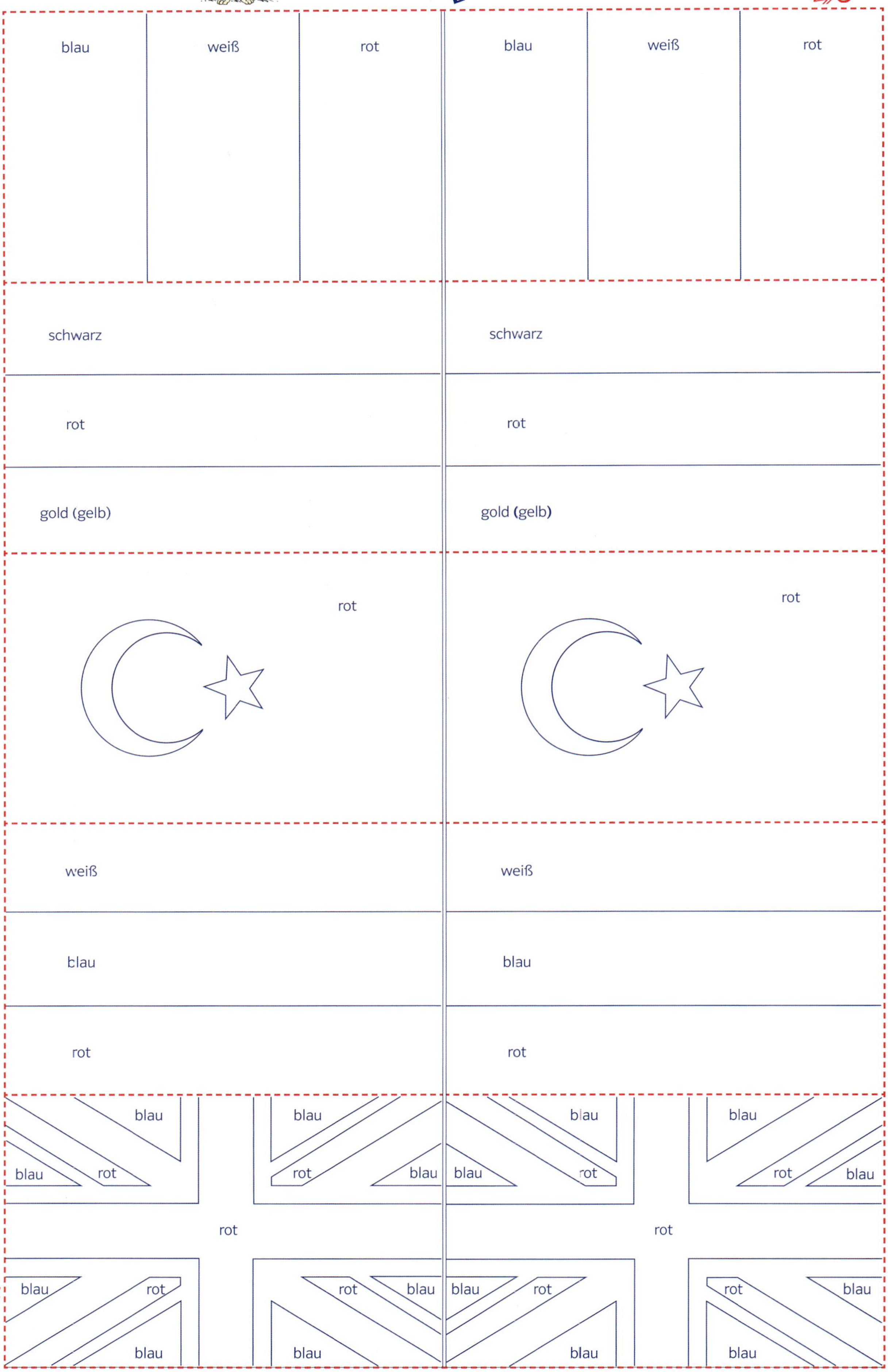

## Meine Sprachen: Sprachenbiografie

*Bestimmt bist du schon mit einigen Sprachen in Kontakt gekommen, welche sind das?*

Zu Hause und mit Verwandten spreche ich: ______________________________

Mit meinen Freunden spreche ich: ______________________________

Ich habe Freunde, die sprechen als Muttersprache: ______________________________

Diese Sprachen lerne ich in der Schule: ______________________________

Diese Sprachen habe ich schon außerhalb der Schule,
z. B. in den Ferien (oder im Fernsehen/Radio) gehört oder gesprochen:

______________________________

Diese Sprache gefällt mir am besten: ______________________________

Diese Sprache(n) möchte ich gerne lernen: ______________________________

### Wie ich Sprachen lerne

**So lerne ich am besten …**

Vokabeln: ______________________________

Grammatik: ______________________________

**Und so übe ich …**

die Aussprache: ______________________________

die Rechtschreibung: ______________________________

Was ich beim Sprachenlernen am liebsten mache: ______________________________

**La France**

Diese französischen Wörter kenne ich schon: ______________________________

Was ich gerne über Frankreich wissen möchte: ______________________________

In welchen Ländern lernt man sonst noch Französisch? ______________________________

**L'Angleterre**

Diese englischen Wörter kenne ich schon: ______________________________

Was ich gerne über Großbritannien wissen möchte: ______________________________

In welchen Ländern spricht man sonst noch Englisch: ______________________________

**Andere Länder**

Was ich über andere Länder weiß oder gerne wissen möchte: ______________________________

______________________________

**So lerne ich gerne:** ☐ mit Liedern ☐ durch Zuhören ☐ beim Spielen ☐ im Urlaub

☐ beim Lesen ☐ beim Sprechen ☐ am Computer

## Zungenbrecher – Les vire-langues

*Macht einen Zungenbrecher-Wettbewerb. Wer kann es am schnellsten?*

**Niveau 1:**

| | | |
|---|---|---|
| **Toute la classe mange une glace. Sauf Maurice, il en mange dix.** | **Voici une chaise, monsieur le Maire.** | **Voici une fraise, c'est le dessert.** |
|  |  |  |

**Niveau 2:**

| | | |
|---|---|---|
| **Les amis de mes amis sont mes amis.** | **Ma maman prend ses gants.** | **Mon tonton tond son gazon.** |
|  |  |  |

**Niveau 3:**

| | |
|---|---|
| **Le nain se tient sous le sapin dans le jardin.** | **Les chaussettes de l'archiduchesse sont-elles sèches, archisèches?** |
|  |  |

## Ça rime! (Das reimt sich!)

**Variante 1**

| | | |
|---|---|---|
| Salut | Béatrice | Marion |
| Bienvenue | Clément | Maurice |
| Ça va? | Et moi, et moi | Et toi? |
| Nathan | Et toi, et toi? | Manon |
| Elise | Louise | Louise |

**Variante 2**

| | | |
|---|---|---|
| Salut, Clément! | Bonjour, Béatrice! Ça va? |  |
| Bienvenue, Nathan! | Salut, Maurice! Ça va. Et toi? | Je m'appelle Marion. Et toi, et toi? |
| Ça va, Elise? Bien. Merci, Louise. | A plus, Louise. Au revoir, Elise. | Et moi, et moi, je m'appelle Manon. |

  

## C'est la France

## Unité 1

# S. 14–25 Bonjour, Paris!

## Ziele

**Inhaltlicher Schwerpunkt**

Der Gegenstand dieser *Unité* sind das Begrüßen und Kennenlernen sowie das Gespräch über die Herkunft. Marie mit ihrem Hund Moustique und Léo mit seinem Hund Malabar lernen einander in einem Tierheim in Paris kennen und treffen sich dann wieder.

**Kompetenzerwartung**

Am Ende dieser *Unité* können die Schülerinnnen und Schüler schon einiges über sich sagen, z. B. wie sie heißen, woher sie kommen. Sie können auch ihre Freunde und ihr Lieblingstier vorstellen. (Portfolio: Schülerbuch, S. 14 ⟶ S. 23, Nr. 4)

## Kompetenzen (Die Schüler können …)

**Funktionale kommunikative Kompetenzen: Kommunikative Fertigkeiten**

### Hör-(Seh-)verstehen /Sprechen

| Kompetenzerwartungen | Kompetenztraining |
|---|---|
| – sich begrüßen | SB: S. 18 (3); 21 (7/8), 22 (2), 24 (1)<br>CdA: S. 15 (13), 17 (2); 15 (14), 17 (1) |
| – nach dem Namen fragen | SB: S. 18 (4/5), 22 (2), 24 (1)<br>CdA: S. 10 (3), 15 (14) |
| – sich und andere vorstellen | SB: S. 21 (8); S. 18 (4/5), 21 (7/8), 22 (2), 24 (1)<br>CdA: S. 10 (3), 15 (14), 17 (1) |
| – sich verabschieden | SB: S. 21 (7), 22 (2), 24 (1)<br>CdA: S. 15 (13), 15 (14), 17 (1), 17 (2) |
| – nach der Herkunft und nach dem Befinden fragen und darüber Auskunft geben | SB: S. 21 (7), 22 (2), 24 (1)<br>CdA: S. 13 (9), 15 (14), 17 (1) |
| – sich entschuldigen | SB: S. 18 (5), 24 (1) |
| – ein Lied singen | SB: S. 20 (2), 124 (1)<br>CdA: S. 9 (1) |
| – einfache Szenen spielen | SB: S. 18 (5)<br>CdA: S. 10 (4B) |

### Sprachmittlung

| Kompetenzerwartungen | Kompetenztraining |
|---|---|
| – sinngemäß einfache Informationen zu Namen, Herkunft, Befinden übertragen | CdA: S. 15 (14), S. 16 (15B) |

### Leseverstehen /Schreiben

| Kompetenzerwartungen | Kompetenztraining |
|---|---|
| – kurze schriftliche Texte/Bilder mit Texten verstehen | SB: S. 16–17, 18 (3), 19 (1), 23 (3)<br>CdA: S. 16 (15A), 17 (2), 19 (5) |
| – Aufforderungen/Fragen/Dialoge/Portfolio-Aufgaben verschriftlichen | SB: S. 23 (4), 124 (1)<br>CdA: S. 9 (1B), 10 (3/4A), 13 (9B/10), 14 (11/12B), 16 (16), 17 (1), 18 (4), 19 (6) |

## Funktionale kommunikative Kompetenzen: Verfügung über die sprachlichen Mittel

### Wortschatz

| Kompetenzerwartungen | Kompetenztraining |
|---|---|
| - aktiv über einen Basiswortschatz verfügen, um elementaren Kommunikationssituationen gerecht zu werden: Angaben zur eigenen Person, Herkunft und Befinden | SB: S. 18 (3/4/5), 20 (3), 21 (7), 22 (2), 23 (4), 24 (1)<br>CdA: S. 14 (12A), 15 (14), 16 (16), 17 (1) |
| - Internationalismen erschließen | SB: S. 14–15<br>CdA: S. 16 (15), 17 (2), 19 (5) |
| - bis zwölf zählen | SB: S. 21 (8)<br>CdA: S. 14 (12) |

### Grammatik

| Kompetenzerwartungen | Kompetenztraining |
|---|---|
| - grammatisches Grundinventar so korrekt anwenden, dass die Verständlichkeit gesichert ist: unbest. Artikel Singular, *être* + Personalpronomen im Singular | SB: S. 20 (3/4), 21 (6), 24 (3)<br>CdA: S. 11 (5), 13 (9), 17 (4), 18 (2) |

### Aussprache und Intonation

| Kompetenzerwartungen | Kompetenztraining |
|---|---|
| - grundlegende Aussprachemuster und Intonationsschemata erkennen und verwenden | SB: S. 20 (2), 21 (5/8)<br>CdA: S. 12 (7/8) |

### Orthografie

| Kompetenzerwartungen | Kompetenztraining |
|---|---|
| - erste Regelhaftigkeiten der Orthografie erkennen und verwenden | SB: S. 20 (3)<br>CdA: S. 9 (1B), 10 (3/4A), 13 (10), 18 (1) |

## Interkulturelle Kompetenzen

- soziokulturelles Orientierungswissen
- praktische Bewältigung interkultureller Begegnungssituationen
- verständnisvoller Umgang mit kultureller Differenz

| Kompetenzerwartungen | Kompetenztraining |
|---|---|
| - über ein grundlegendes Orientierungswissen für elementare Begegnungssituationen in Paris/Frankreich verfügen und diese in Beziehung zu ihrer eigenen Lebenswelt setzen | SB: S. 14–15, 22–23 (2/3)<br>CdA: S. 9 (2), 16 (15), 17 (2) |

## Methodische Kompetenzen

### Textrezeption

| Kompetenzerwartungen | Kompetenztraining |
|---|---|
| - elementare Gespräche global verstehen | SB: S. 22 (1), 24 (2)<br>CdA: S. 17 (3) |
| - einen Text bzw. die Information eines Bildes global erschließen und verstehen | SB: S. 14–15<br>CdA: S. 15 (13) |

### Interaktion

| Kompetenzerwartungen | Kompetenztraining |
|---|---|
| – Sprechfertigkeiten in kommunikativen Alltagssituationen üben<br>– Schreibfertigkeit in Form eines Partnerdiktats üben | SB: S. 18 (4/5), 21 (7), 22 (1B/2), 24 (1)<br>CdA: S. 10 (4Bb), 15 (14), 19 (6)<br>CdA: S. 18 (3) |

### Textproduktion

| Kompetenzerwartungen | Kompetenztraining |
|---|---|
| – Antworten in einem Interview die entsprechenden Fragen zuordnen | CdA: S. 14 (11) |

### Lernstrategien

| Kompetenzerwartungen | Kompetenztraining |
|---|---|
| – zwischen den Nasalen unterscheiden | SB: S. 21 (5)<br>CdA: S. 12 (7/8) |
| – Texte mithilfe von W-Fragen global verstehen | SB: S. 22 (1)<br>CdA: S. 15 (14) |
| – sich im Lehrwerk orientieren | CdA: S. 11 (6) |
| – Wörter verstehen, weil es im Deutschen oder anderen bekannten Sprachen ähnliche Wörter gibt | CdA: S. 16 (15) |

### Präsentation

| Kompetenzerwartungen | Kompetenztraining |
|---|---|
| – sich und ihr Umfeld auf einem Blatt vorstellen; zur Gestaltung Fotos und Zeichnungen nutzen | SB: S. 23 (4) |

### Lernbewusstheit und Lernorganisation

| Kompetenzerwartungen | Kompetenztraining |
|---|---|
| – zum Einprägen wichtiger grammatischer Phänomene unterschiedliche Farben einsetzen | SB: S. 20 (3), 21 (6B)<br>CdA: S. 11 (5/6), 13 (9) |
| – Strategien zur Selbstkontrolle und Bewusstheit des eigenen Lernstandes nutzen (*Bilan*) | SB: S. 24–25 (1/2/3)<br>CdA: S. 17 (1/2/3/4) |

## S. 14–15 Bonjour, Paris! (1)

**Préparation en 3 minutes**

- **Mitnehmen!** Schülerbuch, CD-Player, Overheadprojektor, Folie U1/1, CD 1 (Track 14; MP3 16), *Cahier d'activités*, Kopiervorlagen 1 + 2
- **Schülerbuch:** Straßenszene; Minidialoge anhören und Aufgaben A und B bearbeiten: Parallelen/Unterschiede Deutschland – Frankreich (⟶ Kopiervorlage 1)
- **Methodeneinsatz:** Ich möchte einen unbekannten Hörtext verstehen! Dazu ... (⟶ *Boîte à outils 11*)
- ***Cahier d'activités*:** S. 9, Nr. 1 und 2
- **Hausaufgabe:** deutsche Einkaufsstraße fotografieren oder zeichnen

**Neue Wörter** Bonjour, Paris

**Schritte zur Erarbeitung**

**Hinführung** (Schülerbuch, Folie U1/1)
S. 14–15: S betrachten das Bild und beschreiben es.

**Problematisierung** (Schülerbuch/Kopiervorlage 1)
S. 14–15: S benennen Parallelen und Unterschiede zwischen einer Einkaufsstraße in Deutschland und in Frankreich/Paris.
Kopiervorlage 1: Einkaufsstraße in Deutschland: S ergänzen Ähnlichkeiten und Unterschiede zwischen D und F. (⟶ Alternative)

**Erarbeitung** (Schülerbuch, CD 1, *Cahier d'activités*)
Schülerbuch, S. 15, A: Erschließbare Wörter, da Internationalismen: *restaurant, carte, menu, taxi, hôtel, banque, avenue.* Erschließbar über Bild: *rue, pharmacie, boulangerie, métropolitain.*
S. 15, B: CD 1 (Track 14; MP3 16), Minidialoge abspielen.
1. Hörgang: S benennen die Wörter, die sie bereits verstehen.
Erschließbare Wörter: *Allô, minute, merci, cinéma, papa, croissant, bonbon, oui.*
2. Hörgang: S finden die entsprechenden Personen auf dem Bild (Schülerbuch, S. 14–15).
L erarbeitet mit S Strategien, wie man einem unbekannten Hörtext Informationen entnehmen kann (⟶ *Boîte à outils 11*).
*Cahier d'activités*, S. 9, 1A: S lernen das Chanson *Salut, ça va?* kennen (CD 1, Track 31; MP3 35, Kopiervorlage 2), singen es und erarbeiten für eine Begrüßung relevante Redewendungen (⟶ Schülerbuch, S. 150 Auf einen Blick) und die Bedeutung der *bise* (⟶ Schülerbuch, S. 145 *Vis-à-vis* und *Au début*, Kopiervorlage 4).
**Sicherung und Festigung** (*Cahier d'activités*)
S. 9, Nr. 1B und 2. (Lösung ⟶ CD-ROM)

**Boîte à outils 11**

### Ich möchte einen unbekannten Hörtext verstehen! Dazu ...

- schaue ich mir (falls vorhanden) das Bild an, das zu dem Text gehört;
- lese ich mir den Titel durch und überlege, worum es in dem Hörtext gehen könnte;
- höre ich aufmerksam zu, wenn der Text vorgespielt wird;
- achte ich zunächst auf allgemeine Dinge;
- versuche ich, mir bekannte Wortfetzen zu erfassen;
- achte ich auf Wörter, die ich aus einer anderen Sprache kenne;
- achte ich auf die Stimme und die Gefühle der sprechenden/singenden Personen.

**Hausaufgabe:** S bringen fünf Bilder oder mehr von Sehenswürdigkeiten in Paris mit. Möglichkeiten der Materialbeschaffung: z. B. Kataloge aus Reisebüros, Zeitschriften, Reiseführer und Internet.

**Alternative**

Die S fotografieren die Einkaufsstraße ihrer Stadt oder bringen ein entsprechendes Bild oder eine selbst angefertigte Zeichnung mit. Sie beschreiben das Bildmaterial unter Berücksichtigung der Parallelen und Unterschiede zwischen Deutschland und Frankreich.

**Interkulturelles**

**Deutschland und Frankreich im Vergleich**

# S. 14–15 Bonjour, Paris! (2)

**Préparation en 3 minutes**

- **Mitnehmen!** Leere DIN-A3-Plakate, Klebstoff, dicke Filzstifte, CD-Player, CD 1 (Track 31; MP3 35), Kopiervorlagen 2 und 3
- **Gruppenarbeit:** Erstellen von Plakaten auf der Basis des mitgebrachten Schülermaterials (⟶ HA der Vorstunde)
- **Methodeneinsatz:** Museumsgang (⟶ *Boîte à outils 12*)
- Singen des Liedes *Salut, ça va?*
- **Hausaufgabe:** Auswendiglernen des Liedes

**Schritte zur Erarbeitung**

**Hinführung** (Fotos usw., Kopiervorlage 3)
S sichten ihr mitgebrachtes Material zu Paris und bilden 4er-Gruppen.
Kopiervorlage 3 für die S, die kein Material mitgebracht haben.

**Problematisierung**
S tauschen sich über die möglichen weiteren Erarbeitungsschritte aus und legen die Vorgehensweise für eine Plakaterstellung fest. L erläutert die Methode des Museumsgangs (⟶ *Boîte à outils 12*).

**Erarbeitung** (Fotos usw.)
S erstellen in 4er-Gruppen DIN-A-3-Plakate zu Paris. Die Plakate dürfen durchaus auch etwas Lustiges enthalten. (⟶ Alternativen 1 + 2).

**Sicherung** (Plakate)
Die Plakate werden im Klassenraum aufgehängt.
S präsentieren sich gegenseitig im Museumsgang ihre Ergebnisse.
S wiederholen an den jeweiligen Plakaten Redewendungen zur Begrüßung.

**Festigung** (CD 1, Track 31; MP3 35; Kopiervorlage 2)
S gehen zu ihren Plätzen und singen das Lied *Salut, ça va?*
**Hausaufgabe:** Auswendiglernen des Liedes.

**Boîte à outils 12**

## Museumsgang

Der Museumsgang eignet sich in besonderem Maße als Methode, um mit S das **Präsentieren von Ergebnissen** zu üben. Der Grundgedanke dabei ist, dass möglichst jeder S einmal die Ergebnisse seiner Gruppe vortragen kann.
Plakate werden an verschiedenen durch Nummern gekennzeichneten Stellen im Klassenraum aufgehängt. Vor jedem Plakat muss genügend Platz für eine Gruppe von 6–8 S sein, die sich dort austauschen können. Ggf. müssen Tische und Stühle beiseite geschoben werden.
Jede Gruppe geht zunächst zu dem von ihr angefertigten Plakat. Dann werden durch Abzählen von 1 bis x in jeder Gruppe so viele neue Gruppen gebildet, wie es Darstellungen gibt. Alle, die dieselbe Zahl haben, bilden eine neue Gruppe und gehen jeweils zu dem Plakat, das an ihrer Nummer aufgehängt ist. Die Person, die an der Erstellung des jeweiligen Plakats beteiligt war, erläutert kurz (maximal 2 Minuten) das Plakat und die bei der Erstellung verwirklichten Ideen. Die anderen haben die Möglichkeit, Rückfragen zu stellen. Auf ein Signal der Lehrperson geht jede Gruppe ein Bild weiter. Der Museumsgang endet, wenn alle Bilder von allen gewürdigt wurden.

**Alternativen**

**1.** Die S stellen sich gegenseitig die Fotos oder Zeichnungen der Einkaufsstraße ihrer Stadt vor und weisen auf Ähnlichkeiten und Unterschiede zwischen Deutschland und Frankreich hin. Da diese Phase weniger Zeit in Anspruch nimmt als die Erstellung und Präsentation von Plakaten, dient diese Option lediglich als Hinführung oder Überleitung zur nächsten Stunde, in der **Atelier A** bearbeitet wird.

**2.** Die S spielen **Dalli Klick**; dazu werden Fragmente einer deutschen bzw. französischen Einkaufstraße aufgedeckt und die S erraten, aus welchem Land das Foto stammt, oder es werden Bilder gezeigt, anhand derer die S einen Hinweis finden müssen, in welchem Land das Bild aufgenommen wurde. Hier können auch Fotos aus einem anderen Kulturkreis als Deutschland verwendet und in Beziehung zu Frankreich gesetzt werden (besonders geeignet bei S mit Migrationshintergrund).

## S. 16–18 Atelier A

**Préparation en 3 minutes**

- **Mitnehmen!** Schülerbuch, CD-Player, CD 1 (Tracks 15–20 und 31; MP3 17–22, 35), Overheadprojektor, Folie U1/2, Softball, Kopiervorlage 4, *Cahier d'activités*
- **Schülerbuch:** S. 16–18, Tafelbild 1
  **Neue Namen:** Marie und ihr Hund Moustique, Léo und sein Hund Malabar; S.P.A. (Schülerbuch, S. 147 *Vis-à-vis*)
- **Methodeneinsatz:** Fragekette (⟶ *Boîte à outils 13*), Vokabellernen (⟶ *Boîte à outils 14*)
- **Hausaufgabe:** Vokabelarbeit, tonträgergestütztes Echo-Lesen des Textes (⟶ *Boîte à outils 15*); *Cahier d'activités*, S. 10, Nr. 3, 4A

**Neue Wörter**

Moustique, et, Malabar, Viens!, papa, vite, Miaou!, Ouah!, S.P.A., Ça va, Je m'appelle, Qui est-ce?, Attention, Marie, non, Pardon, Salut!, Comment?, Tu t'appelles comment?, c'est, moi, je suis, toi, voilà, Léo

**Schritte zur Erarbeitung**

**Hinführung** (CD 1, Track 31; MP3 35)
S singen unterstützt vom Tonträger das Lied *Salut, ça va?*

**Problematisierung** (Schülerbuch, Folie U1/2)
S. 16–17: S sehen sich die Sequenzen auf der Folie an.

**Erarbeitung** (Schülerbuch, Folie U1/2, Tafelbild 1, CD 1)
Folie: Sukzessive Einführung von *Ouah. C'est Moustique. C'est Malabar. C'est Léo. C'est Marie.*, dabei auf die Figuren zeigen, vorsprechen, von einzelnen S nachsprechen lassen, Chorsprechen, Redefloskeln zur Begrüßung an die Tafel schreiben (Tafelbild 1).
S. 18, Nr. 4: Dialog in Partnerarbeit.
Softball zuwerfen, Dialog spielerisch als Fragekette üben (⟶ *Boîte à outils 13*).
S. 16–17: CD 1 (Tracks 15–19; MP3 17–21), Präsentation bei geöffneten Büchern. (⟶ Offene-Buch-Methode, S. 47)

**Sicherung** (Schülerbuch)
S. 16–17: Text in verteilten Rollen lesen.

**Festigung** (Schülerbuch, CD 1)
S. 18, Nr. 2 in Einzelarbeit, Austausch im Unterrichtsgespräch zum Kennenlernen der Lehrwerkfiguren. (Lösung ⟶ CD-ROM)
S. 18, Nr. 3 mit CD 1 (Track 20; MP3 22), in Einzelarbeit, dann im Unterrichtsgespräch. (Lösung ⟶ CD-ROM)
S. 18, Nr. 5 in Partnerarbeit, dann vorspielen (⟶ Zur Methodik; Lösung ⟶ CD-ROM)
**Hausaufgabe:**
1. Vokabeln abschreiben und lernen (⟶ *Boîte à outils 14*);
2. lautes *Echo-Lesen* des Textes mit Hilfe der CD (⟶ *Boîte à outils 15*);
3. *Cahier d'activités*, S. 10, Nr. 3, 4A (zur Arbeit mit dem *Cahier d'activités* ⟶ S. 48)

## Tipps und Tricks

**Zur Methodik**

Das **szenische Spiel** trägt zur Steigerung der Behaltensleistung bei. Jeder S soll bewusst nur „seinen" gewählten Ausdruck, diesen aber mehrmals und im Ausdruck variierend benutzen. Es ist wichtig, dass die S die Situation wirklich spielen, mit Bewegungen ausschmücken und die Mitteilungsabsicht durch Gesten unterstützen. Ziel der Inszenierung ist es, die gewählte Situation verständlich zu machen. Ein einfacher kleiner Strahler (oder auch eine Taschenlampe) als „Spotlight" und evtl. die Verdunkelung des Raumes kann die Theatralik steigern und zur Motivation beitragen. Bei Bedarf kann die Tafel als Requisite mit einbezogen werden.

**Boîte à outils 13**

### Fragekette

Der L stellt eine Frage, ein S beantwortet die Frage und stellt dieselbe Frage einem weiteren S. der sie beantwortet und sie danach einem weiteren S stellt. Um spontane Antworten zu fördern und einen Überraschungseffekt zu erzielen, kann der fragende S einem anderen S einen Softball zuwerfen, der dann die Frage beantwortet und weiterstellt.
Alternativ können im fortgeschrittenen Lernstadium Fragen von dem L auf Folie oder Karteikarten vorbereitet worden sein, die sich die S dann gegenseitig stellen.

**Boîte à outils 14**

### Vokabellernen

Da Französisch für die S in der Regel die zweite Fremdsprache ist, kennen sie bereits das Vokabellernen von ihrer ersten Fremdsprache her. Im Sinne fächerverbindenden Arbeitens ist es hilfreich, mit den S die **bereits bekannten Stragegien** zu thematisieren und für den Französischunterricht nutzbar zu machen. Dabei ist das Arbeiten mit Farbstiften und anderen Markierungsmöglichkeiten zu empfehlen, damit besondere Lernschwierigkeiten kenntlich gemacht und so im Laufe der Zeit besser behoben werden können. Es gibt verschiedene Möglichkeiten des Umgangs mit dem neuen Vokabular:

- **Zweispaltiges Vokabelheft** (zur Übersichtlichkeit und Lesbarkeit mindestens im DIN-A5-Format): links werden die französischen, rechts die deutschen Vokabeln (Nomen mit Genusangabe [am besten farblich markiert: blau für Maskulinum, rot für Femininum], Adjektive mit Genus und Numerus, Verben im Infinitiv mit ihren Ergänzungen) notiert. Kontexte können unterhalb des französischen Eintrags stehen mit der entsprechenden Übersetzung unterhalb des deutschen Eintrags.

**Boîte à outils 14**

- **Dreispaltiges Vokabelheft**: in der zusätzlichen dritten Spalte werden die neuen Vokabeln in einem Kontext notiert.
- **Karteikarten**: Die S notieren auf die eine Seite das französische Wort + Kontextbeispiel (grammatische Angaben wie bei den Vokabelheften), auf die Rückseite der Karteikarte notieren sie die deutsche Bedeutung und die Übersetzung des Kontextbeispiels.
- **Computerprogramme** wie z. B. Phase 6 (www.phase-6.de)
- Erstellen von ***mots images, filets de mots, centres thématiques***.

**Boîte à outils 15**

## Echo-Lesen

Die S hören abschnittsweise den Lektionstext von der CD. Sie lesen halblaut etwas zeitversetzt – also wie ein Echo – die entsprechenden Abschnitte. Diese Methode hilft den S, die Intonation und die Aussprache zu hören und direkt zu imitieren. Da die S dabei nicht von einer anderen Person kontrolliert werden, probieren sie Lautschemata aus und gewöhnen sich an die neue Sprache.

**Offene-Buch-Methode**

Da davon auszugehen ist, dass die S bereits aus dem Englischunterricht die Arbeit mit CDs kennen, bietet sich je nach Leistungsstärke der Lerngruppe die **Offene-Buch-Methode** an:
- Vorspielen der Szene von der CD bei geöffneten Büchern,
- Lesen in verteilten Rollen,
- Auflegen der Folie bei geschlossenen Büchern,
- L-S-Dialog, PA und/oder als Fragekette üben.

**Der besondere Tipp**

Um die S noch stärker mit der Begrüßungsituation vertraut zu machen und um ihnen die Möglichkeit zu geben, vertraute französische Vornamen wiederzuerkennen und neue hinzulernen, bekommen die S in der Festigungsphase vom L ausgeschnittene, am besten laminierte **Namenskarten** (⟶ Kopiervorlage 4) und erhalten so kurzfristig eine andere Identität. Die S fragen sich nun gegenseitig nach ihren neuen Namen. Die Karten können beliebig oft ausgetauscht und auch in anderen Stunden verwendet werden. Zu diesem Zeitpunkt sollten nur die Karten ausgewählt werden, deren Namen die S korrekt aussprechen können.

**Boîte à outils 16**

## Namenskarten

**Spielregeln** (Alternativen, s. u.)
- Zieht eine Karte (die Mädchen eine Mädchen-, die Jungen eine Jungenkarte). Spielt so, als wäre das euer Name. Wenn ihr nicht wisst, wie er ausgesprochen wird, fragt euren Lehrer/eure Lehrerin.
- Fragt euch jetzt gegenseitig nach eurem neuen Namen.
- Sucht einen Partner, mit dem ihr die Namenskarte austauscht. Wiederholt den Vorgang mindestens fünfmal.

**Alternative Spielmöglichkeiten mit Namenskarten**
1. Die Namenskarten werden nicht auseinandergeschnitten, sondern auf Folie kopiert. Der L oder die S zeigen auf die Namen, die S fragen sich gegenseitig nach den vorgegebenen Namen.
2. Die S bereiten selber Karten mit französischen Namen vor, die sie aus dem Fernsehen, der Presse usw. kennen.
3. Die S spielen zu dritt, viert oder fünft. Zwei S sprechen miteinander und stellen einander die anderen S der Gruppe vor. Beispiel:
   – *Salut, Marie. C'est Pascal.* Pascal: – *Salut, Marie.*

**Das *Cahier d'activités***

Wenn Aufgaben im *Cahier d'activités* in häuslicher Arbeit erledigt werden sollen, muss entweder der L die Aufgabenstellung erläutern oder die S schauen sich die Aufgabe kurz an bzw. lesen die Aufgaben laut vor, damit sie Unklarheiten noch im Unterricht klären und dann zu Hause die Aufgaben problemlos bewältigen können.

**Tafelbild 1**

| | | |
|---|---|---|
| Tu t'appelles comment? | Et toi? | Qui est-ce? |
| Je m'appelle … | Moi, je suis … | C'est … |
| (Moi,) Je suis … | Moi, je m'appelle … | |

## S. 19–21 Atelier B (1)

**Préparation en 3 minutes**

- **Mitnehmen!** Schülerbuch, *Cahier d'activités*, CD-Player, CD 1 (Tracks 21–23, 25 u. 27; MP3 23–25, 28), Overheadprojektor, Folie U1/3, bunte Kreide
- **Schülerbuch:** S. 19 und Übungen S. 20–21, Nr. 4 + 6, S. 124 Nr. 1; Tafelbilder 2 + 3
- **Methodeneinsatz:** Fragekette (⟶ *Boîte à outils 13*)
- **Grammatik:** unbestimmter Artikel Singular, *être* (Singular)
- **Hausaufgabe:** *Cahier d'activités*, S. 11, Nr. 5 + 6; S. 13, Nr. 9

**Neue Wörter**

bizarre, un/une, un chat, un chien, mais, oui, bien, merci, ici, tu es, de/d', aussi, super, un garçon, une fille, il/elle est, fantastique

**Schritte zur Erarbeitung**

**Hinführung** (*Cahier d'activités*)
Hausaufgabe durchsprechen: S. 10, Nr. 3, 4A. (Lösung ⟶ CD-ROM)
Fragekette (⟶ *Boîte à outils 13*): *– Tu t'appelles comment? – Je suis … – Et toi? – Je m'appelle … – Qui est-ce? – C'est …*

**Problematisierung** (Schülerbuch, Folie)
S. 19: Präsentation der Folie U1/3. L zeigt auf die Personen und fragt, wer diese sind; S benennen sie.

**Erarbeitung** (Folie U1/3, Tafelbilder, Schülerbuch, CD 1)
S. 19: neuen Wortschatz einführen, möglichst in kleinen Kontexten. S sprechen erst einzeln, dann im Chor nach. Sukzessiv Tafelbilder 2 und 3 erstellen, blau für maskulin und rot für feminin verwenden. (⟶ Zur Methodik 1)
Bild 1/Tafelbild 2: L zeigt auf die Tiere:
*Malabar est un chien. Et Moustique? C'est un chien./C'est un chien aussi.*
*Voilà Malou. C'est un chat.*
Bild 2/Tafelbild 3: *– Salut, Marie! Ça va? – Oui, ça va bien, merci.*
Bild 3/Tafelbild 3: L-S-Dialog: *– Je suis de … Et toi, tu es de … ?/*
*Tu es de … ?/Tu es d'ici? – Je suis de …/Oui, je suis de …/Oui, je suis d'ici.*

Abschnitt 5: L zeigt auf Léo und Marie und spricht vor, S sprechen nach:
*Léo est un garçon. Il est de Paris. Marie est une fille. Elle est de Paris.*
S. 19: Text bei geöffneten Büchern vorspielen (CD 1, Track 21–23; MP3 23–25), *Bizarre, fantastique, super* sind aus dem Deutschen und evtl. aus dem Englischen erschließbar; Aussprache sichern. (⟶ Alternative)

**Sicherung** (Schülerbuch)
Lesen von 1–3 in verteilten Rollen, 5 = Erzähler.

**Festigung** (Schülerbuch, CD 1)
S. 20, Nr. 4 in Partnerarbeit; S. 21, Nr. 6 mit CD 1 (Track 27; MP3 31) im Unterrichtsgespräch und/oder Einzelarbeit, Ergebnisse im Unterrichtsgespräch zusammenfassen. (Lösung ⟶ CD-ROM)
**Hausaufgabe:** *Cahier d'activités*, S. 11, Nr. 5 + 6; S. 13, Nr. 9 (⟶ leichtere Differenzierungsübung, S. 18, Nr. 2; ⟶ Zur Methodik 2)

## Tipps und Tricks

**Zur Methodik**

**1.** An dieser Stelle wird erstmalig die **Genusmarkierung** in blauer Farbe für **maskulin** und in roter Farbe für **feminin** vorgenommen. Diese Auszeichnung zieht sich durchs ganze Lehrwerk hindurch (insbesondere im Vokabular ab S. 144), sie wird ebenso im Grammatischen Beheft und überall dort, wo es um die Differenzierung des Genus geht, verwendet.
**2.** *Cahier d'activités*, S. 11, Nr. 6, zeigt den S, wie sie die *Liste des mots* im Schülerbuch (S. 188–197) als Hilfsmittel verwenden können. Je nach Selbstständigkeit der S kann es notwendig sein, diese in der Hausaufgabe zu übende *stratégie* (Nachschlagen in der alphabetischen Wortliste) im Vorfeld zu erläutern.
Außerdem sollte den S erklärt werden, wie sie sich durch das GBH oder die Signalgrammatik im Schülerbuch helfen lassen bzw. die Grammatik vertiefen können.

**Alternative**

Schülerbuch, S. 19, Erarbeitung durch die **Offene-Buch-Methode** (S. 47):
- Vorspielen der Szene von der CD bei geöffneten Büchern,
- Erarbeitung des neuen Wortschatzes, Chorsprechen, sukzessiver Tafelanschrieb,
- Bewusstmachung der Grammatik aufgrund der farbigen Tafelbilder,
- Lesen in verteilten Rollen,
- Auflegen der Folie bei geschlossenen Büchern,
- L-S-Dialog, Fragekette.

**Doppelstunde**

Schülerbuch, S. 20, Nr. 2: Zur Vertiefung des erarbeiteten Stoffes und um einer Ermüdung der S vorzubeugen, wird der Rap ***Moustique et Malabar*** bei geschlossenen Büchern von der CD vorgespielt (CD 1, Track 25; MP3 28); neue Wörter: *un copain/une copine* ⟶ in das Tafelbild 2 eingetragen. Die S hören zunächst zu und singen beim wiederholten Vorspielen den Rap mit. Im Anschluss bearbeiten sie im Schülerbuch, S. 20, Nr. 3 schriftlich. (Lösung ⟶ CD-ROM)

**Differenzierung**

Schülerbuch, S. 124, Nr. 1: zusätzliche Übung zur Lexik in Partnerarbeit. (Lösung ⟶ CD-ROM)

**Der besondere Tipp**

Schülerbuch, S. 20, Nr. 2: Da die ***liaison*** den S weder vom Deutschen noch vom Englischen her vertraut ist, kann sie mit der Durchnahme des Raps behandelt werden; die Bindung sollte entsprechend visualisiert werden: *C'est‿une copine. C'est‿un copain.*
Weitere Visualisierungsmöglichkeiten:
*Léo est‿un garçon. C'est‿un garçon. – Marie est‿une fille. C'est‿une fille.*

**Tafelbild 2**

| **un** | **une** | **un** | **une** |
|---|---|---|---|
| **un** chien<br>**un** chat | | **un** copain | **une** copine |
| **un** garçon | **une** fille | **un** monsieur | **une** dame |

**Tafelbild 3**

| | | être |
|---|---|---|
| Salut, ça va?<br>Oui, ça va.<br>ça va bien.<br>ça va bien, merci. | Tu es de Paris?<br>Oui, je suis de Paris.<br>Et toi, tu es de …? | je suis<br>tu es |
| | Léo est de Paris.<br>Il est de Paris.<br>Marie est de Paris.<br>Elle est de Paris. | il est<br>elle est |

**Stärkung der Lernerautonomie**

Um das selbstständige Arbeiten der S zu fördern, wird die Lerngruppe geteilt. Eine Gruppe übt den Rap ein (S. 20), die andere Gruppe übt das sinndarstellend, phonetisch und intonatorisch korrekte Lesen des Textes *C'est bizarre, Malabar!* (S. 19). Diese Vorgehensweise ist besonders dann möglich, wenn ein Referendar oder eine Referendarin einbezogen werden kann; bei sehr guten Klassen können die S auch ohne Anwesenheit eines L üben. Günstig ist es, wenn zwei Räume und zwei CD-Player mit zwei CDs zur Verfügung stehen. Nach einer Erarbeitungsphase von etwa zehn Minuten kommen die beiden Gruppen wieder im Plenum zusammen und tragen einander den Rap bzw. den Text vor. Die S, die nicht vortragen, können die anderen z. B. anhand folgender Kriterien auf einem vorbereiteten Arbeitsblatt beurteilen:

| | + + | + | +/– | – | – – |
|---|---|---|---|---|---|
| Präsentation | | | | | |
| Aussprache | | | | | |
| Verständlichkeit | | | | | |
| Körpersprache | | | | | |
| Motivation | | | | | |

Zum Schluss überlegen die jeweils präsentierenden S mit Hilfe des L:

Das möchte ich beibehalten: ______________________________

Das kann ich tun, um mich zu verbessern: ______________________________

# S. 21 Atelier B (2)

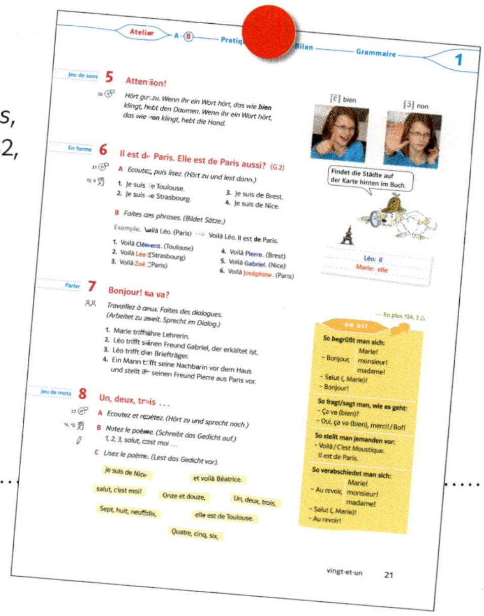


**Préparation en 3 minutes**

- **Mitnehmen!** Schülerbuch, *Cahier d'activités*, CD-Player, CD 1 (Tracks 26, 28, 32; MP3 30, 32, 36), Overheadprojektor, Folie U1/3
- **Unterrichtsschwerpunkt:** Aussprache der Nasale, Begrüßung und Verabschiedung, *être* (Singular), Tafelbild 4
- **Schülerbuch:** S. 21, Nr. 5, 7, 8
- ***Cahier d'activités*:** S. 12, Nr. 7 + 8, S. 14, Nr. 11 + 12
- **Hausaufgabe:** *Cahier d'activités*, S. 13, Nr. 10

**Schritte zur Erarbeitung**

**Hinführung** (Schülerbuch, Folie U1/3, *Cahier d'acitivités*)
Hausaufgabe besprechen:
*Cahier d'activités*, S. 11, Nr. 5 + 6; S. 13, Nr. 9
S. 18, Nr. 2 = leichtere Differenzierungsübung (Lösung ⟶ CD-ROM)
Schülerbuch, S. 19: Folie auflegen und beschreiben lassen.

**Problematisierung**
Auf Aussprache der Nasale hinweisen: [ɔ̃] [ɑ̃] [ɛ̃]

**Erarbeitung** (Schülerbuch, *Cahier d'activités*, CD 1)
Schülerbuch, S. 21, Nr. 5 mit CD 1 (Track 26; MP3 30) in Einzelarbeit (Lösung ⟶ CD-ROM); *Valentin, cousin, balcon, bonbon* sind zwar noch nicht eingeführt, die Lautung kann aber zugeordnet und die Bedeutung erschlossen werden.
*Cahier d'activités*, S. 12, Nr. 7 (CD 1, Track 32; MP3 36): A in Einzelarbeit, B in Gruppenarbeit: singen oder im Chor nachsprechen, Nr. 8 in Einzelarbeit (Lösung ⟶ CD-ROM ⟶ leichtere Differenzierungsübung, Cahier, S. 18, Nr. 3: im Partnerdiktat werden mit Sicherheit Nasale vorkommen. (Lösung ⟶ *Cahier d'activités* S. 99/CD-ROM)

**Sicherung** (Schülerbuch, *Cahier d'activités*, CD 1, Track 28; MP3 32)
Schülerbuch, S. 21, Nr. 8: A ein Reimpaar nach dem anderen im Chor sprechen, B Einzelarbeit, schriftlich, C Gedicht vorlesen, Korrektur durch die S, die nicht vorlesen. (⟶ Zur Methodik; Lösung ⟶ CD-ROM)
*Cahier d'activités*, S. 14, Nr. 12A in Einzelarbeit. (Lösung ⟶ CD-ROM)
(⟶ leichtere Differenzierungsübung, *Cahier d'activités*, S. 18, Nr. 4)

**Festigung** (*Cahier d'activités*, Schülerbuch, Tafelbild 4)
*Cahier d'activités*, S. 14, Nr. 11 enthält Wörter, die für Gespräche wichtig sind, in denen man sich begrüßt, nach dem Befinden fragt und sich verabschiedet. Die S benennen diese Wörter, der L strukturiert sie so an der Tafel, dass das Tafelbild 4 entsteht (entspricht Schülerbuch, S. 21, Nr. 7: die Wörter *On dit*; *madame* und *Bof!* werden ergänzt). (Lösung ⟶ CD-ROM)
Schülerbuch, S. 21, Nr. 7: Bearbeitung der Aufgabe in Partnerarbeit, Präsentation im Plenum (Lösung ⟶ CD-ROM); schwierigere Differenzierungsübung zum Schreiben, S. 124, Nr. 2 (Lösung ⟶ CD-ROM)
**Hausaufgabe:** *Cahier d'activités*, S. 13, Nr. 10

## Tipps und Tricks

**Zur Methodik**

Schülerbuch, S. 21, Nr. 8B: Nach einmaligem Anhören und Nachsprechen können die Reimpaare mit Hilfe der farblichen Entsprechung (Nr. 8C) zugeordnet und notiert werden. Das Ausschreiben der Zahlwörter ist kein Lernziel; daher sollen die S die Zahlen in Ziffern aufschreiben. Beim Vorlesen müssen sie dann erneut verbalisiert werden. Es ist auch möglich, das Gedicht als Hausaufgabe auswendig lernen zu lassen.

**Tipps**

Kreatives Arbeiten, Erfinden und Spielen von Dialogen, methodische Vielfalt erfordern **viel Zeit**. Die S arbeiten z.T. akribisch genau und müssen in der 6. Klasse an viele Methoden behutsam herangeführt werden. Daher hängt es von der Zahl der Unterrichtsstunden und von ihrer Anordnung in der Stundentafel ab, wo Schwerpunkte gesetzt werden. Für eine **Einzelstunde** ist **eine Phase**, in der die S eigenständig etwas entwickeln, sinnvoll (hier z. B. die Erarbeitung und Präsentation von Dialogen in Anlehnung an Schülerbuch, S. 21, Nr. 7). In einer **Doppelstunde** dagegen bieten sich **zwei kreative Phasen** an, damit die S motiviert weiterarbeiten und über den längeren Zeitraum hin einen adäquaten Lernfortschritt erzielen.

**Nasale**

Schülerbuch, S. 21, Nr. 5: Die S kennen die **Nasale** weder vom Deutschen noch vom Englischen. In dieser Diskriminierungsübung lernen die S sorgfältig zwischen [ɛ̃] *und* [ɔ̃] zu unterscheiden. *Cahier d'activités*, S. 12, Nr. 7 ergänzt das Schülerbuch, indem alle drei Nasale kontrastiert werden: [ɛ̃], [ɑ̃], [ɔ̃].
*Cahier d'activités*, S. 12, Nr. 8 weist auf die Hilfestellungen der Lautschrift im Hinblick auf die Verschriftlichung der Nasale hin.

**Der besondere Tipp**

Da Nasale eine besondere Lernschwierigkeit darstellen, muss hier besonders **kleinschrittig** gearbeitet werden. Das Anhören der Laute mit geschlossenen Augen erhöht deutlich die Konzentration mit dem Ziel der Lautdiskriminierung. Erst danach wird das aktive Nachsprechen geprobt. Die Aussprache der Nasale fällt leichter, wenn man den **Kopf in den Nacken** legt.

**Doppelstunde**

Um die Motivation der S für eine längere Zeit aufrecht zu erhalten, ist in einer Doppelstunde besonders auf **methodische Vielfalt** zu achten. Daher sollte vor der Festigungsphase im Anschluss an die Bearbeitung der Nr. 12A im *Cahier d'activités*, S. 14 der B-Teil bearbeiten werden. Hier üben sich die S im kreativen Schreiben und gestalten ihre erarbeiteten Sätze durch Zeichnungen. Dies erhöht zum einen die Konzentration im Hinblick auf die Festigungsphase, zum anderen entsteht ein Produkt, das die S in ihrem

**Portfolio-Ordner**

**Portfolio-Ordner** abheften können. Diese Aufgabe ist auch eine Vorübung für das ***dico personnel*** (⟶ *Cahier d'activités* im Anschluss an S. 96).

**persönlicher Wortschatz**
**Mon dico personnel**

Auf einem Karton zum Heraustrennen und zum Abheften im Portfolio-Ordner können die S lektionsbezogen einen **persönlichen Wortschatz** notieren (z. B. Wörter, die für sie in bestimmten Situationen besonders wichtig sind). Dieses ***dico personnel*** kann in den Folgebänden verstärkt zur Systematisierung von Wortschatz ausgebaut werden. Vorschläge zum ***dico personnel*** befinden sich am Ende jeder *Unité* zusammen mit der Portfolio-Aufgabe und im Vokabelteil des Schülerbuchs. Die entsprechenden Wörter sind im Vokabular in blauer Handschrift markiert und sind als beispielhaft zu verstehen, sie zählen nicht zum Lernwortschatz.

**Differenzierung**

In dieser Einheit können sich Unterschiede im Arbeitstempo und im Lernfortschritt der S zeigen. Daher kann es sinnvoll sein, dass die langsameren S weder in der Erarbeitungs- noch in der Sicherungsphase die Nr. 8, S. 12 im *Cahier d'activités* bearbeiten, sondern die leichteren Differenzierungsübungen S. 18, Nr. 3 bzw. Nr. 4.

**Tafelbild 4**

| So begrüßt man sich: | So fragt und sagt man, wie es geht: | So verabschiedet man sich: |
|---|---|---|
| – Bonjour, monsieur! / madame! / Marie! | – Ça va (bien)? | – Au revoir, monsieur! / madame! / Marie! |
| | – Oui, ça va (bien), merci! | |
| | – Bof! | |
| – Salut (, Marie)! | | – Salut (, Léo)! |
| – Bonjour! | | – Au revoir! |

Vor der Bearbeitung der Aufgaben zu *Pratique* die **Hausaufgabe** *Cahier d'activités*, S. 13, Nr. 10 besprechen. (Lösung ⟶ CD-ROM)

## S. 22–23 Pratique: tâches

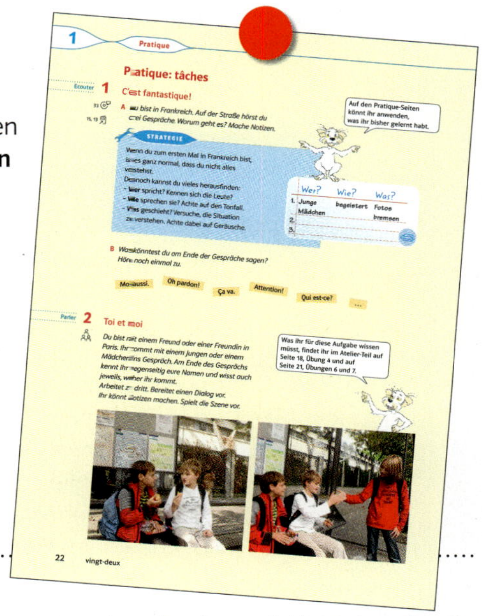
Pratique: tâches
C'est fantastique!
Toi et moi
22 vingt-deux

In *Pratique* tritt die fiktive Lehrbuchwelt zurück. Die S wenden die in *Atelier* erworbenen Kompetenzen in realitätsbezogenen **Aufgaben** an und entwickeln sie auf diese Weise weiter. Die Didaktisierung sowie angebotene Hilfestellungen treten sukzessive zurück, die Problemlösung tritt in den Vordergrund. Unbekannte Wörter in Dokumenten und Lesetexten zählen nicht zum Lernwortschatz. Die jeweils letzte Aufgabe in *Pratique* ist eine **Portfolio-Aufgabe.** Sie zielt auf ein Produkt, das dem zu Beginn der *Unité* genannten Ziel entspricht.

**Ecouter** — **Schülerbuch, S. 22, Nr. 1**
Beim Hören und Verstehen von Gesprächen kommt es darauf ankommt, Verstehensinseln herauszufinden und sich daran zu orientieren; daher mit den S die *Stratégie* und die W-Fragen besprechen.
S übertragen die Tabelle (⟶ Tafelbild 5) in ihre Hefte.
S hören den Text von der CD 1 (Track 29; MP3 33) und bearbeiten anschließend den A-Teil in Einzelarbeit, tragen die Ergebnisse zusammen und tauschen sich im Untergespräch darüber aus. (Lösung ⟶ CD-ROM)

**Ecouter et regarder** — ***Cahier d'activités*, S. 15, Nr. 13**
Aufgabe A vor dem Anhören, dann B in Einzelarbeit, CD 1 (Tracks 34–36; MP3 38–40) oder Video-DVD ansehen. (Lösung ⟶ CD-ROM)
**DELF** — Falls die S das *Cahier* mit CD-ROM gekauft haben, können die Szenen auch komplett als Video angeschaut werden. Die Übung dient auch der Vorbereitung auf **DELF**. Die Methodik zum **Hörverstehen** ist so angelegt: *Unité 1:* Globalverstehen, *Unité 2:* selektives Verstehen; *Unité 3:* Detailverstehen.

**Parler** — **Schülerbuch, S. 22, Nr. 2**
Durchführung u. U. durch Verwendung einer **Evaluationstabelle** (⟶ Stärkung der Lernerautonomie, S. 50; Lösung ⟶ CD-ROM)
In dieser Aufgabe sind die Lernziele der vorausgehenden Atelier-Übungen S. 18, Nr. 4 sowie S. 21, Nr. 6+7 integriert. Die Arbeitsanweisung ist global formuliert. Soll dennoch kleinschrittig gegliedert werden, kann der Auftrag als Checkliste an die Tafel geschrieben werden: Begrüßung/Fragen, wie es jemandem geht/Herkunft/Vorstellen des Partners/Verabschiedung.

***Cahier d'activités*, S. 15, Nr. 14**
Ein S übernimmt die Rolle *Toi*, der/die andere *Ta/Ton partenaire*. Nach einem Durchgang werden die Rollen gewechselt. Die Sätze in den gelben Feldern werden ins Französische übertragen. *Toi* beginnt, dann antwortet *Ta/Ton partenaire*. L schreibt einige frz. Namen deutscher Städte an die Tafel: *Munich, Hambourg, Cologne*, … und weist auf die frz. Aussprache von Berlin hin.

**Lire**

**Schülerbuch, S. 23, Nr. 3, Folie U1/4**
Bei dieser Aufgabe geht es um das Erschließen der Bedeutung von unbekannten Wörtern bzw. um das **globale Leseverstehen**. Die Methodik zum Leseverstehen ist wie die zum Hörverstehen angelegt: *Unité 1:* Globalverstehen, *Unité 2:* selektives Verstehen; *Unité 3:* Detailverstehen.
***Cahier d'activités*, S. 16, Nr. 15**
**A** ist eine Verstärkungsübung zum Schülerbuch, s. hierüber. S. 19, Nr. 5 ist eine anspruchsvollere Übung.
**B** ist eine einfache *Médiation*-Aufgabe: Die S erklären ihren Eltern oder anderen, die kein Französisch können, warum sie sich für welche Wahl in den Situationen 1 und 2 entschieden haben.

**Portfolio**

**Schülerbuch, S. 23, Nr. 4; *Cahier d'activités*, S. 16, Nr. 16**
Die S erstellen zur Dokumentation dessen, was sie schon können (Kompetenzerwartung), als Abschluss der Lektion ein Blatt, ein Plakat oder eine Folie, auf dem/der sie sich, ihre Freunde und ihr Lieblingstier vorstellen. Die Aufgabe kann auch als **Langzeithausaufgabe** erteilt werden. Sie dient dazu, die S zu selbstorganisiertem Lernen anzuregen und Lernprozesse langfristig in Gang zu setzen und aufrecht zu erhalten. Im vorliegenden Fall können die S nach Fotos und Bildern suchen, ggf. selber Fotos von ihren Freunden und ihrem Lieblingstier machen, so dass dann ein ansprechendes, vielseitiges Plakat oder eine Folie entsteht, auf dem die Bilder und Dialoge erscheinen, die entweder in der Klasse aufgehängt oder im Portfolio-Ordner abgeheftet werden können.

**DELF**

Die Übung im *Cahier d'activités* dient auch der Vorbereitung auf die **DELF**-Prüfung.

**Der besondere Tipp**

Um Gruppenarbeit effizient zu gestalten, werden von der Lerngruppe einige **Fehlerwächter** bestimmt (⟶ *Boîte à outils 17*). Ihre Aufgabe ist es, z. B. bei Schülerbuch, S. 22, Nr. 2 auf die sprachlichen Fehler der präsentierenden Gruppe zu achten und diese im Anschluss an das Vorspielen zu korrigieren. Die übrigen S arbeiten wieder mit einer Evaluationstabelle, in der sie ihren Eindruck von der Präsentation notieren.

**Boîte à outils 17**

## Fehlerwächter

Damit der L seine Verantwortung für die Korrektur der Fehler zeitweise an die S abgeben kann (Förderung der Lernerautonomie), wird zusammen mit der Lerngruppe für bestimmte Phasen ein Fehlerwächter bestimmt. Diese Person achtet beim Vortragen von Ergebnissen auf die sprachlichen Fehler, die die Präsentierenden machen und macht sich dazu Notizen.
Im Anschluss an die Präsentation nennt der Fehlerwächter die jeweils korrekte Form und lässt diese nachsprechen. Zu Beginn der Spracherwerbsphase ist auch Chorsprechen sinnvoll. Der L übernimmt in dieser Phase die Rolle des Moderators und lässt die S weitestgehend selbstständig agieren.
Für diese Phase ist ein gutes soziales Klima in der Lerngruppe wichtig und es ist darauf zu achten, dass einzelne S nicht ausgegrenzt werden.
Es können für eine Phase auch mehrere Fehlerwächter zu bestimmen.

**Tafelbild 5**

| Szene | Wer? | Wie? | Was? |
|---|---|---|---|
| 1 | | | |
| 2 | | | |
| 3 | | | |

**Stärkung der Mündlichkeit**

Zur Stärkung der Mündlichkeit dienen die Kopiervorlagen 5 + 6 (⟶ *Boîte à outils 18*), die zusätzlich zu den im Schülerbuch und im *Cahier d'activités* angebotenen Aufgaben und vor allem in einer Doppelstunde zur Aufrecherhaltung der Aufmerksamkeit eingesetzt werden können. Die S schneiden die Fragekarten aus und arbeiten in Partnerarbeit. Abwechselnd ziehen die S eine Karte und stellen dem Partner die Frage. Die erwarteten Lösungen stehen unten auf der jeweiligen Karte in Klammern. Dieser Dialog ist zwar nur bedingt kontextorientiert, garantiert aber ein **hohes Maß an Sprachproduktion aller S** im Unterricht. Durch die nach dem Zufallsprinzip gezogenen Karten wird dabei das spontane Reagieren auf Fragen gefördert.
Die Übung passt inhaltlich zum *Pratique*- oder *Bilan*-Teil.

**Boîte à outils 18**

## Fragekarten

Jeder S bekommt einen Bogen mit vorbereiteten Karten. Auf jeder Karte steht eine Frage und in Klammern die erwartete Antwort. Die Karten werden ausgeschnitten und auf einen Stapel gelegt.
Die S arbeiten mit ihren Nachbarn. Zunächst wird eine Karte vom ersten Stapel gezogen und dem Nachbarn die daraufstehende Frage gestellt. Dieser prüft, ob die Antwort richtig ist. Wenn ja, bekommt er die Karte und ihm wird noch eine Frage gestellt. Ist die Antwort nicht richtig, wird die Karte unter den Stapel gelegt und der Nachbar stellt eine Frage. Jeder darf maximal dreimal hintereinander ziehen. Gewonnen hat, wer am Schluss die meisten Karten hat.

**Lernen durch Lehren (LdL)**

Der L stellt am Endes des *Pratique*-Teils fest, dass einige S noch ein paar Schwierigkeiten haben und andere S alles verstanden haben. Daher bittet er einige S, die nach seiner Einschätzung und nach Selbsteinschätzung der S das bislang Bearbeitete beherrschen, eine Expertengruppe zu bilden. Der L erläutert den S die Methode **Lernen durch Lehren** (⟶ *Boîte à outils 19*).

Beispielhafte Durchführung einer Unterrichtsequenz:
**Aufgabe der Expertengruppe:** Aufbereitung der Wiederholung von GA 1 und 2 im GBH und/oder in Anlehnung an die signalgrammatische Darstellung im Schülerbuch, S. 25; Vorbereitung/Auswahl der *Bilan*-Übungen, Schülerbuch, S. 24–25, Nr. 3; *Cahier d'activités*, S. 17, Nr. 1 + 4.
**Übrige Gruppe:** Bearbeitung der leichteren Differenzierungsübungen im Cahier, S. 18, Nr. 2 + 3 (sofern nicht vorher schon behandelt). Die S erhalten zur Selbstkontrolle ein Lösungsblatt.
**Expertengruppe:** Moderation der Wiederholung (GA 1 + 2) in der Gesamtgruppe.
**Gesamte Gruppe:** Bearbeitung der von der Expertengruppe ausgewählten Aufgaben.

**Boîte à outils 19**

### Lernen durch Lehren (LdL)

Diese Methode dient der **Förderung selbstständigen Arbeitens**. Die S übernehmen zeitweise die Lehrerrolle, bereiten eigenständig Unterrichtsinhalte vor und präsentieren sie dann der gesamten Lerngruppe. Eine **Expertengruppe** übernimmt nach einer Erarbeitungsphase, in der sie sich mit dem zu präsentierenden Inhalt vertraut macht und überlegt, wie sie ihn präsentiert, die Moderation des Unterrichts.
Grundidee ist, dass z. B. durch die selbstständige Erarbeitung und Präsentation von Wortschatz oder Grammatik eine tiefere Verankerung und Vernetzung des Wissens stattfindet und dass durch die veränderte Rollenverteilung in einer Lerngruppe die Aufmerksamkeit der S geschärft wird.
LdL bedarf gründlicher Vorbereitung und sollte sukzessive eingeführt werden, damit die S in ihrer Rolle nicht überfordert werden (zu Beginn sollte man sich noch auf kurze Sequenzen beschränken).

## S. 24–25 Bilan

Im *Bilan*-Teil überprüfen die S ihre in dieser *Unité* erworbenen Fertigkeiten **selbstständig**. Kopiervorlagen zur **Diagnose**, zum **Fördern** und zur **Differenzierung** befinden sich en bloc im hinteren Teil dieses Buches – im Anschluss an die *Unités*.
Lösungsbögen zu den Kopiervorlagen befinden sich auf der CD-ROM zum Ausdrucken und Weitergabe an die S.

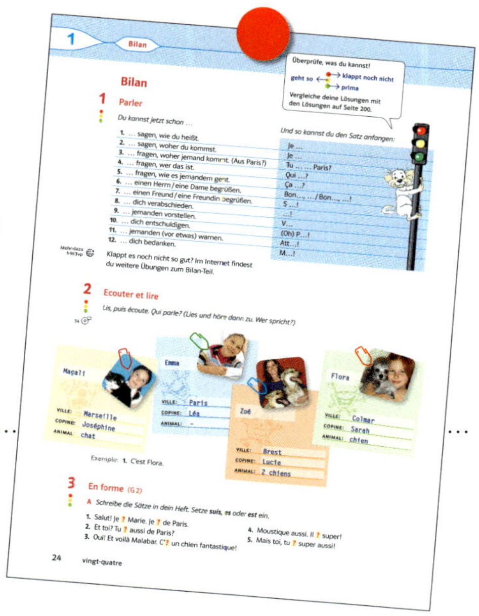
1 Bilan

Bilan

Überprüfe, was du kannst!
geht so – klappt noch nicht – prima
Vergleiche deine Lösungen mit den Lösungen auf Seite 200.

1 Parler

*Du kannst jetzt schon …*

1. … sagen, wie du heißt.
2. … sagen, woher du kommst.
3. … fragen, woher jemand kommt. (Aus Paris?)
4. … fragen, wer das ist.
5. … fragen, wie es jemandem geht.
6. … einen Herrn / eine Dame begrüßen.
7. … einen Freund / eine Freundin begrüßen.
8. … dich verabschieden.
9. … jemanden vorstellen.
10. … dich entschuldigen.
11. … jemanden (vor etwas) warnen.
12. … dich bedanken.

*Und so kannst du den Satz anfangen:*
Je …
Je …
Tu … … Paris?
Qui …?
Ça …?
Bon… … / Bon… …!
S …!
…!
V…
(Oh) P…!
Att…!
M…!

Mehr dazu h963vp

Klappt es noch nicht so gut? Im Internet findest du weitere Übungen zum Bilan-Teil.

2 Ecouter et lire

*Lis, puis écoute. Qui parle? (Lies und hör dann zu. Wer spricht?)*

Magali – VILLE: Marseille – COPINE: Joséphine – ANIMAL: chat
Emma – VILLE: Paris – COPINE: Léa – ANIMAL: –
Zoé – VILLE: Brest – COPINE: Lucie – ANIMAL: 2 chiens
Flora – VILLE: Colmar – COPINE: Sarah – ANIMAL: chien

Exemple: 1. C'est Flora.

3 En forme (G 2)

A *Schreibe die Sätze in dein Heft. Setze* **suis**, **es** *oder* **est** *ein.*

1. Salut! Je ? Marie. Je ? de Paris.
2. Et toi? Tu ? aussi de Paris?
3. Oui! Et voilà Malabar. C'? un chien fantastique!
4. Moustique aussi. Il ? super!
5. Mais toi, tu ? super aussi!

24 vingt-quatre

**Selbsteinschätzung/ Autoevaluation**

Die S nehmen ihre Selbsteinschätzung hinsichtlich der geforderten Kompetenz vor (rot für „klappt noch nicht", gelb für „geht so", grün für „prima"), machen dann die Übung und überprüfen im Anschluss, ob ihre Selbsteinschätzung richtig war; die Lösungen sind sowohl im Schülerbuch als auch im *Cahier d'activités* auf den Seiten 200–204 bzw. 99–105 abgedruckt, ebenso auf der CD-ROM.
Die ***En plus*-Übungen** des *Cahier d'activités* (Lösungen S. 99–105) dienen dazu, bei diagnostizierten Problemen diese zu beheben und dazu gezielt Übungsmaterial zur Verfügung zu haben; der *En plus*-Teil enthält neben leichteren auch schwierigere Übungen zur Differenzierung. Bei den Aufgaben des *Cahiers* sind Querverweise zu den entsprechenden *En plus*-Übungen vermerkt.

**Parler**

**Schülerbuch, S. 24, Nr. 1**
Die S schätzen sich selbst ein und bearbeiten die Übung. (Lösung ⟶ S. 200 oder CD-ROM)

**Parler et écrire**

***Cahier d'activités*, S. 17, Nr. 1**
Schreiben der wichtigsten Redemittel der *Unité 1*: Begrüßen, verabschieden, nach dem Namen fragen, sich vorstellen, jdn. vorstellen, jdn. beschreiben, Herkunft angeben. (Lösung ⟶ CD-ROM)

| | |
|---|---|
| **Differenzierung** | Leichtere Differenzierungsübung ⟶ *En plus 1, 3* und 4. (Lösung ⟶ S. 99 oder CD-ROM) *En plus* 1: Schreiben von frz. Sonderzeichen, die vorher vom L im Unterricht erklärt werden. *En plus* 3: Übung für Aufgaben, bei denen es gezielt um das orthografisch korrekte Schreiben geht. *En plus* 4: Übung zum Schreiben der „kleinen Wörter". (Lösung ⟶ *Cahier d'activités* S. 99/CD-ROM) |
| **Ecouter et lire** | **Schülerbuch, S. 24, Nr. 2**<br>Erschließen und Zuordnen von Laut (CD 1, Track 30; MP3 34) und Schrift; Städtenamen aus Hörverstehenstext heraushören und erkennen. (Lösung ⟶ S. 200 oder CD-ROM) |
| **Lire**<br><br>**DELF** | ***Cahier d'activités*, S. 17, Nr. 2**<br>Verstehen auf Grund von Ähnlichkeiten zwischen den Sprachen, besonders Globalverstehen in einer Situation; bereitet auf die **DELF**-Prüfung vor. (Lösung ⟶ *Cahier d'activités* S. 99/CD-ROM)<br>Schwierigere Differenzierungsübung in *En plus 5*, S. 19. (Lösung ⟶ *Cahier d'activités* S. 99/CD-ROM) |
| **Ecouter et regarder** | ***Cahier d'activités*, S. 17 Nr. 3**<br>Übung zum globalen Hör-Seh-Verstehen, Text-Bild-Zuordnung; bereitet auf die **DELF**-Prüfung vor. (Lösung ⟶ *Cahier d'activités* S. 99/CD-ROM) |
| **En forme** | **Schülerbuch, S. 24/25, Nr. 3**<br>A *être* im Präsens Singular, B unbestimmter Artikel Singular und Personalpronomen *il/elle*. (Lösung ⟶ S. 200 oder CD-ROM)<br>***Cahier d'activités*, S. 17, Nr. 4**<br>A unbestimmter Artikel Singular, B Personalpronomen im Singular, *être:* Singular. (Lösung ⟶ *Cahier d'activités* S. 99/CD-ROM) |
| **Differenzierung** | Leichtere Differenzierungsübung zur Unterscheidung der Wortarten in *En plus 2*, S. 18. (Lösung ⟶ *Cahier d'activités* S. 99/CD-ROM) |

Une rue commerçante en Allemagne

## Salut, ça va?

Text und Melodie: Wolfgang Froese, Edmund Kast

  

## Bonjour, Paris

## Les prénoms

| | | |
|---|---|---|
| Marie | Emilie | Léa |
| Christophe | Pascal | Julien |
| Lisa | Mathilde | Anne |
| Thomas | Luc | André |
| Caroline | Valérie | Monique |
| Christian | Jacques | Paul |

## Les prénoms

| | | |
|---|---|---|
| Emma | Amélie | Isabelle |
| Jean | Daniel | Philippe |
| Nathalie | Louise | Zoé |
| Victor | Mathieu | Dominique |
| Manon | Elodie | Véronique |
| Jonathan | Jean | Frédéric |

## Questions et réponses

| | | | |
|---|---|---|---|
|  | **Qui est-ce?** [C'est Malabar.] |  | **Qui est-ce?** [C'est Léo.] |
| **Oui, il …** | **Léo est de Paris?** [Oui, il est de Paris.] | **Non, je …** | **Tu es de Paris?** [Non, je suis de …] |
| **Non, il …** | **(Daniel) est de Toulouse?** [Non, il est de …] |  | **Ça va bien?** [Oui, ça va bien./ Non./Bof.] |
|  | **C'est un chien?** [Non, c'est un chat.] |  | **C'est Toulouse?** [Non, c'est Paris.] |

## Questions et réponses

| | | | |
|---|---|---|---|
|  | **Qui est-ce?**<br>[C'est Marie.] |  | **Qui est-ce?**<br>[C'est Moustique.] |
| **Oui, elle …** | **Marie est de Paris?**<br>[Oui, elle est de Paris.] | **Non, elle …** | **(Lisa) est de Paris?**<br>[Non, elle est de …] |
| **Je …** | **Tu t'appelles comment?**<br>[Je m'appelle …] |  | **C'est un monsieur?**<br>[Non, c'est une dame.] |
|  | **C'est une fille?**<br>[Non, c'est un garçon.] |  | **C'est Nice?**<br>[Non, c'est Paris.] |

# Unité 2

## S. 26–38 Copain, copine

## Ziele

**Inhaltlicher Schwerpunkt**

In dieser *Unité* werden die Informationen zu den Hauptfiguren erweitert. Léo und Marie kommen durch Malabar, der eine Katze verfolgt, in das Geschäft von Madame Latière, der gegen Tierhaare allergischen Großmutter von Alex. Dort lernen sie Alex kennen. Vor dem Geschäft unterhalten sich Léo und Marie mit Alex über den Wohnort und tauschen sich über ihre Freizeitaktivitäten aus. Erst als Jérôme hinzukommt, erfahren Léo und Marie, dass Alex(andra) ein Mädchen ist.

**Kompetenzerwartung**

Am Ende dieser *Unité* können sich die S in allgemeiner Form zu ihrem Wohnort äußern, Auskunft über ihre Freizeitaktivitäten geben und sagen, was sie mögen bzw. überhaupt nicht mögen. (Portfolio: Schülerbuch, S. 26 ⟶ S. 35, Nr. 4)

## Kompetenzen (Die Schüler können …)

**Funktionale kommunikative Kompetenzen: Kommunikative Fertigkeiten**

### Hör-(Seh-)verstehen/Sprechen

| Kompetenzerwartungen | Kompetenztraining |
|---|---|
| – einem Hörtext und einfachen Gesprächen Informationen entnehmen | SB: S. 30 (8), 33 (8), 125 (4)<br>CdA: S. 28 (16), 29 (2) |
| – auf bestimmte Situationen sprachlich adäquat reagieren | SB: S. 29 (5), 37 (3)<br>CdA: S. 31 (5) |
| – den Wohnort benennen | SB: S. 34 (2), 36 (1) |
| – Vorlieben, Interessen und Freizeitaktivitäten angeben sowie dazu Fragen stellen | SB: S. 33 (9), S. 34 (1/2), 36 (1)<br>CdA: S. 27 (14) |
| – Personen vorstellen | SB: S. 34 (2), 36 (1) |
| – Gegenstände benennen bzw. erfragen | SB: S. 27 (1) |

### Sprachmittlung

| Kompetenzerwartungen | Kompetenztraining |
|---|---|
| – einem frz. Text Informationen entnehmen und einer anderen Person diese auf Deutsch mitteilen | SB: S. 34 (2) |

### Leseverstehen/Schreiben

| Kompetenzerwartungen | Kompetenztraining |
|---|---|
| – einfache Texte verstehen<br>– schriftliche Aufgaben zu einfachen Texten bearbeiten<br>– einfache Texte (meist mit entsprechenden Vorgaben) selbstständig verfassen | SB: S. 28 (3), 31 (2), 32 (3), 36 (2), 29 (4)<br>SB: S. 30 (9), 36 (2), 125 (2)<br>CdA: S. 27 (13), 28 (15), 29 (2), 30 (4)<br>S. 20 (1B), 26 (12), 28 (15), 29 (1), 31 (8) |

**Funktionale kommunikative Kompetenzen: Verfügung über die sprachlichen Mittel**

### Wortschatz

| Kompetenzerwartungen | Kompetenztraining |
|---|---|
| – den Wortschatz um elementare Begriffe aus den Bereichen Schulmaterial, Sport, Musik und Kiosk-Artikel erweitern | SB: S. 26, 27 (1), 33 (7)<br>CdA: S. 22 (4A), 28 (15), 31 (7) |

### Grammatik

| Kompetenzerwartungen | Kompetenztraining |
|---|---|
| – den best. und unbest. Artikel Singular, Verben auf *-er*, den Plural von *être*, Frage ohne Fragewort und Fragen mit Fragewort anwenden<br>– Fragen stellen: *Qu'est-ce que c'est? Que fait?* | SB: S. 27 (1/2), 29 (6), 30 (7), 31 (1), 32 (5), 33 (6), 37 (4), 125 (3)<br>CdA: S. 22 (3/4A), 23 (5/6), 24 (8), 25 (10), 26 (11/12), 29 (3), 30 (2), 31 (7) |

### Aussprache und Intonation

| Kompetenzerwartungen | Kompetenztraining |
|---|---|
| – zwischen stimmhaftem und stimmlosem „s" unterscheiden | SB: S. 32 (4)<br>CdA: S. 26 (11B) |
| – Aussprache von stamm- und endungsbetonten Formen bei Verben auf *-er* unterscheiden | CdA: S. 22 (3) |
| – die *liaison* zwischen Personalpronomen und Verb erkennen bzw. vornehmen | SB: S. 32 (4)<br>CdA: S. 25 (9) |

### Orthografie

| Kompetenzerwartungen | Kompetenztraining |
|---|---|
| – nicht hörbare Endbuchstaben erkennen | CdA: S. 31 (6) |
| – Apostrophierung: *j', l', d'* | CdA: S. 30 (3) |
| – Endungen der Verben auf *-er*, | CdA: S. 22 (3B) |
| – *Qui est-ce?/Qu'est-ce que c'est?* anwenden | CdA: S. 22 (4B) |

**Interkulturelle Kompetenzen**

- **soziokulturelles Orientierungswissen**
- **praktische Bewältigung interkultureller Begegnungssituationen**
- **verständnisvoller Umgang mit kultureller Differenz**

| Kompetenzerwartungen | Kompetenztraining |
|---|---|
| – über einfache Kenntnisse zu typischen Freizeitaktivitäten (z. B. *le rugby*) und zu französischen Einrichtungen (*une maison de la presse, la S.P.A.*) verfügen | SB: S. 26, 33 (8/9)<br>CdA: S. 27 (13), 30 (4) |
| – Städte, Flüsse und Berge auf einer Frankreich-/Deutschlandkarte lokalisieren | CdA: S. 20 (2)/21 |
| – Begegnungssituationen vorbereiten und französische Anzeigen verstehen | SB: S. 34 (2) |

## Methodische Kompetenzen

### Textrezeption

| Kompetenzerwartungen | Kompetenztraining |
|---|---|
| - beim Lesen und Hören selektive Informationen herausfinden | SB: S. 37 (3)<br>CdA: S. 27 (13), 28 (16), 29 (2) |

### Interaktion

| Kompetenzerwartungen | Kompetenztraining |
|---|---|
| - auf Fragen in der Zielsprache adäquat antworten | SB: S. 27 (1/2), 33 (9)<br>CdA: S. 22 (4A), 26 (12), 27 (14) |

### Textproduktion

| Kompetenzerwartungen | Kompetenztraining |
|---|---|
| - sich auf Begegnungssituationen vorbereiten und über ihre Vorlieben berichten | SB: S. 36 (1)<br>CdA: S. 28 (15) |
| - Aufgaben zu einem Hörtext bearbeiten | SB: S. 125 (4) |

### Lernstrategien

| Kompetenzerwartungen | Kompetenztraining |
|---|---|
| - Vokabular zu bestimmten Themen strukturieren: Vokabelnetze anlegen | SB: S. 33 (7/8), 124 (2/1) |
| - Hör-/Sehdokumente selektiv verstehen | CdA: S. 28 (16) |
| - das Schulbuch als Arbeitsmittel und Nachschlagewerk verwenden | SB: S. 29 (6), 35 (3)<br>CdA: S. 24 (7) |
| - Farbmarkierungen als Hilfe zum Einprägen | CdA: S. 23 (5B), 24 (7) |
| - die korrekte Schreibung mit entsprechenden Techniken üben | CdA: 30 (1) |
| - Texte trotz unbekannter Vokabeln verstehen | CdA: S. 27 (13) |
| - selbst erstellte Materialien im Portfolio-Ordner sammeln | SB: S. 35<br>CdA: S. 20 (1), 28 (15) |

### Präsentation

| Kompetenzerwartungen | Kompetenztraining |
|---|---|
| - Freizeitaktivitäten und Vorlieben auf einem Blatt vorstellen und dazu Fotos und Zeichnungen verwenden | SB: S. 35 (4) |
| - neue Strophen für ein *Chanson* schreiben und für eine Präsentation gestalten | CdA: S. 20 (1) |

### Lernbewusstheit und Lernorganisation

| Kompetenzerwartungen | Kompetenztraining |
|---|---|
| - in Begegnungssituationen über sich und ihre Vorlieben berichten und dem Partner Fragen stellen | SB: S. 36/37 (1–4) |
| - Strategien zur Selbstkontrolle und Bewusstheit des eigenen Lernstandes nutzen (*Bilan*) | SB: S. 36–37 (1–4)<br>CdA: S. 29–31 (1–3; 5–8) |

## S. 26–27 Copain, copine/ Atelier A

**Préparation en 3 minutes**

- **Mitnehmen!** Schülerbuch (CD 1, Tracks 38–40; MP3 42–44) CD-Player, Overheadprojektor, Folie U2/1, *Cahier d'activités* (CD 1, Tracks 59 + 60; MP3 63–65), Moustique, Kopiervorlagen 1 + 2
- **Schülerbuch:** S.26, *maison de la presse* beschreiben; Parallelen/Unterschiede Deutschland – Frankreich; S. 27, Nr. 1
- **Methodeneinsatz:** Auswischtechnik (⟶ *Boîte à outils 4*)
- **Grammatik**: *Qu'est-ce que c'est?/ Que fait ...?* und Verben auf *-er* im Präsens Singular (⟶ G 5)
- ***Cahier d'activités***: S. 20, Nr. 1A + S. 22, Nr. 3
- **Hausaufgabe**: Vokabeln lernen (⟶ *Boîte à outils 14*), *Cahier d'activités*: S. 20 Nr. 1B, S. 20–21, Nr. 2 , Kopiervorlage 3

**Neue Wörter**

**Découvertes**: un magasin, un journal, une BD, une affiche, Qu'est-ce que c'est?, à, une maison, une maison de la presse, Que fait ...?, regarder, parler, avec, arriver, chercher

**Schritte zur Erarbeitung**

**Hinführung** (Schülerbuch, Folie U2/1)
S. 26: S betrachten die Zeichnung und beschreiben sie überwiegend auf Deutsch. (⟶ Interkulturelles)
*Vis-à-vis*-Frage beantworten. (Lösungsmöglichkeit ⟶ CD-ROM)

**Problematisierung** (Handpuppe *Moustique*)
Im Gespräch mit Moustique *Qu'est-ce que c'est?* einführen. L zeigt auf einen Gegenstand (z. B. Füller) und fragt Moustique *Qu'est-ce que c'est?* S üben die Aussprache ihrer Antworten durch Chorsprechen.

**Erarbeitung** (Schülerbuch, Folie U2/1, Handpuppe *Moustique*, Tafelbild 1)
S. 26: S antworten auf die Frage *Qu'est-ce que c'est*? durch Chor- und Einzelsprechen. Danach befragen S sich gegenseitig nach den Gegenständen auf der Zeichnung und korrigieren sich selbstständig. (⟶ Alternative)

S. 26: *Que fait ...?* L führt mit Moustique die vier Aktivitäten auf der Abbildung ein (⟶ *regarder, parler, arriver, chercher*), S antworten im Chor, Antworten werden auf der Tafel festgehalten (⟶ Tafelbild 1, Der besondere Tipp). Durch die *Auswischtechnik* (⟶ *Boîte à outils* 4) sprechen S die Sätze aus der „Erinnerung" nach. Anschließend können S auf die Frage *Que fait Léo?* den Satz wieder an die Tafel schreiben.

**Sicherung** (Schülerbuch)
S. 26: mehrmaliges Lesen der Kurztexte.

**Festigung** (*Cahier d'activités*, CD 1, Track 59; MP3 63)
S in zwei Gruppen einteilen. Jeweils ein S zeichnet einen vom L vorgegenen Gegenstand (erlaubt sind französische Begriffe, die es auch im Deutschen gibt, z. B. *baguette, croissant, camembert ...*). S der anderen Gruppe müssen innerhalb einer vorgegebenen Zeit den Gegenstand erraten; die Uhr läuft, wenn der S *Qu'est-ce que c'est?* gerufen hat. Sie erhalten einen Punkt, wenn sie den Gegenstand erraten, wenn nicht, darf die eigene Gruppe innerhalb derselben Zeit raten und erhält bei richtiger Lösung den Punkt. (⟶ Der besondere Tipp)
S. 20, Nr. 1A: S hören *Le rap à Paris* und singen ihn gemeinsam.
**Hausaufgabe:** *Cahier d'activités*, S. 20, Nr. 1B; S. 20–21, Nr. 2.

**Interkulturelles**

Im UG nennen S Unterschiede zwischen dem *maison de la presse* und Geschäften in Deutschland, wo man Zeitschriften usw. kaufen kann.
Der L kann auch französische Zeitungen, Jugendzeitschriften und BDs mitbringen und sie auf Deutsch vorstellen.

**Alternative**

**Folie U2/1:** Alternativ kann die Klasse auch in zwei Gruppen eingeteilt werden. Ein S aus Gruppe 1 kommt nach vorn, zeigt auf einen Gegenstand auf der Folie und fragt einen S aus Gruppe 2, der antwortet; die gesamte Gruppe 2 wiederholt im Chor usw.

**Der besondere Tipp**

**Tafelbild 1:** Bei der Gestaltung des TB können Minizeichnungen/Scribbles integriert werden.
**Fehlertoleranz:** Bei Spielen ist es ganz besonders wichtig, sich bei der Korrektur zurückhaltend zu verhalten. Hier spielt die Wahl des korrekten Artikels *le/la/un/une* noch keine Rolle.

**Tafelbild 1**

Qu'est-ce que c'est?
C'est
- un journal.
- une BD.
- une affiche.
- une photo.
…

Que fait …?

| | | |
|---|---|---|
| Léo | regarde | une BD. |
| Un monsieur | parle | avec Malabar. |
| Une fille | arrive. | |
| Elle | cherche | Léo. |

**Neue Wörter**

**Atelier A 1**: en français, un livre, un crayon, un cahier, un stylo, une gomme, un truc.
**Atelier A 2**: écouter, trouver, porter, travailler.

**Schritte zur Erarbeitung**

**Hinführung** (*Cahier d'activités*, CD 1, Track 59; MP3 63)
Hausaufgabe besprechen: *Cahier d'activités*, S. 20, Nr. 1B, S.20–21, Nr. 2.
(Lösung ⟶ CD-ROM)
S singen den Rap mit den neuen Strophen. (⟶ Zur Methodik und Interkulturelles)

**Problematisierung** (Schülerbuch, CD 1, Track 38; MP3 42)
S. 27, Nr. 1 B: Wiederaufnahme von *Qu'est-ce que c'est?* und 1A bearbeiten.
B kann als Ratespiel durchgeführt werden, bei dem die Wörter mit einem taktilen Eindruck verknüpft werden. Als Hilfsmittel kann eine Serviette oder ein Handtuch dienen.
In einer Doppelstunde kann L das Wortfeld „Schulmaterial" erweitern (*une règle, une trousse, un taille-crayon, un bloc-notes …*).

**Erarbeitung** (Kopiervorlagen 1 + 2, Schülerbuch, CD 1, Tracks 39 + 40; MP3 43 + 44)
L schreibt während der Problematisierung die neuen Wörter auf die Rückseite der Tafel (+ *affiche* und *BD*). Dann hält er die Karten (⟶ Kopiervorlagen) hoch und fragt *Qu'est-ce que c'est?* Der S, der per Fingerzeig am schnellsten (richtig) antwortet, heftet/hält die Karte zu dem passenden Wort an die Tafel.
S. 27, Nr. 2: Mit Hilfe der Hörübung weitere Verben pantomimisch erarbeiten (*écouter, trouver, porter, travailler*). Die Apostrophierung vokalisch anlautender Verben in der 1. Pers. Sing. zunächst nur nachsprechen, ebenso die stumme Endung der Verben im Singular. Das Reagieren auf die mit wechselnder Geschwindigkeit im Takt gesprochenen Verben soll helfen, die Bedeutung der Verben im Gedächtnis zu verankern. (⟶ Der besondere Tipp)

**Sicherung** (*Cahier d'activités*, CD 1, Track 60; MP3 65)
S. 22, Nr. 3: S bearbeiten die Übung, erst anhören und lesen (A), dann in Einzelarbeit schreiben (B); die Endungen der Verben auf *-er* (Singular) sowie die Apostrophierung bei *je* erarbeiten die S durch die Vorgaben selbstständig. (⟶ Zur Methodik; Lösung ⟶ CD-ROM)

**Festigung**
S schreiben bzw. ergänzen in PA Sätze, z. B. (Lösungsmöglichkeiten in Klammern):

Je regard_(e une BD.) Tu regard_(es …)
Je cherch_(e Léo.) Elle cherche_(e …)
Je port_(e Moustique.) Il port_(e …)
J'écout_(e un CD.)
Léo écout_(e …)
Je travaill_(e dans une maison de la presse.) Marie travaill_(e …)

**Hausaufgabe:** Kopiervorlage 3

## Tipps und Tricks

**Zur Methodik**

*Cahier d'activités*, S. 20, Nr 1: Der Rap führt zum Thema „Leben in Paris" hin. Er enthält zwar grammatische Formen, die erst im Laufe dieser *Unité* eingeführt werden (bestimmter Artikel *le* und *la*, die Personalpronomen *ils* und *elles*, 3. Pers. Pl. von *être*), allerdings findet über das Lied eine „ganzheitliche" Vorentlastung der Texte statt, ohne dass hier schon mit der grammatischen Analyse begonnen wird.
*Cahier d'activités*, S. 22, Nr 3: *Les verbes en -er* stellt einen Übergang zwischen der handlungsorientierten Vorstellung der Verben auf *-er* im SB S. 27, Nr. 2 und der Verwendung der Verben im Text von Atelier A, S. 28, Nr. 3 dar. Die Morphologie der Singularformen wird hier vorentlastet.

**Interkulturelles**

*Cahier d'activités*, S. 20/21, Nr 2: Dieses „Entdeckungsspiel" dient dem soziokulturellen Orientierungswissen (Geografie Frankreichs und Deutschlands). Die frz. Schreibung der Stadt Hamburg und des Rheins wird (falls nicht bereits geschehen) eingeführt, auf das Alter der beiden Hauptstädte wird hingewiesen. Auch hier findet eine „ganzheitliche", funktional begründete Begegnung mit den Artikeln *le* und *la* statt.

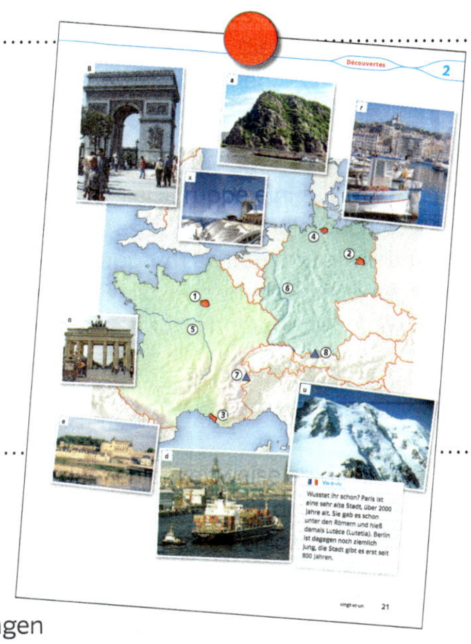

**Der besondere Tipp**

**1.** Schülerbuch, S. 27, Nr. 2: Wenn das pantomimische Spiel mit der Lerngruppe gut gelingt, kann die Übung folgendermaßen variiert werden: 1. Nach nochmaligem Anhören sprechen S zu den Bewegungen die Verben im Takt mit (geeignet für die Hördurchgänge 1–4). 2. L fügt nach dem Rufen der 1. Person auch noch die 2. oder 3. Pers. Sg. oder den Infinitiv hinzu: *je regarde, tu regardes, il regarde, regarder*. (Hördurchgang 5). Diese Rolle kann auch von S übernommen werden.
**2.** Die Frage *Qu'est-ce que c'est?* kann in neun Teile zerschnitten werden ⟶ Kopiervorlage 4. Die S erhalten jeder alle neun Schnipsel und bringen sie allein in die richtige Reihenfolge oder sie arbeiten zu zweit und kontrollieren sich gegenseitig. Der L schreibt am Ende die Frage zur Kontrolle nochmals an die Tafel, gegebenenfalls mit der Lautschrift [kɛskəsɛ]. Vorteil dieses Verfahrens ist, dass die S auch über den haptischen Zugang die Schreibweise erfahren und sie so besser verinnerlichen können.

**Doppelstunde** Wenn *Découvertes* und *Approche* in einer Doppelstunde durchgenommen werden, dann kann die Hausaufgabe am Ende von *Découvertes* (*Cahier d'activités*, S. 20, Nr. 1B) auch an den Anfang der Folgestunde verlagert werden; *Cahier d'activités*, S. 21–22, Nr. 2 kann am Ende von *Approche* als HA erteilt oder auch im Unterricht behandelt werden.

## S. 28–30 Atelier A (1)

**Préparation en 3 minutes**

- **Mitnehmen**! Schülerbuch, *Cahier d'activités*, Folie U2/U1 und U2/3, CD-Player, CD 1 (Tracks 41–46; MP3 45–50) , Overheadprojektor, Kopiervorlagen 5 und 6
- **Schülerbuch und Unterrichtsschwerpunkt:** S. 28–29 (bis Nr. 4): Erarbeiten der Bildgeschichte; S. 30, Nr. 7
- **Methode:** Echo-Lesen *(⟶ Boîte à outils 15)*
- ***Cahier d'activités***, S. 24, Nr. 8: Verben auf *-er* im Präsens Singular (⟶ G 5)
- **Hausaufgabe:** Vokabeln lernen (⟶ *Boîte à outils 14*), SB, S. 29, Nr. 5 und *Cahier d'activités*, S. 22, Nr. 4

**Neue Wörter** dans, une rue, entrer, euh, là, Chut!, pour, une école, en vacances, (elle) dit, porter, un carton, Tiens, une grand-mère, un ami, Zut!, une catastrophe

**Schritte zur Erarbeitung**

**Hinführung** (Kopiervorlagen 3 und 5)
Kopiervorlage 3: Hausaufgabe besprechen.
Kopiervorlage 5: Wortschatz reaktivieren, dazu liest L den Text *Léo parle avec un monsieur …*) vor und S tragen die genannten Gegenstände ein.

**Problematisierung** (Schülerbuch, Folie U2/1)
S. 26 + Folie: L weist auf das Verbotschild am Eingang hin (Hunde sind im *maison de la presse* verboten). Grund ist, dass Mme Latière, die Großmutter von Alex, allergisch gegen Tierhaare ist.
Normalerweise dürfen Hunde in Paris durchaus in Geschäfte mitgenommen werden (außer in Lebensmittelläden). Wie ist das in Deutschland?

**Erarbeitung** (Schülerbuch, Folie U2/3)
S erzählen auf Deutsch, was sie auf der Folie sehen und stellen Vermutungen an, wie die Geschichte weitergehen könnte.
S. 28: Die einzelnen Illustrationen im UG foliengesteuert erarbeiten, wobei der neue Wortschatz eingeführt wird. Neues Vokabular zuerst im Chor, dann einzeln nachsprechen (erst Einzelwörter, dann in ganzen Sätzen).

**Sicherung** (Schülerbuch, Folie U2/3, CD 1, Tracks 41–46; MP3 45–50)
S. 28: 1. Hördurchgang: S hören den ganzen Text.
2. Hördurchgang: S hören den Text abschnittweise und schauen sich dazu die Szene auf der Folie an. S sprechen im Chor nach. Anschließend wird der Text in verteilten Rollen gelesen.

**Festigung** (Schülerbuch, CD 1, Tracks 41–46; MP3 45–50, Kopiervorlage 6)
S. 29, Nr. 4: S können die Illustrationen auf S. 28 zur Hilfe nehmen oder die Sätze aus dem Gedächtnis vervollständigen. (Lösung ⟶ CD-ROM)

Texte nochmals vorspielen und anschließend nach der *Echo-Lesen*-Methode lesen (⟶ *Boîte à outils 15*. Zur weiteren Festigung des Textes ⟶ Kopiervorlage 6).
**Hausaufgabe:** neue Vokabeln lernen, Schülerbuch S. 29, Nr. 5 und *Cahier d'activités*, S. 22, Nr. 4.

## Tipps und Tricks

**Zur Methodik**

*Cahier d'activités*, S. 22, Nr. 4: Diese Übung dient der adäquaten Verwendung der Fragen *Qu'est-ce que c'est?* und *Qui est-ce?* bei der Frage nach Tieren und Personen. Ferner ist die Übungsform so angelegt, dass die korrekte Schreibung der Frageformen sowie schwieriger Wortkombinationen noch einmal geübt wird. Als Vorbereitung auf den bestimmten Artikel wiederholt diese Übung den unbestimmten Artikel Singular aus der *Unité 1*.

**Der besondere Tipp**

Da **Interjektionen** für das gesprochene Französisch sehr wichtig sind, sollten die bis einschließlich der *Unité* 2A eingeführten mit ihrer Bedeutung zusammengestellt werden: *Bof!* (Na ja!, Ach!), *Euh…* (Äh…), *Chut!* (Pst!), *Zut!* (Mist!, Verdammt!).
Mögliche Ergänzungen: *Aïe!* (Autsch!, Ach, [herr]je!, Oje!), *Eh!* (he!), *Hein?* (was?, hä?), *Hélas!* (ach, leider), *Beurk!* (bäh!, igitt!), *Blablabla!*, *Oh! Ouf!* (uff!), *Hé!* (he; he, du da/Sie da!), *Ho!* he [du/Sie]!), *Brrr!* (brr, huch! [bei Kälte oder Angst]), *Pst!* (pst! Pass auf! Sei leise!), *Miam-miam!* (lecker, lecker!), *putain!* (Scheiße!/Donnerwetter!).

**Doppelstunde**

In einer Doppelstunde können die Interjektionen in einem pantomimischen Rollenspiel angewendet werden. Nachdem die Bedeutung erklärt worden ist, arbeiten die S zu zweit oder zu dritt eine kurze Geschichte aus, in der sich verschiedene Aktionen auf die Bedeutug der Interjektion beziehen lassen. Anschließend wird die Geschichte „wortlos" vorgespielt, nur die Interjektionen werden gesprochen.

**Differenzierung**

Schülerbuch, S. 29, Nr. 4: Im Anschluss an die Übung bieten sich zur Vertiefung der Verben auf *-er* im Singular Präsens (morphologische Vorentlastung im *Cahier d'activités*, S. 22, Nr. 3) folgende Übungen an:
Schülerbuch, S. 30, Nr. 7: Einige der gebildeten Sätze können an der Tafel gesammelt werden. In einem Ratespiel sucht sich ein S einen Satz aus und stellt ihn pantomimisch dar, die übrigen S raten, welcher der notierten Sätze dargestellt wird und sagen z. B. *Tu regardes une BD.* (Lösungsmöglichkeiten ⟶ CD-ROM)
*Cahier d'activités*, S. 24, Nr. 8: A aktiviert die Formen der Verben auf *-er*, B verlangt das kontextgerechte Verwenden der Formen mit einer kreativen Aufgabe am Schluss.
Dazu leichtere Differenzierungsübung in *En plus 3* (⟶ S. 30), in der es gezielt um die Apostrophierung geht.

# S. 28–30 Atelier A (2)

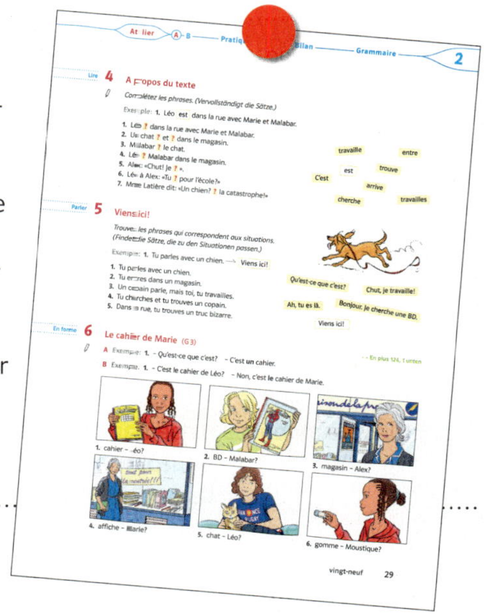
Atelier A B Pratique Bilan Grammaire 2

Lire **4** A propos du texte

*Complétez les phrases. (Vervollständigt die Sätze.)*

Exemple: 1. Léo est dans la rue avec Marie et Malabar.

1. Léo ? dans la rue avec Marie et Malabar.
2. Un chat ? et ? dans le magasin.
3. Malabar ? le chat.
4. Léo ? Malabar dans le magasin.
5. Alex: «Chut! Je ? ».
6. Léo à Alex: «Tu ? pour l'école?»
7. Mme Latière dit: «Un chien? ? la catastrophe!»

travaille – entre – est – trouve – C'est – arrive – cherche – travailles

Parler **5** Viens ici!

*Trouvez les phrases qui correspondent aux situations. (Findet die Sätze, die zu den Situationen passen.)*

Exemple: 1. Tu parles avec un chien. → Viens ici!

1. Tu parles avec un chien.
2. Tu entres dans un magasin.
3. Un copain parle, mais toi, tu travailles.
4. Tu cherches et tu trouves un copain.
5. Dans la rue, tu trouves un truc bizarre.

Qu'est-ce que c'est? – Chut, je travaille! – Ah, tu es là. – Bonjour. Je cherche une BD. – Viens ici!

En forme **6** Le cahier de Marie (G 3)

A Exemple: 1. – Qu'est-ce que c'est? – C'est **un** cahier.

B Exemple: 1. – C'est le cahier de Léo? – Non, c'est **le** cahier de Marie.

→ En plus 124, 1 unten

1. cahier – Léo?
2. BD – Malabar?
3. magasin – Alex?
4. affiche – Marie?
5. chat – Léo?
6. gomme – Moustique?

vingt-neuf 29

**Préparation en 3 minutes**

- **Mitnehmen!** Schülerbuch, Folie U2/3, Overheadprojektor, CD-Player, CD 1 (Track 47; MP3 51), *Cahier d'activités*, blaue/rote Kreide, Kopiervorlage 7, Realien (BDs, Hefte usw.)
- **Schülerbuch,** S. 28–30: Verfahren zur Sicherung und Festigung der Bildgeschichte; Übungen zum Gebrauch der Artikel
- **Grammatik**: bestimmter und unbestimmter Artikel im Singular (⟶ G1+3)
- **Hausaufgabe:** *Cahier d'activités*, S. 23, Nr. 5 A+B

**Schritte zur Erarbeitung**

**Hinführung** (Schülerbuch, CD 1, Tracks 41–46; MP3 45–50; Track 47; MP3 51, *Cahier d'activités*)
Hausaufgabe besprechen: Schülerbuch, S. 29, Nr. 5; *Cahier d'activités*, S. 22, Nr. 4. (Lösung ⟶ CD-ROM)
Schülerbuch, S. 28: Text von der CD vorspielen und anschließend in Kleingruppen lesen, 3 Personen (Léo, Alex und Madame Latière) und ein Erzähler.
Schülerbuch S. 30, Nr. 8: Wiederholung des unbestimmten Artikels; die kurzen Szenen hintereinander von der CD vorspielen (Track 47; MP3 51), anschließend korrigieren S die Sätze des Schülerbuchs s. auch Kopiervorlage 7 (⟶ Differenzierung 1; Lösung ⟶ CD-ROM)

**Problematisierung** (Realien)
Bestimmter und unbestimmter Artikel; dazu mit Realien arbeiten: L hält z.B. eine BD hoch und fragt: *Qu'est-ce que c'est?* S antwortet: *C'est une BD.* L ergänzt: *C'est la BD de … Qu'est-ce que c'est? – C'est un cahier. – C'est le cahier de* … usw.

**Erarbeitung** (Realien, Moustique)
L sammelt mehrere Stifte, Federmäppchen, Radiergummis usw. von den S ein. Anschließend erklärt er die Gegenstände, Beispiele:

| | |
|---|---|
| *C'est un crayon?* | ⟶ *Oui, c'est le crayon de Paul.* |
| *C'est un crayon?* | ⟶ *Non, c'est une gomme!* |
| *C'est la gomme de Paul?* | ⟶ *Non, c'est la gomme de Lisa.* |

**Sicherung** (Tafelbild 2)
Tafelbild 2 im Unterricht erarbeiten, blau für maskulinum, rot für Femininum. Für das apostrophierte *l'* werden zwei Nomen angegeben, ein maskulines und ein feminines.

**Festigung** (Schülerbuch)
S. 29, Nr. 6: S üben erst den unbestimmten (A), dann den bestimmten Artikel (B). (Lösung ⟶ CD-ROM); S. 124, *Unité 2,* Nr. 1: Zusatzübung zur Gliederung des Wortschatzes.
S. 30, Nr. 9: S arbeiten mündlich in Partnerarbeit. Ein S übernimmt die Bilder 1 und 3, ein anderer die Bilder 2 und 4. L hat die Lösungen vorbereitet. Die S erhalten jeweils die Lösung der Aufgaben ihres Partners und kontrollieren sich so gegenseitig. (Lösung ⟶ CD-ROM)
S. 125, Nr. 2: einfachere Zusatzübung zum Schreiben einer Geschichte mit Vorgaben von Wörtern, die in Lückensätze einzufügen sind.
Am Ende der Stunde können noch einmal einige der neuen Vokabeln *(un livre, une gomme, un stylo, trouver, écouter, porter, entrer, un carton, une école, une catastrophe* pantomimisch gegenseitig abgefragt werden.
**Hausaufgabe:** *Cahier d'activités*: S. 23, Nr. 5 A+B. Wird die Übung zur Differenzierung eingesetzt, kontrollieren sich die S anhand des lektionsbegleitenden Vokabulars oder der alphabetischen Wortliste im SB selbstständig (S. 144–187 bzw. 188–193).

**Tafelbild 2**

Die Artikel im Singular

| | | |
|---|---|---|
| **un** copain<br>**un** ami | **une** copine<br>**une** amie | unbestimmter Artikel |
| **le** copain<br>**la** copine | l'ami<br>l'amie | bestimmter Artikel |

## Tipps und Tricks

**Zur Methodik**

Bei Gruppen- oder Partnerarbeit (z. B. Schülerbuch, S. 30, Nr. 9) empfiehlt es sich, von Gruppe zu Gruppe zu gehen und gegebenenfalls Hilfestellung anzubieten. Grundsätzlich bearbeiten die S solche Aufgaben autonom und der L sollte darauf hinweisen, dass die kommunikative Leistung im Vordergrund steht.

**Differenzierung**

**1.** Für lernschwächere Gruppen: Beim Vorspielen kreuzen die S auf der Kopiervorlage 7 ihre Lösungen an. Auf einer vorbereiteten Folie werden (beim 2. Hören) die Lösungen gemeinsam kontrolliert. Zusätzlich können die S in dem Buchstabengitter auf der Kopievorlage die Nomen suchen und mit dem jeweiligen unbestimmten Artikel daneben schreiben.
**2.** *Cahier d'activités*, S. 23, Nr. 5: Die Übung konzentriert sich auf die Formen des bestimmten Artikels Singular. Die Übung greift die beim unbestimmten Artikel Singular verwendete Hausmetapher (S. 11) wieder auf. (Lösung ⟶ CD-ROM)
Nr. 6: Die Übung integriert (in A kontextuell, in B spielerisch) den unbestimmten und bestimmten Artikel Singular. Schwierigere Differenzierungsübung in *En plus 7* (⟶ S. 31). Für das Spiel in B sollten Spielchips bereitgestellt werden. Jeder S erhält zwei Chips, die er während des Spiels einsetzen kann, um nicht ausgeschlossen zu werden. Eine Runde des Spiels sollte bis ca. sechs Wörter gehen (kann vom L vorgegeben werden). Dann soll die Gruppe neu beginnen, dies möglichst mit anderen Wörtern; dieses Vorgehen ist aber nicht obligatorisch, weil die S ggf. eine andere Abfolge wählen.
S. 24, Nr. 7: Diese Strategie ergänzt S. 11, Nr. 6. Sie hat die Funktion, dem S bei der Orientierung im Schülerbuch zu helfen (methodische Kompetenz). (Lösung ⟶ CD-ROM)

## S. 31–33 Atelier B (1)

**Préparation en 3 minutes**

- **Mitnehmen!** Schülerbuch, Folie U2/3 + 4, CD-Player, CD 1 (Tracks 48–54; MP3 52–58), Overheadprojektor, *Cahier d'activités*, Kopiervorlagen 8 + 9
- **Schülerbuch:** S. 31, Nr. 1; Nr. 2 im UG erarbeiten, Weiterführung der Geschichte aus Atelier A; S. 32, Nr. 3–5
- **Methode:** Echo-Lesen *(⟶ Boîte à outils 15)*, TPR – Total physical response *(⟶ Boîte à outils 20)*, Echo-Methode/Echo-Spiel *(⟶ Boîte à outils 21)*
- **Grammatik:** *être* + Verben auf *-er* im Präsens Plural (⟶ G4 + G5)
- **Hausaufgabe:** Lernen der neuen Vokabeln, *Cahier d'activités*, S. 25, Nr. 9 + 10

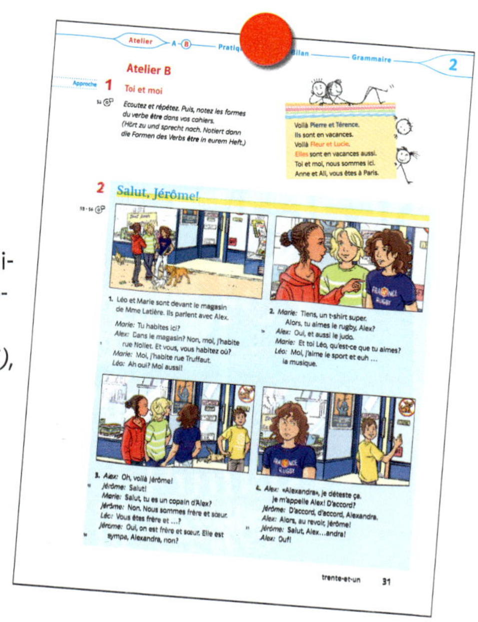

**Neue Wörter** être, devant, habiter, où, un t-shirt, aimer, le rugby, le judo, Qu'est-ce que …, le sport, la musique, un frère, une sœur, sympa, détester, ça, d'accord, alors, Ouf!

**Schritte zur Erarbeitung**

**Hinführung** (Schülerbuch, Folie U2/3, *Cahier d'activités*)
Hausaufgabe besprechen: *Cahier d'activités*, S. 23, Nr. 5A + 3 (Lösung ⟶ CD-ROM)
L legt die Folie von S. 28 *(Voilà Alex.)* noch einmal auf und zeigt auf eines der Bilder, wobei er einen oder zwei zentrale(n) Begriff(e) nennt und an die Tafel schreibt, S formulieren einen Satz dazu und erzählen anschließend die Geschichte nach.

**Problematisierung** (Schülerbuch, CD 1, Track 48; MP3 52)
S. 31, Nr. 1: S lernen durch Hören des Textes die Pluralformen von *être* kennen.
(⟶ *Methodischer Hinweis*)

**Erarbeitung** (Schülerbuch, Folie U2/4, CD 1, Tracks 49–52; MP3 53–56; Tafelbild 3)
S. 31, Nr. 2: Folie auflegen. S beschreiben (auf Deutsch) die Bilder (stellen dabei auch Mutmaßungen an), ggf. auch durch zielgerichtete Fragen des L. Bei der Verbalisierung verwendet L die neuen Wörter und schreibt sie an die Tafel. Bei *habiter* und *détester* die Personalformen *nous, vous, ils, elles* hinzufügen und erläutern.
Anschließend gehen zwei S an die Tafel und unterstreichen die unklar gebliebenen Wörter. L erläutert erneut, nach jeder Vokabel heben die S die Hand, wenn sie sie verstanden haben.
Danach Tracks abschnittweise vorspielen und Echo-Lesen (⟶ *Boîte à outils 15*); nach jedem Abschnitt lesen S die einzelnen Dialoge in verteilten Rollen.

**Sicherung** (Schülerbuch)
S. 31, Nr. 2: S beantworten Fragen zum Text, z. B: *Où sont Léo et Marie? Ils parlent avec Mme Latière? Alex habite où? Et Marie et Léo? Alex, qu'est-ce qu'il/elle aime? Et Léo? Jérôme et Alex sont des copains?* (Die Frage mit nachgestelltem Fragewort ist aus dem Vorkurs und/oder der *Unité 1* bekannt (*Tu t'appelles comment?*).

**Festigung** (Schülerbuch; CD 1, Tracks 53–54; MP3 57–58)
S. 32, Nr. 3 und 4 bearbeiten: Überprüfung des Textverständnisses und Hörverstehenstext zu den *s*-Lauten und zur *liaison*. Nr. 3: Bei den Antworten 1, 3, 5, 6, 8 kann das Pronomen anstelle des Eigennamens benutzt werden. Bei der HV-Übung kann durch den TPR-Charakter (⟶ *Boîte à outils 20*) das Gehör geschult werden, um die Lautdiskriminierung frühzeitig zu schärfen. (Lösung ⟶ CD-ROM)
**Hausaufgabe:** Neue Vokabeln lernen und *Cahier d'activités* S. 25, Nr. 9 + 10.

**Interkuturelles**

Rugby spielt in Deutschland überhaupt keine Rolle, ist aber in Frankreich ein äußerst populärer Sport. Alex trägt als erklärter Rugby-Fan ein T-Shirt mit dem Logo der *FFR (Fédération francaise de Rugby)*; in dem Logo taucht der stilisierte „gallische Hahn" auf. Marie erkennt das in Frankreich bekannte Logo sofort. Rugby ist auch bei vielen Mädchen beliebt. Einige *Collèges* in Frankreich sind besonders stolz auf ihre weibliche *équipe de rugby*.
Bei den jährlich stattfindenden inoffiziellen Europameisterschaften *(Le tournoi des six nations)* nehmen neben Frankreich auch England, Schottland, Wales, Irland und Italien teil. In Irland lösen anstehende Spiele geradezu einen Hype aus, die Läden bieten dann aktuelle T-Shirts an, die innerhalb kürzester Zeit ausverkauft sind.

## Tipps und Tricks

**Zur Methodik**

Schülerbuch, S. 31, Nr. 1: Beim Hören und Nachsprechen des *comptine* sollte auf die *liaison* bei *ils/elles sont‿en* und bei *nous sommes‿ici* hingewiesen werden, ebenso bei *vous‿êtes*. Alle Formen werden einmal gemeinsam gelesen. Danach üben die S nach der Echomethode (⟶ *Boîte à outils 21*) (nicht Echo-Lesen!). Der L kann bereits an dieser Stelle darauf hinweisen, dass *ils* als Pronomen für maskuline Nomen im Plural sowie für gemischte Gruppen (mask. + fem.) benutzt wird. Zur Übung der Formen von *être* eignet sich S. 32, Nr. 5A (Lösung ⟶ CD-ROM; Vorübung *Cahier d'activités*, S. 25, Nr. 10, wenn nicht als Hausaufgabe gestellt).

**Doppelstunde**

Im Zuge der Erarbeitung des Lektionstextes kann auch die Zuordnung der Pronomen *ils* und *elles* thematisiert und geübt werden. Dazu kann signalgrammatisch die Übersicht aus dem Grammatischen Beiheft (S. 9) übernommen und an die Tafel geschrieben werden:

**Tafelbild 3**

**Ils sont . . . / elles sont . . .**

| | | | | |
|---|---|---|---|---|
| – Où sont | **Léo et le chien**? | – **Ils** | sont dans la rue. | Sie sind auf der Straße. |
| – Où sont | **la BD et l'affiche**? | – **Elles** | sont dans le carton. | Sie sind im Karton. |
| – Où sont | **Marie** et **Jérôme**? | – **Ils** | sont devant le magasin. | Sie sind vor dem Laden. |

Die Pronomen *je, tu, il, elle, on, nous, vous, ils, elles* sollten in zeitlicher Nähe zu *Atelier B 1* zusammenhängend geübt werden, dies kann spielerisch mit zwei Würfeln erfolgen.
Dabei stehen die Augen des einen Würfels für die Pronomen:
1 = je, 2 = tu, 3 = il, elle, on, 4 = nous, 5 = vous, 6 = ils, elles
Die Augen des zweiten Würfels stehen für bestimmte Verben, z. B.:
1 = être, 2 = chercher, 3 = arriver, 4 = trouver, 5 = travailler, 6 = habiter
Die S arbeiten in Gruppen oder mit einem Partner: Der 1. Würfel bestimmt das Pronomen, der 2. Würfel das zu konjugierende Verb. Die S kontrollieren die richtige Aussprache bzw. Endung z. B. mit den Übersichten G4/G5 im Schülerbuch oder im GBH. Diese Übung wird auch im *Cahier d'activités*, S. 30, Nr. 2 mit weiteren Verben angeboten.
Alternativ: Die Verben stehen an der Tafel. S nennen abwechselnd ein Verb, ein anderer würfelt und nennt die Form. Schüler rappen die Verben:

**Le rap des verbes**
Nach der Einführung aller Personalpronomen können die Verben auf *-er* oder auch *être* von den S gerappt oder rhythmisch gesprochen werden (lässt sich beliebig fortsetzen mit allen weiteren neuen Verben). Besonders gut funktioniert das Rappen mit kurzen Verbformen. Die Verbindung von Rhythmus und Verbkonjugation bewirkt, dass die Formen und die Endugen sich besser einprägen. Dieses Verfahren motiviert vor allem die Jungs, sich kreativ zu zeigen.

**Alternativen**

**Erarbeitung**
Überprüfung der neuen Wörter: Um das Verstehen schneller zu überprüfen, können vom L vorbereitete Zettel mit der deutschen Übersetzung der Wörter an die Tafel geheftet werden. Die S sollen diese den französischen zuordnen. Vorteil: Jüngere Lerner bewegen sich sehr gern und so können sich viele S an der Aufgabe beteiligen.

**Sicherung**
Arbeiten mit der **Partnerfolie**: Schüler A sitzt mit dem Gesicht zum Overheadprojektor, B mit dem Rücken zum Projektor. Auf der Folie stehen Fragen für A, die vorgelesen werden. A kontrolliert die Antworten von B mit den Lösungen auf der Folie (= wichtige Wörter sind farblich unterlegt). Nach einem Durchgang werden die Rollen getauscht. Vorteil dieser Methode: Erhöhung der Sprechanteile der S im Unterricht.

**Der besondere Tipp**

Kopiervorlagen, die sich nicht unmittelbar auf Illustrationen im Schülerbuch beziehen, sind häufig eine willkommene Abwechslung im Unterricht. Hier lassen sich z. B. auch Redemittel gebündelt üben, die zur Alltagssprache der Jugendlichen gehören, so Kopiervorlage 8 (ausgehend von *euh* S. 31, Nr. 2,2.

**Differenzierung**

**1.** Schülerbuch, S. 32, Nr. 5B: Die S erhalten den Auftrag, unter Vorgabe einer fixen Zeit ein Rollenspiel vorzubereiten und anschließend zu präsentieren. Sie können aus drei Texten auswählen:
1. S. 31, Nr. 2: *Salut, Jérôme.* 2. S. 32, Nr. 5A: *Jeu de rôle* 3. Kopiervorlage 9: *C'est la cata(strophe).*
Für die Bewertung nicht nur dieses Rollenspiels kann der Evaluationsbogen der Kopiervorlage 9 (unterer Teil) benutzt werden.
**2.** *Cahier d'activités* S. 25, Nr. 9 eignet sich sowohl zur Differenzierung, für Doppelstunden als auch für die häusliche Nacharbeit.
9A (CD 1, Track 61; MP3 66): Heraushören, Markieren und Sprechen der Bindung durch [z], auch zur Bedeutungsunterscheidung der 3. Pers. Singular und Plural bei Personalpronomen und Verben mit Vokal oder stummem *h* im Anlaut.
B (CD 1, Track 62; MP3 67): *Virelangue:* Lautdiskriminierung [s] [z]: [siʃa] [sɛ̃kʃjɛ̃].

**Boîte à outils 20**

## TPR – Total physical response

Bei dieser Methode (TPR) wird die Fremdsprache hauptsächlich durch „Befehle" (sprachliche Impulse) vermittelt, die vom L gegeben und den S durch Bewegungen ausgeführt werden, bis einige S selbst in der Lage sind, der Klasse Befehle in der Fremdsprache zu erteilen. Diese Methode ist aus der Primarstufe bekannt und wird zu Beginn der Sek. I weiterhin praktiziert. Der Einsatz des TPR kann auch in Verbindung mit Requisiten erfolgen oder mit dem Singen von Liedern (+ stampfen, klatschen usw.). Der Vorteil: Aktionen werden unmittelbar mit den entsprechenden fremdsprachigen Bezeichnungen verknüpft und dementsprechend gut memorisiert. Sie beruht auf dem Prinzip der Ganzheitlichkeit und orientiert sich am Muttersprachenerwerb.

**Boîte à outils 21**

## Echomethode/Echo-Spiel

Hier können die S im Anfangsunterricht die Aussprache noch intensiver lernen, indem sie das Gesagte/Gerufene wiederholen, aber es genauso modulieren wie der L es vorgibt. Dabei kann man laut rufen, flüstern, brüllen, etwas ausdehen oder spitz sprechen, mal fröhlich, mal zornig dabei sein. Für die jungen S bietet es sich an, die Hände als Trichter vor dem Mund zu halten. Dieses Verfahren fördert die Gemeinschaft der Gruppe und fördert die Motivation.
Variante: S teilen sich in Kleingruppen in die vier Ecken des Klassenraums. Sie müssen darauf achten, in welche Richtung der L ruft. Beispiel: *Je suis ici* (nach links) ⟶ *Je suis ici* (linke Gruppe/Ecke antwortet). *Nous sommes à l'école* (nach rechts) ⟶ *Nous sommes à l'école* (rechte Gruppe/Ecke antwortet). Steigerung: (Name) … *tu es où?* ⟶ *Je suis ici.*

# S. 31–33 Atelier B (2)

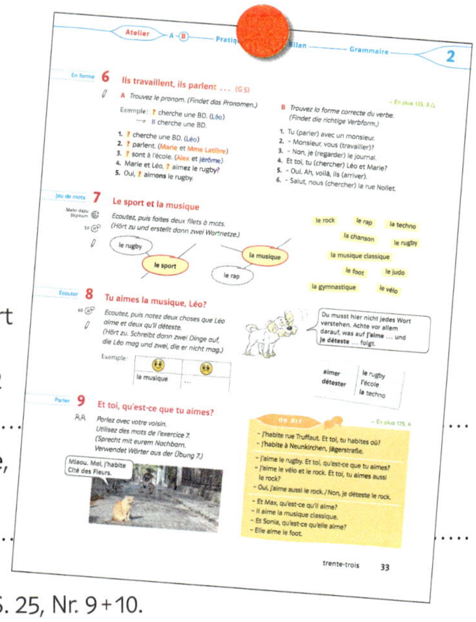

**Préparation en 3 minutes**

- **Mitnehmen!** Schülerbuch, CD-Player, CD 1 (Tracks 55 + 56; MP3 59 + 60), *Cahier d'activités*
- **Schülerbuch:** S. 33: Freizeitaktivitäten
- **Methode:** Fragekette (⟶ *Boîte à outils 13*), Fehlerlesen (⟶ *Boîte à outils 24*)
- **Grammatik:** Fragen mit und ohne Fragewort stellen (⟶ G 6)
- **Hausaufgabe:** *Cahier d'activités*, S. 26, Nr. 12

**Neue Wörter**

le rock, le rap, la techno, la chanson, classique, le foot, la gymnastique, le vélo

**Schritte zur Erarbeitung**

**Hinführung** (*Cahier d'activités*, Schülerbuch)
Hausaufgabe besprechen: *Cahier d'activités*, S. 25, Nr. 9 + 10. (Lösung ⟶ CD-ROM)
Zur Vorbereitung auf Gespräche über Freizeitaktivitäten werden die Personalpronomen und Verben auf *-er* wiederholt (Schülerbuch, S. 33, Nr. 6 und/oder *Cahier d'activités*, S. 26, Nr. 10. (Lösung ⟶ CD-ROM)
Leichte Differenzierungsübung ⟶ *Cahier d'activités*, S. 30, Nr. 2.
Schwierigere Zusatzübung bzw. Ersatz für Schülerbuch S. 33, Nr. 6 ⟶ S. 125, Nr. 3. (Lösung ⟶ CD-ROM)

**Problematisierung** (Schülerbuch; CD 1, Track 55; MP3 59)
S. 33, Nr. 7: Zur Semantisierung hören S vom Tonträger für die Aktivitäten typische Geräusche: 1. *le judo* (Kampfgeräusche, Fallen auf Matte), 2. *le rock* (Bassgitarre + einsetzendes Schlagzeug), 3. *la gymnastique* (Geräusche i. d. Turnhalle), 4. *la techno* (Techno-Sound), 5. *le foot* (Radiokommentar, Stadionatmosphäre: „Thuram … Thierry … et Goal, Goal!"), 6. *la chanson* (Refrain «Les feuilles mortes»), 7. *le jazz* (Saxophonmelodie «Pink Panther»), 8. *le vélo* (Ketten- u. Pedalgeräusche), 9. *la musique classique* (Vivaldi). Die Schüler klassifizieren den Wortschatz in zwei Kategorien, *le sport: le judo, la gymnastique, le rugby, le foot, le vélo; la musique: le rap, le rock, la chanson, la musique classique.*
Weiterer persönlicher Wortschatz findet sich in der Portfolioübung S. 35, Nr. 4 und im lektionsbegleitenden Vokabular S. 155.

**Erarbeitung** (Tafelbild 4)
L geht durch die Klasse und stellt den S Fragen zu ihrer Person und zu ihren Freizeitaktivitäten (Fragekette, z. B.: *Tu t'appelles comment? – Je suis… Et toi? – Je m'appelle … Tu t'appelles comment? – Je m'appelle … Qu'est-ce que tu aimes? – J'aime … Tu aimes le/la …? Non, je déteste le/la …*
Während des Unterrichtsgesprächs oder danach werden die unterschiedlichen Frageformen in einem Tafelbild zusammengeführt und ergänzt (⟶ Tafelbild 4). Das Tafelbild kann ins Heft übertragen werden.

**Sicherung** (Schülerbuch, CD 1, Track 56; MP3 60)
S. 33, Nr. 9: S führen die Übung in Partnerarbeit durch. Der vorgegebene Musterdialog „ON DIT" kann mithilfe der Wörter aus Nr. 7 und durch die Angabe des eigenen Wohnortes variiert werden. Im Anschluss an die Übung werden einige Ergebnisse vorgestellt.
S. 33, Nr. 8: Hörverstehensübung zur Schulung des selektiven Hörens; die S legen dazu in ihrem Heft eine Tabelle an, in die sie eintragen, was Léo mag bzw. nicht mag. (⟶ Methodischer Hinweis, Lösung ⟶ CD-ROM)
**Festigung/Hausaufgabe:** *Cahier d'activités*, S. 26, Nr. 12

**Zur Methodik** S. 33, Nr 8: Bei der Durchführung der Übung lernen die S, gezielt Informationen einem Hörtext zu entnehmen (**selektives Hörverstehen**). Daher wird ihnen vor dem Hören gesagt, worauf sie beim Abspielen des Textes achten müssen.

**Doppelstunde** Wenn gegen Ende einer Doppelstunde noch Zeit ist, können im Zuge der Leseschulung die Texte der *Unité* noch einmal gelesen werden: entweder in verteilten Rollen oder in Form des *Fehlerlesens* (⟶ *Boîte à outils 22*). Das Fehlerlesen sollte allerdings erst am Ende einer *Unité* angewendet werden, da die Aussprache und Bedeutung der Lexik zunächst mehrfach gesichert werden muss. Die Methode ist sehr wirksam, da die S in der Regel nicht nur sehr konzentriert lesen, sondern ebenfalls sehr konzentriert zuhören.

**Boîte à outils 22**

### Fehlerlesen

Bei dieser spielerischen Übung kommt es auf Genauigkeit beim Lesen und beim Zuhören an. Die vorzulesenen Texte (auch Dialoge) werden reihum (im Uhrzeigersinn) in der gesamten Lerngruppe gelesen. Der 1. S fängt an und wenn er bei einem Wort (auch bei der *liaison*) einen Fehler macht, muss er das Lesen abgeben und der Nachbar liest weiter. Der Fehler soll durch die Mitschüler entdeckt werden, die dies durch zweimaliges Klopfen mit der flachen Hand auf den Tisch signalisieren. Der entsprechende S verbessert den Ausssprachefehler. Sollte er sich getäuscht haben, darf der Vorlesende weitermachen. Sollte niemand den Fehler gehört haben, sagt der L „Stop" und korrigiert den S. Der Nachbar liest dann weiter.

**Tafelbild 4**

| | | |
|---|---|---|
| **Fragen mit Fragewort** | | |
| **So fragt man nach Personen:** | | |
| Qui est-ce? | Wer ist das? | C'est Malabar. |
| Qui est Malabar? | Wer ist Malabar? | C'est le chien de Léo. |
| **So fragt man nach Sachen und Tätigkeiten:** | | |
| Qu'est-ce-ce que c'est? | Was ist das? | C'est un stylo. |
| Qu'est-ce-ce que tu aimes? | Was magst du? | J'aime le foot. |
| Que fait Léo? | Was macht Léo? | Il cherche un BD. |
| Où est Moustique? | Wo ist Moustique? | Il est dans le magasin de Mme Latière? |
| **So fragt man nach dem Wohnort und dem Namen:** | | |
| Tu habites où? | Wo wohnst du? | J'habite à Paris. |
| Tu t'appelles comment? | Wie heißt du? | Je m'appelle Jérôme. |
| **Fragen ohne Fragewort** | | |
| Tu aimes le rock? | Magst du Rockmusik? | Oui. |
| Tu aimes la techno aussi? | Magst du auch Techno? | Non, je déteste la techno. |

## S. 34–35 Pratique: tâches

Die Aufgaben sollten in der vorgeschlagenen Reihenfolge durchgenommen werden.

**Der besondere Tipp** Selbstständiges und selbstbestimmtes Lernen sind wesentliche Bausteine eines modernen Fremdsprachenunterrichts. Es ist daher erforderlich, die S von Anfang an zum richtigen Umgang mit dem Schülerbuch (und auch mit dem *Cahier d'activités* und dem Grammatischen Beiheft) anzuleiten. Dies kann bereits in *Au début* bzw. in der *Unité 1* beginnen und in der *Unité 2* fortgesetzt werden. Wie gut die S ihr Französischbuch kennen, kann mit der Aufgabe im Schülerbuch, S. 35, Nr. 3 und auch mit der Kopiervorlage 10 überprüft werden.
Zum Training des Wortschatzes kann Vokabelmemory (⟶ *Boîte à outils 23*) gespielt werden. Es dient der Sicherung der Strategie auf S. 35, Nr. 1.

**Parler** **Schülerbuch, S. 34, Nr. 1**
A = Partnerarbeit; bei der Bearbeitung von B kann die Präsentation des Partners vor der Klasse auch in Form des Omniumkontakts (⟶ *Boîte à outils 3*) durchgeführt werden: Die S gehen mit ihrem Partner durch den Klassenraum, stellen sich zu viert zusammen und präsentieren dem anderen Paar ihren Partner usw.

**DELF** Die Übung führt auf die *DELF*-Prüfung hin. (Lösung ⟶ CD-ROM)

**Lire** ***Cahier d'activités*, S. 27, Nr. 13**
Übung zum selektiven Leseverstehen, ohne sich von unbekanntem Vokabular ablenken zu lassen (⟶ Strategiekasten). Leichte Differenzierung in *En plus 4*, S. 30. (Lösung ⟶ CD-ROM für Nr. 13

**Médiation** **Schülerbuch, S. 34, Nr. 2**
Partnerarbeit; falls S mit der Aufgabe sehr schnell fertig sind, können sie die Kopiervorlage 11 zur Sprachmittlung bearbeiten.

**Parler** ***Cahier d'activités*, S. 27, Nr. 14**
Spielerische Übung zum dialogischen Sprechen. Es ist empfehlenswert, eine Runde von leistungsstäkeren S im Plenum vorführen zu lassen und die Technik des „Ausweichens" zu besprechen: Antwort im ganzen Satz, z. B. *Tu habites à Nice? – J'habite à Berlin./Tu aimes le foot? – Je déteste le foot.* Evtl. kann der L auch „Ersatzwörter" vermitteln, z. B. *C'est ça., Bien sûr.; Pas du tout.* Die S können die Zeit messen, die sie jeweils durchhalten, ohne *oui* oder *non* zu sagen und sich so vergleichen und verbessern.

**Portfolio** **Schülerbuch, S. 35, Nr. 4; *Cahier d'activités*, S. 28, Nr. 15**
Schülerbuch: Erweiterung der Aktivitäten/Musikstile/ Sportarten: z. B. *la pop, le jazz, l'électro, le reggae, les musiques du monde* (Ethnopop); *l'escalade, le handball, le jogging/le footing, le surf* (⟶ *Mon dico personnel*, S. 155).
*Cahier d'activités*: Übung zum Lesen und inhaltsbezogenen Schreiben (ergänzt die Portfolioaufgabe im Schülerbuch).
Zu Beginn der Portfolioarbeit spielt das Zusammenwirken des L mit dem S eine wichtige Rolle. Der L arbeitet *mit* dem S, sodass nicht der Eindruck der bloßen Kontrolle und somit Leistungsdruck entsteht; mit der Zeit kann sich der L mehr und mehr zurücknehmen.

**Ecouter et regarder** ***Cahier d'activités*, S. 28, Nr. 16**
In A wird trainiert, sich beim gezielt selektiven Hör-(Seh)-Verstehen nicht von unbekanntem Wortschatz ablenken zu lassen (CD 1,Tracks 64–67; MP3 69–72). Die Beiträge können zwei- bis dreimal wiederholt werden, je nachdem, wie die S reagieren. Auf der Video-DVD können die vier Dokumente auch als Video angeschaut werden (Lösung ⟶ CD-ROM).
Schwierigere Differenzierungsübung in *En plus 5*, S. 31, Nr. 5 (CD 1, Track 70; MP3 75.

**Boîte à outils 23**

### Vokabelmemory

Am Ende einer Einheit kann man mit der gesamten Lerngruppe Vokabelmemory spielen.
Dabei gehen zwei S vor die Tür. Die anderen S suchen sich einen Partner (nicht den Tischnachbarn!) und wählen gemeinsam aus dem lektionsbegleitenden Vokabular des Schülerbuchs (üblicherweise aus der letzten *Unité* oder alternativ aus den letzten zwei *Unités*) ein Wort aus, wobei ein S die deutsche, der andere die französische Bedeutung repräsentiert. Alle S gehen wieder auf ihren Flatz zurück und stehen hinter ihrem Tisch. Nun kommen die zwei S wieder herein und müssen versuchen, die Vokabelpaare zu finden. Sie rufen einen S auf, der „seine" Vokabel nennt. Anschließend rufen sie einen zweiten S auf, der ebenfalls seine Vokabel nennt. Sollten die beiden Vokabeln zusammenpassen, setzen sich die zwei S wieder hin. Die ratenden S können gemeinsam oder gegeneinander antreten. Wenn sie gemeisam antreten, kann man die Zeit messen, die sie benötigen, bis alle S wieder sitzen. Nun können zwei andere S versuchen, die Zeit zu schlagen. Dieses Verfahren findet i. d. R. bei den S großen Anklang, da alle konzentriert auf spielerische Weise die Vokabeln wiederholen.

## S. 36–37 Bilan

Zur Funktion des *Bilan*-Teils und zur Selbsteinschätzung ⟶ *Unité 1*, S. 56.
Kopiervorlagen zur **Diagnose**, zum **Fördern** und zur **Differenzierung** befinden sich en bloc im hinteren Teil des Buches – im Anschluss an die *Unités*.

**Zur Methodik**

Die *Bilan*-Aufgaben eignen sich auch gut als Vorbereitung auf Tests. Inhaltliche Ausrichtung eines Tests, einer Klassenarbeit bzw. der Standardsicherung, S. 82.

**Parler**

**Schülerbuch, S. 36, Nr. 1**
Aufgabe zur Selbstevaluation: Du kannst jetzt schon … (Lösung ⟶ S. 200 oder CD-ROM)
Die Selbsteinschätzung kann neben dem Vergleich mit den Lösungen auch kommunikativ erfolgen, indem die S sich im Omniumkontakt *(⟶ Boîte à outils 3)* gegenseitig ihre Lieblingsbeschäftigungen und ihre Abneigungen vorstellen. Sie sollen dabei möglichst immer Französisch sprechen.

**Parler et écrire**

***Cahier d'activités*, S. 29, Nr. 1**
Die Übung dient neben dem Sprechen auch der Überprüfung des Schreibens. (Lösung ⟶ CD-ROM)
*En plus 1*, S. 30: Leichtere Verstärkungsübung für alle Aufgaben, in denen es gezielt um das orthografisch korrekte Schreiben geht. Es besteht die Möglichkeit, die S auch blind konkret groß auf ein Blatt schreiben zu lassen.

**Lire et écrire**

**Schülerbuch, S. 36, Nr. 2**
Zu jedem Bild passen zwei Sätze. Ziel der Aufgabe ist es, unter Vorgaben eine Geschichte zu schreiben (halboffene Aufgabe). (Lösung ⟶ S. 200 oder CD-ROM)

**Ecouter et écrire**

**Schülerbuch, S. 37, Nr. 3**
Den vorgespielten Fragen, CD 1 (Track 57; MP3 61) sollen die richtigen Antworten hinzugefügt werden. (Lösung ⟶ S. 200 oder CD-ROM)

**Lire, écouter et regarder**

***Cahier d'activités*, S. 29, Nr. 2**
Die Übung variiert die Schülerbuchübung 3: S hören die Tracks 68 + 69 oder MP3 73 + 74 von der CD 1 oder sehen auf der Video-DVD zwei Vorstellungen und filtern daraus ganz bestimmte Informationen. (Lösung ⟶ CD-ROM)
*En plus 4*, S. 30 ist eine leichtere Differenzierungsübung für Aufgaben zum selektiven Leseverstehen. Die Schreibweise der S.P.A. mit Punkten dient dazu, dass die drei Buchstaben getrennt ausgesprochen werden [ɛspea].
*En plus 5*, S. 31 ist eine schwierigere Differenzierungsübung für Aufgaben, in der es um das selektive Hörverstehen geht. Die Aufgabe enthält unspezifische neue Lexik und neue Strukturen, die beim Hören bewusst vernachlässigt werden müssen. (Lösung ⟶ CD-ROM)

**En forme**

**Schülerbuch, S. 37, Nr. 4; *Cahier d'activités*, S. 29, Nr. 3**
Übungen zur Konjugation der regelmäßigen Verben auf *-er* und *être* (Schülerbuch) und zum bestimmten Artikel im Singular. (Lösung ⟶ Schülerbuch, S. 200; ⟶ CD-ROM)
*En plus 2*, S. 30: Leichtere Verstärkungsübung zur Verbmorphologie.
*En plus 3*, S. 30: Leichtere Verstärkungsübung für Aufgaben, in denen die Apostrophierung eine Rolle spielt. (Lösung ⟶ CD-ROM)
*En plus 6*, S. 31, Nr. 6: Schwierigere Verstärkungsübung für alle Aufgaben, in denen es gezielt um das orthografisch korrekte Schreiben geht. (Lösung ⟶ CD-ROM)
*En plus 7*, S. 31, Nr. 7: Schwierigere Verstärkungsübung für alle Aufgaben zum bestimmten und unbestimmten Artikel Singular. Die Satzzeichen stellen für die Bildung der Sätze eine Hilfe dar. (Lösung ⟶ CD-ROM)
*En plus 8*, S. 31, Nr. 7: Das *Cahier* **für Lehrer** sowie das *Cahier* **für Schüler** enthalten alle Tonaufnahmen pro Szene im MP3-Format.
Audio-CD (Klett-Nr. 622212): enthält alle Tonaufnahmen.
*Cahier* für Schüler: Online-Link verweist aufs Internet; dort befinden sich der komplette Text des Theaterstücks und Tipps für die Aufführung usw.
*Cahier* für Lehrer: identisch mit den Inhalten der Online-Links im *Cahier* für Schüler sowie zusätzliche Hinweise pro Szene für den L.

**Test, Klassenarbeit, Standardsicherung**

Vorschlag für die inhaltliche Ausrichtung eines Tests, einer Klassenarbeit bzw. der Standardsicherung.

**Kompetenzbereich „Hörverstehen"**
Fragen zu den Lehrwerksfiguren und den Handlungsorten beantworten (z. B. aus einem einfachen Hörtext Informationen zu den Wohnorten und Vorlieben der Personen entnehmen)
**Kompetenzbereich „Verfügung über die sprachlichen Mittel"**
**Grammatik:**
- unbestimmter und bestimmter Artikel (z. B. in einer geschlossenen Übung, indem die Artikel in einen Lückentext eingefügt werden)
- *être* und Verben auf *-er* (z. B. in einer halboffenen Aufgabe, indem eine Bildgeschichte beschrieben wird)

**Wortschatz und Orthografie:** sich und andere vorstellen (z. B. in einer offenen Aufgabe, in der der S bei entsprechenden Vorgaben sich und ggfs. andere vorstellt und seine Vorlieben und Freizeitaktivitäten beschreibt)
**Kompetenzbereich „Interkulturelles Lernen"**
in einem Text Angaben zu Begegnungssituation und geografische Bezüge erkennen (z. B. in Form einer Zuordnungsaufgabe, durch eine *Multiple-Choice*- oder *Vrai-faux*-Aufgabe)

## Qu'est-ce que c'est en français?

## Qu'est-ce que c'est en français?

## Les verbes en *«-er»*

Schneide zunächst den unteren Teil an der gestrichelten Linie ab und verwende ihn später zur Kontrolle deiner Lösung. Schreibe für jedes Verb die Singularformen in das jeweilige Dreieck.
Dabei müssen die Formen so angeordnet sein, dass sich immer nur gleiche Endungen berühren dürfen.
Verwende dabei folgende Farben: ***Je*** = **blau**, ***Tu*** = **rot**, ***Il+Elle*** = **grün**.

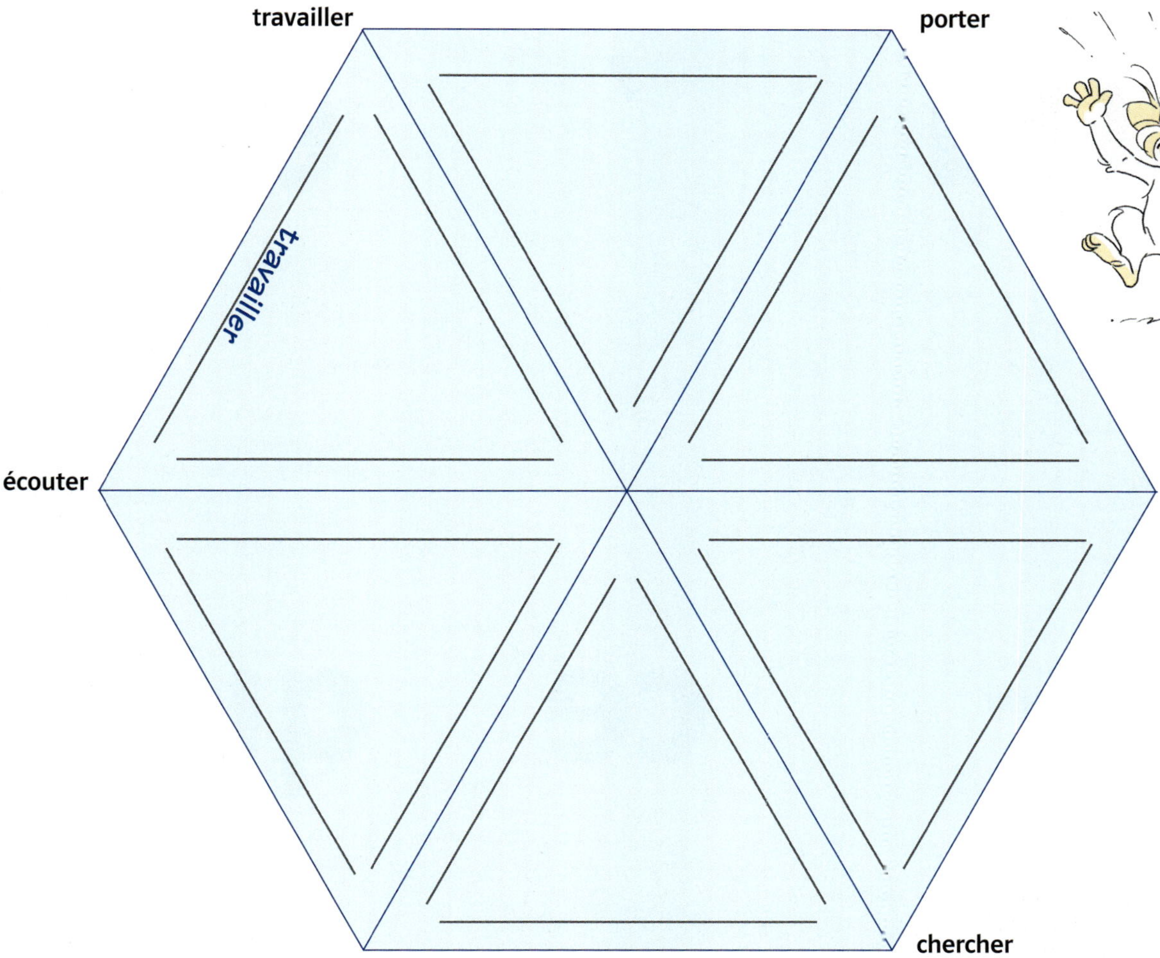

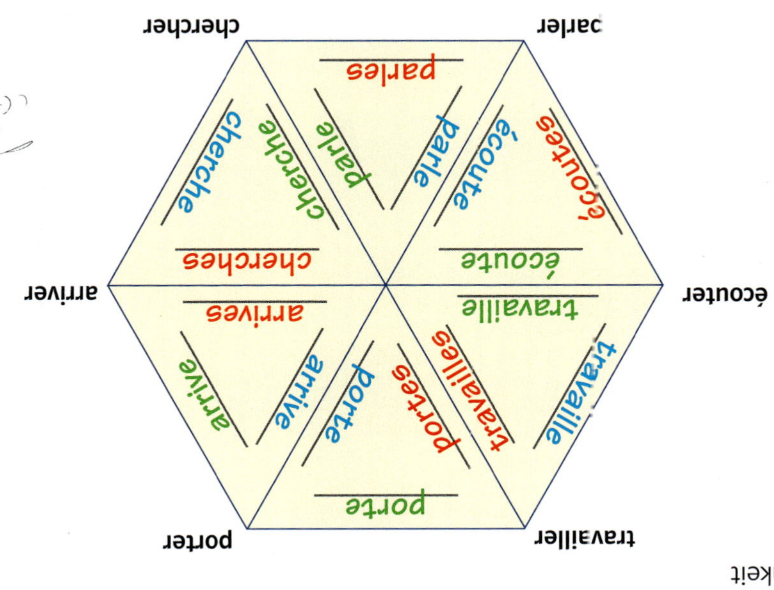


Lösungsmöglichkeit

## Puzzle

| | | |
|---|---|---|
| Qu | ’ | est |
| – | ce | que |
| c | ’ | est? |

## Tout le monde cherche qc ... dans la maison de la presse

**Hinweise:**
- *Zunächst muss der untere Teil abgetrennt werden.*
- *Der Text wird ein erstes Mal ganz vorgelesen. Anschließend macht der L nach jedem Satz eine Pause, damit die S ausreichend Zeit haben, die fehlenden Wörter in die abgetrennte Liste einzutragen.*

Léo parle avec un monsieur. Il cherche une affiche avec un chien. Marie cherche un stylo. Une copine de Marie est aussi dans la maison de la presse; elle cherche un livre avec des photos sur Paris. Mme Latière cherche un chat. Il est dans le carton.
Alex cherche un CD pour une copine. Et Moustique cherche Malabar.
Jérôme cherche une gomme et un crayon.

---

*Du hörst eine kurze Geschichte, in der viele Personen etwas suchen. Schreibe in das Kästchen unter der Person, was sie suchen. Achtung, zwei Personen suchen nichts. Nachdem du die Lösungen eingetragen hast, überprüfe mit Hilfe der Wortschlange, ob du sie richtig geschrieben hast. Am Ende kontrollierst du deine Ergebnisse mit deinem Nachbarn.*

| **Léo** | **un monsieur** | **Marie** |
|---|---|---|
| une ... | une ... | un ... |
| **Mme Latière** | **une copine de Marie** | **Lucie** |
| un ... | un ... | une ... |
| **Alex** | **Moustique** | **Jérôme** |
| un ... | ... | une ... |

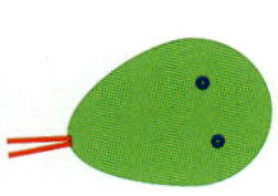

livreunMalabarunegommeetunCDsurParisphotosstylodescrayonleununchataffichechienuneavecunavecun

## Voilà Alex.

*Der Text* Voilà *Alex. ist hier in einer anderen Reihenfolge dargestellt. Du hörst den Text noch einmal und bringst anschließend die Sätze in die richtige Reihenfolge, indem du Ziffern davor schreibst. Nur wenn du nicht weiterweißt, darfst du die S. 28 im Schülerbuch als Hilfe benutzen.*

☐ Malabar, non! Viens ici!

☐ Léo est dans la rue avec Marie et Malabar. Un chat arrive et entre dans le magasin.

☐ Que fait Malabar? Il entre aussi. Il cherche le chat!

☐ Malabar, ah, tu es là.

☐ Dans le magasin, Léo trouve Malabar.

☐ Bonjour, ... euh, pardon ...je cherche Malabar.

☐ Non, c'est un chien.

☐ Zut! C'est la catastrophe!

☐ Tiens, voilà grand-mère.

☐ Chut! Je travaille.

☐ Malabar? Qu'est-ce que c'est? Une BD?

☐ Tu travailles pour l'ecole?

☐ Non, pour moi. On est en vacances!

☐ Un chien ici? Et le chat?

☐ ... mais qu'est-ce que c'est?

☐ C'est Malabar, le chien de ... euh ...

☐ Bonjour, madame, je m'appelle Léo.

☐ Malabar est le chien de Léo. Et c'est l'ami de Malou.

## Zut, le carton!

*Kreuze beim Zuhören des Textes aus dem Schülerbuch S. 30, Nr. 8 den passenden Begriff an.*

1. Dans le magasin, Léo cherche …

☐ un cahier ☐ une gomme.

2. Un copin de Léo arrive. Il cherche …

☐ un livre ☐ une BD.

3. Un monsieur entre dans le magasin avec …

☐ un carton ☐ un chien.

4. Dans le carton, Léo trouve …

☐ une BD ☐ un chat.

## ABC

*In dem Buchstabengitter sind zehn Nomen versteckt. Kannst du sie finden?*
*Schreibe sie anschließend mit dem unbestimmten Artikel neben das Gitter.*

| | | | | | | | | | |
|---|---|---|---|---|---|---|---|---|---|
| E | K | N | M | S | W | I | A | V | E |
| U | C | A | I | U | H | M | N | W | H |
| F | C | O | Y | S | A | C | J | K | C |
| G | C | J | L | I | A | O | N | F | I |
| C | Q | R | S | E | U | G | B | E | F |
| A | U | O | A | R | H | P | A | D | F |
| M | N | R | N | Y | E | U | R | M | A |
| I | P | A | T | O | O | L | O | P | D |
| N | L | N | J | X | D | N | B | S | B |
| D | V | O | L | O | L | Y | T | S | K |

1. une école
2. ______
3. ______
4. ______
5. ______
6. ______
7. ______
8. ______
9. ______
10. ______

**Lösungen:**
ECOLE
AFFICHE
MAISON
TRUC
AMI
JOURNAL
RUE
CRAYON
MAGASIN
STYLO

## Qu'est-ce qui va ensemble?

1. Chut!
2. Zut!
3. Bof!
4. Aïe!
5. Eh!
6. Hein?
7. Hélas!
8. Beurk!
9. Blablabla!
10. Oh! Ouf!
11. Hé!
12. Brrr!
13. Pst!
14. Miam-miam!
15. putain!

- [ ] a. [Blablabla!]
- [ ] b. [he!]
- [ ] c. [uff!]
- [ ] d. [Na ja!, Ach!]
- [ ] e. [Sei leise!]
- [ ] f. [Autsch!, Ach, [herr]je!, Oje!]
- [ ] g. [Mist!, Verdammt!]
- [ ] h. [Äh…]
- [ ] i. [lecker, lecker!]
- [ ] j. [was?, hä?]
- [1] k. [Pst!]
- [ ] l. [ach, leider]
- [ ] m. [Donnerwetter!]
- [ ] n. [bäh!, igitt!]
- [ ] o. [brr, huch! (bei Kälte oder Angst)]

## C'est la catastrophe!

1. *La fille:* Bonjour Madame! Je cherche un stylo.
2. *Mme Latière:* Bonjour! Un stylo? Mais oui. Vous êtes d'ici?
3. *La fille:* Oui, nous sommes d'ici. Je m'appelle Lucie.
4. *Le garçon:* Et moi, je suis Léo.
5. *La fille:* Euh, pardon, mais … vous êtes la grand-mère d'Alex?
6. *Mme Latière:* Oui, je suis Mme Latière.
7. *Le garçon:* Nous sommes à l'école avec Alex.
8. *Mme Latière:* Ah, d'accord. Vous êtes frère et sœur?
9. *Le garçon:* Oui. … Jérôme et Alex sont là?
10. *Mme Latière:* Non, ils sont à l'école.
11. *La fille:* A l'école? Oh, non! Et nous, nous sommes ici!
12. *Le garçon:* Mais c'est la cata! Vite, à l'école!»

---

## Evaluationsbogen für ein Rollenspiel

| Groupe: ________________ | Super! | Gut! | Geht so! | Nicht so gut! |
|---|---|---|---|---|
| Die Darstellung/ Die Körpersprache war … | | | | |
| Ich habe alles verstanden. | | | | |
| Die Aussprache war … | | | | |
| Die Mitschüler haben gute Ideen gehabt. | | | | |
| Die Mitschüler waren motiviert. | | | | |

Das hat mir besonders gut gefallen: ______________________________

______________________________

Das kann die Gruppe noch verbessern: ______________________________

______________________________

## Le tour du livre

**Was weißt du über die Personen und den Schauplatz deines Französischbuchs?**

1. Was ist die Lieblingsbeschäftigung von Léo?
   ☐ Musik hören ☐ Turnen ☐ BD lesen
2. Wie heißt das Maskottchen des Buches?
   ☐ Moustique ☐ Coco ☐ Lucie
3. In welcher Stadt spielen die Szenen?
   ☐ Lyon ☐ Marseille ☐ Paris
4. Was kann man bei Mme Latière einkaufen?
   ☐ Eis ☐ Zeitschriften ☐ Getränke
5. Wer hat einen Hund?
   ☐ Alex und Jérôme ☐ Marie und Léo ☐ Alex und Jérôme
6. Malabar ist der Name:
   ☐ eines Hundes ☐ einer Katze ☐ eines Kaninchens
7. Wer sind Geschwister?
   ☐ Alex und Jérôme ☐ Léo und Alex ☐ Alex und Marie
8. Welche Sportarten mag Alex?
   ☐ Fußball und Rugby ☐ Handball und Judo ☐ Rugby und Judo

**Wie gut kennst du dein Französischbuch?**

1. Wie viele *Unités* findest du in deinem Französischbuch?
   ☐ 5 ☐ 6 ☐ 7
2. Welches dieser Themen befindet sich nicht in den *Unités 1–3*?
   ☐ Mode ☐ Schule ☐ Freizeit ☐ Paris
3. Wo im Buch kannst du selbst überprüfen, ob du die Grammatik und den Wortschatz verstanden hast?
   ☐ *Pratique* ☐ *Vocabulaire* ☐ *Bilan*
4. Was findest du in den *Plateaus* (S. 39–40)?
   ☐ neue Texte ☐ zusätzliche Grammatikübungen
5. Bei welchem Aufgabenteil kannst du Seiten selbst gestalten?
   ☐ bei *Stratégie* ☐ bei *En forme* ☐ bei Portfolio
6. Bei welchen Übungen geht es ums Sprechen?
   ☐ bei *Ecouter* ☐ bei *Lire et écrire* ☐ bei *Parler*

## Sprachmittlung

*Du bist mit deiner Familie in Frankreich in einer Ferienanlage am Atlantik. Nachdem ihr angekommen seid, begebt ihr euch zur Animation um euch zu informieren, welche Aktivitäten angeboten werden. Deine Familie, die kein Französisch spricht, möchte wissen, ob es etwas gibt, was ihren Vorlieben entspricht. Du erklärst ihnen das Programm der nächsten Woche, sodass deine Mutter, dein Vater, deine Schwester etwas auswählen können: die Schwester tanzt gern, die Mutter sieht sich gern Städte an, der Vater treibt gern Sport, vor allem Fußballspielen und alle Wassersportarten. Was kannst du ihnen sagen? An welchen Tagen gibt es etwas Geeignetes für sie, zu welcher Zeit und an wen muss man sich wenden?*

| | | | |
|---|---|---|---|
| Lundi | **14–16 h<br>Club de foot** | | contacter Patrick |
| Mardi | **9–12 h<br>Atelier dessin** | Vous aimez dessiner, alors vous êtes les bienvenues dans notre atelier dessin. On crée par exemple des t-shirts ou on dessine avec des crayons: | contacter Julien, notre spécialiste de dessin |
| Mercredi | **20–22 h<br>Club de danse** | Si vous aimez la musique pop ou le rock, vous êtes invités à danser dans notre club de danse: | contacter Stéphane |
| Jeudi | **9–11 h<br>Excursion dans les dunes à vélo** | Réservation des vélos chez Patrick | Une heure de cours: 15 Euro |
| | **14–18 h<br>Vous aimez le surf?** | Adressez-vous à Joline qui organise des cours. | contacter Joline |
| Vendredi | **14–16 h<br>Club de volley** | A la plage, on fait du volley dans des équipes mixtes (4 personnes, filles et garçons): | contacter Naomi |
| Samedi | **8–12 h<br>Visite (en autobus) de la ville de Biarritz** | prix: 25 Euro (dîner compris), | avec Joline |
| | **16–18 h<br>disco pour enfants** | | |
| | **21–24 h<br>disco pour jeunes et adultes** | entrée libre | |
| Dimanche | **Soirée dansante à partir de 21 heures** | | contacter Léo |

**Lösung**
für die Schwester: Mittwoch, 20–22 Uhr (Stéphane)
Samstag, 21–24 Uhr, Sonntag, 21–24 Uhr (Léo)
für die Mutter: Samstag, 8–12 Uhr (Joline)
für den Vater: Montag, 14–16 Uhr (Patrick)
Donnerstag, 14–18 Uhr (Joline)

# Ziel des Plateau 1

**Vorbemerkungen zu den Plateaux**

Die drei fakultativen *Plateaux* des Schülerbuches sind alle nach dem gleichen Prinzip aufgebaut. Sie bestehen aus drei Seiten, die sich jeweils auf drei verschiedene Bereiche aufteilen: *Plaisir de lire, Révisions, On prépare le DELF.*
Das *Cahier d'activités* bietet darüberhinaus je vier Seiten an, bestehend aus einem Portfolio-Selbsteinschätzungsbogen, einer Seite *Auto-contrôle* und zwei Seiten *DELF*-Übungen, die mit einer Auswertung versehen sind und wie Miniprüfungen eingesetzt werden können.
Alle unbekannten Wörter der *Plateaux* sind fakultativ und werden in den folgenden *Unités* nicht vorausgesetzt. Die vor allem auf der *Plaisir de lire*-Seite und in geringerem Maße auch auf den *DELF*-Seiten vorkommenden unbekannten Wörter müssen nicht im Unterricht komplett semantisiert werden, da es sich oft um Passivvokabular handelt, das für das Globalverständnis der Texte nicht relevant ist. Die Texte sind so angelegt, dass S und L aus dem Vokabelangebot zur Erweiterung des individuellen und/oder des Klassenwortschatzes nach eigenem Bedarf und *Plaisir* auswählen können.
Neue Strukturen kommen in den *Plateaux* nicht vor.
Die verschiedenen Teile (*Auto-Evaluation, Plaisir de lire, Révision/Auto-contrôle, DELF*) der *Plateaux* können voneinander unabhängig behandelt werden. Die hier vorgeschlagene Reihenfolge ist ggf. auch veränderbar. Es scheint jedoch sinnvoll, die *Auto-Evaluation* mit der Behandlung der *Révisions/Auto-contrôle* zu verknüpfen.
Die *Plateaux* bieten die Chance, individuell zu arbeiten und zu fördern, z.B. im Rahmen von Freiarbeitsphasen oder -stunden (*Travail libre*), um das Lernbewusstsein und die Lernerautonomie so schrittweise aufzubauen.

**Inhaltlicher Schwerpunkt**

*Plateau* 1 bezieht sich auf in *Unités* 1 + 2 erworbene Kompetenzen und Kenntnisse.
Die Rubrik *Plaisir de lire* thematisiert die Themen „Haustier" und „Weihnachten".
Im *Révisions*-Teil hören S Fragen und beantworten diese, stellen Fragen zu vorgegebenen Antworten, vervollständigen Sätze mit den passenden Präpositionen und Adverbien und werden sprachmittelnd tätig.
Daran schließt sich die *DELF*-Prüfung an.

**Kompetenzerwartung**

Am Ende dieses *Plateau* können die S ihre Lernfortschritte selbst einschätzen (*Auto-Evaluation*) und sich ggf. bei Problemen Hilfe suchen. Auf dieser Grundlage gehen sie erste methodische Schritte zum selbstorganisierten Lernen und können zielorientiert zusätzliche Übungen (*Révisions/Auto-contrôle*) alleine oder mit Hilfe des L zur Festigung der erworbenen Kompetenzen auswählen und bearbeiten.
Sie kennen den Aufbau einer *DELF*-Prüfung mit seinen vier Teilen: *Compréhension de l'oral, Compréhension des écrits, Production écrite* und *Production orale.*
Sie können 1. aus einfachen, kurzen Hördokumenten Angaben zu der Sprecherin, dem Aufenthaltsort und der Tätigkeiten einer Person machen, 2. einen kurzen Text lesen und Aussagen über den Text beurteilen (*vrai/faux*), 3. sich kurz schriftlich vorstellen (Vorname, Wohnort, Vorlieben), 4. Fragen zur eigenen Person mündlich beantworten.
Sie kennen einige Wörter zum Wortfeld „Weihnachten", erleben Lesevergnügen und können die Kernaussage eines unbekannten Lesetextes (*Plaisir de lire*) erschließen und in der Muttersprache formulieren, obwohl sie nicht jedes Wort des Textes exakt verstehen.
Sie können die Bedeutungen einiger unbekannter Wörter aus dem Kontext, mit Hilfe von Abbildungen, aufgrund verwandter Wörter in der Muttersprache oder aus anderen Sprachen erschließen. Darüberhinaus können sie in der Zielsprache einfache Fragen zum Text beantworten und ggf. die Textaussage in kreativen Produktionen umsetzen.

## S. 39 Plaisir de lire: Frères et sœurs

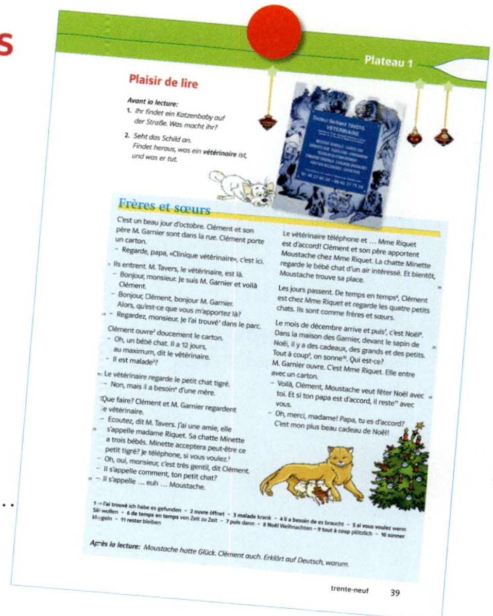


Plaisir de lire

*Avant la lecture:*
1. *Ihr findet ein Katzenbaby auf der Straße. Was macht ihr?*
2. *Seht das Schild an. Findet heraus, was ein **vétérinaire** ist, und was er tut.*

Frères et sœurs

C'est un beau jour d'octobre. Clément et son père M. Garnier sont dans la rue. Clément porte un carton.
– Regarde, papa, «Clinique vétérinaire», c'est ici.
Ils entrent. M. Tavers, le vétérinaire, est là.
– Bonjour, monsieur. Je suis M. Garnier et voilà Clément.
– Bonjour, Clément, bonjour M. Garnier. Alors, qu'est-ce que vous m'apportez là?
– Regardez, monsieur. Je l'ai trouvé[1] dans le parc.
Clément ouvre[2] doucement le carton.
– Oh, un bébé chat. Il a 12 jours, au maximum, dit le vétérinaire.
– Il est malade[3]?
Le vétérinaire regarde le petit chat tigré.
– Non, mais il a besoin[4] d'une mère.
Que faire? Clément et M. Garnier regardent le vétérinaire.
– Ecoutez, dit M. Tavers. J'ai une amie, elle s'appelle madame Riquet. Sa chatte Minette a trois bébés. Minette acceptera peut-être ce petit tigré? Je téléphone, si vous voulez.[5]
– Oh, oui, monsieur, c'est très gentil, dit Clément.
– Il s'appelle comment, ton petit chat?
– Il s'appelle ... euh ... Moustache.

Le vétérinaire téléphone et ... Mme Riquet est d'accord! Clément et son père apportent Moustache chez Mme Riquet. La chatte Minette regarde le bébé chat d'un air intéressé. Et bientôt, Moustache trouve sa place.
Les jours passent. De temps en temps[6], Clément est chez Mme Riquet et regarde les quatre petits chats. Ils sont comme frères et sœurs.
Le mois de décembre arrive et puis[7], c'est Noël[8]. Dans la maison des Garnier, devant le sapin de Noël, il y a des cadeaux, des grands et des petits. Tout à coup[9], on sonne[10]. Qui est-ce? M. Garnier ouvre. C'est Mme Riquet. Elle entre avec un carton.
– Voilà, Clément, Moustache veut fêter Noël avec toi. Et si ton papa est d'accord, il reste[11] avec vous.
– Oh, merci, madame! Papa, tu es d'accord? C'est mon plus beau cadeau de Noël!

1 j'ai trouvé ich habe es gefunden – 2 ouvre öffnet – 3 malade krank – 4 il a besoin de es braucht – 5 si vous voulez wenn Sie wollen – 6 de temps en temps von Zeit zu Zeit – 7 puis dann – 8 Noël Weihnachten – 9 tout à coup plötzlich – 10 sonner klingeln – 11 rester bleiben

*Après la lecture: Moustache hatte Glück. Clément auch. Erklärt auf Deutsch, warum.*

trente-neuf 39

**Inhaltlicher Schwerpunkt**

Der Junge Clément Garnier findet im Oktober im Park ein Katzenbaby, das er Moustache nennt und mit seinem Vater zum Tierarzt bringt. Dieser sorgt dafür, dass das Tier zu Frau Riquet kommt, deren Katze Junge hat und so das Kätzchen unter Geschwistern (Titel: *Frères et sœurs*) aufziehen kann. Zu Weihnachten bringt Frau Riquet Clément die Katze. Der Vater erlaubt die Katze zu behalten. Clément freut sich über sein schönstes Weihnachtsgeschenk.

**Préparation en 3 minutes**

- **Mitnehmen!** Schülerbuch, Overheadprojektor, Folie, Kopiervorlagen 1–6
- **Schülerbuch:** S. 39, Nr. 1, 2: Aktivität vor dem Lesen des Textes, Lesetext mit Schwerpunkt zu den Themen Weihnachten und Haustier (Katze)
- **Inhaltlicher Schwerpunkt:** Globales Leseverstehen, Wortschatz

**Neue Wörter/ Kein Lernwortschatz**

beau, un jour, octobre, son, un père, une clinique, vétérinaire, un vétérinaire, apporter, avoir, doucement, ouvrir, un bébé, maximum, malade, petit, tigré, avoir besoin, chatte, accepter, peut-être, si vous voulez, gentil, ton, chez, air, intéressé, une place, passer, de temps en temps, comme, un mois, décembre, Noël, un sapin, un cadeau, tout à coup, sonner, vouloir, fêter, rester, mon plus beau cadeau

**Schritte zur Erarbeitung**

**Hinführung** (Folie)
L zeigt erstes Bild von Folie (P 1) und fragt: *Qu'est-ce que c'est?* Erwartete Antworten: *C'est un chat.* L deckt zweites Bild auf und sagt: *C'est Noël. Décrivez l'image.* Erwartete Antwort: *C'est un garçon avec un chat.* L fügt hinzu: *Le garçon s'appelle Clément Garnier.*

**Problematisierung** (Folie, Tafel)
L schreibt großes Fragezeichen über die Folie (P 1) und fragt: Was könnte passiert sein? S stellen Vermutungen im Unterrichtsgespräch oder in Partnerarbeit in einer Murmelphase auf Deutsch an (⟶ *Boîte à outils 25*). Anschließend werden Vermutungen im Plenum gesammelt und an der Tafel notiert. (Es ist davon auszugehen, dass S u. a. auf die Idee kommen, dass *Clément* das Katzenbaby im Park gefunden hat. Dieser Punkt wird im Folgenden aufgegriffen.)

**Erarbeitung** (Schülerbuch, Kopiervorlage 1)
S assoziieren vor der Lektüre des Textes auf Deutsch, was sie machen würden, wenn sie ein Katzenbaby auf der Straße finden. Anschließend erarbeiten S den Begriff *vétérinaire* mithilfe des Schildes im Schülerbuch, S. 39.
Bevor die S selbstständig den Text in Einzelarbeit still lesen, werden mit ihnen Strategien zur Erschließung eines Textes mit unbekannten Wörtern mithilfe der Kopiervorlage 1 (wird auf Folie kopiert) erarbeitet. (⟶ Zur Methodik 1)
Danach lesen S den Text zunächst still in Einzelarbeit, anschließend ein zweites Mal in Partnerarbeit um herauszufinden, was mit Clément und der Katze passiert ist. (⟶ Zur Methodik 2/Differenzierung 1)

**Sicherung** (Schülerbuch)
Text wird im Plenum in verteilten Rollen abschnittsweise gelesen und L stellt einfache Fragen, die in der Zielsprache beantwortet werden, z. B. *Qui est Clément/M. Garnier/ M. Tavel? Est-ce que Mme Riquet a* (*a* lexikalisch einführen) *un chat? Est-ce que Minette aime Moustache? Qui est comme* (*comme* einführen) *frères et sœurs? Le plus beau cadeau* (lexikalisch einführen) *de Noël de Clément, qu'est-ce que c'est?*
(⟶ Differenzierung 2).

**Festigung** (Schülerbuch)
Nach der Lektüre des Textes wird auf Deutsch folgende Frage erörtert: „Warum hatten Clément und Moustache Glück?" (⟶ Alternative 2, 3)
**Hausaufgabe:** Die Geschichte zeichnen und mit Untertiteln versehen

## Tipps und Tricks

Boîte à outils 24

**Murmelphase – *Expression simultanée***
In einer Murmelphase sprechen alle S möglichst leise gleichzeitig, indem sie sich mit der Partnerin/dem Partner über ein Thema austauschen. Auf diese Weise wird der Sprachumsatz gefördert. Es wird ebenso vermieden, dass das Unterrichtsgespräch immer von denselben S dominiert wird.

### Zur Methodik

**1.** Da der Text ausdrücklich als Lesetext gedacht ist, wird hier bewusst kein Tonmaterial zur Verfügung gestellt, um den natürlichen Leseprozess zu unterstützen.
Es müssen und sollen nicht alle Wörter semantisiert und verstanden werden. Einige Wörter sind als Fußnote auf der Seite angegeben. Erschließbare und für das Globalverstehen nicht unmittelbar wichtige Wörter sind nicht annotiert worden. Einige Wörter lassen sich aus den Abbildungen (z. B. *un vétérinaire, Noël, un sapin, un cadeau),* aus bekannten Wörtern *(porter ⟶ apporter, que fait ⟶ que faire*), aus dem Kontext *(gentil)* oder aus einer anderen Sprache (z. B. *octobre, un bébé, une clinique, maximum, tigré, accepter, l'air, intéressé, une place* etc.) erschließen. Die Bewusstmachung von Worterschließungsstrategien vor dem ersten Lesen des Textes im Plenum gibt allen S eine Hilfestellung. Die Kopiervorlage 1 kann jedem einzelnen an die Hand gegeben werden (vgl. auch *Stratégie* Schülerbuch, S. 68).
**2.** Da das Erlesen des Textes i. d. R. in unterschiedlicher Geschwindigkeit erfolgt, kann L Zusatzaufgaben zum Wortschatz (z. B. Kopiervorlage 2; nur austeilen, wenn Kopiervorlage 1 nicht ausgeteilt wurde), Leseverstehen (Kopiervorlage 3) oder zur kreativen Umsetzung der Geschichte als Bild oder Bildgeschichte stellen. Die Aufgaben können auch im Anschluss an das Unterrichtsgespräch in Freiarbeit oder als Hausaufgabe bearbeitet werden. Das Material sollte auf das Leseverstehen und nicht auf die Sprachproduktion fokussiert sein.

### Differenzierung

**1.** Bei diesem Vorgehen werden dem Leseverständnis und der unterschiedlichen Lesegeschwindigkeit der einzelnen S Rechnung getragen. L steht zur Verfügung, um Strategietipps für die Herleitung von Wortbedeutungen zu geben und kann ggf. schwächere S besonders unterstützen.
**2.** In lernschwächeren Gruppen kann auf die Fragen zum Text verzichtet werden, da es um das globale Leseverstehen geht.

### Alternative

**1. Alternative Erarbeitung des Textes:** Der Text kann auch gleich schrittweise im Plenum gelesen werden. Allerdings sollte auch bei diesem Vorgehen das bereits Verstandene Ausgangspunkt sein und nicht jedes Wort einzeln semantisiert werden.
**2. *Tu aimes le texte?:*** Jeder S notiert kurz, ob er den Text mag oder nicht und evtl. warum, z. B. *J'aime le texte sur Moustache et Clément. J'ai un chat aussi.* Die Beurteilungen werden dann reihum vorgelesen. So wird die Beteiligung aller S sichergestellt.
Es können auch Plakate mit Smiley und Griefey an unterschiedlichen Wänden des Klassenraums aufgehängt werden, auf die die S ihre Sätze schreiben, was ihrem Bewegungsdrang nach dem ruhigen Lesen Rechnung trägt.
**3. Weihnachten:** Nach der Bearbeitung der S. 39 kann die Behandlung des Themas „Weihnachten" (Rezept und Lied) anhand der Kopiervorlage 4–6 angeschlossen werden. Der Liedtext müsste evtl. im Plenum übersetzt werden.

**Portfolio** ***Cahier d'activités*, S. 32**

Die *Portfolio-Auto-Evaluation* ist als ein Teil des Gesamtportfolios zu verstehen. Die Selbsteinschätzung ist Voraussetzung für die individuelle Weiterarbeit und gezielte Förderung. Der Aufbau des Selbstevaluations-Bogens folgt der Kompetenzgliederung der Bildungsstandards: „Sich auf Französisch verständigen" entspricht den kommunikativen Fertigkeiten. *Vis-à-vis* entspricht den interkulturellen Kompetenzen und *Stratégie* (Gewusst, wie …) den methodischen Kompetenzen. Die Selbsteinschätzung erfolgt analog zu den *Bilan*-Teilen durch Ankreuzen der entsprechenden Ampelfarbe.
Die Indikatoren beschreiben den nach *Unité 2* erreichten Stand nicht vollständig, sondern bilden nur die wichtigsten Fähigkeiten und Kenntnisse ab.
Grundlage für die Einschätzung ist das Gefühl, das der S von seinen Fähigkeiten hat. Eine „objektivierende Kontrolle" kann durch die Durchnahme der in der rechten Spalte angegebenen Übungen erfolgen. Evtl. kann dies gleich (oder zu einem anderen Zeitpunkt) mit einer Partnerin/einem Partner durchgeführt werden, die/der als Korrektiv wirken und ihre/seine Einschätzung in die zweite Ampelreihe eintragen kann.
Die Einträge, bei denen „grüne Ampeln" verzeichnet wurden, geben den einzelnen S an, welche Bereiche sie schon beherrschen und in das Portfolio im Anschluss an *Cahier d'activités*, S. 105 übertragen können. Auf diese Weise machen sie sich auch visuell bewusst, was sie schon alles können und eine Konzentrierung auf die Defizite wird vermieden.
Hinweise zur Durchnahme: Zunächst erläutert L den Portfolio-*Auto-Evaluations*-Bogen und weist darauf hin, dass keine Beurteilung durch L auf Grundlage der Bögen stattfindet. Es ist also wichtig, ehrlich zu sich selbst zu sein, um mit dem Ergebnis arbeiten zu können. S füllen Bögen in Einzelarbeit aus. L hilft bei konkreten Nachfragen, hält sich aber ansonsten zurück. Grün angekreuzte Einträge sollen S gleich im Portfolio-Bogen s. o. eintragen. L weist bei Bedarf auf weiterführende Übungen hin.

## S. 40 Révisions

Die *Révisions*-Übungen des Schülerbuchs werden gemeinsam in der folgenden Reihenfolge bearbeitet.
Die drei *Révisons*-Übungen des *Cahier d'activités* können im Unterricht in Einzelarbeit in freieren Arbeitsphasen bearbeitet werden, sodass dem individuellen Lerntempo Rechnung getragen wird. L greift nur unterstützend ein oder steht für Fragen zur Verfügung. Die Aufgaben könnten aber auch als Hausaufgabe aufgegeben werden, da die S ihre Lösungen selbstständig überprüfen können (⟶ *Cahier d'activités*, S. 100).
Bei lernstärkeren Gruppen erübrigt sich evtl. aufgrund der Selbstkontrolle die Ergebnissicherung in der Folgestunde. Es reicht ggfs. gezielte Fragen der S zu beantworten.

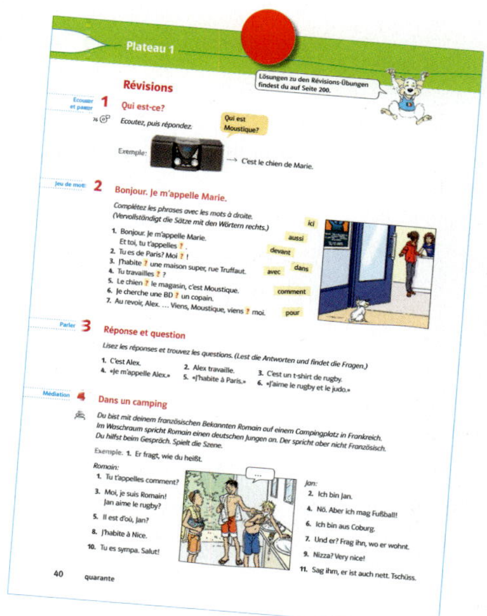
Plateau 1

Révisions

Lösungen zu den Révisions-Übungen findest du auf Seite 200.

Ecouter et parler **1** Qui est-ce?

*Ecoutez, puis répondez.*

Qui est Moustique?

Exemple: ⟶ C'est le chien de Marie.

Jeu de mots **2** Bonjour. Je m'appelle Marie.

*Complétez les phrases avec les mots à droite. (Vervollständigt die Sätze mit den Wörtern rechts.)*

1. Bonjour. Je m'appelle Marie. Et toi, tu t'appelles ? .
2. Tu es de Paris? Moi ? !
3. J'habite ? une maison super, rue Truffaut.
4. Tu travailles ? ?
5. Le chien ? le magasin, c'est Moustique.
6. Je cherche une BD ? un copain.
7. Au revoir, Alex. … Viens, Moustique, viens ? moi.

ici – aussi – devant – dans – avec – comment – pour

Parler **3** Réponse et question

*Lisez les réponses et trouvez les questions. (Lest die Antworten und findet die Fragen.)*

1. C'est Alex.
2. Alex travaille.
3. C'est un t-shirt de rugby.
4. «Je m'appelle Alex.»
5. «J'habite à Paris.»
6. «J'aime le rugby et le judo.»

Médiation **4** Dans un camping

*Du bist mit deinem französischen Bekannten Romain auf einem Campingplatz in Frankreich. Im Waschraum spricht Romain einen deutschen Jungen an. Der spricht aber nicht Französisch. Du hilfst beim Gespräch. Spielt die Szene.*

Exemple. 1. Er fragt, wie du heißt.

*Romain:*
1. Tu t'appelles comment?
3. Moi, je suis Romain! Jan aime le rugby?
5. Il est d'où, Jan?
8. J'habite à Nice.
10. Tu es sympa. Salut!

*Jan:*
2. Ich bin Jan.
4. Nö. Aber ich mag Fußball!
6. Ich bin aus Coburg.
7. Und er? Frag ihn, wo er wohnt.
9. Nizza? Very nice!
11. Sag ihm, er ist auch nett. Tschüss.

40 quarante

**Ecouter et parler** **Schülerbuch, S. 40, Nr. 1/CD 1 (Track 71; MP3 76)**

Hörverstehensübung: S beantworten mündlich Fragen von CD1 (Track 71; MP3 76).
L spielt den Satz ein, S antworten im Chor. (Lösung ⟶ SB, S. 200/CD-ROM)

**Jeu de mots** **Schülerbuch, S. 40, Nr. 2**
S bearbeiten Aufgabe in Einzelarbeit. Sie vervollständigen die Sätze mit einem Adverb, einer Präposition oder dem Fragewort *comment* und notieren diese in ihre Hefte. Anschließend vergleichen sie sie mit der Partnerin/dem Partner und kontrollieren eigenständig ihre Lösungen im Schülerbuch auf S. 200. (Lösung ⟶ SB, S. 200/CD-ROM)
Semantisch sind in einigen Items mehrere Lösungen möglich. Hier soll aber jedes Wort nur einmal verwendet werden. Eindeutigkeit ergibt sich aus der Reihenfolge (*aussi* ist in Satz 2 ohne Alternative, *devant* geht in Satz 5 aus der Zeichnung hervor) und aus dem Kontext der *Unités* 1 und 2.

**Parler** **Schülerbuch, S. 40, Nr. 3**
S bearbeiten die Übung in Partnerarbeit und kontrollieren sich selbstständig. S1 liest die Fragen vor, S2 antwortet. S1 kontrolliert die Lösung mithilfe des Schülerbuchs, S. 200. Dann fragt S2, S1 antwortet und S2 kontrolliert die Lösung. (Lösung ⟶ SB, S. 200/CD-ROM)

**Médiation** **Schülerbuch S. 40, Nr. 4**
S spielen eine Kennenlernsituation zwischen dem französischsprechenden Romain, einem Deutschen namens Jan, sowie einer dritten Person, die zweisprachig ist.
Diese Person kann den Namen des sie spielenden S erhalten. In Dreiergruppen wird die Szene in verteilten Rollen vorbereitet, ohne dass jedes Wort übertragen werden muss.
Tipp an S: Unwichtiges weglassen!
S können ihre Lösungen selbstständig im Schülerbuch auf S. 200 kontrollieren und anschließend die Szene spielen. Abschließend können einige Szenen im Plenum aufgeführt werden, dazu können aber auch die Gruppen neu gemischt werden.
(Lösung ⟶ SB, S. 200/CD-ROM)

**Jeu de sons** ***Cahier d'activités*, S. 33, Nr. 1**
Lautdiskriminierung (S-Laute und Nasale), Tipp für S auf S. 100: S streichen Wort, das nicht passt, durch. (Lösung ⟶ CdA, S. 100/CD-ROM)

**Jeu de mots** ***Cahier d'activités*, S. 33, Nr. 2**
S beschreiben Lehrwerkfiguren mithilfe von Abbildungen. (Lösung ⟶ CdA, S. 100/CD-ROM)

**En forme** ***Cahier d'activités*, S. 33, Nr. 3**
Es handelt sich um eine schwierigere Differenzierungsübung.
Die Aufgabe dient nicht der Sprachmittlung, sondern es handelt sich um eine formale kontrastive Übersetzung, die die Bewusstmachung struktureller Unterschiede zwischen dem Französischen und Deutschen zum Inhalt hat. Französische Entsprechungen für das deutsche „sie" und „Sie" müssen gefunden werden (hier: *il, ils, elles, vous*).
(Lösung ⟶ CdA, S. 100/CD-ROM)

# S. 41 On prépare le DELF

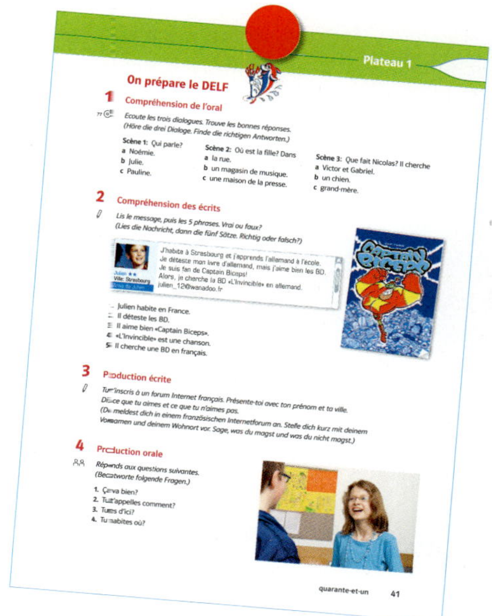
Plateau 1

On prépare le DELF

1 Compréhension de l'oral

77 *Ecoute les trois dialogues. Trouve les bonnes réponses. (Höre die drei Dialoge. Finde die richtigen Antworten.)*

**Scène 1:** Qui parle?
a Noémie.
b Julie.
c Pauline.

**Scène 2:** Où est la fille? Dans
a la rue.
b un magasin de musique.
c une maison de la presse.

**Scène 3:** Que fait Nicolas? Il cherche
a Victor et Gabriel.
b un chien.
c grand-mère.

2 Compréhension des écrits

*Lis le message, puis les 5 phrases. Vrai ou faux? (Lies die Nachricht, dann die fünf Sätze. Richtig oder falsch?)*

Julien ★★
Ville: Strasbourg

J'habite à Strasbourg et j'apprends l'allemand à l'école. Je déteste mon livre d'allemand, mais j'aime bien les BD. Je suis fan de Captain Biceps! Alors, je cherche la BD «L'Invincible» en allemand. julien_12@wanadoo.fr

1 Julien habite en France.
2 Il déteste les BD.
3 Il aime bien «Captain Biceps».
4 «L'Invincible» est une chanson.
5 Il cherche une BD en français.

3 Production écrite

*Tu t'inscris à un forum Internet français. Présente-toi avec ton prénom et ta ville. Dis ce que tu aimes et ce que tu n'aimes pas. (Du meldest dich in einem französischen Internetforum an. Stelle dich kurz mit deinem Vornamen und deinem Wohnort vor. Sage, was du magst und was du nicht magst.)*

4 Production orale

*Réponds aux questions suivantes. (Beantworte folgende Fragen.)*

1. Ça va bien?
2. Tu t'appelles comment?
3. Tu es d'ici?
4. Tu habites où?

quarante-et-un 41

Die Übungen in den *Plateaux* orientieren sich an den offiziellen *DELF*-Formaten, um die S schrittweise an die Prüfungsformate heranzuführen, um am Ende des ersten Lernjahres schließlich den Prüfungen des *Niveau A1* zu entsprechen (vgl. auch Anforderungen der Kernlehrpläne z. B. NRW: Ende Klasse 6 *Niveau A1*).
Die Arbeitsanweisungen sind bewusst noch nicht nach dem Standard des *CIEP* formuliert, weil es sich hier erst um eine Hinführung zum *DELF* handelt. Die in den echten *DELF*-Prüfungen nicht vorhandenen deutschen Formulierungen werden in dieser ersten Hinführung noch hinzugefügt, um den S den Einstieg zu erleichtern. Sie werden nach und nach einsprachig Französisch. Um eine möglichst präzise Vorbereitung zu gewährleisten, werden von Anfang an die offiziellen Begrifflichkeiten der Prüfungsformate verwendet, aber schülergerecht zusätzlich durch Symbole kenntlich gemacht: *Compréhension de l'oral* (🎧), *Compréhension des écrits* (✎), *Production écrite* (✎), *Production orale* (👥).
Zur *compréhension de l'oral*: Wie bei *DELF* üblich enthält die Tonaufnahme bereits die Pausen. Das zweite Hören kann über die gesonderte Tracknummer aufgerufen werden.
Das *Cahier d'activités* bietet zusätzlich noch einen jeweils bepunkteten Abschlusstest an, der das Format und die Bewertung für die S spielerisch transparent macht.
Bei der Punktevergabe folgt das *Cahier d'activités* dem Prinzip der *DELF*-Prüfung, bei der alle vier Teilprüfungen mit der gleichen Punktzahl (mit 25 Punkten) bewertet werden. Mit drei Punkten pro Teilprüfung umfasst diese „Mini-*DELF*-Prüfung" knapp 1/8 des tatsächlichen *DELF*-Maßstabs.
Bei der Auswertung des „echten" *DELF* gibt es zwei Kriterien: 1. Bei jeder Teilprüfung muss die Mindestpunktzahl fünf erreicht werden. 2. Insgesamt muss mindestens die Hälfte der möglichen Gesamtpunktzahl (d. h. 50 oder mehr) erzielt werden.
In den *Plateau*-Teilen 2 und 3 findet eine weitere Annäherung an die „echte" *DELF*-Prüfung statt.

**Methodische Hinweise**

Eine Ritualisierung der *DELF*-Übungen im Unterricht scheint sinnvoll, um die S langsam aber stetig an das Format zu gewöhnen, aber auch die besondere Prüfungssituation verdient ein besonderes Format. Ggf. können auch in regelmäßigen Abständen besondere *DELF*-Stunden eingeführt werden.
Da die S sich an das Prüfungsformat erst gewöhnen müssen, sollte es zu Beginn zuerst auf Deutsch erklärt werden, dann in einem ersten Durchgang mit den Übungen aus dem Schülerbuch im Klassenverband gemeinsam erprobt werden und im Anschluss daran ein gemeinsamer Erfahrungsaustausch in einem auswertenden Gespräch stattfinden (Fragen, z. B. Wie war das für euch? Was war schwierig? Worauf musst du mehr achten?). Danach werden die *Cahier d'activités*-Übungen als erste Mini-Prüfungssimulation bearbeitet.

**Compréhension de l'oral**

**Schülerbuch, S. 41, Nr. 1/CD 1 (Track 72; MP3 77)**
Es geht um das Globalverstehen. Vor der Durchführung der Aufgabe weist L S darauf hin, dass S sich Heft und Stift bereit legen müssen. Evtl. im Heft (und parallel an der Tafel) Tabelle mit Nummern der *Scènes* (1, 2, 3) und Buchstaben (a, b, c) mit Kästchen zum Ankreuzen anlegen, damit während des Hörens nur noch angekreuzt werden muss.
Die Ergebnissicherung erfolgt im Plenum und wird an der Tafel festgehalten.
(Lösung ⟶ CD-ROM)

**Compréhension des écrits**

**Schülerbuch, S. 41, Nr. 2**
S lesen Text in Einzelarbeit still durch, notieren die Nummern der Sätze 1 - 5 und vermerken dahinter, ob die Sätze *v = vrai* oder *f = faux* sind. Danach vergleichen sie die Lösungen mit der Partnerin/dem Partner. Die Ergebnissicherung erfolgt anschließend im Plenum. Evtl. können im Plenum Informationen zu Captain Biceps gesammelt werden. Es kann auch als Hausaufgabe ein Internetrechercheauftrag zu Captain Biceps erfolgen. L kann als Anschauungsmaterial Comics von Captain Biceps mitbringen.
(Lösung ⟶ CD-ROM)

**Production écrite**

**Schülerbuch, S. 41, Nr. 3**
Diese Textsorte ist den S aus dem Portfolio-Auftrag von *Unité* 1 (Schülerbuch, S. 23) und *Unité* 2 (Schülerbuch, S. 35) bekannt. S bearbeiten die Aufgabe in Einzelarbeit schriftlich. Anschließend gehen sie in Zweiergruppen oder in einer Sitzgruppe zusammen und lesen sich ihre Texte gegenseitig vor. Evtl. kann pro Gruppe ein Text ausgewählt werden, der im Plenum vorgelesen wird. Je nachdem, was mit den Portfolio-Texten in *Unité* 1 und 2 gemacht wurde, sollte hier eine andere Präsentation ausgewählt werden, um die Vielfalt an Präsentationsmöglichkeiten zu erhöhen. (Lösung ⟶ CD-ROM)

**Production orale**

**Schülerbuch S. 41, Nr. 4**
In einer Prüfungssituation hätte dies die Form eines *entretien dirigé*. Die Aufgabe wird in Partnerarbeit durchgeführt. Dabei stehen sich die S gegenüber oder sitzen mit den Stühlen *face à face* mit Blickkontakt. L geht in der Klasse herum, hört sich die Gespräche an, greift aber während des Dialogs nicht ein. Die Korrektur erfolgt ausschließlich nach Beendigung der Gespräche.

**Interkulturelles**

**Captain Biceps**
Captain Biceps ist der Superheld einer Comic-Serie von Tébo und Zep. Der erste Band, *L'invincible*, wurde 2004 publiziert, gefolgt von *Le redoutable* (2005), *L'invulnérable* (2006), *L'inoxydable* (2007) und *L'intrépide* (2011). Die Comics wurden sowohl in Deutschland als auch in anderen Ländern verlegt. Im Jahr 2009 erschien Captain Biceps auch als Zeichentrickfilm. 78 Episoden von jeweils 8 Minuten wurden von Futurikon für France 3 und Télétoon produziert.

**Methodische Hinweise**

Nachdem die Form der Prüfung im Schülerbuch vorgestellt wurde, wird der Minitest des *Cahier d'activités* in Form einer Prüfungssimulation durchgeführt. S überprüfen ihre Ergebnisse selbstständig nach Beendigung des Tests (Ausnahme Aufgabe Nr. 3, 4). Sie können eine eigene *DELF*-Seite in ihrem Ordner anlegen und dort ihre Punkte des ersten Tests notieren. Tipps und Lösungen befinden sich im *Cahier d'activités*, S. 100.

**Compréhension de l'oral**

***Cahier d'activités*, S. 34, Nr. 1/CD 1 (Track 73; MP3 78)**
Die Hörverstehensaufgabe wird im Klassenverband durchgeführt. S kreuzen die korrekten Lösungen nach dem ersten Hören mit dem Bleistift und nach dem zweiten Hören mit dem Füller an. (Lösung ⟶ CD-ROM)

**Compréhension des écrits**

***Cahier d'activités*, S. 34, Nr. 2**
S lesen Text in Einzelarbeit still durch und markieren im Text mit dem Marker wichtige Informationen. Anschließend kreuzen sie die korrkten Lösungen an.
(Lösung ⟶ CD-ROM)

**Production écrite**

***Cahier d'activités*, S. 35, Nr. 3**
S sollen das Formular mit ihren persönlichen Daten ausfüllen, d. h. mit der deutschen Schreibweise des Datums und der Adresse. Evtl. kann L vorab die französische Schreibweise des Datums einführen, z. B. 12/7/2012. Bei der Telefonnummer kann die deutsche Vorwahl aus Frankreich 0049 erwähnt werden, ebenso die Bezeichnung *arobase*

für das „at"-Zeichen der E-Mail-Adresse.
Die Aufgabe zielt auf die schriftliche Sprachproduktion, nicht auf das Vorlesen der Inhalte des Formulars auf Französisch.

**Production orale**

***Cahier d'activités*, S. 34, Nr. 4**
Die Aufgabe wird in Partnerarbeit durchgeführt: S1 stellt sich S2 vor. S2 bewertet S1. Obwohl die Personenvorstellung in den ersten *Unités* oft wiederholt wird, wird sie hier als Standardbeginn der *production orale* vorgestellt.
Weitere *DELF*-Übungen zur *production orale* (z. B. Fragen stellen anhand von vorgegebenen Begriffen oder Einkaufsgespräch) folgen in *Plateau* 2 und 3.

**Diplôme d'Etudes en langue française (DELF)**

Das *Diplôme d'Etudes en langue française* (*DELF*) wird bei bestandener außerschulischer Prüfung seit 1998 von den *Instituts français* verliehen. Das Diplom wird in vier verschiedenen Stufen vergeben, die denen des Gemeinsamen Europäischen Referenzrahmens entsprechen (A1, A2, B1, B2). Die Niveaus C1 und C2 werden im *Diplôme Approfondi de langue française* (*DALF*) erfasst.
Die kostenpflichtige, standardisierte Prüfung hat einen schriftlichen und einen mündlichen Teil, die zu unterschiedlichen Zeitpunkten durchgeführt werden. Der mündliche Teil (*Production orale*) findet in der Regel an einem Tag statt und der schriftliche Teil (*Compréhension de l'oral, Compréhension des écrits, Production écrite*) an einem anderen.
Der genaue Durchführungsmodus und die Kosten der Prüfung unterscheiden sich dabei von Bundesland zu Bundesland. Für S, die über ihre Schule zur Prüfung angemeldet werden (*DELF scolaire*), sind die Prüfungsgebühren in der Regel geringer als für individuelle Anmeldungen (*DELF tous publics*). Informationen zum jeweils aktuellen Stand und zu den Anmeldeformalitäten gibt die Webseite des jeweiligen regionalen Instituts.
Die Diplome sind weltweit anerkannt (auch wenn einige wenige Länder eigene Standards entwickelt haben, gibt es in der Regel Äquivalenzen zu *DELF*) und unterliegen in ihrer Gültigkeit keiner zeitlichen Beschränkung, müssen also nicht regelmäßig erneuert werden.
Die Prüfungsinhalte sind ausgerichtet auf das Testen konkreter Fertigkeiten in Alltagssituationen. Die Prüfung gliedert sich im Einzelnen folgendermaßen:

**DELF A1 scolaire**

| **Art der Teilprüfung** | Dauer | Punkte |
|---|---|---|
| ***Compréhension de l'oral*/Hörverstehen**<br>Schriftliche Beantwortung von Fragen über drei oder vier kurze Hörtexte nach zweimaligem Hören zu Alltagssituationen | ca. 20 Min. | 25 |
| ***Compréhension des écrits*/Textverständnis**<br>Schriftliche Beantwortung von Fragen über vier oder fünf Texte zu Alltagssituationen | 30 Min. | 25 |
| ***Production écrite*/Schriftlicher Ausdruck**<br>1. Ausfüllen eines Formblattes oder eines Formulars<br>2. Mitteilungen, Postkarten, Bildunterschriften etc. mit Bezug zu Alltagssituationen in einfachen Sätzen beantworten | 30 Min. | 25 |
| ***Production orale*/Mündlicher Ausdruck**<br>1. gelenkte Unterhaltung<br>2. Austausch von Informationen<br>3. simulierter Dialog | 5 bis 7 Min.<br>Vorbereitung 10 Min. | 25 |

Zum Bestehen pro Teilprüfung müssen mindestens 5 Punkte, insgesamt mindestens 50 Punkte erreicht werden.

## Einen Text verstehen

**Strategie: Leseverstehen und Worterschließung**

Wenn du zum ersten Mal einen unbekannten Text liest, ist es ganz normal, dass du nicht alles verstehst und auf unbekannte Wörter triffst.
Dennoch kannst du den Inhalt der Geschichte verstehen, wenn du so vorgehst:

1. Schau dir zunächst die **Überschrift** und die **Bilder** an:
   **Worum geht es** in dem Text?

______________________________

______________________________

______________________________

2. Dann lies den Text einmal ganz durch.
3. Wenn du ein Wort nicht verstehst, lies einfach weiter.
4. Vielleicht kannst du dir schon jetzt **Notizen zum Geschehen** (was passiert wann und wo?) machen und die **Namen der Personen oder Tiere,** die in der Geschichte vorkommen, aufschreiben.

______________________________

______________________________

5. Lies den Text noch einmal durch.
6. Welche Wörter erinnern dich an deine **Muttersprache**, an das **Englische** oder an **eine andere Sprache?**

______________________________

______________________________

______________________________

7. Welche Wörter kannst du von **ähnlichen französischen Wörtern** ableiten?

______________________________

______________________________

8. Welche Wörter kannst du aus dem **Zusammenhang** erraten?

______________________________

______________________________

9. Welche **Abbildungen** können dir helfen?

______________________________

______________________________

## Neuen Wortschatz erschließen

*Lies den Text durch. Wenn du auf unbekannte Vokabeln triffst, ist das kein Problem. Versuche ihre Bedeutung selbstständig zu erschließen und trage sie in die Tabelle bei der passenden Kategorie ein.*

| Erschließbar durch Abbildungen | Erschließbar aufgrund der Wortfamilie oder ähnlicher Wörter |
|---|---|
| un vétérinaire | apporter → porter |
| **Aus dem Deutschen ableitbar** | |
| octobre → Oktober |  |
| **Aus dem Kontext erschließbar** | **Aus anderen Sprachen ableitbar** |
| gentil | un bébé → a baby (Englisch) |

Klettbuch 622014 Découvertes, Lehrerbuch. 

## Frères et sœurs

*Schneide die Sätze auseinander und bringe sie in die richtige Reihenfolge.*
*Klebe sie danach in dein Heft ein.*

| | |
|---|---|
| **1.** Madame Riquet a un chat. Le chat s'appelle Minette. Elle a trois bébés. | **9.** Madame Riquet prend[1] Moustache.<br>[1]*elle prend* – sie nimmt |
| **2.** Le bébé chat a besoin d'une mère. | **10.** Minette regarde le bébé chat d'un air intéressé. Moustache trouve sa place. |
| **3.** Clément et son père sont dans la rue. Clément porte un carton avec un bébé chat. | **11.** Moustache veut fêter Noël avec Clément. |
| **4.** M. Tavers a une amie. Elle s'appelle madame Riquet. | **12.** C'est un beau jour d'octobre. |
| **5.** Clément et son père apportent[1] Moustache chez madame Riquet.<br>[1]*apporter qc à qn* – jdm. etwas bringen | **13.** C'est Noël. |
| **6.** Les quatre petits chats sont comme frères et sœurs. | **14.** C'est madame Riquet. Elle entre avec un carton. |
| **7.** Ils apportent[1] le bébé chat à monsieur Travers.<br>[1]*apporter qc à qn* – jdm. etwas bringen | **15.** Si monsieur Garnier est d'accord, le chat reste avec Clément. |
| **8.** M. Tavers téléphone à madame Riquet. | **16.** Tout à coup, on sonne. |

Lösung: 12 - 3 - 7 - 2 - 4 - 1 - 8 - 9 - 5 - 10 - 6 - 13 - 16 - 14 - 11 - 15

## Noël

*Wie feiert ihr Weihnachten? Tauscht euch mit eurer Nachbarin/eurem Nachbarn aus. Vergleicht dann euer Weihnachtsfest mit dem französischen Fest.*

**Vis-à-vis**

En France, on fête Noël en famille. On mange ensemble le soir du 24 décembre. En dessert, il y a la bûche de Noël. Souvent, on va à la messe de minuit. Le père Noël passe dans la nuit et le matin, on trouve les cadeaux sous le sapin de Noël.

**fêter** feiern
**manger** essen
le **dessert** der Nachtisch
la **bûche de Noël** der Weihnachtskuchen
la **messe de minuit** die Mitternachtsmesse
le **père Noël** der Weihnachtsmann
**passer dans la nuit** in der Nacht kommen
les **cadeaux** die Geschenke
le **sapin** die Tanne

## On chante Noël!

*Auch in Frankreich singt man zu Weihnachten gerne. Singt das Lied gemeinsam in der Klasse.*

### Petit Papa Noël

C'est la belle nuit de Noël
La neige étend son manteau blanc
Et les yeux levés vers le ciel,
A genoux, les petits enfants,
Avant de fermer les paupières,
Font une dernière prière.

**{Refrain:}**
**Petit Papa Noël**
**Quand tu descendras du ciel**
**Avec des jouets par milliers**
**N'oublie pas mon petit soulier**

Mais avant de partir,
Il faudra bien te couvrir
Dehors tu vas avoir si froid
C'est un peu à cause de moi

Il me tarde tant que le jour se lève
Pour voir si tu m'as apporté
Tous les beaux joujoux que je vois en rêve
Et que je t'ai commandés

**{Refrain}**
**Petit Papa Noël**
**Quand tu descendras du ciel**
**Avec des jouets par milliers**
**N'oublie pas mon petit soulier**

Le marchand de sable est passé
Les enfants vont faire dodo
Et tu vas pouvoir commencer
Avec ta hotte sur le dos
Au son des cloches des églises
Ta distribution de surprises

Et quand tu seras sur ton beau nuage
Viens d'abord sur notre maison
Je n'ai pas été tous les jours très sage
Mais j'en demande pardon

**{Refrain}**
**Petit Papa Noël**
**Quand tu descendras du ciel**
**Avec des jouets par milliers**
**N'oublie pas mon petit soulier**

*Paroles de Raymond Vincy*

# PETIT PAPA NOËL

*créé par* TINO ROSSI *dans le film:* « DESTINS. »

PAROLES DE
**Raymond VINCY**

MUSIQUE DE
**Henri MARTINET**

- hors tu vas a - voir si froid ___ C'est un peu à cau - se de moi ___ Il me tar - de tant que le
ça... a - vant de-main ma - tin ___ Mets - toi vi - te, vite en che - min ___ Et quand tu se - ras sur ton
Un peu plus vite
jour se lè - ve Pour voir si tu m'as ap - por - té ___ Tous les beaux joujoux que je vois en rê - ve
beau nu - a - ge Viens d'abord sur no - tre mai - son ___ Je n'ai pas é - té tous les jours très sa - ge
Et que je t'ai com - man - dés Pe - tit pa - pa No - ël Quand tu des - cen - dras du
Mais j'en de - man - de par - don
rall.
f
AL CODA
ciel A - vec des jou - ets, par mil - liers ___ N'ou - blie pas mon pe - tit sou - lier Le marchand
Rall.
- lier ___ Pe - tit pa - pa No - ël! ___
CODA
Rall.
ff
M.E. 6472 a

## Noël

**Un dessert typique: La bûche de Noël**

*Schaut euch die folgenden Bilder und Texte an. Was wird hier beschrieben? Könnt ihr herausfinden, was die Beschreibungen bedeuten? Bei welchen Wörtern habt ihr Schwierigkeiten? Dann fragt nach, aber erst wenn ihr auch mit eurer Partnerin/eurem Partner nicht mehr weiterkommt!*

80 g de sucre

3 œufs

1 pincée de sel

Décoration: chocolat

130 g de farine

1 cuillerée à café de levure

confiture

Décoration: sucre glace

1

2

3

4

Mettre sur une serviette mouillée.

Mélanger le sucre et les trois œufs.

Mettre de la confiture dessus.

Ajouter la farine, la levure, le sel.

Rouler pour faire une bûche.

Mettre dans un plat.

Décorer avec du chocolat et du sucre glace.

Mettre au four pour 15 minutes à 180° C.

5

6

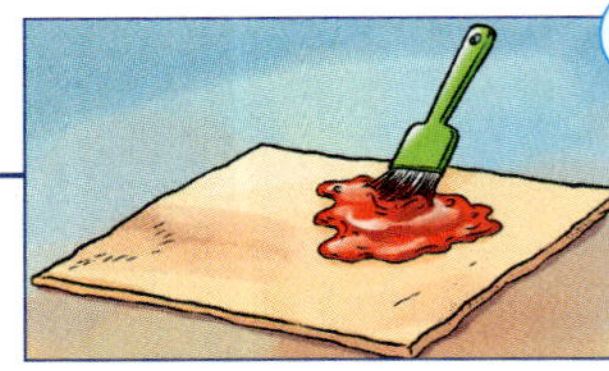

7

8

Bon appétit!

*Habt ihr jetzt Lust, das Rezept auszuprobieren und ein typisch französisches Weihnachtsdessert zuzubereiten? Viel Spaß und guten Appetit!*

## Unité 3

# S. 42–57 Bon anniversaire, Léo!

## Ziele

**Inhaltlicher Schwerpunkt**

In dieser *Unité* stehen anlässlich Léos Geburtstagfeier die Themen Familie, Geburtstag, Angaben zu Personen (z. B. Alter und Besitzverhältnisse/Zugehörigkeiten) im Mittelpunkt. Léos Geburtstagsvorbereitungen sind zunächst getrübt durch die beruflich bedingte Abwesenheit des Vaters; umso größer ist die (angedeutete) Überraschung, als er doch noch während der Feier eintrifft. Der Personenkreis erweitert sich um Léos Eltern (M. und Mme Pirou); zur Gruppe der Freunde (Marie, Alex und ihr Bruder Jérôme) kommt Mehdi hinzu.

**Kompetenzerwartung**

Am Ende dieser *Unité* können die S über sich und ihre Familie Auskunft geben: Sie können sagen, wie alt sie sind und das Alter anderer erfragen jemandem zum Geburtstag gratulieren und ein Geburtstagslied singen. (Portfolio: Schülerbuch, S. 42 → S. 54, Nr. 5)

## Kompetenzen (Die Schüler können …)

**Funktionale kommunikative Kompetenzen: Kommunikative Fertigkeiten**

### Hör-(Seh-)verstehen / Sprechen

| Kompetenzerwartungen | Kompetenztraining |
|---|---|
| – über einen/ihren Geburtstag sprechen und gratulieren | SB: S. 42 |
| – über Geschenke, Vorlieben und Abneigungen sprechen | SB: S. 46 (6) |
| – über die Familie, die eigene Person und Freunde sprechen | SB: S. 48 (9), 54 (4), S. 126 (2) |
| – Zahlen von 1–39, Adressen sowie Telefonnummern verstehen und anwenden | SB: S. 50 (4/5)<br>CdA: S. 40 (9) |
| – Monatsnamen/Geburtsdaten/Altersangaben verstehen, erfragen und angeben | SB: 51 (7), 52 (9) |
| – ein französisches Geburtstags-, Weihnachtslied singen | CdA: S. 42 (14) |
| – das französische Alphabet aufsagen und singen | CdA: S. 36 (2) |

### Sprachmittlung

| Kompetenzerwartungen | Kompetenztraining |
|---|---|
| – einem frz. Text (Plakat) Informationen entnehmen und ins D übertragen | SB: S. 53 (1) |
| – zum Thema Name, Alter, Wohnort, Familie dolmetschen | CdA: S. 43 (15) |

### Leseverstehen / Schreiben

| Kompetenzerwartungen | Kompetenztraining |
|---|---|
| – einfache Texte zu den Themenbereichen Geburtstag und Familie verstehen und erstellen, ein Personenportrait anfertigen<br>– Fragen und Antworten zu Wohnort, Alter und Familienmitglieder formulieren | SB: S. 45 (3), 46 (4), 49 (1), 50 (2), 52 (10), 53 (2)<br>S. 52 (10), 54 (3), 55 (2)<br>CdA: S. 36 (1), 37 (3/4), 41 (12), 44 (17) |

**Funktionale kommunikative Kompetenzen: Verfügung über die sprachlichen Mittel**

## Wortschatz

| Kompetenzerwartungen | Kompetenztraining |
|---|---|
| - den Wortschatz zu den Themen Familie, Alter und Geburtstag erweitern und sichern | SB: S. 43 (1), 44 (2), 45 (3), 48 (9), 49 (1)<br>CdA: S. 37 (3), 39 (8), 45 (1) |
| - die Zahlen von 13–39 und Monatsnamen anwenden | SB: S. 50 (3/4), 51 (7)<br>CdA: S. 40 (9), 42 (13) |
| - wichtige „kleine Wörter" anwenden | CdA: S. 47 (5) |

## Grammatik

| Kompetenzerwartungen | Kompetenztraining |
|---|---|
| - den bestimmten und unbestimmten Artikel Plural, den Plural der Nomen, die Possessivbegleiter im Singular, das Verb *avoir* und die Verben *aimer/détester* mit best. Artikel anwenden | SB: S. 43 (1), 44 (2), 46 (5/6), 47 (7/8), 52 (8), 55 (2), 56 (3), 126 (1/3), 127 (4+5)<br>CdA: 38 (6), 39 (7), 40 (10), 41 (11), 45 (4), 46 (3/4) |

## Aussprache und Intonation

| Kompetenzerwartungen | Kompetenztraining |
|---|---|
| - die *liaison* bei *des*, den Possessivbegleitern im Plural und *avoir* korrekt aussprechen | SB: 50 (5) |
| - das frz. Alphabet buchstabieren | CdA: S.36 (2) |
| - verschiedene *e*-Laute richtig aussprechen | CdA: 38 (5A) |

## Orthografie

| Kompetenzerwartungen | Kompetenztraining |
|---|---|
| - das Schriftbild verschiedener *e*-Laute unterscheiden | CdA: S. 38 (5B) |
| - Groß-und Kleinschreibung, Akzente, Apostrophe, Unterschied zwischen *ou/où* sowie Wortgrenzen erkennen bzw. anwenden | CdA: S. 41 (12), 46 (1/2) |

**Interkulturelle Kompetenzen**

- **soziokulturelles Orientierungswissen**
- **praktische Bewältigung interkultureller Begegnungssituationen**
- **verständnisvoller Umgang mit kultureller Differenz**

| Kompetenzerwartungen | Kompetenztraining |
|---|---|
| - Begegnungssituationen vorbereiten | SB: S. 48 (9B), 52 (9B), 54 (3) |
| - zwischen *Fnac* und *Maison de la presse* unterscheiden | SB: S. 43 (1) |
| - Unterschiede/Ähnlichkeiten zwischen einer französischen und deutschen (Kinder-)Geburtstagsfeier benennen | SB: S. 42<br>CdA: S. 37 (3) |
| - zwischen einem frz. Geburtstags- und Weihnachtslied und den internationalen/deutschen Entsprechungen unterscheiden | SB: S. 42<br>CdA: S. 42 (14) |
| - die frz. Schreibweise des Datums und der Adresse vom Deutschen unterscheiden | SB: S. 51 (7)<br>CdA: S. 44 (17) |
| - zwischen einer französischen und deutschen E-Mail-Adresse unterscheiden | CdA: S. 36 (1) |

## Methodische Kompetenzen

### Textrezeption

| Kompetenzerwartungen | Kompetenztraining |
|---|---|
| – selektiv lesen und Internationalismen erschließen | SB: S. 53 (2) |
| – sich in einem Text orientieren und ihn mittels Unterstreichen erschließen (Detail-Leseverständnis) | CdA: S. 45 (3), 43 (16) |
| – Einzelheiten bei Hör- und Sehtexten herausfinden | CdA: S. 45 (2), 47 (6) |

### Interaktion/Textproduktion

| Kompetenzerwartungen | Kompetenztraining |
|---|---|
| – wörtliche Übersetzung vom Dolmetschen abgrenzen | SB: S. 53 (1)<br>CdA: S. 43 (15) |
| – kleine Rätsel erfinden | SB: S. 48 (9A) |
| – einen Text/Szenen eines Theaterstücks mit den Redemitteln der *Unité* erstellen | CdA: S. 47 (7) |
| – eine Collage zum Thema Feste erstellen | SB. S. 54 (5) |
| – einfache Dialoge (mit Vorgaben) schreiben | CdA: S. 37 (4) |
| – „verwürfelte" Dominosteine in die richtige Reihenfolge bringen | SB. S. 51 (6) |

### Lernstrategien

| Kompetenzerwartungen | Kompetenztraining |
|---|---|
| – monologisches Sprechen mittels der Strategie *Lire – Regarder – Parler* einüben | SB: S. 48 (10) |
| – ein *filet à mots* zum Ordnen und Memorisieren von Wortschatz erstellen | CdA: S. 39 (3) |
| – *mots-images* als Memorisierungstechnik erstellen | CdA: S. 42 (13B) |
| – einen Merkspruch zur Unterscheidung gleich lautender Wörter *(où/ou)* anwenden | CdA: S. 46 (1) |
| – Strategien zum Erschließen von unbekanntem Wortschatz anwenden (Detail-Hör-Sehverstehen) | SB: S. 53 (2)<br>CdA: S. 44 (18) |
| – sich im Lehrwerk orientieren (Alphabet, Monatsnamen) | CdA: S. 36 (2) |

### Präsentation

| Kompetenzerwartungen | Kompetenztraining |
|---|---|
| – Personen vorstellen | SB: S. 48 (9B), 52 (9B/10) |
| – selbst erstellte Materialien in der Klasse aufhängen oder im Portfolio-Ordner sammeln | CdA: S. 36 (1), 42 (13B) |

### Lernbewusstheit und Lernsituation

| Kompetenzerwartung | Kompetenztraining |
|---|---|
| – Strategien zur Selbstkontrolle und Bewusstheit des eigenen Lernstandes nutzen (*Bilan*) | SB: S. 55–56 (1–4) |

## S. 42–43 Atelier A

**Préparation en 3 minutes**

- **Mitnehmen!** Schülerbuch, CD-Player, Overheadprojektor, Folie U3/1+2, CD 1 (Tracks 74, 75; MP3 79–81), *Cahier d'activités*, Kopiervorlage 1
- **Schülerbuch**: S. 42–43, Bilder beschreiben
- ***Cahier d'activités***: S. 36, Nr. 2, Alphabet
- **Unterrichtsschwerpunkt:** lexikalische Vorentlastung der Themen Geburtstag und Geschenke; Parallelen und Unterschiede F-D; Geburtstagslied *Joyeux Anniversaire*
- **Methodeneinsatz:** Echo-Lesen (⟶ *Boîte à outils 15*)
- **Hausaufgabe**: Vokabeln lernen (⟶ *Boîte à outils 14*), *Cahier d'activités*, S. 36, Nr. 1

**Neue Wörter**

un anniversaire, une idée, un cadeau, la FNAC, bientôt, ah bon, ensemble, une histoire, ou, un ordinateur, un CD, il y a

**Schritte zur Erarbeitung**

**Hinführung** (Schülerbuch, Folie U3/1)
S. 42: L und S betrachten das Bild und beschreiben die Situation, Einführung von *anniversaire*. (⟶ Zur Methodik 1)

**Problematisierung** (Tafelbild 1)
S erzählen auf Deutsch, wie sie Geburtstag feiern, was sie sich schenken, welche Lieder sie singen; sie entdecken im Gespräch mit L Gemeinsamkeiten und Unterschiede von Geburtstagsfeiern und -geschenken in D und F und in anderen Herkunftsländern.
Sie erzählen, was *Herzlichen Glückwunsch* in anderen Sprachen heißt. Die Ausdrücke werden an der Tafel gesammelt und gegebenenfalls vom L oder S erweitert.

**Erarbeitung** (CD 1 (Tracks 74, 75; MP3 79–81; Schülerbuch, Folie U3/2)
L: Wer hat/hatte zuletzt Geburtstag? Vorspielen des Liedes *Joyeux anniversaire* und gemeinsames Singen; MP3, Track 80 ist eine Playbackfassung. (⟶ Der besondere Tipp)
S. 43: Einführung der neuen Wörter (mit Folie, teilweise erschließbar), Vorspielen der Minidialoge und anschließend Echo-Lesen (⟶ *Boîte à outils 15*).

**Sicherung** (Tafelbild 1)
S übertragen Tafelbild 1 in ihre Hefte oder S spricht die Glückwünsche in den verschiedenen Sprachen vor, S sprechen sie im Chor nach.

**Festigung** (Schülerbuch)
S. 43: S lesen Kurztexte mit verteilten Rollen. (⟶ Doppelstunde)
**Hausaufgabe:** *Cahier d'activités*, S. 36, Nr. 1. (⟶ Zur Methodik 3; Lösungen ⟶ CD-ROM)

## Tipps und Tricks

**Zur Methodik**

**1.** Im Unterrichtsgespräch kann Wortschatz aus der gesamten *Unité* vorentlastet werden: z. B. *un gâteau, une bougie, préparer, inviter.*
Auf das häusliche Lernen des neuen Vokabulars wird ab dieser Unité nicht mehr explizit hingewiesen. Tipps zum **Lernen des Vokabulars** ⟶ *Boîte à outils 14.*
**2.** Tafelbild 1: Im Russischen gibt es keine phonetische Umschrift. Die Aussprache wird mit lateinischen Buchstaben wiedergegeben: geschrieben: *S dnjom rozhdenja!*, gesprochen (betonte Silben halbfett): *S dni**o**m raschd(j)**e**nia*; geschrieben: *S dnjom rozhdenja tebja!* gesprochen: *S dni**o**m raschd(j)**e**nia teb**ia**, sch* wird stimmhaft ausgesprochen, wie [ʒ] in *jaune.*

**3.** *Cahier d'activités*, S. 36, Nr. 1: Die Übung dient der Simulation einer E-Mail mit Absender, Adressat, Betreff und Text. Die S können ihre eigene E-Mail-Adresse nützen oder eine E-Mail-Adresse erfinden. Die S erfahren, dass bei E-Mail-Adressen die Akzente fehlen und dass man nach der Anrede groß weiterschreibt.
Die Geburtstags-E-Mail, die die S auf Französisch schreiben, ist eine Simulation. Vor dem Aufhängen der E-Mails im Klassenzimmer sollte ggfs. eine Korrekturphase eingeplant werden.

**Der besondere Tipp**

L lässt von den S einen Geburtstagskalender anlegen, in der Klasse aufhängen und bei entsprechender Gelegenheit *Joyeux anniversaire* singen.

**Doppelstunde**

*Cahier d'activités*, S. 36, Nr. 2: *L'alphabet.* (Lösung → CD-ROM)
Alternative: S erhalten eine Kopie der Kopiervorlage 1. L liest das französische Alphabet vor oder lässt das Lied fächerverbindend im Musikunterricht durchnehmen, um es gemeinsam zu singen. Die S markieren auf der Kopiervorlage die Buchstaben, die anders als im Deutschen ausgesprochen werden.
Die abweichende Aussprache wird auf der Kopiervorlage optisch durch die Katzen symbolisiert.
L liest die abweichenden Buchstaben erneut vor, S sprechen nach. S singen das Lied A, B, C gemeinsam.
Vertiefung: S diktieren sich in Partnerarbeit Wörter (z. B. ihre Namen, ihren Wohnort, ihre E-Mail-Adresse, Wörter aus dem Vokabular der *Unités 1* und *2*). Das Buchstabieren der E-Mail-Adresse bereitet auf die Nr. 1 im *Cahier d'activités*, S. 36 vor, wenn diese als Hausaufgabe erteilt wird.

**Tafelbild 1**

Herzlichen Glückwunsch zum Geburtstag!
Bon/Joyeux anniversaire!
Happy birthday!
Tanti auguri!
¡Feliz cumpleaños!
Dogum gününü tebrik ederim! (Türkisch)
S dnjom rozhdenja! (Russisch)

Zum Geburtstag viel Glück … (gesungen)
Joyeux anniversaire!
Happy birthday to you!
Tanti auguri a te!
¡Cumpleaños feliz!
Dogum günün kutlu olsun! (Türkisch)
S dnjom rozhdenja tebja! (Russisch)

## S. 43–44 Atelier A

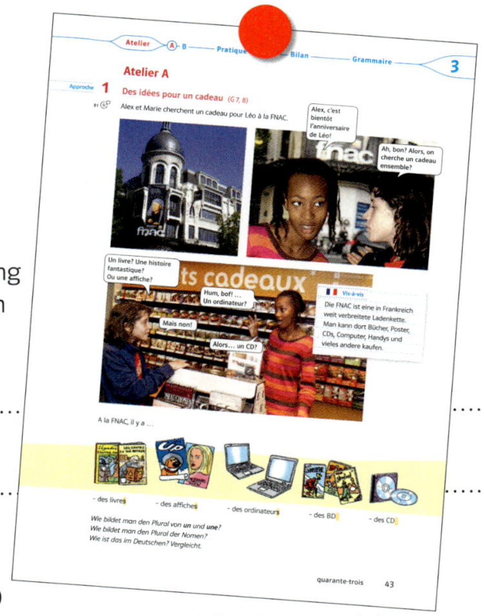
Atelier A B Pratique Bilan Grammaire 3

Atelier A

Approche 1 Des idées pour un cadeau (G 7, 8)

Alex et Marie cherchent un cadeau pour Léo à la FNAC.



Vis-à-vis: Die FNAC ist eine in Frankreich weit verbreitete Ladenkette. Man kann dort Bücher, Poster, CDs, Computer, Handys und vieles andere kaufen.

A la FNAC, il y a …

- des livres - des affiches - des ordinateurs - des BD - des CD

*Wie bildet man den Plural von **un** und **une**?*
*Wie bildet man den Plural der Nomen?*
*Wie ist das im Deutschen? Vergleicht.*

quarante-trois 43

**Préparation en 3 minutes**

- **Mitnehmen!** Schülerbuch, CD-Player, CD 1 (Track 76; MP3 82), *Cahier d'activités*, blaue und rote Kreide
- **Schülerbuch:** S. 43–44, Nr. 1 und 2: Dinge erfragen und sagen, was es wo gibt
- **Grammatischer Schwerpunkt:** Vorentlastung des unbestimmten Artikels und der Nomen im Plural (⟶ G 7 + 8, S. 56)
- **Hausaufgabe:** *Cahier d'activités*, S. 37, Nr. 3

**Neue Wörter**

d'abord, bien sûr, Qu'est-ce qu'il y a …?

**Schritte zur Erarbeitung**

**Hinführung** (*Cahier d'activités*, Schülerbuch)
Hausaufgabe besprechen: *Cahier d'activités*, S. 36, Nr. 1. (Lösungsmöglichkeit ⟶ CD-ROM)
Schülerbuch, S. 43: S buchstabieren Wörter und erraten, um welches Wort es sich handelt.

**Problematisierung** (Schülerbuch)
S. 43: L fragt S, wo sie CDs, DVDs und andere elektronischen Artikel kaufen und wohin sie gehen, um Bücher, Zeitschriften, Briefpapier usw. zu kaufen. Hinweis, dass man solche Artikel in Frankreich z. B. in der FNAC kauft.

**Erarbeitung** (Schülerbuch, Kreide, Tafelbild 2)
L: *A la FNAC, il y a* ***des*** *livres,* ***des*** *ordinateurs,* ***des*** *affiches … . Il y a aussi* ***des*** *CD,* ***des*** *DVD et* ***des*** *BD*. Die Nomen werden im Plural mit dem unbestimmten Artikel (rot für feminin, blau für maskulin) an die Tafel geschrieben. (⟶ Tafelbild 2)
S. 43: S lesen die Aufzählung *A la FNAC, il y a …* und beantworten die Fragen unten auf der Seite.
S ergänzen das Tafelbild mit den unbestimmten Artikeln im Singular. (⟶ Zur Methodik)

**Sicherung** (Tafelbild 2)
Übertragen des Tafelbildes ins Heft. (⟶ Der besondere Tipp)

**Festigung** (Schülerbuch, CD 1 (Track 76; MP3 82)
S. 44, Nr 2: S hören den Kurzdialog und üben die Verwendung des unbestimmten Artikels im Plural.
**Hausaufgabe:** *Cahier d'activités*, S.37, Nr. 3.

## Tipps und Tricks

**Zur Methodik**

Der Plural des bestimmten Artikels (*les*) wird im Schülerbuch erst auf S. 45 eingeführt. Daher beschränkt sich das Tafelbild auf den unbestimmten Artikel.

**Der besondere Tipp**

Während die S das Tafelbild ins Heft übertragen, kann der L ein Plakat mit denselben Inhalten wie das Tafelbild 2 in der Klasse aufhängen. Für die Einführung des bestimmten Artikels im Plural kann der L später auf das Plakat zurückgreifen und die bestimmten Artikel ergänzen.

**Interkulturelles** *Cahier d'activités*, S. 37, Nr. 3: Die Aufgabe bietet in sehr einfacher Form die Möglichkeit, die eigene Geburtstagsfeier mit einer in Frankreich zu vergleichen. Dabei erfahren die S, dass es – von individuellen Unterschieden abgesehen– keine fundamentalen Unterschiede gibt. Auch dies gehört zum sozio-kulturellen Orientierungswissen und zum verständnisvollen Umgang mit kultureller Differenz.

**Tafelbild 2**

Nomen + unbestimmter Artikel

| Singular | | Plural | |
|---|---|---|---|
| **un** | livre | des | livres |
| **un** | ordinateur | des | ordinateurs |
| **une** | affiche | des | affiches |
| | | ⚠ | |
| **un** | CD | des | CD ] |
| **un** | DVD | des | DVD ]– kein Plural-*s* |
| **une** | BD | des | BD ] |

## S. 45–46 Atelier A (1)

**Préparation en 3 minutes**

- **Mitnehmen!** Schülerbuch, CD-Player, CD 1 (Tracks 77–79; MP3 83–85), Overheadprojektor, Folie U3/3, *Cahier d'activités*, blaue und rote Kreide
- **Schülerbuch:** S. 45, Bildbeschreibung als *pre-reading-activity*, *Allô* als Beginn eines Telefongesprächs, Geburtstagsvorbereitungen
- ***Cahier d'activités***: S. 37, Nr. 4 nach Schülerbuch, S. 45, Abschnitt 1
  **Schülerbuch:** S. 46, Nr. 4 nach Abschnitt 2
- **Hausaufgabe:** Kopiervorlage 2

**Neue Wörter** préparer, la France, l'Allemagne, en Allemagne, Allô, Pirou (Familienname), un train, Cologne, demain, inviter, C'est dommage., allemand, en allemand, à bientôt, maman, une bougie, une chambre, un gâteau, aujourd'hui, ranger, s'il te plaît, maintenant, une affaire, toujours

**Schritte zur Erarbeitung**

**Hinführung** (*Cahier d'activités*)
S. 37, Nr. 3, Hausaufgabe besprechen: lexikalische Vorentlastung des folgenden Atelier-Textes A (*bougie, gâteau*), ebenso die Pluralbildung mit *-x*.

**Problematisierung** (Schülerbuch, Folie U3/3)
S. 45: Ausgehend von der Frage *(Il est en France ou en Allemagne?* (⟶ in D: U-Bahnschild*)* werden die Folienbilder als *pre-reading-activity* beschrieben.

**Erarbeitung I** (Schülerbuch, Folie, CD 1)
S. 45: S „erraten" den Inhalt des Telefonats aufgrund der Textüberschrift.
Semantisierung der neuen Vokabeln (*préparer* ⟶ *maman).*
CD 1 (Track 77; MP3 83): S hören Textabschnitt 1 bei geschlossenem Buch, Echo-Lesen des Textes. (⟶ *Boîte à outils 15*)

**Sicherung** (Schülerbuch, CD 1, *Cahier d'activités*)
Schülerbuch, S. 45, CD 1 (Track 78; MP3 84): Zur Überprüfung des Textverständnisses (Abschnitt 1) von der CD folgende Aussagen abspielen, die mit *vrai* bzw. *faux* zu beantworten sind:
1. Le papa de Léo travaille à Cologne. – C'est vrai. 2. Cologne est en France. – C'est faux. 3. Le papa de Léo est là demain. – C'est faux. 4. Léo invite deux copains et deux copines. – C'est vrai. 5. Pour «joyeux anniversaire», on dit en allemand «Glückliches Herzwunsch» – C'est faux.

**Erarbeitung II** (Schülerbuch, CD 1)
S. 45, Abschnitt 2: Semantisierung der neuen Vokabeln (*une bougie* ⟶ *toujours*);
CD 1 (Track 79; MP3 85): Text bei offenem Buch anhören; Echo-Lesen des Textes (⟶ *Boîte à outils 15*)

**Festigung** (Schülerbuch)
S. 45: Lesen des gesamten Textes mit verteilten Rollen.
S. 46, Nr. 4 (Lösung ⟶ CD-ROM)
**Hausaufgabe:** Kopiervorlage 2

## Tipps und Tricks

**Zur Methodik**

**1.** Beispiel für **Semantisierung mittels Strukturskizze,** Textabschnitt 1

**La France**

le train

En France
**Mme Pirou** (maman)

... prépare un gâteau.

**L'Allemagne**

Cologne

En Allemagne
**M. Pirou**

**Léo**

**les Pirou**

– J'invite:
mon copain Mehdi,
ma copine Alex,
mon amie Marie!

– Demain, c'est ton anniversaire!

– Je travaille ...!
– C'est dommage!
– A bientôt.

**2.** *Cahier d'activités*, S. 37, Nr. 4: Da der SB-Text S. 45 recht lang ist, kann zur Zwischensicherung nach Abschnitt 1 diese zusätzliche Übung eingesetzt werden. Die Übung setzt das Gespräch zwischen Mme Pirou und ihrem Mann fort. Dabei wird schon *le gâteau* verwendet, das im Schülerbuch erst in Abschnitt 2 des Textes kommt, im *Cahier d'activités* aber schon in Übung 3 mit Illustration vorgestellt wird. (Lösung ⟶ CD-ROM)

**Der besondere Tipp**

Die Ortsangaben ***en** Allemagne*, ***à** Cologne*, ***dans** le train*, sind im Vokabular auf S. 157 visualisiert; ⟶ die S auf die Funktion der „Auf einen Blick"-Kästchen im Vokabular hinweisen.

**Doppelstunde**

Da die S erstmalig mit einem längeren Text, der über eine ganze Buchseite geht, konfrontiert werden, bietet es sich an, die zweigeteilte Textdurchnahme auf eine Doppelstunde zu verlagern. Die neue Grammatik sollte zunächst ignoriert und in einer der nächsten Stunden behandelt werden. Die Doppelstunde sollte sich ausschließlich auf das Textverstehen beschränken.

# S. 45–46 Atelier A (2)

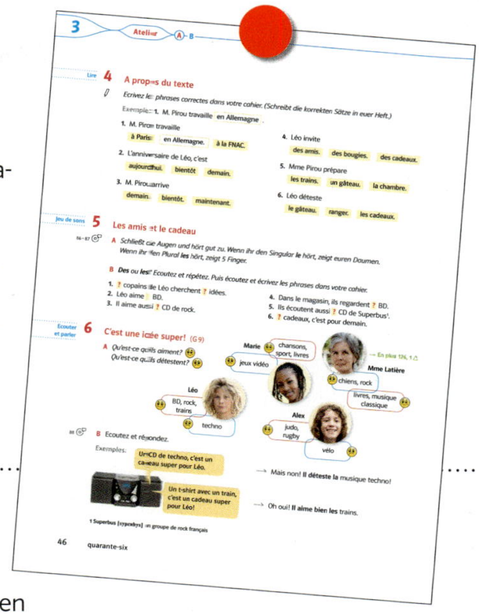
3 Atelier A B

Lire **4** A propos du texte

*Ecrivez les phrases correctes dans votre cahier. (Schreibt die korrekten Sätze in euer Heft.)*

Exemple: 1. M. Pirou travaille en Allemagne.

1. M. Pirou travaille
   à Paris. en Allemagne. à la FNAC.
2. L'anniversaire de Léo, c'est
   aujourd'hui. bientôt. demain.
3. M. Pirou arrive
   demain. bientôt. maintenant.
4. Léo invite
   des amis. des bougies. des cadeaux.
5. Mme Pirou prépare
   les trains. un gâteau. la chambre.
6. Léo déteste
   le gâteau. ranger. les cadeaux.

Jeu de sons **5** Les amis et le cadeau

86–87 A *Schließt die Augen und hört gut zu. Wenn ihr den Singular **le** hört, zeigt euren Daumen. Wenn ihr den Plural **les** hört, zeigt 5 Finger.*

B ***Des** ou **les**? Ecoutez et répétez. Puis écoutez et écrivez les phrases dans votre cahier.*

1. ? copains de Léo cherchent ? idées.
2. Léo aime ? BD.
3. Il aime aussi ? CD de rock.
4. Dans le magasin, ils regardent ? BD.
5. Ils écoutent aussi ? CD de Superbus[1].
6. ? cadeaux, c'est pour demain.

Ecouter et parler **6** C'est une idée super! (G 9)

A *Qu'est-ce qu'ils aiment? Qu'est-ce qu'ils détestent?*



88 B Ecoutez et répondez.

Exemples:



→ Mais non! **Il déteste la** musique techno!

→ Oh oui! **Il aime bien les** trains.

1 Superbus [sypɛʀbys] un groupe de rock français

46 quarante-six

**Préparation en 3 minutes**

- **Mitnehmen!** Schülerbuch, CD-Player, CD 1 (Tracks 80–82; MP3 86–88), Softball, blaue und rote Kreide, *Cahier d'activités*, Grammatisches Beiheft, Kopiervorlagen 2 + 3
- **Schülerbuch:** S. 45: Textlektüre
- **Methodeneinsatz:** Softball und Fragekette (⟶ *Boîte à outils 13*)
- **Grammatischer Schwerpunkt:** bestimmter Artikel Plural ⟶ G 9
- **Hausaufgabe:** *Cahier d'activités*, S. 38, Nr. 5 und 6

**Schritte zur Erarbeitung**

**Hinführung** (Kopiervorlage 2, Schülerbuch)
Hausaufgabe besprechen (Kopiervorlage zum Textverständnis)
S. 45: Text mehrmals mit verteilten Rollen lesen

**Problematisierung** (Schülerbuch)
S. 45: S werden auf *les bougies* und *les cadeaux* aufmerksam gemacht. Sie stellen Mutmaßungen über die Formen an.

**Erarbeitung** (Tafelbild 3, Softball)
Die Ergebnisse des Unterrichtsgesprächs an der Tafel sammeln. Hinweisen auf die unterschiedliche Aussprache von *le* und *les* sowie die *liaison phonétique*.
S stehen auf, L nennt ein Nomen ohne Artikel und wirft einem S einen Softball zu, S nennt das Nomen mit Artikel im Singular. Dann wirft der S den Ball einem anderen S zu, der den Plural nennt. S setzen die Zuordnung der Artikel im Kettenspiel fort (⟶ *Boîte à outils 13*). Wer an der Reihe war, darf sich setzen.

**Sicherung** (Schülerbuch, CD 1 (Tracks 80–81; MP3 86–87)
S. 46, Nr. 5A, Track 80; MP3 86: Unterscheidung Singular/Plural in spielerischer Form: S hören
Nomen mit Artikel und zeigen Daumen für *le*, alle Finger für *les*. (Lösung ⟶ CD-ROM)
S. 46, Nr. 5B, Track 81; MP3 87; Unterscheidung *des/les*. S hören bei geöffnetem Buch 6 Sätze und ergänzen den (un)bestimmten Artikel Plural. (Lösung ⟶ CD-ROM)

**Festigung** (Schülerbuch, CD 1, Track 82; MP3 88, Kopiervorlage 3)
L schreibt folgenden Satz an die Tafel: *Moustique aime **le** gâteau*
(Moustique mag _ Kuchen), *mais il déteste **les** chats* (aber er hasst _ Katzen).
S erkennen, dass nach *aimer* und *détester* im Französischen der bestimmte Artikel steht. ⟶ G9.
S. 46, Nr 6A: Nach der Übung fragen die S untereinander, was sie (nicht) mögen (Softball). (Lösung ⟶ CD-ROM)
S. 46, Nr. 6B, Track 82; MP3 86: S hören die ersten Beispielsätze. Dann wird je eine Aussage vorgespielt, auf die die S wie in den Beispielen reagieren. (Lösung ⟶ CD-ROM; ⟶ Differenzierung 2)
Interviews mit Kopiervorlage 3 (⟶ Stärkung der Mündlichkeit)
**Hausaufgabe:** *Cahier d'activités*, S.38, Nr. 5 und 6; Familienfoto mitbringen. (Lösungen ⟶ CD-ROM)

## Tipps und Tricks

**Zur Methodik**

**1.** Schülerbuch, S. 46, Nr. 5B: In B bei *répétez* besonders auf die Aussprache des geschlossenen *e* achten (CD *de* rock, *le* magasin, ils *regardent*, *demain*).
**2.** *Cahier d'activités*, S. 38, Nr. 5: Für den Rhythmus des Reims ist es wichtig, auf die Liaison zwischen *Bonne* und *idée* zu achten. Der Reim kann angehört und in der Klasse gemeinsam rhythmisch nachgesprochen werden.

**Differenzierung**

**1.** Schülerbuch, S. 46, Nr. 5B: Der Auftrag *écrivez* kann bei starken Lerngruppen auch als Hördiktat bei geschlossenen Büchern durchgeführt werden.
**2.** Schülerbuch, S. 126, *En plus 1*: zusätzliche Übung zum bestimmten Artikel Plural nach *aimer* und *détester* ⟶ G9 (Lösung ⟶ CD-ROM)
**3.** *Cahier d'activités*, S. 38 Nr. 6: Leichtere Differenzierungsübung zum Gebrauch der Artikel ⟶ *En plus 3*, S. 46. (Lösung ⟶ CD-ROM)

**Alternative**

Schülerbuch, S. 46, Nr. 5B: Methodische Abwechslung nach dem Abschreiben der Sätze. Bei *des* stehen die Jungs auf, bei *les* die Mädchen, danach umgekehrt.

**Stärkung der Mündlichkeit**

S gehen durch die Klasse und interviewen jeweils mindestens zwei S (Mädchen **und** Jungen) und fragen, was sie (nicht) mögen. Danach können die Ergebnisse vorgetragen werden.

**Tafelbild 3**

| Singular | | Plural | |
|---|---|---|---|
| **le cadeau** | das Geschenk | **les cadeaux** | die Geschenke |
| **la bougie** | die Kerze | **les bougies** | die Kerzen |
| **l'ami** | der Freund | **les amis** | die Freunde |
| **l'amie** | die Freundin | **les amies** | die Freundinnen |

## S. 47–48 Atelier A (3)

**Préparation en 3 minutes**

- **Mitnehmen!** Schülerbuch, *Cahier d'activités*, Würfel, blaue und rote Kreide, Realien (zum Ausdruck von Besitzverhältnissen)
- **Grammatischer Schwerpunkt:** Possessivbegleiter 1. und 2. Person Singular (⟶ G10); *c'est/ce sont*.
- **Schülerbuch:** S. 47–48 + ***Cahier d'activités***, S. 39, Nr. 7: Possessivbegleiter und Verwandtschaftsbezeichnungen
- **Methodeneinsatz:** Omniumkontakt (⟶ *Boîte à outils 3*)
- **Stratégie:** Lire – Regarder – Parler (⟶ SB, S. 48, Nr. 10; *Boîte à outils 7*)
- **Hausaufgabe**: *Cahier d'activités*: S. 39, Nr. 8

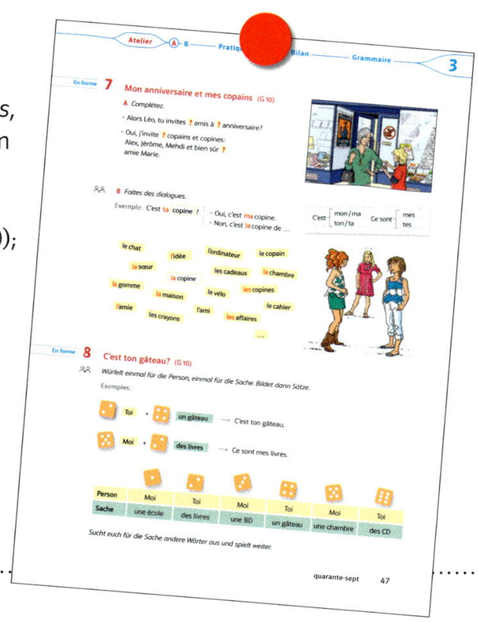

**Schritte zur Erarbeitung**

**Hinführung** (*Cahier d'activités*, Schülerbuch)
*Cahier d'activités*: Hausaufgabe besprechen: S. 38, Nr. 5 und 6; Zusatzübung S. 46, Nr. 3. (Lösung ⟶ CD-ROM)
Schülerbuch, S. 45: Die S lesen den Text erneut mit verteilten Rollen.

**Problematisierung** (Realien)
Auf einem Tisch liegen Realien. Falls nicht vorhanden, auf Schulsachen zurückgreifen, die die S täglich mitbringen.
Dialog zum Ausdruck von Besitzverhältnissen:
L: – *C'est ton livre/ta gomme … ? – Oui, c'est mon livre/ma gomme …*
*– Non, c'est le livre/la gomme* ***de*** *… – Ce sont tes livres/gommes … ?*
*– Oui, ce sont mes livres/gommes …/– Non, ce sont les livres/gommes* ***de*** *…*

**Erarbeitung** (Tafelbild)
L sammelt Gegenstände von S ein, vermischt diese auf dem Tisch und wendet sich an S mit der Frage *C'est ton/ta …/Ce sont tes … ?* S antwortet: *C'est/Ce sont* + Possessivbegleiter.
Zusammenfassung der Ergebnisse: Tafelbild 4 (Fragen und Antworten 1–4) und/oder in Gruppen zu viert je ein Plakat in Anlehnung an das Tafelbild unter Verwendung anderer Nomen entwerfen und im Klassenraum aufhängen.

**Sicherung** (Schülerbuch)
S. 47, Nr. 7A: S ergänzen die fehlenden Possessivbegleiter: tes‿amis, ton‿anniversaire, mes copains, mon‿amie Marie.
S. 46, Nr. 7B: S entwerfen in PA Dialoge. (⟶ Der besondere Tipp; Lösungsvorschläge ⟶ CD-ROM)

**Festigung** (*Cahier d'activités*)
S. 39, Nr. 7: Possessivbegleiter der 1. und 2. Person Singular (Lösung ⟶ CD-ROM)
Anhand mitgebrachter Familienfotos präsentieren die S untereinander im Omniumkontakt (⟶ *Boîte à outils 3*) ihre Familien.
**Hausaufgabe:** *Cahier d'activités*: S. 39, Nr. 8; bei B können die S auch mehrere Wörter auswählen und entsprechend viele Sätze bilden; sie können auch einen Stammbaum ihrer oder einer fiktiven Familie erstellen. (Lösungen ⟶ CD-ROM)

## Tipps und Tricks

**Interkulturelles**

Es gehört zum Kennenlernen kultureller Differenz, dass man sich in Frankreich vor dem eigentlichen Geburtstag gratulieren und auch feiern darf.

**Zur Methodik**

Schülerbuch, S. 47, Nr. 7A: Schon hier darauf hinweisen, dass vor Nomen im Singular, die mit Vokal oder stummem *h* beginnen, immer der maskuline Begleiter steht: *mon‿amie, mon‿histoire*. Das Tafelbild 4 kann entsprechend erweitert werden.

**Tafelbild 4**

| | | | | | |
|---|---|---|---|---|---|
| C'est | **ton** | **livre?** | Oui, c'est | **mon** | **livre.** |
| C'est | **ta** | **gomme?** | Oui, c'est | **ma** | **gomme.** |
| Ce sont | **tes** | **livres?** | Oui, ce sont | **mes** | **copains.** |
| Ce sont | **tes** | **gommes?** | Oui, ce sont | **mes** | **gommes.** |
| C'est | **ton‿** | **amie?** | Oui, c'est | **mon‿** | **amie.** |
| C'est | **ton‿** | **histoire?** | Oui, c'est | **mon‿** | **histoire.** |

**Differenzierung/ Doppelstunde**

Schülerbuch, S. 47, Nr. 8: Die Übung ist fakultativ, sie deckt das gleiche Lernziel wie Übung 7 ab und ist daher z. B. für eine Doppelstunde geeignet. Durchführung in Partnerarbeit. Weitere Wörter für „Sachen": *un carton, un chien, un cadeau, une affiche, …*
Schülerbuch, S. 48, Nr. 9: Mit dieser Übung wird das Wortfeld „Familie" vertieft; zusätzlich werden anhand des Stammbaums weitere Verwandtschaftsbezeichnungen eingeführt: *la famille, le grand-père, la grand-mère, les parents, le père, la mère, l'oncle, la tante, les enfants, le fils, le cousin, la cousine.* (⟶ S. 159, Ma famille)
Die Rätsel in Aufgabe A können in Partnerarbeit durchgeführt werden.
Beispiel: *C'est le père de Marc. Qui est-ce? – C'est Alain.*
Aufgabe B kann als HA bearbeitet werden. Nach der Präsentation der Familie in einer Folgestunde kann die Zeichnung im Portfolio-Ordner abgeheftet werden.

**Portfolio-Ordner**

Zusätzliche Übung: Schülerbuch, S. 126, *En plus 2*: einfachere Übung zu Verwandtschaftsbeziehungen.

**Stratégie**

Schülerbuch, S. 48, Nr. 10: Die Strategie *Lire – Regarder – Parler* wird erstmalig im Vorkurs erwähnt. Geht es dort um das Training der Aussprache in Partnerarbeit, so dient diese Methode hier der Heranführung an das flüssige monologische Sprechen; dies kann mit dem Kurztext *Le père de Léo* (⟶ S. 48, Nr. 10) trainiert werden.

**Der besondere Tipp**

**Kooperatives Lernen**

In dieser Stunde arbeiten die S phasenweise in Einzelarbeit und Partnerarbeit; die Aufgabe des L besteht darin, die Arbeit zu beobachten und dezent (korrigierend) einzugreifen. Gruppenarbeit ist ein Grundmodell **kooperativen Lernens**, mit dem sich vielfältigste Kompetenzen entwickeln lassen. (⟶ alphabetisches Glossar)

## S. 49 Atelier B

Atelier A B Pratique Bilan Grammaire 3

Atelier B

1 L'anniversaire de Léo

1. Le 19 décembre, c'est l'anniversaire de Léo. Ses copains et ses copines arrivent.

Voilà un CD. Tu aimes la musique techno, c'est ça?
La techno … euh, oui, bien sûr! Merci!
Oh! Un CD … de rock! Ouf! Je déteste la techno. Merci, Alex, merci Marie!

2.
Nous aussi, nous avons un cadeau pour toi, Léo.
Une BD! «Malabar» ! Super!
Léo, tu as encore un cadeau, ici.

3.
Qu'est-ce que c'est, un DVD? Oh! Un jeu vidéo! Merci, maman!
Vous avez faim? On mange le gâteau?

4. Léo souffle les bougies de son gâteau d'anniversaire, puis ses amis chantent.
Super! J'ai onze ans, maintenant!
Joyeux anniversaire!

5.
Maman, on a envie de regarder le jeu vidéo sur mon ordi. D'accord? S'il te plaît!
Bien sûr! C'est ton anniversaire! On mange d'abord le gâteau?

6. Léo est dans sa chambre avec ses copains.
Oh, tu es là! Mais c'est une surprise, ça!
Maman?! Qu'est-ce qu'il y a? Qui est-ce?

Après la lecture: *Devinez qui arrive.*

quarante-neuf 49

**Préparation en 3 minutes**

- **Mitnehmen!** Schülerbuch, CD-Player, CD 1 (Tracks 83–88; MP3 89–94), Folie U3/5, Kopiervorlagen 4/1 und 4/2, *Cahier d'activités*
- **Schülerbuch:** S. 49, Texterarbeitung
- **Grammatischer Schwerpunkt:** *avoir* (⟶ G11)
- **Methodeneinsatz:** Fehlerlesen (⟶ *Boîte à outils 24*), Fragekarten (⟶ *Boîte à outils 18*)
- **Hausaufgabe:** Schülerbuch, S. 49, Nr. 2

**Neue Wörter**

son/sa/ses, C'est ça?, avoir, encore, un DVD, un jeu, un jeu vidéo, avoir faim, manger, souffler, puis, chanter, avoir onze ans, avoir envie de faire qc, sur, une surprise

**Schritte zur Erarbeitung**

**Hinführung** (*Cahier d'activités*)
S. 39: Hausaufgabe besprechen.
*Aujourd'hui, c'est l'anniversaire de Léo. Ses copains et ses copines arrivent. Qui est-ce?*

**Problematisierung** (Schülerbuch, Folie U3/5)
S. 49: Abbildungen 1–3 auf Folie zeigen und nach den Geschenken fragen:
*Qu'est-ce qu'il a comme cadeau?* oder zeigen: *Qu'est-ce que c'est?*
*C'est un CD./C'est une BD./C'est un DVD./C'est un jeu vidéo.*

**Erarbeitung** (Schülerbuch, Folie U3/5)
S. 49: Abbildungen 1 – 5 sukzessiv fragend-entwickelnd erarbeiten:
Nr. 1 und 2: *Voila les copains et les copines de Léo. Ce sont ses copains et ses copines. Alex a un cadeau. Qu'est-ce que c'est? (C'est un CD.) Léo aime le rock? (Oui, il aime …) Oui, c'est ça.*
*Nr. 2: Le cadeau de Mehdi et Jérôme, c'est encore un CD? (Non, c'est une BD.)*
Nr. 3: *Le cadeau de maman/de sa mère, c'est un DVD et un jeu vidéo.*
L fragt S – *Vous avez/Tu as aussi des jeux vidéo? – Oui, nous avons/j'ai …).*
*Mme Pirou, qu'est-ce qu'elle dit? – Vous avez faim?* Frage an die S – *Vous avez/Tu as faim aussi? – Oui, nous avons/J'ai …).*
Nr. 4: *Léo souffle les bougies* (Geste), *elles sont sur le gâteau. Ses amis chantent; Léo dit: J'ai onze ans.* L fragt S. – *Et vous/toi, vous avez/tu as aussi 11 ans, c'est ça? – Oui, j'ai 11 ans./Non, j'ai 12 ans. …*
Nr. 5: *Léo dit* (mit entsprechender Mimik): *J'ai envie de regarder le jeu vidéo, maman! Et mes copains, ils ont aussi envie de …*

Während des Unterrichtsgesprächs die Formen von *avoir* an die Tafel schreiben (⟶ Tafelbild 5). Bei Nr. 4 besonders auf die Altersangabe mit *avoir* hinweisen!

**Sicherung** (Schülerbuch, CD 1, Track 83–88; MP3 89–94)
S. 49: Texte von der CD vorspielen.
Echo-Lesen des Textes (⟶ *Boîte à outils 15)*, dann mit verteilten Rollen lesen, abschließend noch einmal Fehlerlesen *(⟶ Boîte à outils 24)*.
Nach Nr. 6: *Devinez: Qui est-ce?* S vermuten, dass der Vater doch noch gekommen ist. (Reaktionen und Erzählen ähnlicher Erlebnisse auf Deutsch zulassen!)
**Festigung** (Kopiervorlagen 4/1 und 4/2, Schülerbuch)
S übertragen Tafelbild 5 ins Heft.
Kopiervorlage 4: Fragekarten (⟶ *Boîte à outils 20*)
**Hausaufgabe:** S. 50, Nr. 2 (Lösungen ⟶ CD-ROM)

## Tipps und Tricks

**Methodischer Hinweis/ Doppelstunde**

Schülerbuch, S. 48: Für die Erarbeitung eines längeren Textes sollte mindestens eine Unterrichtsstunde veranschlagt werden. Neue Grammatik kann in der 2. Stunde einer Doppelstunde bearbeitet werden. In dieser Einheit sind die S mit der Texterarbeitung und dem Verb *avoir* hinreichend gefordert. In einer Doppelstunde sollten eher spielerische Übungsformen eingesetzt werden, z. B. Fragekarten (⟶ Kopiervorlage 8/9).

**Der besondere Tipp**

„Fragekarten" können jederzeit im Unterricht eingesetzt werden; entscheidend für den Einsatz ist das spielerische Moment, sie fördern und stärken die Motivation.

**Tafelbild 5**

avoir (haben)

| | | | |
|---|---|---|---|
| j' | ai | nous‿avons | [nuzavɔ̃] |
| tu | as | vous‿avez | [vuzave] |
| il | a | ils‿ont | [ilzɔ̃] |
| elle | a | elles‿ont | [ɛlzɔ̃] |
| on | a | | |

Il a onze ans. — Er ist elf Jahre.

## S. 50 Atelier B

**Préparation en 3 minutes**

- **Checkliste!** Schülerbuch, CD-Player, CD 1 (Tracks 89–90; MP3 95–96), *Cahier d'activités*, leere Folie, Softball; Kopiervorlage 5
- **Schülerbuch:** S. 50, Übungen und Spiele zu den Zahlen bis 39; *liaison* bei den Pluralformen von *avoir*
- **Methodeneinsatz:** Zahlenspiele (⟶ *Boîte à outils 9*), Fragekette (⟶ *Boîte à outils 13*), Total physical response (⟶ *Boîte à outils 20*)
- **Hausaufgabe:** *Cahier d'activités*, S. 40, Nr. 9

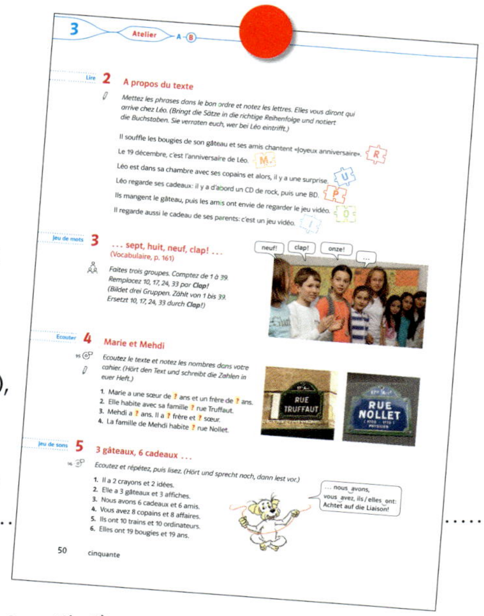

3 Atelier A B

Lire **2** A propos du texte

*Mettez les phrases dans le bon ordre et notez les lettres. Elles vous diront qui arrive chez Léo. (Bringt die Sätze in die richtige Reihenfolge und notiert die Buchstaben. Sie verraten euch, wer bei Léo eintrifft.)*

Il souffle les bougies de son gâteau et ses amis chantent «Joyeux anniversaire». R
Le 19 décembre, c'est l'anniversaire de Léo. M
Léo est dans sa chambre avec ses copains et alors, il y a une surprise. U
Léo regarde ses cadeaux: il y a d'abord un CD de rock, puis une BD. P
Ils mangent le gâteau, puis les amis ont envie de regarder le jeu vidéo. O
Il regarde aussi le cadeau de ses parents: c'est un jeu vidéo. I

Jeu de mots **3** … sept, huit, neuf, clap! …
(Vocabulaire, p. 161)

*Faites trois groupes. Comptez de 1 à 39. Remplacez 10, 17, 24, 33 par **Clap!** (Bildet drei Gruppen. Zählt von 1 bis 39. Ersetzt 10, 17, 24, 33 durch **Clap!**)*



Ecouter **4** Marie et Mehdi

*Ecoutez le texte et notez les nombres dans votre cahier. (Hört den Text und schreibt die Zahlen in euer Heft.)*

1. Marie a une sœur de ? ans et un frère de ? ans.
2. Elle habite avec sa famille ? rue Truffaut.
3. Mehdi a ? ans. Il a ? frère et ? sœur.
4. La famille de Mehdi habite ? rue Nollet.



Jeu de sons **5** 3 gâteaux, 6 cadeaux …

*Ecoutez et répétez, puis lisez. (Hört und sprecht noch, dann lest vor.)*

1. Il a 2 crayons et 2 idées.
2. Elle a 3 gâteaux et 3 affiches.
3. Nous avons 6 cadeaux et 6 amis.
4. Vous avez 8 copains et 8 affaires.
5. Ils ont 10 trains et 10 ordinateurs.
6. Elles ont 19 bougies et 19 ans.



50 cinquante

**Schritte zur Erarbeitung**

**Hinführung** (Schülerbuch)
S. 50, Nr. 2: Hausaufgabe besprechen
S wiederholen die Zahlen von 1–12 (⟶ *Boîte à outils 9*)

**Problematisierung**
L weist darauf hin, dass die Zahlen 1–9 wichtig für das Zählen ab 17 sind.

**Erarbeitung** (Tafel und Softball)
Ein S beginnt mit 11, der nächste S wiederholt die 11 und zählt weiter bis 12, L gibt die 13 vor, ein S spricht nach, ein anderer wiederholt 12 und 13, L gibt die 14 vor, ein S spricht nach, ein anderer wiederholt 13 und 14 usw. (⟶ Zur Methodik 1).
Während dieser Phase schreibt der L die Zahlen (13–30) in beliebiger Reihenfolge an die Tafel oder auf Folie. Am Ende wird die 0 hinzugefügt. Stehen alle Zahlen bis 30 an der Tafel, wirft der L nacheinander den S den Softball zu, die in der richtigen Reihenfolge von 13–39 zählen müssen.

**Sicherung** (Schülerbuch, Kopiervorlage 5)
S. 161: Zahlen in Laut- und Schriftbild. (⟶ Der besondere Tipp)
Kopiervorlage 5: Telefonieren und Zahlendiktat

**Festigung** (Schülerbuch, CD 1 (Tracks 89–90; MP3 95–96), Folie)
S. 50, Nr. 3: zunächst gemeinsames Zählen und Einüben des *clap*, dann in Gruppen. Es können auch mehr als die angegebenen Zahlen ersetzt werden.
S. 50, Nr. 4: S hören den Text (Track 89; MP3 95) ein erstes Mal bei geschlossenem Buch, beim zweiten Mal schreiben die S die Zahlen (in Ziffern) und das folgende Nomen ins Heft. Ein S schreibt parallel auf Folie. (Lösungen ⟶ CD-ROM)
S. 50, Nr. 5: S hören die Sätze von der CD (Track 90; MP3 96) und sprechen nach. Anschließend lesen sie die Sätze laut vor.
**Hausaufgabe:** *Cahier d'activités*, S. 40, Nr. 9 (Lösungen ⟶ CD-ROM)

## Tipps und Tricks

**Interkulturelles**

Im Französischen stehen im Unterschied zum Deutschen die Hausnummern vor dem Straßennamen: *25 rue Nollet*. Früher wurden die Hausnummern durch ein Komma von der Straße abgetrennt *(25, rue Nollet)*, dies entspricht inzwischen nicht mehr dem Usus.

**Zur Methodik**

**1.** Diese Form der Erarbeitung ist eine leichte Abwandlung der Fragekette (⟶ *Boîte à outils 13*). Der Einsatz des Softballs steigert den Überraschungseffekt und sorgt dafür, dass alle S aufmerksam sind und mitarbeiten.
**2.** Besonders zu beachten ist die abweichende Aussprache der Zahlen, wenn das folgende Nomen mit Vokal beginnt: *deux‿idées* [døzide], *trois‿affiches* [tʀwazafiʃ], *six‿amis* [sizami], *huit‿affaires* [ɥitafɛʀ], *deux‿ordinateurs* [døzɔʀdinatœʀ], *dix-neuf‿ans* [diznœvɑ̃].

Zur Schreibweise der zusammengesetzten Zahlen: Alle zusammengesetzten Zahlen werden mit Bindestrich geschrieben. Bei den Zahlen 21 (*vingt-et-un*), 31 (*trente-et-un*), … ist auch die Schreibweise ohne Bindestrich möglich (vingt et un).
**3.** *Cahier d'activités*, S. 40, Nr. 9: Für die Hausaufgabe kann auf das Schülerbuch S. 161 hingewiesen werden, wo es eine Übersicht zu den Zahlen bis 39 gibt. Bei B kann neben dem System der französischen Telefonnummern (falls die Kopiervorlage 5 nicht bearbeitet wurde) die Abkürzung „n°" für „Numéro" erklärt werden.

**Der besondere Tipp**

Hier gibt es erneut die Gelegenheit, auf die Struktur des Vokabelteils hinzuweisen: Funktion der rechten Spalte, Lerntipps, *Tu te rappelles?*-Kästen, Auf einen Blick, *Dico personnel*, Schaubilder wie z. B. Mindmaps.

**Doppelstunde**

Die S sitzen in einem Kreis. Jeder S bekommt eine Zahl (von 1 bis 30, je nach Klassenstärke). Dann wird im Rhythmus mit beiden Händen zuerst auf die Oberschenkel, dann in die Hände geschlagen und anschließend die Hände nacheinander in die Luft gestreckt, dabei geschnipst. Das Schnipsen wird von Zahlen begleitet. Erstes Schnipsen ist die eigene Zahl, zweites Schnipsen ist die gerufene Zahl. Diese macht sodann weiter. Alle S machen den Rhythmus mit. Das Spiel verlangt Konzentration und auch Rhythmusgefühl (⟶ Total physical response, *Boîte à outils 20*).

**Alternativen**

**1.** Die S spielen „Die verflixte 7". Man zählt reihum die Zahlen auf; wenn man mit 7, einem Vielfachen (14, 21 usw.) oder einer Zahl mit 7 drin (17, 27 …) oder mit der Quersumme 7 (16, 25 usw.) dran ist, muss man „Stopp" statt der Zahl sagen. Bei diesem Spiel muss man höllisch aufpassen.
**2.** Auf der zweigeteilten Tafel stehen links und rechts dieselben Zahlen in Ziffern. Es werden zwei Gruppen gebildet. Der L ruft eine Zahl, woraufhin je ein S an die Tafel sprintet und die genannte Zahl auswischt.

**Differenzierung**

Statt oder zusätzlich zur SB-Übung Nr. 5 kann *Koffer packen* (am besten in Kleingruppen) gespielt werden: S 1: *J'ai deux BD*; S 2: *J'ai deux BD et trois livres*; S 3: *J'ai deux BD, trois livres et quatre trains* … Um zusätzlich die Formen von *avoir* zu über, können auch andere Personalpronomen verwendet werden: *Il a …*, *nous avons* … usw.

## S. 51 Atelier B

**Préparation en 3 minutes**

- **Mitnehmen!** Schülerbuch, *Cahier d'activités*, Kopiervorlagen 6+7
- **Schülerbuch:** S. 51, nach dem Geburtstag fragen, über den Geburtstag Auskunft geben
- **Schwerpunkt:** Monatsnamen und Datum
- **Methodeneinsatz:**
  Fehlerlesen (⟶ *Boîte à outils 22*),
  Fehlerwächter (⟶ *Boîte à outils 17*),
  Echomethode (⟶ *Boîte à outils 21*),
  Total physical response (⟶ *Boîte à outils 20*),
  Omniumkontakt (⟶ *Boîte à outils 13*)
- **Hausaufgabe:** Schülerbuch, S. 52, Nr. 10; *Cahier d'activités* S. 42, Nr. 13

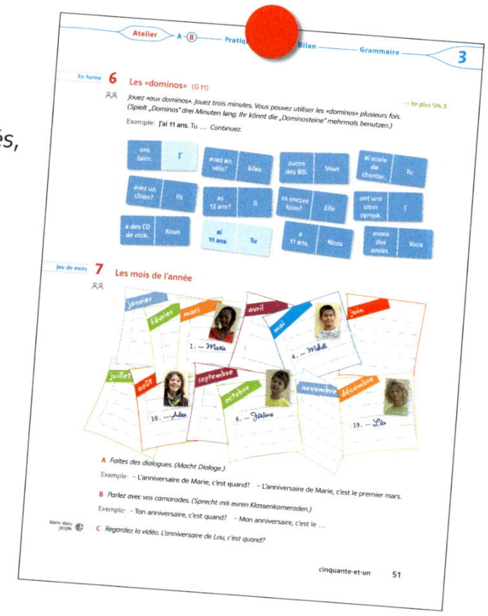


**Neue Wörter** un mois, une année, quand, premier, Monatsnamen

**Schritte zur Erarbeitung**

**Hinführung** (*Cahier d'activités*)
S. 40, Nr. 9: Hausaufgabe besprechen

**Problematisierung** (Schülerbuch, Kopiervorlage 6)
S. 51, Nr. 6: Die S spielen Domino unter Verwendung der Kopiervorlage 6 (enthält die Dominsteine zum Ausschneiden). (⟶ Zur Methodik; Lösung ⟶ CD-ROM)

**Erarbeitung** (Kopiervorlage 7, Schülerbuch)
Einführung der Monatsnamen/Datumsangabe/Geburtstage.
Die S markieren ihren Geburtsmonat auf der Kopiervorlage farbig und üben zunächst im rhythmischen Sprechen nach der Echomethode (⟶ *Boîte à outils 15*) nur die Aussprache der Monatsnamen (siehe auch Total physical response ⟶ *Boîte à outils 20*).
S. 51, Nr. 7A: S fragen in Partnerarbeit nach den Geburtstagen der abgebildeten Schülerbuchfiguren-Figuren.
S. 51, Nr. 7B: S tragen zunächst die ihnen persönlich wichtigen Geburtstage in die Kopiervorlage 5 ein üben danach die Dialoge mit ihrem Partner.
Diese Übung kann zum höheren Sprachumsatz auch im Omniumkontakt durchgeführt werden. (⟶ *Boîte à outils 3*)

**Sicherung und Festigung** (Kopiervorlage 7, *Cahier d'activités*)
S schreiben die Geburtstage, die sie in ihrer Kopiervorlage notiert haben (ihre eigenen, die ihrer Familie und Freunde), in ihre Hefte:
*Mon anniversaire, c'est le … L'anniversaire de mon père, c'est …*
**Hausaufgabe:** *Cahier d'activités*, S. 40, Nr. 10, S. 42, Nr. 13A + B: Langzeitaufgabe für Portfolio-Ordner besprechen und terminieren auf das geplante Ende der *Unité*: *Dessine deux mois.*

## Tipps und Tricks

**Interkulturelles** Schreibweise der Geburtstage: Im Französischen wird – wie im Deutschen – der Tag in Ziffern, aber ohne Punkt geschrieben, also: *le 13 novembre*.

**Zur Methodik** **Spielmöglichkeiten:**
- in PA offene Dominos abwechselnd zu einer Kette legen;
- mit der vollständigen Kette Fehlerlesen oder Lesen der Kette mit Fehlerwächter (⟶ *Boîtes à outils 22 + 17*)

- S 1 nimmt eine Karte, deckt die linke Hälfte zu, nur das Personalpronomen ist sichtbar. S legt aus seinen Karten eine passende an, das ergibt einen Satz; diesen muss er vorlesen. S kann auch die rechte Hälfte abdecken und S legt eine Karte mit passendem Personalpronomen davor.
- auf Zeit spielen (eine Minute, wer hat die meisten richtigen Sätze?) (⟶ *Boîte à outils 25*)

**Differenzierung**

Schülerbuch, S. 51, Nr. 6: zusätzliche Differenzierungsübung, S. 126, *En plus 3*: persönliche Auskunft geben und erfragen unter Verwendung von *avoir*. (Lösung ⟶ CD-ROM)
Bildliche Darstellung der Monatsnamen: *Cahier d'activités*, S. 42, Nr. 13 B zeigt anhand des Monats *décembre*, wie die bildliche Darstellung als Memorierungshilfe angelegt werden kann. Diese Bilder können nach Fertigstellung im Portfolio-Ordner abgeheftet werden.

**Boîte à outils 25**

**Zeitwächter**

Die S können alternierend für einen bestimmten Zeitraum (für eine bestimmte Übung, aber auch eine Woche lang) die Aufgabe des Zeitwächters übernehmen. Die Aufgabe besteht darin, mittels einer Stoppuhr und eines Glöckchens/einer Klingel das Einhalten eines vorgegebenen Zeitraums zu überwachen. Dies kann zum Ziel haben, Aufgaben sinnvoll zu begrenzen, Gerechtigkeit zu gewährleisten, Langeweile oder Überdehnung vorzubeugen, S an Aufgaben zu gewöhnen, sie in die Unterrichtsgestaltung einzubeziehen, zu motivieren und zu differenzieren.

**Alternativen**

**Einüben der Monatsnamen:**
- vier Ecken im Klassenraum = vier Jahreszeitengruppen; S sprechen entsprechend ihrer Geburtstage gruppenweise nacheinander die Monate.
- L nennt zwei aufeinanderfolgende Monate, S den darauf folgenden Monat: L: *janvier, février*, S. *mars* usw.
- S und L im Wechsel: L: *janvier*; S. *février* usw.
- Kettenspiel: Alle S stehen auf, nennen die Monatsnamen in der richtigen Reihenfolge; wer einen Fehler macht, setzt sich (⟶ Fragekette, *Boîte à outils 13*).
- Monatsnamen auf Deutsch-Englisch-Französisch (evtl. auch Türkisch, Russisch …).
- die vier Jahreszeiten an der Tafel symbolisch als Kreis notieren, die S tragen je einen Monat an der richtigen Stelle ein. Alternativ kann auch ein Plakat gestaltet werden, das als Geburtstagskalender im Klassenraum ausgehängt wird.

## S. 52 Atelier B

**Préparation en 3 minutes**

- **Mitnehmen!** Schülerbuch, *Cahier d'activités*, Kopierlagen 8 + 9
- **Schülerbuch:** S. 52, über das Alter, den Geburtstag und die Familie sprechen; ein Personenportrait erstellen
- **Unterrichtsschwerpunkt:** Possessivpronomen 3. Person Singular (⟶ G10); dialogisches Sprechen, Leseverstehen und Schreiben
- **Methodeneinsatz:** Bienenkorb (⟶ *Boîte à outils 25*),
- **Hausaufgabe**: Schülerbuch, S. 52, Nr. 10; *Cahier d'activités*, S. 41, Nr. 11 + 12.

**Neue Wörter**

*Tu as quel âge?* l'âge, il s'appelle, elle s'appelle;
*Voilà Mehdi:* rezeptiv: un manga (⟶ Interkulturelles), le karaté.

**Schritte zur Erarbeitung**

**Hinführung** (*Cahier d'activités*, Plakat)
S. 40, Nr. 10; S. 42, Nr. 13: Hausaufgabe besprechen. (Lösung ⟶ CD-ROM)
Hinweisen auf das ausgehängte Plakat zu den Possessivbegleitern der 1. und 2. Person Singular; ⟶ S. 118.

**Problematisierung** (Plakat)
S fragen, welche Form noch fehlt. Aus anderen Konjugationsmustern wissen sie, dass es eine 3. Person Singular gibt, die auf dem Plakat noch fehlt.

**Erarbeitung** (Tafelbild 6)
L nimmt einen Stift von S1 und fragt S2 *C'est ton crayon?* S2 antwortet *Non, c'est le crayon de* S1. L fragt nach und zeigt auf S1: *C'est son crayon?* S2 antwortet *Oui, c'est son crayon.* Anschließend dasselbe Vorgehen mit einem femininen Nomen, danach beide Nomen im Plural (z. B. *ses crayons/ses gommes*). Parallel dazu wird das Tafelbild 6 mit anderen Nomen entwickelt.

**Sicherung** (Tafelbild 6, Schülerbuch)
S übertragen den Tafelaufschrieb auf die ausgehängten Plakate; ⟶ S. 118.
S. 52, Nr. 8: Anwendungsübung zu den Possessivbegleitern.
Schwierigere Zusatz-/Differenzierungsübung ⟶ S. 127, Nr. 4 (Lösung ⟶ CD-ROM)

**Festigung** (Schülerbuch, *Cahier d'activités*, Kopiervorlagen 8 + 9)
S. 52, Nr. 9A: In Partnerarbeit den *On dit*-Kasten lesen und die persönlichen Daten anpassen. Anschließend den Dialog (auswendig) präsentieren. (⟶ Doppelstunde/ Differenzierung 1)
9B: Die S stellen ihren Nachbarn oder einen anderen S vor.
Die Präsentation (A + B) kann anhand der Tabelle Evaluation (⟶ S. 50) für ein Rollenspiel bewertet werden.
Kopiervorlage 8: Wiederholung der Verben aus den *Unités 1–3* und häufig gebrauchter Adverbien.
**Hausaufgabe:** Schülerbuch, S. 51, Nr. 10; *Cahier d'activités*, S. 41, Nr. 11 + 12. (Lösungen ⟶ CD-ROM)

## Tipps und Tricks

**Interkulturelles**

1. *Mangas* wurde ursprünglich nur für Comics aus Japan verwendet, inzwischen bezeichnet der Begriff alle Comics, die sich am Stil japanischen Produktionen orientieren. Mangas sind in der Regel mehr bild- als textlastig. Meistens sind sie in schwarz-weiß gehalten und werden entsprechend der traditionellen japanischen Leserichtung von hinten nach vorne und von rechts nach links gelesen.
2. «Mon beau sapin»: Voraussichtlich wird die *Unité 3* um die Weihnachtszeit durchgenommen. Das Lied eignet sich besonders für das Thema Weihnachten, da die Melodie vom Deutschen her bekannt ist. Die S finden den deutschen Titel („Oh Tannenbaum"). Das *Cahier d'activités* und die CD 1 (Track 96; MP3 102) beschränken sich auf die 1. Strophe (vollständiges Lied mit Noten ⟶ Kopiervorlage 9 für den Fall, dass alle Strophen gesungen werden sollen).
Im Unterricht kann, ausgehend vom angeschnittenen Weihnachtsthema (Schülerbuch S. 39), hierhin die Brücke zu dessen Vertiefung geschlagen werden: „Bei welchen Wörtern könnt ihr euch schon denken, wie sie ausgesprochen werden? Bei welchen Wörtern braucht ihr Hilfe?"
Die Tradition des Tannenbaums ist mehr als 400 Jahre alt und kommt aus dem Elsass. In den Mysterienspielen, die man am 24. Dezember vor den Kirchen aufführte, stellte er den Baum des Paradieses dar. Man brauchte einen noch grünen Baum, dies konnte im Winter

nur eine Tanne sein. Die Tradition des Weihnachtsbaums hat sich in Deutschland ab 1700, in Frankreich ab 1870 ausgebreitet. Früher dekorierte man den Baum mit Äpfeln. Allmählich ersetzte man sie durch Bonbons. Heutzutage dekoriert man die Tanne mit goldenen oder silbernen Bändern, glänzenden Kugeln, einem Stern auf der Spitze usw.

**Zur Methodik**

*son, sa, ses*: Die S erfahren, dass im Französischen die maskuline bzw. feminine Form sich nach dem Genus des folgenden Nomens richtet (im Unterschied zum Deutschen, wo die Form des Possessivbegleiters durch das vorangehende Nomen bestimmt wird): Beispiel, das an die Tafel geschrieben werden kann:

| | | | | |
|---|---|---|---|---|
| Léo cherche | **son CD.** | → | **Léo** sucht | **seine** CD. |
| Marie cherche | **son CD.** | → | **Marie** sucht | **ihre** CD. |
| Léo cherche | **sa BD.** | → | **Léo** sucht | **seine** BD. |
| Marie cherche | **sa BD.** | → | **Marie** sucht | **ihre** BD. |
| Léo cherche | **ses CD** et **ses BD.** | → | **Léo** sucht | **seine** CDs und **seine** BDs. |
| Marie cherche | **ses CD** et **ses BD.** | → | **Marie** sucht | **ihre** CDs und **ihre** BDs. |

In Vorbereitung auf die Schülerbuch-Übung S. 52, Nr. 8 wird darauf hingewiesen, dass vor Nomen im Singular, die mit Vokal oder stummem *h* beginnen, immer die maskulinen Possessivbegleiter stehen (auch wenn das Nomen weiblich ist): ***son‿amie***, ***son‿histoire*** in Analogie zu ***mon/ton‿amie***, ***mon/ton‿histoire***.

**Tafelbild 6**

| | | | | | |
|---|---|---|---|---|---|
| C'est | **son** | **copain?** | Oui, c'est | **son** | **crayon.** |
| C'est | **sa** | **copine?** | Oui, c'est | **sa** | **copine.** |
| Ce sont | **ses** | **copains?** | Oui, ce sont | **ses** | **copains.** |
| Ce sont | **ses** | **copines?** | Oui, ce sont | **ses** | **copines.** |

**Doppelstunde/ Differenzierung**

**Doppelstunde:** Falls die zahlreichen Präsentationen ermüdend werden, können einzelne Dialoge (A) oder Präsentationen (B) in eine spätere Stunde oder eine Doppelstunde verlegt werden. Das stärkt auch die langfristige Verankerung des Gelernten!

**Differenzierung 1:** Je nach Leistungsstärke sollte eine auswendige Präsentation angestrebt werden, da sie einer Realsituation entspricht.

Schülerbuch, S. 127, Nr. 4: Schwierigere Differenzierungsübung zu den Possessivbegleitern der 1.–3. Person Singular und Plural. (Lösung → CD-ROM)

Schülerbuch, S. 127, Nr. 5: Schwierigere Differenzierungsübung (Dialoge mit Angaben zur Persönlichkeit, *Moi, j'ai 12 ans …*). (Lösung → CD-ROM)

**Differenzierung 2:** Anstatt der Übungen 11 und 12 im *Cahier d'activités*, S. 41, gibt es folgende Differenzierungsübungen, die auch für Doppelstunden gut geeignet sind:

Nach *Cahier d'activités*, Nr. 11: *En plus 4* (S. 46), leichtere Verstärkungsübung zu den Possessivbegleitern. (Lösung → CD-ROM)

Nach *Cahier d'activités*, Nr. 12: *En plus 1* (S. 46), leichtere Verstärkungsübung, in der es um das orthografisch korrekte Schreiben geht; *En plus 2* (S. 46) ist eine Übungsform, die genaues Hinsehen verlangt (effizient und beliebt zum Üben einzelner Wörter und Ausdrücke. (Lösung → CD-ROM)

*En plus 5* (S. 47), schwierigere Verstärkungsübung, in der es um das orthografisch korrekte Schreiben geht. (Lösung → CD-ROM)

**Der besondere Tipp**

**Kooperatives Lernen:** Für das Erfragen und den Austausch von Informationen im Klassenraum bietet sich die Methode des Bienenkorbs an. (→ *Boîte à outils 26*).

**Boîte à outils 26**

### Bienenkorb

Die Bezeichnung für diese Methode kommt daher, weil die Atmosphäre im Klassenzimmer der eines Bienenkorbs gleicht. Die Methode ermöglicht den Austausch über Informationen, Meinungen, Stimmungen, offene Fragen oder Lösungen und dient somit der Selbstvergewisserung.
Vorteil: Aktivierung aller S: die Sprechanteile erhöhen sich, Sprechhemmungen werden abgebaut. Vorbereitung ist nicht erforderlich.
Durchführung: Kleingruppen bilden, Aufgabenstellung in Bezug auf die vorangegangene Arbeitsphase vorgeben und gegebenenfalls visualisieren, Ablauf erklären und Zeitlimit vorgeben.

Vor der Bearbeitung der Aufgaben zu *Pratique* die **Hausaufgaben** Schülerbuch S. 52, Nr. 10 und *Cahier d'activités*, S. 41, Nr. 11 + 12 besprechen. (Lösung ⟶ CD-ROM)

## S. 53–54 Pratique: tâches

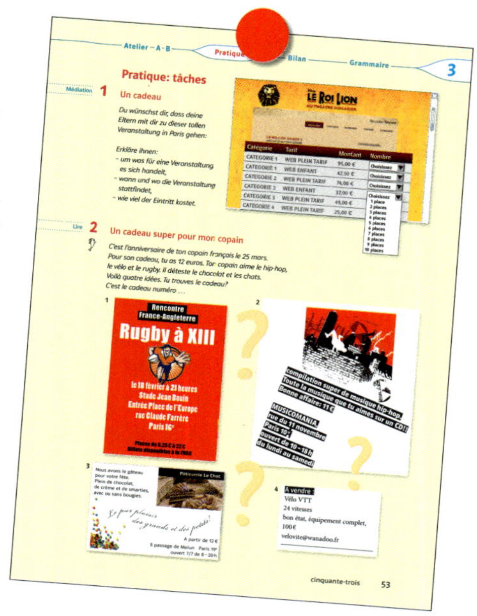


**Empfohlene Reihenfolge für die Durchnahme der Aufgaben:**

**Médiation**

**Schülerbuch, S. 53, Nr. 1**
„Sprachmittlung" in Abgrenzung zum Dolmetschen. Die S erfahren, dass es bei der Sprachmittlung um die sinngemäße (NICHT buchstabengenaue) bzw. selektive Übertragung ausgewählter Inhalte geht.
Aufgabe: Ein S erläutert den Eltern, die kein Französisch verstehen, die Inhalte des Plakats „Le Roi Lion". (Lösungsvorschläge ⟶ CD-ROM)

***Cahier d'activités*, S. 43, Nr. 15**
Der Aufgabentyp (Dolmetschen) ist anspruchsvoll. Damit sich die S an die Technik gewöhnen können und ein schneller Rollenwechsel möglich wird, fällt die erste Aufgabe hierzu kurz aus. Die S erfahren bei dieser Aufgabe, dass ihre Ausdrucksmöglichkeiten beim Dolmetschen ins Deutsche viel größer sind, dass sie aber trotz der eingeschränkteren Mittel auch bereits erfolgreich ins Französische übertragen können.
Aufgabe: Die S unterscheiden das Dolmetschen als eine Form der Sprachmittlung von der Übersetzung: Dazu geben sie „nur" den Sinn dessen wieder, was zwei Personen, die nicht die Sprache des anderen sprechen, sich mitteilen wollen. Für diese Übung bietet sich Partnerarbeit an. (Lösungsvorschlag ⟶ CD-ROM)

**Lire**

**Schülerbuch, S. 53, Nr. 2**
Hier geht es um das **selektive Lesen**; die S müssen NICHT alle unbekannten Vokabeln verstehen, um die Aufgabe zu lösen. Internationalismen wie *chocolat*, *hip-hop*, *compilation* können erschlossen werden, Produktnamen wie *smarties* sind in allen Sprachen gleich bzw. ähnlich. Der Aufgabentyp entspricht einer typischen *DELF*-Aufgabe; sie deckt einen der vier Kompetenzbereiche ab, hier die *compréhension des écrits* (*DELF* ⟶ Plateau 1).
Die Aufgabe kann zwar als Test durchgeführt werden, zu diesem frühen Zeitpunkt empfiehlt sich aber Einzel-, Partner- oder Gruppenarbeit, da die S mit den Übungen noch nicht vertraut sind. (Lösung ⟶ CD-ROM)

***Cahier d'activités*, S. 43, Nr. 16**
Nach dem **globalen Leseverstehen** in der *Unité 1*, dem **selektiven Leseverstehen** in der *Unité 2*, sollen mit dieser Aufgabe **Details** in einem Lesetext verstanden werden.
Die Aufgabe zeigt den S, dass dies möglich ist, obwohl der Text unbekannten Wortschatz enthält. Um sich bei der Beantwortung von Fragen besser orientieren zu können, werden die S zum Unterstreichen der entsprechenden Textstellen aufgefordert.

**Differenzierung** Schwierigere Differenzierungsübung ⟶ *En plus 6*, S. 47. Für den Fall, dass die S die Version mit Video-DVD gekauft haben: Das Dokument sollte mindestens dreimal angehört/angesehen werden.
Ablauf: 1. Hören/Sehen, um einen allgemeinen Eindruck zu bekommen. 2. Lesen des Textes. 3. Hören/Sehen und Lesen des Textes, Konzentration auf die 1. Spalte (*différence*) und ankreuzen, wenn es Unterschiede gibt. 4. Hören/Sehen und Lesen des Textes, Konzentration auf die 2. Spalte (*correction*) und notieren der Verbesserungen. (Lösung ⟶ CD-ROM)

---

**Ecrire** **Schülerbuch, S. 54, Nr. 3**
In Einzelarbeit auf der Basis von Stichworten (*nom, âge, adresse, anniversaire, famille, J'aime, Je déteste*) in einem kurzen zusammenhängenden Text Auskunft über die eigene Person geben. (Lösung ⟶ CD-ROM)
Diese Aufgabe bündelt die sukzessiv in vorangegangenen Übungen erworbenen Kenntnisse zur Personenbeschreibung, um sie für einen konkreten authentischen Zweck einsetzen zu können (z. B. Suche nach einem französischen Austauschpartner). Hilfen für diese Aufgabe liefern S. 52, Nr. 9 und 10 sowie S. 36, Nr. 1.

***Cahier d'activités* S. 44, Nr. 17**
Die S schreiben eine Geburtstagskarte und wenden dabei das Datum und die Adresse auf Französisch korrekt an. Die S werden an S. 36, Nr. 1 erinnert: Nach der Anrede wird groß weitergeschrieben. Die Geburtstagskarten können in der Klasse aufgehängt werden.

**Differenzierung** Leichtere Differenzierungsübung zum Schreiben ⟶ *En plus 1* und *2*, S. 46; schwierigere Differenzierungsübung zum Schreiben ⟶ *En plus 5*, S. 47. (Lösung ⟶ CD-ROM)

---

**Parler** **Schülerbuch, S. 54, Nr. 4**
In Partnerarbeit über die Familie und Freunde sprechen, dabei Wiederholung der Possessivbegleiter und *avoir*. Vorbereitend können kleine Zettel mit Notizen angefertigt werden.
Zettel 1: Was will ich selber sagen (z. B. *J'ai …, j'habite …, j'aime …, je/il/elle travaille*),
Zettel 2: Was will ich den anderen fragen (z. B. *Tu as … ? Tu habites où?*).
(Lösung ⟶ CD-ROM)

---

**Ecouter et regarder** ***Cahier d'activités*, S. 44, Nr. 18**
Aufgabe zum Detail-Hör-(Seh)-Verstehen. Die Strategie zeigt Hilfen für das Erschließen von unbekanntem Vokabular auf. Beim Lesen und Erklären der Strategie kann in Analogie zu der *DELF*-Übung Schülerbuch, S. 53, Nr. 2 darauf hingewiesen werden, dass man einen Text verstehen kann, ohne alle Wörter gelernt zu haben.
Falls die S das Cahier mit der Video-DVD gekauft haben, kann die Szene auch als Video angeschaut werden.
Die S werden auch Detailfragen zu Hörtexten beantworten können, selbst wenn die Texte unbekannen Wortschatz enthalten.

**Differenzierung** Schwierigere Differenzierungsübung ⟶ *En plus 6*, S. 47. (Lösung ⟶ CD-ROM)

---

**Portfolio** Schülerbuch, S. 54, Nr. 5: Die hier genannten Feste sind nur Beispiele für persönlich erlebte Feste; *le mariage, Noël (m.)* und *le nouvel an* gehören zum persönlichen Wortschatz und werden im Folgenden nicht als bekannt vorausgesetzt (weitere Feste ⟶ Vokabular, S. 162).
Es können darüber hinaus auch Collagen von anderen Festen erstellt werden, z. B. *la confirmation* (Firmung; Konfirmation), *la communion* (Kommunion), *l'Aïd* (muslimisches Opferfest, wichtigstes Fest des Islam), *Pessach* (zentrales Fest des Judentums, das an den Auszug aus Ägypten erinnert = Befreiung der Israeliten aus der Sklaverei).

---

Die S heften ihre Collagen im Portfolio-Ordner ab. Ausgewählte Muster können auch im Klassenzimmer aufgehängt werden.
Für den Fall, dass die Ergebnisse in der Klasse präsentiert werden, bieten sich folgende Übungsmöglichkeiten an:

- entweder werden die Collagen zu z. B. zwei Themenbereichen im Klassenraum und ggf. auch im Flur auf Tischen ausgelegt oder an der Wand befestigt, anschließend gehen die S nacheinander im Museumsgang (⟶ *Boîte à outils 12*) die Exponate ab; die Person, die an der Erstellung des jeweiligen Plakats beteiligt war, erläutert kurz das Plakat;
- oder jeder S stellt an einem Platz seine Werke aus und gibt dazu Auskunft, wenn er während des Museumsgangs an seiner Collage steht;
- oder man kombiniert beide Methoden und beschreibt (Teile) eines der beiden Werke im Omniumkontakt (⟶ *Boîte à outils 3*), um einen Methodenwechsel zu erreichen;
- ggf. werden die Collagen bewertet (mit Klebepunkten z. B. auf einem ausliegenden „Bewertungsblatt“) und ein Preis für das beste Ergebnis verliehen.

**Doppelstunde**
*Cahier d'activités*, S. 43/44, Nr. 16/17/18: In Doppelstunden bieten sich diese Übungen als Einzelarbeit in der zweiten Stunde an, ansonsten können diese Aufgaben auch als Hausaufgabe gestellt werden, wenn nicht vorher schon bearbeitet.
Wenn die Übung, Nr. 17 als Hausaufgabe erledigt wird, können die S die Karten auch mit Zeichnungen, Aufklebern usw. ausschmücken.

**Differenzierung**
Leichtere Differenzierungsübung zur Unterscheidung der Wortarten in *En plus* 2, S. 18. (Lösung ⟶ CD-ROM)

## S. 55–56 Bilan

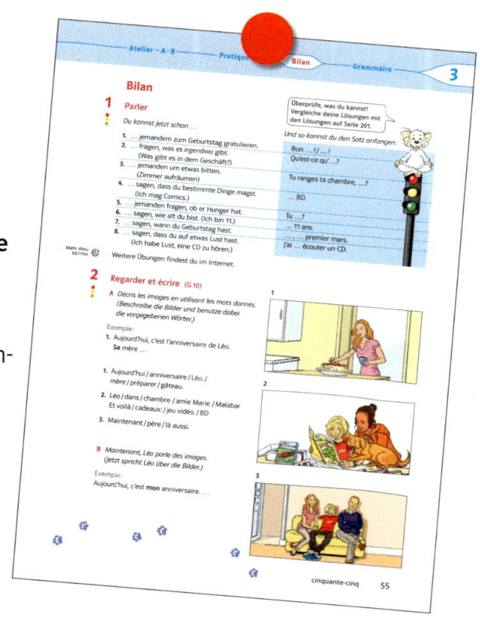
Atelier – A - B — Pratique — Bilan — Grammaire — 3

Bilan

1 Parler

*Du kannst jetzt schon …*

1. … jemandem zum Geburtstag gratulieren.
2. … fragen, was es irgendwo gibt. (Was gibt es in dem Geschäft?)
3. … jemanden um etwas bitten. (Zimmer aufräumen)
4. … sagen, dass du bestimmte Dinge magst. (Ich mag Comics.)
5. … jemanden fragen, ob er Hunger hat.
6. … sagen, wie alt du bist. (Ich bin 11.)
7. … sagen, wann du Geburtstag hast.
8. … sagen, dass du auf etwas Lust hast. (Ich habe Lust, eine CD zu hören.)

Überprüfe, was du kannst! Vergleiche deine Lösungen mit den Lösungen auf Seite 201.

*Und so kannst du den Satz anfangen:*

Bon …! / …!
Qu'est-ce qu'…?
Tu ranges ta chambre, …?
… BD.
Tu …?
… 11 ans.
… … premier mars.
J'ai … écouter un CD.

Mehr dazu 38719m
Weitere Übungen findest du im Internet.

2 Regarder et écrire (G 10)

A *Décris les images en utilisant les mots donnés. (Beschreibe die Bilder und benutze dabei die vorgegebenen Wörter.)*

Exemple:
1. Aujourd'hui, c'est l'anniversaire de Léo. **Sa** mère …

1. Aujourd'hui / anniversaire / Léo. / mère / préparer / gâteau.
2. Léo / dans / chambre / amie Marie / Malabar Et voilà / cadeaux: / jeu vidéo. / BD
3. Maintenant / père / là aussi.

B *Maintenant, Léo parle des images. (Jetzt spricht Léo über die Bilder.)*

Exemple:
Aujourd'hui, c'est **mon** anniversaire. …

cinquante-cinq 55

Den S wird noch einmal die Funktion der *Bilan*- und *En Plus*-Aufgaben erläutert. (⟶ *Unité 1* und *Unité 2*)

**Empfohlene Reihenfolge für die Durchnahme der Aufgaben:**

**Parler**
**Schülerbuch, S. 55, Nr. 1**
In Einzelarbeit rekapitulieren die S die sprachlichen Mittel der *Unité*. Dabei orientieren sie sich an den Vorgaben im Kasten rechts.
(Lösung ⟶ S. 201 oder CD-ROM)
***Cahier d'activités*, S. 45, Nr. 1**
Jemanden vorstellen; Schreiben wichtiger Redemittel der *Unité*: Alter, Geburtstag, Verwandtschaftsbezeichnungen.
(Lösung ⟶ S. 100/101 oder DVD)

**Differenzierung**
Leichtere Differenzierungsübung zum Schreiben ⟶ *En plus 1* und *2*, S. 46.
(Lösung ⟶ S. 101 oder DVD)
Schwierigere Differenzierungsübung zum Schreiben ⟶ *En plus 5*, S. 47.
(Lösung ⟶ S. 101 oder DVD)

**Regarder et écrire**
**Schülerbuch, S. 55, Nr. 2**
Übung zum Sehverstehen und Schreiben, bei der die S auch die korrekte Verwendung der Possesivbegleiter wiederholen. (Lösung ⟶ S. 201 oder CD-ROM)

**Ecouter et regarder** ***Cahier d'activités*, S. 45, Nr. 2**
Übung zum Detail-Hör-(Seh)-Verstehen. Falls die S die Version mit der Video-DVD gekauft haben, kann die Szene auch als Video angeschaut werden.
In dem Video kommt das unbekannte Verb *adorer* vor, dieses wird in der Übung durch *aimer* ersetzt.

**Differenzierung** Schwierigere Differenzierungsübung ⟶ *En plus 6*, S. 47. (⟶ DVD)

**Lire** ***Cahier d'activités*, S. 45, Nr. 3**
Übung zum Detail-Leseverstehen; dazu unterstreichen die S die Textstellen, die die gesuchten Informationen enthalten. Neues Wort: *un ticket de cinéma.*(Lösung ⟶ CD-ROM)

**Differenzierung** Schwierigere Differenzierungsübung ⟶ *En plus 6*, S. 47. (Lösung ⟶ CD-ROM)

**En forme** **Schülerbuch, S. 56, Nr. 3**
Wiederholung der Formen von *avoir* im Präsens. (Lösung ⟶ S. 201 oder CD-ROM)
***Cahier d'activités*, S. 45, Nr. 4:** zusammenfassende Grammatikübung zum bestimmten und unbestimmten Artikel Plural, zum Plural des Nomens und zu den Possessivbegleitern der 1.–3. Person Singular. (Lösung ⟶ CD-ROM)

**Differenzierung** Leichtere Differenzierungsübung ⟶ *En plus 3* und *4*, S. 46 (Lösung ⟶ CD-ROM)

**Doppelstunde** *Cahier d'activités*, S. 45, Nr. 1–4: Diese Übungen können in Doppelstunden als Einzelarbeit durchgeführt werden. Alternativ können diese Aufgaben auch als Hausaufgabe gestellt werden.

**Jeu de mots** Schülerbuch, S. 56, Nr. **4:** Wortschatzaufgabe zur Wiederholung von Verwandtschaftsbezeichnungen. (Lösung ⟶ S. 201 oder CD-ROM)

**Théâtre** *Cahier d'activités*, S. 47, Nr. 7: Das **Heft für Lehrer** sowie das **Heft für Schüler** enthalten alle Tonaufnahmen pro Szene im MP3-Format.
Audio-CD (Klett-Nr. 622212): enthält alle Tonaufnahmen.
*Cahier* für Schüler: Online-Link verweist aufs Internet; dort befinden sich der komplette Text des Theaterstücks und Tipps für die Aufführung usw.
*Cahier* für Lehrer: identisch mit den Inhalten der Online-Links im Cahier für Schüler sowie zusätzliche Hinweise pro Szene für den L.

## L'alphabet

*Arrangements:*
Wolfgang Froese
© DP

***Comment prononcer les lettres de l'alphabet.*** *(Die Buchstaben richtig aussprechen.)*
Achtet auf die Tiere. Die Katzen zeigen euch, welche Buchstaben aus der Reihe tanzen. Diese werden anders ausgesprochen als im Deutschen.

## On prépare l'anniversaire.

*Relis le texte à la page 45 de ton livre. Ecris les phrases dans le bon ordre.*
*(Lies noch einmal den Text auf S. 45 deines Buches. Schreibe die Sätze in der richtigen Reihenfolge auf.) In der richtigen Reihenfolge verraten die Anfangsbuchstaben, wie Léos bester Freund heißt. Schneidet vorher den Lösungszettel ab und legt ihn beiseite.*

**H** Léo invite des copains et des copines.

**E** Mais M. Pirou est en Allemagne. C'est dommage!

**D** Mme Pirou prépare l'anniversaire.

**I** La chambre de Léo, c'est la catastrophe.

**M** Demain, c'est l'anniversaire de Léo.

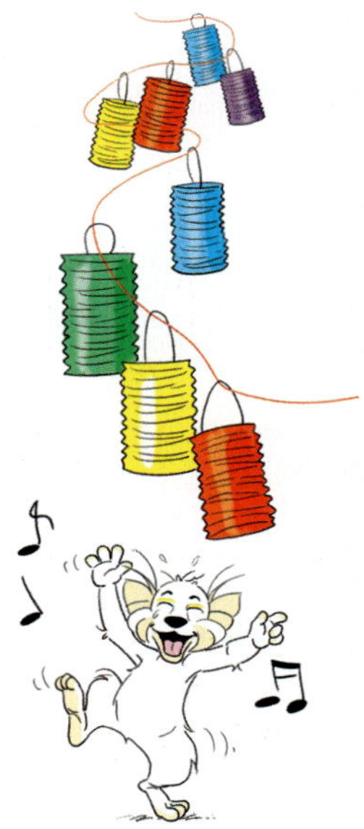

☐ ____________________

☐ ____________________

☐ ____________________

☐ ____________________

☐ ____________________

---

Lösung:

| | |
|---|---|
| M | Demain, c'est l'anniversaire de Léo. |
| E | Mais M. Pirou est en Allemagne. C'est dommage! |
| H | Léo invite des copains et des copines. |
| D | Mme Pirou prépare l'anniversaire. |
| I | La chambre de Léo, c'est la catastrophe. |

## Interviews: Les super cadeaux

***Qu'est-ce que tu aimes? Qu'est-ce que tu détestes?***

*Interviewe nacheinander zwei Jungen und zwei Mädchen aus deiner Klasse. Frage, was sie mögen und was nicht. Frage deinen Lehrer/deine Lehrerin, falls du ein Wort nicht auf Französisch kennst. Trage die Ergebnisse in das Raster ein.*
*Anschließend präsentierst du deine Ergebnisse vor der Klasse. Benutze dabei* il *und* elle.
*Hefte den Bogen zum Schluss in deinem Portfolio-Ordner ab.*

**Beispiel**:

Lea, qu'est-ce que tu aimes? – J'aime ______________________

Qu'est-ce que tu détestes? – Je déteste ______________________

Präsentation: Léa aime … **Elle** déteste … Le super cadeau pour Léa, c'est …

Nom: ______________________

Le super cadeau pour ______________________, c'est ______________________.

Nom: ______________________

Le super cadeau pour ______________________, c'est ______________________.

Nom: ______________________

Le super cadeau pour ______________________, c'est ______________________.

Nom: ______________________

Le super cadeau pour ______________________, c'est ______________________.

## Questions et réponses

| | | | |
|---|---|---|---|
|  | **Qui est-ce?** [C'est M. Pirou.] |  | **Qui est-ce?** [C'est Mme Latière.] |
|  | **M. Pirou est en France?** [Non, il est en Allemagne.] |  | **M. Pirou travaille à Paris?** [Non, il travaille à Cologne.] |
| **... un gâteau pour cinq?** | **Mme Pirou prépare un gâteau pour cinq?** [Non, elle prépare un gâteau pour six.] | **... c'est le 18 décembre?** | **L'anniversaire de Léo, c'est le 18 décembre?** [Non, c'est le 19 décembre.] |
|  | **Le cadeau de Mme Pirou, c'est une BD?** [Non, c'est un DVD et un jeu vidéo.] | **... dix ans maintenant?** | **Léo a dix ans maintenant?** [Non. Il a 11 ans.] |

## Questions et réponses

| | | | |
|---|---|---|---|
|  | **Qui est-ce?**<br>[C'est Marie.] |  | **Qui est-ce?**<br>[C'est Alex.] |
| **. . . est en Allemagne.** | **Cologne est en France?**<br>[Non, Cologne est en Allemagne.] |  | **Léo a un cadeau de ses copains et ses copines?**<br>[Oui, il a un CD et une BD.] |
| **Non, il aime . . .** | **Léo aime la musique techno?**<br>[Non, il déteste la musique techno./ Il aime le rock.] | **Non, Léo aime . . .** | **Léo déteste les jeux vidéo?**<br>[Non, il aime les jeux vidéo.] |
|  | **Les copains ont envie de regarder une BD?**<br>[Non, ils ont envie de regarder le jeu vidéo.] | **Non, ils . . .** | **Les copains regardent le jeu vidéo sur l'ordi de Mme Pirou?**<br>[Non, ils regardent le jeu vidéo sur l'ordi de Léo.] |

## Téléphoner/Dictée de chiffres

**1. *Téléphoner***

*Bildet Gruppen mit vier bis sechs S und wählt je einen Spielleiter. Jeder von euch notiert sich nun eine französische Telefonnummer (im Französischen sind Telefonnummern in Zehnerschritten organisiert und bestehen aus zehn Ziffern, z. B.: 13 05 21 36 12). Auf einem zweiten Zettel gibt der S seine Nummer beim Spielleiter ab, der sie in sein Adressbuch „einspeichert" (Schachtel, Brotdose o. ä.).*
*Der Spielleiter liest nun eine der Telefonnummern laut vor und tut so, als ob er die Nummer auf dem Handy wählt. Wer von euch „angerufen" wird, meldet sich mit „Allô, bonjour". Wer sich richtig gemeldet hat, darf das „Adressbuch" übernehmen, wird Spielleiter und ruft die nächste Nummer an.*

**2. *Dictée de chiffres***

*Jeder von euch bekommt Zahlenkärtchen (die Zahlen von 1 bis 3 in rot für die Zehner und von 0 bis 9 in blau für die Einer); schneidet sie aus und legt die beiden Zahlengruppen vor sich auf den Tisch. Ein Spielleiter beginnt und nennt eine französische Zahl bis 39. Wer die Zahl zuerst richtig gelegt hat, meldet sich, wiederholt die Zahl und übernimmt die Spielleitung für die nächste Runde.*

**Variante 1:** *Legt einen Satz Kärtchen verdeckt und gemischt auf den Tisch (Einser und Zehner getrennt). S 1 legt eine Zahlenkombination, S 2 muss diese richtig nennen und aussprechen. Schafft er das, darf er eine Zahl legen; wenn nicht, ist S 1 noch einmal an der Reihe, legt dann aber für S 3. Es wird reihum gespielt.*

**Variante 2:** *Spielt zu dritt oder zu fünft: ein Spielleiter und zwei bzw. vier S., die gegeneinander spielen. Der Spielleiter nennt eine zweistellige Zahl; die Gruppen müssen sie dem Spielleiter richtig darstellen (und sprechen), indem jeder S* **eine** *Zahl vor sich hält. Die schnellere Gruppe bekommt einen Punkt.*

**Beispiel**: Spielleiter sagt: 21! S 1: „vingt –" S 2: „et – un"

| 2 | 1 |
|---|---|

| 1 | 2 | 3 |
|---|---|---|

| 0 | 1 | 2 | 3 | 4 |
|---|---|---|---|---|
| 5 | 6 | 7 | 8 | 9 |

## Les dominos

| | | | |
|---|---|---|---|
| ONT FAIM. | J' | ONT UNE SŒUR SYMPA. | J' |
| AVONS DES AMIS. | VOUS | AVEZ UN CHIEN? | ILS |
| AS ENCORE FAIM. | ELLE | AI 11 ANS. | TU |
| A DES CD DE ROCK. | NOUS | A 11 ANS. | NOUS |
| AS 12 ANS? | IL | AVEZ UN VÉLO? | ELLES |
| AI ENVIE DE CHANTER. | TU | AVONS DES BD. | VOUS |

## Calendrier d'anniversaire

### janvier

| | | |
|---|---|---|
| 1 | 11 | 21 |
| 2 | 12 | 22 |
| 3 | 13 | 23 |
| 4 | 14 | 24 |
| 5 | 15 | 25 |
| 6 | 16 | 26 |
| 7 | 17 | 27 |
| 8 | 18 | 28 |
| 9 | 19 | 29 |
| 10 | 20 | 30 |
| | | 31 |

### février

| | | |
|---|---|---|
| 1 | 11 | 21 |
| 2 | 12 | 22 |
| 3 | 13 | 23 |
| 4 | 14 | 24 |
| 5 | 15 | 25 |
| 6 | 16 | 26 |
| 7 | 17 | 27 |
| 8 | 18 | 28 |
| 9 | 19 | 29 |
| 10 | 20 | |

### mars

| | | |
|---|---|---|
| 1 | 11 | 21 |
| 2 | 12 | 22 |
| 3 | 13 | 23 |
| 4 | 14 | 24 |
| 5 | 15 | 25 |
| 6 | 16 | 26 |
| 7 | 17 | 27 |
| 8 | 18 | 28 |
| 9 | 19 | 29 |
| 10 | 20 | 30 |
| | | 31 |

### avril

| | | |
|---|---|---|
| 1 | 11 | 21 |
| 2 | 12 | 22 |
| 3 | 13 | 23 |
| 4 | 14 | 24 |
| 5 | 15 | 25 |
| 6 | 16 | 26 |
| 7 | 17 | 27 |
| 8 | 18 | 28 |
| 9 | 19 | 29 |
| 10 | 20 | 30 |

### mai

| | | |
|---|---|---|
| 1 | 11 | 21 |
| 2 | 12 | 22 |
| 3 | 13 | 23 |
| 4 | 14 | 24 |
| 5 | 15 | 25 |
| 6 | 16 | 26 |
| 7 | 17 | 27 |
| 8 | 18 | 28 |
| 9 | 19 | 29 |
| 10 | 20 | 30 |
| | | 31 |

### juin

| | | |
|---|---|---|
| 1 | 11 | 21 |
| 2 | 12 | 22 |
| 3 | 13 | 23 |
| 4 | 14 | 24 |
| 5 | 15 | 25 |
| 6 | 16 | 26 |
| 7 | 17 | 27 |
| 8 | 18 | 28 |
| 9 | 19 | 29 |
| 10 | 20 | 30 |

### juillet

| | | |
|---|---|---|
| 1 | 11 | 21 |
| 2 | 12 | 22 |
| 3 | 13 | 23 |
| 4 | 14 | 24 |
| 5 | 15 | 25 |
| 6 | 16 | 26 |
| 7 | 17 | 27 |
| 8 | 18 | 28 |
| 9 | 19 | 29 |
| 10 | 20 | 30 |
| | | 31 |

### août

| | | |
|---|---|---|
| 1 | 11 | 21 |
| 2 | 12 | 22 |
| 3 | 13 | 23 |
| 4 | 14 | 24 |
| 5 | 15 | 25 |
| 6 | 16 | 26 |
| 7 | 17 | 27 |
| 8 | 18 | 28 |
| 9 | 19 | 29 |
| 10 | 20 | 30 |
| | | 31 |

### septembre

| | | |
|---|---|---|
| 1 | 11 | 21 |
| 2 | 12 | 22 |
| 3 | 13 | 23 |
| 4 | 14 | 24 |
| 5 | 15 | 25 |
| 6 | 16 | 26 |
| 7 | 17 | 27 |
| 8 | 18 | 28 |
| 9 | 19 | 29 |
| 10 | 20 | 30 |

### octobre

| | | |
|---|---|---|
| 1 | 11 | 21 |
| 2 | 12 | 22 |
| 3 | 13 | 23 |
| 4 | 14 | 24 |
| 5 | 15 | 25 |
| 6 | 16 | 26 |
| 7 | 17 | 27 |
| 8 | 18 | 28 |
| 9 | 19 | 29 |
| 10 | 20 | 30 |
| | | 31 |

### novembre

| | | |
|---|---|---|
| 1 | 11 | 21 |
| 2 | 12 | 22 |
| 3 | 13 | 23 |
| 4 | 14 | 24 |
| 5 | 15 | 25 |
| 6 | 16 | 26 |
| 7 | 17 | 27 |
| 8 | 18 | 28 |
| 9 | 19 | 29 |
| 10 | 20 | 30 |

### décembre

| | | |
|---|---|---|
| 1 | 11 | 21 |
| 2 | 12 | 22 |
| 3 | 13 | 23 |
| 4 | 14 | 24 |
| 5 | 15 | 25 |
| 6 | 16 | 26 |
| 7 | 17 | 27 |
| 8 | 18 | 28 |
| 9 | 19 | 29 |
| 10 | 20 | 30 |
| | | 31 |

## Les mots passe-partout

*Accorde les verbes entre parenthèses et complète le texte avec les mots suivants.*
*(Setze die richtigen Verbformen ein und ergänze den Text mit den folgenden Wörtern.)*
*Schneide vorher den Lösungszettel ab und lege ihn beiseite.*

| | | | | |
|---|---|---|---|---|
| **ensemble** | **puis (2×)** | **aujourd'hui** | **maintenant** | **toujours** |
| **ici** | **mais** | **d'accord** | **demain** | **encore** |

**Une surprise**

**1.** ________________ , c'est l' anniversaire de Léo. Les copains ________________ **(être)** dans la chambre de Léo et ________________ **(parler)**.

**2.** ________________ , ils ________________ **(écouter)** le CD de rock.

**3.** Léo dit: «J' ________________ **(avoir)** une idée. On ________________ **(regarder)** le jeu vidéo sur mon ordi, ________________ ?»

**4.** Il ________________ **(chercher)** le DVD et dit: «Bizarre, bizarre … ________________ où ________________ **(être)** mon jeu vidéo? Zut, je ________________ **(chercher)** ________________ mes affaires! ________________ , je ________________ **(ranger)** ma chambre, bien sûr …!»

**5.** Alex ________________ **(trouver)** le DVD. Elle dit: «Tiens, il ________________ **(être)** ________________ , dans le carton!»

**6.** Les copains ________________ **(regarder)** le jeu vidéo ________________ .

**7.** ________________, la mère ________________ **(entrer)** et dit: «________________ , il y ________________ **(avoir)** ________________ une surprise …! Léo, tu ________________ **(aimer)** les surprises?»

---

**Lösung:**

**1.** *Aujourd'hui*, c'est l' anniversaire de Léo. Les copains *sont* dans la chambre de Léo et *parlent*.
**2.** *Puis*, ils *écoutent* le CD de rock.
**3.** Léo dit: «*J'ai* une idée. On *regarde* le jeu vidéo sur mon ordi, *d'accord*?»
**4.** Il *cherche* le DVD et dit: «Bizarre, bizarre … *mais* où *est* mon jeu vidéo? Zut, je *cherche toujours* mes affaires! *Demain*, je *range* ma chambre, bien sûr …!»
**5.** Alex *trouve* le DVD. Elle dit: «Tiens, il *est ici*, dans le carton!»
**6.** Les copains *regardent* le jeu vidéo *ensemble*.
**7.** *Puis*, la mère *entre* et dit: «*Maintenant*, il y *a encore* une surprise …! Léo, tu *aimes* les surprises?»

## Mon beau sapin

**2.**
*Toi que Noël planta chez nous*
*Au saint Anniversaire*
*Joli sapin, comme ils sont doux,*
*Et tes bonbons, et tes joujoux*
*Toi que Noël planta chez nous*
*Par les mains de ma mère.*

**2.**
O Tannenbaum, o Tannenbaum,
Du kannst mir sehr gefallen!
Wie oft hat schon zur Winterszeit
Ein Baum von dir mich hoch
erfreut!
O Tannenbaum, o Tannenbaum,
Du kannst mir sehr gefallen!

**3.**
*Mon beau sapin*
*Tes verts sommets*
*Et leur fidèle ombrage*
*De la foi qui ne ment jamais*
*De la constance et de la paix*
*Mon beau sapin*
*Tes verts sommets*
*M'offrent la douce image*

**3.**
O Tannenbaum, o Tannenbaum,
Dein Kleid will mich was lehren:
Die Hoffnung und Beständigkeit
Gibt Mut und Kraft zu jeder Zeit!
O Tannenbaum, o Tannenbaum,
Dein Kleid will mich was lehren!

*D'après «O Tannenbaum»*
*de Ernst Anschütz (1824*

## Unité 4

# S. 58–72 Au collège Balzac

## Ziele

**Inhaltlicher Schwerpunkt**

In dieser *Unité* werden die Informationen zu den Hauptfiguren erweitert. Die Schule, das *collège Balzac*, von Léo, Medhi, Marie und Alex wird vorgestellt. Léo kommt zu spät zur Schule. Auf dem Schulhof findet er einen auf dem Boden liegenden USB-Stick. In der großen Pause treffen sich die vier Freunde und Léo erzählt ihnen von dem gefundenen USB-Stick. Sie verabreden sich, nach dem Essen gemeinsam ins *CDI* zu gehen, um am Computer herauszufinden, wem der Stick gehört. Er gehört Madame Barette, der Deutschlehrerin. Auf dem Stick befinden sich Deutschklassenarbeiten. Die vier Freunde wissen nicht, wie sie damit umgehen sollen.

**Kompetenzerwartung**

Am Ende dieser *Unité* können die S über ihre eigene Schule und Schule allgemein sprechen, ihre Lehrer(innen) und Schulfreunde vorstellen, Lieblingsfächer und Fächer, die sie nicht mögen, benennen (s. auch Portfolio-Auftrag Schülerbuch. S. 58 ⟶ S. 69, Nr. 3) sowie ihren Tagesablauf in einfacher Form erzählen.

## Kompetenzen (Die Schüler können …)

**Funktionale kommunikative Kompetenzen: Kommunikative Fertigkeiten**

**Hör-(Seh-)verstehen /Sprechen**

| Kompetenzerwartungen | Kompetenztraining |
|---|---|
| - über die Schule sprechen und heraushören, wo man sich befindet | SB: S. 58/59<br>CdA: S. 48 (1) |
| - über den Tagesablauf berichten | SB: S. 60 (1, 2), 63 (9/10), 128 (1), 129 (5) |
| - nach der Uhrzeit fragen, sie benennen und die Uhrzeit heraushören | SB: S. 60 (1/2), 63 (9, 10), 70 (2), 128 (1, 5)<br>CdA: S. 50 (7A), 51 (8B) |
| - ein Lied anhören und singen | SB: S. 62 (5) |
| - über Alltagsaktivitäten sprechen | SB: S. 62 (6), 63 (9), 63 (10) |
| - sich verabreden | CdA: S. 51 (8B) |
| - eine Situation schildern und darauf mit einem Vorschlag reagieren | SB: S. 63 (7) |
| - fragen/sagen, wo sich jemand befindet und wohin jemand geht | SB: S. 63 (7, 8), 67 (12)<br>CdA: S. 49 (4), 50 (5/6), 56 (3B) |
| - Fragen, wo sich etwas befindet und darauf antworten | SB: S. 67 (10) |
| - über den Stundenplan sprechen | SB: S. 64 (1, 2) |
| - ein Streitgespräch führen | SB: S. 65 (4), 66 (6) |
| - Vorschläge machen und darauf reagieren | SB: S. 65 (4), 66 (7) |
| - Fragen zum Ende einer Geschichte beantworten | SB: S. 66 (5B) |
| - Vorlieben und Abneigungen äußern | SB: S. 66 (8) |
| - Gedicht anhören | SB: S. 67 (9) |
| - Aussagen verneinen | SB: S. 61 (3), 62 (5/6), 66 (8)<br>CdA: S. 56 (3A) |
| - sich entschuldigen | SB: S. 61 (3), 64 (5)<br>CdA: S. 57 (3) |
| - Nichtwissen, Überraschung und Zustimmen äußern | CdA: S. 57 (3) |

### Sprachmittlung

| Kompetenzerwartungen | Kompetenztraining |
|---|---|
| – schriftlich in die Muttersprache paraphrasieren | CdA: S. 48 (1) |
| – mündlich Plakatinhalte in die Fremdsprache (Französisch) und in die Muttersprache (Deutsch) paraphrasieren | SB: S. 69 (2) |
| – schriftlich in die Zielsprache paraphrasieren | CdA: S. 55 (17), 56 (2) |

### Leseverstehen / Schreiben

| Kompetenzerwartungen | Kompetenztraining |
|---|---|
| – einen Text lesen, global erschließen und verstehen | SB: S. 68 (1)<br>CdA: S. 54 (15) |
| – Fragen zu einem Text/Stundenplan schriftlich beantworten | SB: S. 64 (1), 68 (1)<br>CdA: S. 48 (2) |
| – Vermutungen anstellen, die über den Inhalt eines Textes hinausgehen | SB: S. 61 (3), 65 (4) |
| – Aussagen über einen Text korrigieren | SB: S. 62 (4), 70 (4) |
| – schriftliche Aufgaben anhand von Vorgaben verfassen | SB: S. 62 (6), 63 (8), 70 (3)<br>CdA: S. 49 (3/4), 50 (5/6) |
| – einzelnen Textteilen Titel zuordnen | SB: S. 66 (5A) |
| – Dialoge rekonstruieren | SB: S. 66 (6), 71 (5) |

**Funktionale kommunikative Kompetenzen: Verfügung über die sprachlichen Mittel**

### Wortschatz

| Kompetenzerwartungen | Kompetenztraining |
|---|---|
| Über Wortschatz zu diesen Themen verfügen und ihn anwenden: | |
| – Orte und Räume in der Schule benennen | SB: S. 59, 62 (5), 63 (7), 64 (3), 65 (4), 67 (12), 68 (1) |
| – Schulfächer benennen | SB: S. 64 (1, 2, 3) |
| – Wortschatz zum Bereich Schule und Unterricht benennen | SB: S. 59, 61 (3), 62 (4/5), 64 (1/2/3), 65 (4), 66 (7/8), 67 (9/11/12), 68 (1)<br>CdA: S. 51 (9), 52 (10), 56 (1) |
| – Alltagsaktivitäten benennen | SB: S. 60 (1), 62 (6), 63 (9, 10), 128 (2A) |
| – die Uhrzeit anwenden | SB: S. 60 (1, 2), 63 (9/10), 64 (1/2), 70 (2)<br>CdA: S. 50 (7) |
| – die Wochentage korrekt schreiben und anwenden | SB: S. 64 (1/2)<br>CdA: S. 51 (8) |
| – Präpositionen des Ortes anwenden | SB: S. 67 (10)<br>CdA: S. 58 (5B) |
| – die Uhrzeit verstehen und anwenden | SB: S. 60 (1/2), 63 (9) |

### Grammatik

| Kompetenzerwartungen | Kompetenztraining |
|---|---|
| Grammatisches Grundinventar anwenden: | |
| – Präposition *à* + Artikel anwenden | SB: S. 63 (7/8/10), 67 (12), 71 (5), 129 (3)<br>CdA: S. 49 (4), 50 (6) |
| – *aller* im Präsens konjugieren und in Verbindung mit *à/chez* anwenden | SB: S. 63 (7/8), 71 (5), 129 (3)<br>CdA: S. 50 (5/6), 56 (3B) |

| | |
|---|---|
| - die Verneinung mit *ne … pas* anwenden | SB: 62 (6), 70 (3), 128 (2B)<br>CdA: S. 49 (3), 56 (3A), 57 (2) |
| - *faire* im Präsens konjugieren | SB: S. 66 (6), 71 (5)<br>CdA: S. 52 (11), 56 (3B) |
| - die Possessivbegleiter: *son/sa/ses, notre/nos, votre/vos, leur/leurs* benennen und anwenden | SB: S. 67 (11/12), 71 (6), 130 (7)<br>CdA: S. 51 (9), 53 (13/14), 56 (3C) |
| - *aimer* + bestimmter Artikel | SB: S. 66 (8) |

### Aussprache und Intonation

| Kompetenzerwartungen | Kompetenztraining |
|---|---|
| - Reime identifizieren und schreiben | SB: S. 129 (5)<br>CdA: S. 50 (5) |
| - die Laute [ʒ] und [ʃ] unterscheiden | SB: S. 67 (9) |
| - die Laute [ʃ], [ʒ], [g] unterscheiden | CdA: S. 53 (12) |
| - Zungenbrecher nachsprechen | CdA: S. 52 (11) |

### Orthografie

| Kompetenzerwartungen | Kompetenztraining |
|---|---|
| - bekannte Wörter aus dem Gedächtnis schreiben | SB: S. 64 (3) |
| - Laut in Schrift umsetzen | CdA: S. 53 (12B) |
| - Texte, die diktiert werden, aufschreiben | CdA: S. 57 (1) |
| - Anfangsbuchstaben unterscheiden, ähnlich klingende Wörter aufschreiben: *vont, font, ont, sont* | SB: S. 129 (4)<br>CdA: S. 57 (4) |

## Interkulturelle Kompetenzen

- **soziokulturelles Orientierungswissen**
- **praktische Bewältigung interkultureller Begegnungssituationen**
- **verständnisvoller Umgang mit kultureller Differenz**

| Kompetenzerwartungen | Kompetenztraining |
|---|---|
| - Aussagen über Schule, Unterrichts- und Tagesablauf in einem französischen *Collège* und in einem deutschen Gymnasium machen sowie Unterschiede und Gemeinsamkeiten benennen | SB: S. 58/59, 60 (1), 63 (9), 64 (1/2), 65 (4), 68 (1), 69 (2)<br>CdA: S. 48 (1), 55 (16) |
| - Kenntnis über einen berühmten, französischen Romanschriftsteller erwerben | CdA: S. 48 (1) |
| - Unterschiede im Tagesablauf in Frankreich und Deutschland benennen | SB: S. 60 (1), 63 (9) |
| - französische Radiosender kennenlernen | CdA: S. 50 (7) |

## Methodische Kompetenzen

### Textrezeption

| Kompetenzerwartungen | Kompetenztraining |
|---|---|
| - beim Lesen Informationen global und detailliert aus dem Textzusammenhang erschließen | SB: S. 62 (4), 68 (1)<br>CDA: S. 48 (1/2), 54 (15) |
| - einen Hör- oder Lesetext rekonstruieren | CdA: S. 58 (5) |

### Interaktion

| Kompetenzerwartungen | Kompetenztraining |
|---|---|
| - Dialog ausgehend von Text selbstständig verfassen | SB: S. 62 (4B) |

| | |
|---|---|
| - Dialog ausgehend von Vorgaben erstellen | SB: S. 66 (7) |
| - Aktivitäten erraten mittels Pantomime | SB: S. 62 (6B) |
| - sich gegenseitig Fragen stellen und Antworten geben ausgehend von deutschen Vorgaben | CdA: S. 55 (16) |
| - Wortschatz durch freies Assoziieren festigen | CdA: S. 52 (10B) |
| - E-Mail verfassen | CdA: S. 55 (17), 56 (2) |
| - Szenen für ein Theaterstück mit den Redemitteln der *Unité* schreiben | CdA: S. 58 (7) |

### Textproduktion

| Kompetenzerwartungen | Kompetenztraining |
|---|---|
| - Aufgaben zu einem Hörtext bearbeiten | SB: S. 66 (5B)<br>CdA: S. 50 (7), 51 (8B), 58 (5B) |
| - Gedicht mit oder ohne Vorgaben schreiben | SB: S. 129 (5)<br>CdA: S. 53 (13) |
| - Geschichte ausgehend von Bildsequenzen schreiben | CdA: S. 58 (5) |

### Lernstrategien

| Kompetenzerwartungen | Kompetenztraining |
|---|---|
| - Vokabular zu bestimmten Themen strukturieren: Vokabelnetze anlegen | SB: S. 64 (3) |
| - Texte trotz unbekannter Vokabeln verstehen | SB: S. 64 (1), 68 (1)<br>SB: S. 68 (1) |
| - unbekannte Vokabeln aufgrund von Bildern, Textzusammenhang, Ableitungen vom Deutschen, Englischen oder anderen Sprachen verstehen | SB: S. 68 (1)<br>CdA: S. 54 (15) |
| - Texte selektiv lesen und Internationalismen erschließen | SB: S. 68 (1)<br>CdA: S. 54 (15) |
| - ähnliche Wörter im Französischen und Deutschen *(Faux amis)* unterscheiden | SB: S. 64 (3) |
| - Ausspracheregeln und grammatische Phänomene selbstständig beobachten und erschließen | CdA: S. 51 (9), 53 (12B) |
| - Lautunterschiede körperlich wahrnehmen | CdA: S. 53 (12A) |
| - selbst erstellte Materialien im Portfolio-Ordner sammeln | SB: S. 69 (3) |

### Präsentation

| Kompetenzerwartungen | Kompetenztraining |
|---|---|
| - seine Schule mit Fotos und Zeichnungen vorstellen | SB: S. 69 (3) |
| - ein Poster über den besten Freund/die beste Freundin mit Text, Fotos und Zeichnungen erstellen | CdA: S. 58 (5) |

### Lernbewusstheit und Lernorganisation

| Kompetenzerwartungen | Kompetenztraining |
|---|---|
| - Strategien zur Selbstkontrolle und Bewusstheit des eigenen Lernstandes nutzen (*Bilan*) | SB: S. 70–71 (1–6)<br>CdA: S. 56 (1–3) |

## S. 58–59 Au collège Balzac

**Préparation en 3 minutes**

- **Mitnehmen!** Schülerbuch, *Cahier d'activités*, Overheadprojektor, Folie, CD-Player, CD 2 (Track 1; MP3 106), Maskottchen
- **Schülerbuch**: S. 58–59: Beschreiben der Fotos vom *collège Balzac*
- **Inhaltlicher Schwerpunkt:** Kennenlernen von Einrichtungen in frz. Schulen, Unterschiede zu Schulen in Deutschland
- **Methodeneinsatz:** Echo-Lesen (⟶ *Boîte à outils 15*)
- **Hausaufgabe**: *Cahier d'activités*, S. 48, Nr. 1, Schule in Frankreich (gelenkte Sprachmittlung)

**Neue Wörter**

un collège, Honoré de Balzac, une cour, un élève/une élève, jouer, un cours, allemand, être en retard, un CDI, une cantine, une infirmerie, Aïe!, un pied

**Schritte zur Erarbeitung**

**Hinführung** (Folie)
L führt mit S auf Deutsch Gespräch über ihre Schule. Anschließend leitet L mit Folie (U4/1) zum Thema der *Unité* über: Marie stellt das *collège Balzac* vor.
Kurzinformation zu *Balzac:* frz. Schriftsteller (1799–1850).

**Problematisierung** (Folie)
L legt Folie (U4/2) auf. S bearbeiten Fragen des *Vis-à-vis*-Kastens und erzählen, was genauso und/oder anders ist im Vergleich zu ihrer Schule.

**Erarbeitung** (Folie, Maskottchen, Schülerbuch)
Anhand von Folie (U4/2) werden die neuen Vokabeln erarbeitet. Maskottchen oder L geben die neuen Vokabeln vor, die die S im Chor nachsprechen. Anschließend legt L Folienstreifen mit den französischen Vokabeln auf die entsprechenden Bilder.
Bei geöffneten Büchern werden die Legenden vom L vorgelesen und nach der Echomethode (⟶ *Boîte à outils 15*) von den S gelesen. (⟶ Zur Methodik 1)

**Sicherung** (Schülerbuch, Tafel)
Einzelne S lesen die Legenden laut vor.
Anschließend schreibt L die französischen Vokabeln aus den Texten ungeordnet an die Tafel. L nennt eine deutsche Vokabel, ein S geht nach vorn, zeigt auf das französische Wort und spricht es vor. Die Klasse wiederholt im Chor.
Danach prägen sich S die französischen Vokabeln, die an der Tafel stehen, ca. 1 Minute lang ein. Anschließend klappt L Tafel zu. Die Vokabeln sind verdeckt. Nun schreiben S die Wörter aus dem Gedächtnis auf einen Notizzettel. Der Zettel wird mit dem Nachbarn/der Nachbarin ausgetauscht. S korrigieren sich gegenseitig bei aufgeklappter Tafel (die Wörter sind dazu wieder „sichtbar"). (⟶ Alternative)

**Festigung** (CD 2 (Track 1; MP3 106), Schülerbuch, Tafel)
L spielt je eine Szene von der CD 2 vor. S sagen, wo die jeweilige Szene spielt.
(Lösung ⟶ CD-ROM)
Abschließende Erarbeitung von Tafelbild 1 im Unterrichtsgespräch, Leitfragen:
*Qu'est-ce qu'il y a au collège Balzac? Que font les élèves?/Que fait Léo?*
**Hausaufgabe:** *Cahier d'activités*, S. 48, Nr. 1 (⟶ Zur Methodik 2)

## Tipps und Tricks

**Zur Methodik**

**1. Schülerbuch, S. 59:** In *Découvertes* wird der *article contracté* mit *à* vorentlastet. Eine systematische Vermittlung ist an dieser Stelle noch nicht vorgesehen.
**2. *Cahier d'activités*, S. 48, Nr. 1:** Mit dieser Schreibaufgabe wird das inhaltsbezogene Sprachmitteln geübt: S sollen ihren Eltern erklären, worin der Unterschied zwischen dem *collège* und dem *lycée* besteht. Dazu lesen sie zunächst die Erklärungen in den *Vis-à-vis*-Kästen im *Cahier d'activités* und im Schülerbuch, S. 162 durch.
Die Übung hilft den S die Überschrift der *Unité* in ihrem landeskundlichen Kontext einzuordnen. Je nach Interesse der S können die Informationen über das Schulsystem erweitert werden: *école élémentaire*, Klassenstufen des *collège* und *lycée* ⟶ auch Schülerbuch, S. 166–167.

**Doppelstunde**

In einer **Doppelstunde** kann *Cahier d'activités*, S. 48, Nr. 1 als Abschlussübung dienen. Die Antworten fließen in ein abschließendes Unterrichtsgespräch ein, in dem die neuen Informationen zur Schule in Frankreich gesammelt werden. Hausaufgabe ist dann ausschließlich das Vokabellernen.

**Alternative**

Dieselbe Aktivität kann als Spiel mit Wettbewerbscharakter durchgeführt werden. Wer am Ende die meisten richtigen Wörter notiert hat, hat gewonnen.

**Tafelbild 1**

| Au collège Balzac, il y a … | Les élèves …/X … |
|---|---|
| une cour. | jouent (dans la cour). |
| un CDI. | travaillent (au CDI). |
| une cantine. | mangent (à la cantine). |
| une infirmerie. | ont un cours (d'allemand). |
| | est à l'infirmerie. |

## S. 60 Atelier A

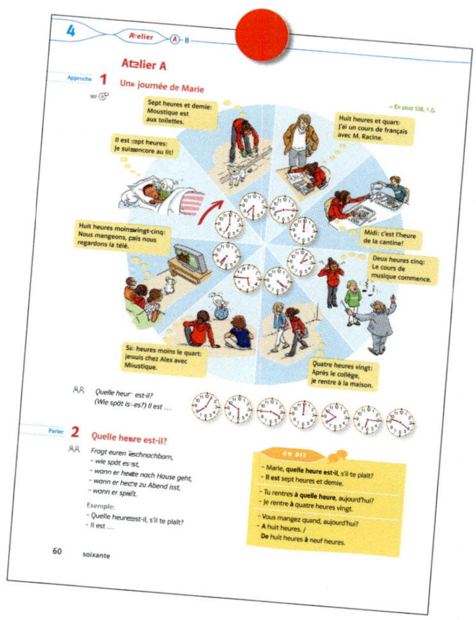


**Préparation en 3 minutes**

- **Mitnehmen!** Schülerbuch, Overheadprojektor, Folie, CD-Player, CD 2 (Track 2; MP3 107), Maskottchen, Uhr mit großem Ziffernblatt und einstellbaren Zeigern (Folie U4/4, Kopiervorlagen 1–3
- **Schülerbuch:** S. 60: Tagesablauf, Uhrzeit
- **Inhaltliche Schwerpunkte:** typischen Tagesablauf einer frz. Schülerin kennenlernen, Uhrzeit erfragen und angeben
- **Methodeneinsatz:** Das Treppenspiel – *Le jeu de l'escalier* (⟶ *Boîte à outils 27*), Echo-Lesen (⟶ *Boîte à outils 15*), Omniumkontakt (⟶ *Boîte à outils 3*), *Lire – Regarder – Parler* (⟶ *Boîte à outils 7*), Partnerfolie (⟶ *Boîte à outils 28*)
- **Portfolio**: Gestaltung eines Ziffernblatts mit den Uhrzeiten und Abheften im Portfolio-Ordner
- **Hausaufgabe**: Kopiervorlage 3

**Neue Wörter**

une journée, une heure, sept heures, un lit, sept heures et demie, les toilettes, huit heures et quart, le midi, commencer, après, rentrer, six heures moins le quart, chez qn, la télé(vision), Quelle heure est-il?, à quelle heure, de … à

**Schritte zur Erarbeitung**

**Hinführung** (*Cahier d'activités*, Tafel)
Besprechen der Hausaufgabe: *Cahier d'activités*, S. 48, Nr. 1 (Lösung ⟶ CD-ROM)
Zur Reaktivierung des Vokabulars zum Thema Schule in Frankreich wird das *Jeu de l'escalier* (⟶ *Boîte à outils 27*) gespielt.

**Problematisierung** (Folie)
L legt Folie (U4/3) auf und zeigt S nur das erste Bild mit rotem Pfeil (Rest abdecken). L erzählt: *Voici Marie. Il est 7 heures* (auf Uhr deuten). *Elle est au lit* (auf Bett zeigen). Anschließend werden alle Bilder aufgedeckt. L sagt: *Voici une journée de Marie.* Kontrollübersetzung auf Deutsch.

**Erarbeitung** (Tafel, Tafelbild 2+3, Folie, Schülerbuch, Uhr (evtl. Folie, Overheadprojektor), CD 2 (Track 2; MP3 107), Maskottchen)
L schreibt Sätze und Uhrzeiten an die Tafel (Tafelbild 2). Neue Vokabeln werden farbig angeschrieben. Die Erarbeitung erfolgt mit Tafelbild 2 und Folie (U4/3). L benennt Uhrzeiten in der Abfolge von Maries Tagesablauf zusammen mit der jeweiligen Aktivität und zeigt diese auf der Folie. Abwechselnd gehen einzelne S zur Tafel vor und verbinden die jeweilige Uhrzeit mit der entsprechenden Aktivität mit einem farbigen Strich. Zum Abschluss nennt L die neuen Vokabeln und S sprechen im Chor nach (⟶ Zur Methodik 1/Differenzierung 1).
Danach Echolesen des Textes auf S. 60 (⟶ *Boîte à outils 15*).
Im Anschluss daran erfolgt das Bewusstmachen der Uhrzeit. L bringt eine große Uhr mit einstellbaren Zeigern mit oder Folie (U4/4). Die Zeiger stehen auf 1.00 Uhr. L erarbeitet Uhrzeit mit Maskottchen. L fragt: *Quelle heure est-il, s'il te plaît?* Maskottchen antwortet: *Il est une heure.* S sprechen im Chor nach. Ebenso mit 1.15 Uhr, 1.30 Uhr, 1.45 danach mit 1:05, 1:29, 1:31 und 1:50.
Parallel dazu wird Tafelbild 3 entwickelt, das S in ihr Heft übertragen.

**Sicherung** (Schülerbuch, Kopiervorlage 1–2, Overheadprojektor)
Weitere Übungen zur Uhrzeit für lernschwächere Gruppen (⟶ Differenzierung 2)
S benennen Uhrzeiten unter *Une journée de Marie.* (Lösung ⟶ CD-ROM)
Kopiervorlage 1–2: S basteln zunächst Uhr (Kopiervorlage 1) und üben dann mündlich mithilfe der Kopiervorlage 2/Partnerfolie (⟶ *Boîte à outils 28*/Zur Methodik 2) die Uhrzeiten. Uhren können im Portfolio-Ordner abgeheftet werden. (⟶ Alternative)

**Festigung** (Schülerbuch)
Abschließend festigen S nach der Methode *Lire – Regarder – Parler* (⟶ *Boîte à outils 7*) das Textverständnis von Schülerbuch, S. 60, Nr. 1: S sitzen sich gegenüber. S1 beginnt, liest sich den Text zum ersten Bild durch, prägt ihn sich ein, schließt das Buch und trägt den Text S2 aus dem Gedächtnis vor. S2 kontrolliert, korrigiert und lässt ggf. wiederholen. S2 setzt die Übung mit Bild 2 fort usw.
S. 60, Nr. 2: S befragen sich in Partnerarbeit nach der Uhrzeit und um wie viel Uhr sie bestimmte Dinge tun. Neu eingeführt werden mithilfe des Redemittelkastens *à quelle heure, de … à*. Bevor S die Partnerübung selbstständig durchführen, sollte L die Musterfragen und -antworten des *On-dit*-Kastens vorlesen, die die S im Chor wiederholen. Die neuen Vokabeln werden an der Tafel in Sätzen festgehalten. Evtl. kann L noch zusätzliche Beispiele machen.
**Hausaufgabe:** Kopiervorlage 3

## Tipps und Tricks

**Zur Methodik**

**1. Schülerbuch, S. 60, Nr. 1:** In *Approche* wird der *article contracté* mit *à* vorentlastet. Eine systematische Vermittlung ist an dieser Stelle noch nicht erforderlich. Auf die Besonderheit bei der Konjugation des Verbs *commencer* wird im Vokabular, S. 163 hingewiesen.
**2. Partnerfolie** (⟶ *Boîte à outils 28*)**:** S werden in zwei Gruppen (A und B) eingeteilt und arbeiten individuell mit einer Partnerin/einem Partner. Jede Gruppe hat eine selbstgebastelte Uhr (Kopiervorlage 1). Gruppe A sitzt mit Blick zum Overheadprojektor. S sehen

Aufgaben für A. Aufgaben für B sind verdeckt. Gruppe B sitzt mit dem Rücken zum Overheadprojektor. S aus der Gruppe A stellen auf ihrer Uhr die erste Uhrzeit ein, zeigen sie S aus Gruppe B und fragen: *Quelle heure est-il, s'il te plaît?* S der Gruppe B antworten. Gruppe A kann die Antwort mit der Lösung auf der Folie vergleichen und ggf. korrigieren. Wenn alle Fragen gestellt sind, werden die Rollen getauscht und Gruppe B stellt die Fragen. L deckt Aufgaben für B auf. Der Vorteil dieser Methode besteht darin, dass alle S gleichzeitig sprechen und die Selbstkontrolle trainieren. L hat Zeit, die S bei der Arbeit zu beobachten und ggf. Hilfestellung zu geben. Neben der Inversionsfrage *(Quelle heure est-il?)* ist auch die Intonationsfrage möglich *(Il est quelle heure?)*.

**Doppelstunde** Für die Erarbeitung, Sicherung und Festigung müssen wegen der Methodenvielfalt entweder zwei Einzelstunden oder eine Doppelstunde eingeplant werden.

**Differenzierung** **1.** *commencer:* In lernschwächeren Gruppen sollte auf die Besonderheit bei der Konjugation von *commencer* explizit hingewiesen werden.
**Schülerbuch, S. 128, Nr. 1:** In leistungsstärkeren Klassen kann die Einführung des Tagesablaufs und der Uhrzeiten anstatt mit Aufgabe 1 auf S. 60 mit dieser Übung erfolgen.
**2.** In lernschwächeren Gruppen kann L **Uhrzeiten** nennen, die dann von einzelnen S auf der Uhr eingestellt werden. Die Klasse spricht im Chor nach.

**Alternative** Alle S malen auf drei Karteikarten Uhren und zeichnen Uhrzeiten ein. Auf der Rückseite werden die entsprechenden Uhrzeiten notiert. Diese müssen korrekt notiert sein, ggf. überprüft L oder/und Tafelanschrieb wird zur Kontrolle herangezogen. Im Omniumkontakt (→ *Boîte à outils 3*) bewegen sich S nun frei im Klassenraum, zeigen die gezeichneten Uhrzeiten anderen S und fragen: *Quelle heure est-il?* S beantworten die Frage. Die Kontrolle erfolgt über die angegebene Uhrzeit auf der Rückseite der Karteikarte.

**Tafelbild 2**

**La journée** de Marie

| | |
|---|---|
| 7 h 00 | Ils mangent, puis ils regardent **la télé**. |
| 7 h 30 | **Après** le collège, elle **rentre** à la maison. |
| 8 h 15 | **Midi**: c'est l'heure de la cantine. |
| 12 h 00 | Marie est au lit. |
| 14 h 05 | Elle est **chez** Alex. |
| 16 h 20 | Elle a un cour de français avec M. **Racine**. |
| 17 h 45 | Moustique est aux **toilettes**. |
| 19 h 35 | Le cours de musique **commence**. |

**Tafelbild 3**

Die Uhrzeit (l'heure)

Quelle heure est-il?

| | |
|---|---|
| **1 h 00** | Il est une heure. |
| **1 h 05** | Il est une heure **cinq**. |
| **1 h 15** | Il est une heure **et quart**. |
| **1 h 29** | Il est une heure **vingt-neuf**. |
| **1 h 30** | Il est une heure **et demie**. |
| **1 h 31** | Il est deux heures **moins vingt-neuf**. |
| **1 h 45** | Il est deux heures **moins le quart**. |
| **1 h 50** | Il est deux heures **moins dix**. |
| **3 h 00** | Il est trois heure**s**. |
| **12 h 00** | Il est **midi**. |

**Boîte à outils 27**

## Treppenspiel – *le jeu de l'escalier*

Das Treppenspiel (*Le jeu de l'escalier*) ist eine in der Grundschule häufig genutzte Spielvariante. Der L zeichnet eine Treppe mit einer von ihm gewählten Anzahl an Stufen an die Tafel (die Anzahl der Stufen entspricht der Anzahl der abzufragenden Wörter). Je nach Art der Reaktivierung des Wortschatzes können auch z. B. Bildkarten zum Einsatz kommen, die jeweils neben einer Stufe angeheftet werden.
Erreicht ein S die höchste Stufe, erhält er die Höchstpunktzahl, sein Name wird neben der Stufe notiert. Erreicht er weniger Stufen, wird entsprechend verfahren.
Der Zeitfaktor bei der Vorbereitung ist gering. Diese Art der Reaktivierung wird von jüngeren Lernern sehr gut angenommen. Außerdem mögen sie Übungen mit Wettbewerbscharakter. Das Spiel lässt sich bei fast allen Themen einsetzen.

**Boîte à outils 28**

## Partnerfolie

Mit der Partnerfolie kann man die Schülerinnen und Schüler in den verschiedensten Bereichen sprachlich aktivieren. Dabei arbeiten alle Schülerinnen und Schüler einer Lerngruppe gleichzeitig.
Das Lernarrangement ist wie folgt:
Schüler(innen) arbeiten paarweise zusammen und sitzen sich gegenüber. Schüler(in) A hat einen freien Blick auf die über Overheadprojektor eingespielte Folie.
Schüler(in) B sitzt mit dem Rücken zur Folie. Schüler(in) A setzt die Impulse/stellt die Fragen und Schüler(in) B reagiert auf die Impulse/Fragen.
Schüler(in) A kontrolliert Antworten mithilfe der Lösungen auf der Folie.
Nach einem Durchgang oder nach einigen Minuten tauschen Schüler(innen) die Plätze und B setzt jetzt die Impulse oder stellt die Fragen.

**Der besondere Tipp**

Beim lauten Chorsprechen sprechen S im Chor nach. Es können schwierig zu sprechende Einzellexeme jederzeit isoliert geübt werden. Ebenso kann mit Einzelsätzen verfahren werden. Darüber hinaus wird das Lesen attraktiver, wenn L das Sprechtempo wechselt, außerdem kann L die Stimme modulieren: mal flüstern, mal schreien usw.
Ein weiterer Vorteil des Chorsprechens besteht darin, dass der einzelne S keiner direkten Kontrolle unterliegt und sich so allmählich durch das Üben im Chor an die richtige Aussprache gewöhnt.

# S. 61–62 Atelier A

**Préparation en 3 minutes**

- **Mitnehmen!** Schülerbuch, *Cahier d'activités*, Overheadprojektor, Folie, CD-Player, CD 2 (Tracks 3–5, MP3 108–110), Kopiervorlage 4
- **Schülerbuch**: S. 61, Nr. 3: Texterarbeitung, S. 62, Nr. 4: Textsicherung
- **Inhaltliche Schwerpunkte:** Leseverstehen und unterschiedliche Formen der Überprüfung des Textverständnisses
- **Methodeneinsatz:** Strategien für das Erschließen von unbekanntem Vokabular: Kontext, Kenntnis aus anderen Sprachen, Antonyme, Bilder, Realien, Mimik usw.
- **Hausaufgabe:** *Cahier d'activités*, S. 48, Nr. 2

Atelier A – B – Fratiq… – Bilan – Grammaire 4

3 La clé

108–110

1.
Lundi, à 8 heures moins le quart, Mehdi cherche Léo dans la cour. Mais il ne trouve pas son copain. Il va au CDI. Il cherche aux toilettes, puis il va à l'infirmerie … mais Léo n'est pas là.
Huit heures moins deux. Pour les élèves de la 6ᵉA, le cours d'allemand commence dans deux minutes. La classe est là, mais où est Léo? Mme Barette, la professeure d'allemand, arrive.

2.
Huit heures! Aujourd'hui, Léo est en retard. Il arrive au collège. Il entre vite dans la cour. Mais qu'est-ce qu'il y a, là, sous son pied? Qu'est-ce que c'est? Une clé USB! Bizarre! A huit heures quatre, Léo entre dans la salle de cours.

*Mme Barette:* Léo, mon cours ne commence pas à huit heures quatre!
*Léo:* Oui, madame. Excusez-moi.
Léo va à sa place. Dans sa main, il a la clé USB.
*Mehdi:* Qu'est-ce que c'est?
*Léo:* Chut!
*Mme Barette:* S'il vous plaît! On écoute, maintenant!

3.
A la récréation de 10 heures, les garçons retrouvent Marie et Alex dans la cour. Elles sont en 6ᵉB. Léo raconte l'histoire de la clé USB.

*Marie:* Une clé USB, dans la cour? Elle est à qui?
*Léo:* Je ne sais pas!
*Alex:* Alors, après la cantine nous allons au CDI et nous regardons sur l'ordi, d'accord?
*Mehdi:* Bof, je ne trouve pas ça bien! Ce ne sont pas mes affaires.

Les enfants discutent … Mais à une heure, ils vont au CDI: bientôt, la clé USB est dans l'ordinateur …

**Devinez:** *Qu'est-ce qu'il y a sur la clé USB? Elle est à qui?*

soixante-et-un 61

**Neue Wörter**

une clé, lundi, ne … pas, aller, la 6ᵉA, une minute, une classe, Barette, un professeur/une professeure, sous, une clé USB, une salle de cours, Excusez-moi., une place, une main, la récréation, retrouver qn, en (6ᵉA), raconter qc, Il/Elle est à qui?, Je ne sais pas!, discuter

**Schritte zur Erarbeitung**

**Hinführung** (Kopiervorlage 3, Overheadprojektor)
Besprechen der Hausaufgabe: L legt Kopiervorlage 3 als Lösungsfolie auf. S überprüfen selbstständig ihre Ergebnisse. (Lösungsfolie ⟶ CD-ROM)

**Problematisierung** (Folie)
Folie (U4/5) wird aufgelegt. Oberstes Bild ist sichtbar. L fragt: *Où est Mehdi? Que fait Mehdi?* S antworten: *Il est à l'école/au CDI. Il cherche quelque chose ou quelqu'un.*
Nun werden die anderen Bilder aufgedeckt. Im Lehrer-Schüler-Gespräch wird deren Inhalt grob erarbeitet: L fragt, S beschreiben, was sie sehen, z. B. Bild 2: *Les élèves ont cours de français? – Non, ils ont cours d'allemand., Que fait Léo? – Léo ne travaille pas. Il parle avec Mehdi.* Bild 3: *Où sont les quatre copains? – Ils sont dans la cour.*
Anschließend erzählt L und zeigt auf Léos Hand: *Léo a quelque chose dans sa main. Qu'est-ce que c'est?* S antworten auf Deutsch. Anschließend führt L *une clé USB* ein.

**Erarbeitung** (Kopiervorlage 4, CD 2 (Tracks 3–5; MP3 108–110), Schülerbuch)
S. 61: Ziel der Erarbeitung ist das Lesetraining bekannter Strukturen und das Erschließen noch unbekannter Wörter aus dem Kontext. S erarbeiten den Text in Einzel- oder Partnerarbeit anhand von Kopiervorlage 4. Die Sätze werden zunächst im Plenum laut gelesen. *Léo n'est pas là, retrouver qn, raconter qc* werden semantisiert. Anschließend hören S ein- bis zweimal den Text *„La clé"* von der CD 2 (Tracks 3–5; MP3 108–110) und bringen die Sätze in Partnerarbeit in die korrekte Reihenfolge. Danach erfolgt der Abgleich mit dem Text im Schülerbuch. Die Ergebnissicherung erfolgt im Plenum. Lösung: 2, 3, 5, 4, 1, 6.
Nun hören S den Text erneut abschnittweise bei geöffnetem Buch.
S erfragen beim L, was sie nicht verstanden haben. L erklärt unbekanntes Vokabular, u. a. *un professeur/une professeure*, aber *un/une prof* (⟶ Zur Methodik).
Die Struktur *ne … pas* wird zunächst nur kontextbezogen lexikalisch eingeführt.

**Sicherung** (Schülerbuch)
S. 61, Nr. 3: S lesen den Text mehrere Male mit verteilten Rollen.
*Devinez:* S stellen Vermutungen an, was sich auf dem USB-Stick befindet.

**Festigung** (Schülerbuch)
S. 62, Nr. 4A: S bearbeiten Textkorrekturen schriftlich in Einzelarbeit mit anschließender Kontrolle im Plenum. (⟶ Differenzierung 1; Lösung ⟶ CD-ROM)
S. 62, Nr. 4B: S erfinden Dialog in Partnerarbeit. Einige Dialoge werden anschließend im Plenum vorgespielt. (Lösungsmöglichkeit ⟶ CD-ROM)
**Hausaufgabe**: *Cahier d'activités*, S. 48, Nr. 2 (⟶ Differenzierung 2)

## Tipps und Tricks

**Zur Methodik**

**Schülerbuch, S. 61,** Semantisierung von unbekanntem Vokabular: L sollte bei Vokabelerklärungen den S verschiedene Erschließungsstrategien erläutern. Dazu gehören u. a.: Verstehen aufgrund des Kontextes, Verweis auf gleich oder ähnlich klingende Wörter im Deutschen oder in anderen Fremdsprachen (in der Regel Englisch), Arbeit mit bekannten Antonymen, Erläuterung anhand von vorhandenem Bildmaterial, Realien, Mimik usw.

**Differenzierung**

**1. Schülerbuch, S. 61, Nr. 4A:** In lernstärkeren Klassen kann die Aufgabe mündlich durchgeführt werden.
**2. *Cahier d'activités, En plus*, S. 57, Nr. 1:** Leichte Differenzierungsübung anstelle von *Cahier d'activités*, S. 48, Nr. 2: Partnerdiktat zu den narrativen Passagen des Schülerbuchtextes, S. 61. Die S sollen sich bewusst nur die erzählenden Teile des Textes diktieren, um den Umfang des zu schreibenden Textes begrenzt zu halten.

# S. 62 Atelier A

**Préparation en 3 minutes**

- **Mitnehmen!** Schülerbuch, *Cahier d'activités*, Overheadprojektor, CD-Player, CD 2 (Tracks 6–7, MP3 111–112), Kopiervorlagen 5, 6, Maskottchen
- **Schülerbuch**: S. 62, Nr. 5, 6: Übungen zur Verneinung mit *ne ... pas*
- **Grammatischer Schwerpunkt:** Die Verneinung mit *ne ... pas* ⟶ G 12
- **Methodeneinsatz:** Fragekette (⟶ *Boîte à outils 13*), TPR – *Total physical response* (⟶ *Boîte à outils 20*)
- **Hausaufgabe:** *Cahier d'activités*, S. 49, Nr. 3

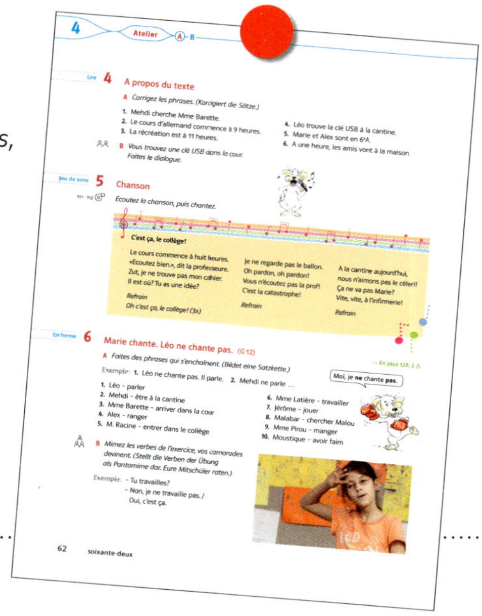
4 Atelier A – B

Lire **4** A propos du texte

A *Corrigez les phrases. (Korrigiert die Sätze.)*

1. Mehdi cherche Mme Barette.
2. Le cours d'allemand commence à 9 heures.
3. La récréation est à 11 heures.
4. Léo trouve la clé USB à la cantine.
5. Marie et Alex sont en 6ᵉA.
6. A une heure, les amis vont à la maison.

B *Vous trouvez une clé USB dans la cour. Faites le dialogue.*

Jeu de sons **5** Chanson

111 · 112 *Ecoutez la chanson, puis chantez.*

**C'est ça, le collège!**

Le cours commence à huit heures.
«Ecoutez bien.», dit la professeure.
Zut, je ne trouve pas mon cahier.
Il est où? Tu as une idée?
*Refrain*
*Oh c'est ça, le collège! (3x)*

Je ne regarde pas le ballon.
Oh pardon, oh pardon!
Vous n'écoutez pas la prof!
C'est la catastrophe!
*Refrain*

A la cantine aujourd'hui,
nous n'aimons pas le céleri!
Ça ne va pas Marie?
Vite, vite, à l'infirmerie!
*Refrain*

En forme **6** Marie chante. Léo ne chante pas. (G 12)

A *Faites des phrases qui s'enchaînent. (Bildet eine Satzkette.)* → En plus 128, 2

Exemple: 1. Léo ne chante pas. Il parle. 2. Mehdi ne parle ...

Moi, je **ne** chante **pas**.

1. Léo – parler
2. Mehdi – être à la cantine
3. Mme Barette – arriver dans la cour
4. Alex – ranger
5. M. Racine – entrer dans le collège
6. Mme Latière – travailler
7. Jérôme – jouer
8. Malabar – chercher Malou
9. Mme Pirou – manger
10. Moustique – avoir faim

B *Mimez les verbes de l'exercice, vos camarades devinent. (Stellt die Verben der Übung als Pantomime dar. Eure Mitschüler raten.)*

Exemple: – Tu travailles?
– Non, je ne travaille pas. / Oui, c'est ça.

62 soixante-deux

**Schritte zur Erarbeitung**

**Hinführung** (Schülerbuch, *Cahier d'activités*)
Schülerbuch, S. 61, Nr. 3: Lektüre des Textes.
Besprechen der Hausaufgabe: *Cahier d'activités*, S. 48, Nr. 2. (Lösung ⟶ CD-ROM)

**Problematisierung** (Maskottchen, Folie)
Maskottchen und L führen Gespräch, in dem die Verneinung mit *ne ... pas* problematisiert wird. L legt Folie (U4/2) auf, auf der die Bilder des Schülerbuchs von S. 59 sind. Maskottchen will testen, was L über Schule weiß und stellt Fragen zu den einzelnen Bildern, wählt aber nicht die richtigen Bildinhalte aus. L verneint zunächst und gibt anschließend die korrekte Antwort. Z. B.:
(Bild 1) Maskottchen: *C'est la cantine?* – L: *Non, ce n'est pas la cantine. C'est la cour.*
(Bild 2) Maskottchen: *Les élèves jouent?* – L: *Non, les élèvent ne jouent pas. Ils travaillent.*,
Maskottchen: *C'est Marie?* – L: *Non ce n'est pas Marie. C'est Léo.*

**Erarbeitung** (Tafel, Tafelbild 4)
L erstellt Tafelbild 4. Im Lehrer-Schüler-Gespräch wird die Verneinung inklusive Regelformulierung erarbeitet. S notieren das Tafelbild im Heft.

**Sicherung** (Schülerbuch)
S. 62, Nr. 5: *C'est ça, le collège!* S hören das Lied bei geöffneten Büchern. Anschließend wird der Text laut im Chor gelesen. In Einzelarbeit suchen S Verneinungen und unterstreichen die Verneinungspartikel. Danach hören S das Lied erneut und singen es mit. (⟶ Zur Methodik)
S. 62, Nr. 6A: S üben die Verneinung in Form einer Satzkette (leichte Abwandlung der Fragekette, ⟶ *Boîte à outils 13*). (⟶ Doppelstunde; Lösung ⟶ CD-ROM)
S. 62, Nr. 6B: Die Übung wird als Gruppenarbeit durchgeführt, evtl. zu Beginn das Beispiel im Plenum bearbeiten. *Arriver dans la cour* und *entrer dans le collège* sind pantomimisch nicht eindeutig darzustellen, da die Verben aber aus 6A bekannt sind, stellt dies für S m. E. keine Schwierigkeit dar. (⟶ Differenzierung 1)

**Festigung** (Kopiervorlage 5)
*Questionnaire.* L kopiert Frage- und Antwortkärtchen entsprechend der halben Klassenstärke, z. B. bei 30 S benötigt man 15 Frage- und 15 Antwortkärtchen auf verschiedenfarbigem Papier. Anschließend schneidet L die Kärtchen auseinander und verteilt die Frage- und Antwortkärtchen gleichmäßig unter den S. S bewegen sich im *Omniumkontakt* (*Boîte à outils 3*) in der Klasse und suchen sich einen Partner/eine Partnerin mit einer andersfarbigen Karte. A stellt B die Fragen. B antwortet unter Verwendung der Verneinung und gibt danach die richtige Antwort. Sind alle Fragen gestellt und beantwortet, werden die Kärtchen getauscht. A und B suchen sich neue Partner/innen und führen die Übung erneut durch. Es stehen Frage- und Antwortkärtchen für leistungsschwächere und leistungsstärkere S bereit. Die Kärtchen können gleichzeitig bei der Durchführung der Aufgabe verwendet werden.
**Hausaufgabe:** *Cahier d'activités*, S. 49, Nr. 3 (⟶ Differenzierung 2)

# Tipps und Tricks

**Zur Methodik**

**Schülerbuch S. 62, Nr. 5:** Das Lied dient als Einstieg in die Sicherungs-/Festigungsphase. Durch Mit- und Nachsingen prägen sich S die Verneinung mit *ne … pas* besonders gut ein (siehe auch *TPR – Total physical response* ⟶ *Boîte à outils 20*). Das mehrfache Wiederholen der verneinten Sätze führt zu einem gewissen Automatismus. Um Bewegung unterstützend einzusetzen, können S die Verneinungspartikel jeweils mit vorsichtigen Boxbewegungen begleiten (⟶ Schülerbuch, S. 62: Moustique mit Boxhandschuhen). Die neuen Wörter *ballon* und *céléri* sind leicht erschließbar.

**Tafelbild 4**

| Die Verneinung (la négation) | |
|---|---|
| – Les élèves jouent? | |
| – Non, les élèvent **ne jouent pas**. | Nein, die Kinder spielen **nicht**. |
| – C'est Marie? | |
| – Non, ce **n'est pas** Marie. | Nein, das ist **nicht** Marie. |
| – Marie habite rue Nollet? | |
| – Non, elle **n'habite pas** rue Nollet. | Nein, sie wohnt **nicht** in der Nolletstraße. |

**Doppelstunde**

**Kopiervorlage 6:** Die Verneinung kann auch spielerisch gesichert werden:
**A:** S erhalten Puzzleteile und müssen diese zu Sätzen zusammenfügen.
**B:** S schreiben verneinte Sätze auf Blanko-Puzzleteile und zerschneiden diese. Eine andere Gruppe rekonstruiert die Sätze. In lernschwachen Gruppen kann B-Teil entfallen.

**Differenzierung**

**1. Schülerbuch, S. 128, Nr. 2:** In leistungsstarken Klassen kann diese Übung anstatt S. 62, Nr. 6 bearbeitet werden.
**2. *Cahier d'activités, En plus*, S. 57, Nr. 2:** Leichte Differenzierungsübung zur Verneinung anstelle von *Cahier d'activités*, S. 49, Nr. 3. In lernschwachen Klassen kann diese Übung zusätzlich durchgeführt werden. (Lösungen ⟶ *Cahier d'activités*, S. 101 und CD-ROM)

## S. 63 Atelier A

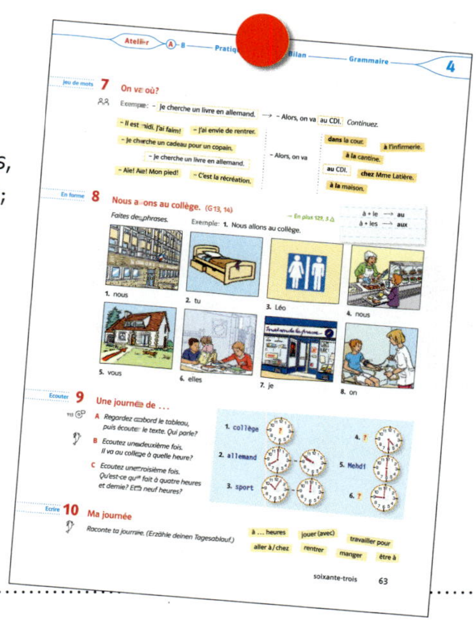

**Préparation en 3 minutes**

- **Mitnehmen!** Schülerbuch, *Cahier d'activités*, Overheadprojektor, CD-Player, CD 2 (Track 8; MP3 113), Kopiervorlage 7
- **Schülerbuch:** S. 63: Tagesablauf und Schulleben
- ***Cahier d'activités*:** S. 49, Nr. 4
- **Grammatische Schwerpunkte:** Das Verb *aller*, *à* + Artikel, *aller à/chez* , ⟶ G 13 + 14
- **Hausaufgabe:** Schülerbuch, S. 63, Nr. 10; *Cahier d'activités*, S. 50, Nr. 5, 6
- **Portfolio**: Schülerbuch, S. 63, Nr. 10: S beschreiben ihren Tagesablauf und heften ihn im Portfolio-Ordner ab.

**Schritte zur Erarbeitung**

**Hinführung** (*Cahier d'activités*)
Besprechen der Hausaufgabe: *Cahier d'activités*, S. 49, Nr. 3 (Lösung ⟶ CD-ROM)

**Problematisierung** (Schülerbuch)
S. 63, Nr. 7: S führen in Partnerarbeit Minidialoge durch. S1 beschreibt seine Situation. S2 sucht aus den vorgegebenen Möglichkeiten eine Lösung heraus.
Bei der Beantwortung müssen S *Alors, on va …* mit Orten kombinieren. Dabei wird die 3. Person Singular von *aller* und *à/chez* + Artikel verwendet. Beides wird vorgegeben. (Lösung ⟶ CD-ROM)

**Erarbeitung** (Tafel)
Die Erarbeitung des *article contracté* erfolgt mit fragend-entwickelndem Verfahren.
*Au collège:*
- *Mehdi cherche un livre. Il va où? – Il va* ***au*** *CDI.*
- *Il a faim. Il va où? – Il va* ***à la*** *cantine.*
- *Il a mal* ***au*** *pied* (Geste machen). *Il va où? – Il va* ***à l'****infirmerie.*
- *Pour se laver les mains* (Geste machen), *il va où? – Il va* ***aux*** *toilettes.*
- *Il a un problème avec l'allemand. Il va où? – Il va* ***chez*** *Mme Barette.*

L schreibt Sätze an die Tafel. S formulieren Regel. L weist ausdrücklich darauf hin, dass bei Personen die Präposition *chez* verwendet wird.
Durch die Frage *Il va où?* und die Antwort *Il va …* wird die 3. Person Sing. von *aller* eingeführt. Die anderen Formen werden im Unterrichtsgespräch erarbeitet und an die Tafel geschrieben.

**Sicherung** (*Cahier d'activités*, Schülerbuch, Kopiervorlage 7)
*Cahier d'activités*, S. 49, Nr. 4: S bearbeiten die Übung schriftlich in Einzelarbeit. Die Kontrolle erfolgt im Plenum. (⟶ Zur Methodik 1; Lösung ⟶ CD-ROM).
Kopiervorlage 7: Buchstabengitter. S suchen die Formen von *aller*, markieren und notieren sie hinter den Personalpronomen in Partnerarbeit. (Lösung ⟶ CD-ROM)
Schülerbuch, S. 63, Nr. 8: Die Übung wird in Einzelarbeit schriftlich durchgeführt. Die Kontrolle erfolgt im Plenum. (Lösung ⟶ CD-ROM)

**Festigung** (Schülerbuch, CD 2 (Track 8; MP3 113), *Cahier d'activités*)
S. 63, Nr. 9, CD 2: Der Tagesablauf von Léo beinhaltet *aller*, den *article contracté* und die Uhrzeiten. S hören den Hörverstehenstext insgesamt 3 x und beantworten die Fragen von A–C. Nach jedem Hören wird das Ergebnis im Plenum gesichert. (⟶ Zur Methodik 2; Lösung ⟶ CD-ROM)
*Cahier d'activités*, S. 50, Nr. 7 (HV zu den Uhrzeiten): Im A-Teil hören S Uhrzeiten heraus und ordnen sie zu. Im B-Teil notieren sie diese. (Lösung ⟶ CD-ROM)
**Hausaufgabe:** Schülerbuch, S. 63, Nr. 10; *Cahier d'activités*, S. 50, Nr. 5, 6. (⟶ Zur Methodik 3)

## Tipps und Tricks

**Zur Methodik**

**1. *Cahier d'activités*, S. 49, Nr. 4:** Die Reihenfolge der Bilder entspricht nicht der Reihenfolge der Satzanfänge. S müssen zunächst die passenden Bilder suchen und dann die Sätze vervollständigen.
**2. Schülerbuch, S. 63, Nr. 9:** Die Identifizierung von Léo erfolgt durch seine Stimme und die Erwähnung des Hundenamens. Für die Bearbeitung der Fragen A–C könnte im Heft eine Tabelle erstellt werden, die die S ausfüllen. Nach der Ergebnissicherung können weitere Informationen seitens der S aus dem Text entnommen werden. Dafür wird der Text erneut angehört und L fragt, was S noch verstanden haben.
**3. Schülerbuch, S. 63, Nr. 10:** Der Tagesablauf von Marie, Schülerbuch, S. 60, Nr. 1 kann als Strukturierungshilfe genützt werden. Bei der Besprechung der Hausaufgabe werden einzelne Tagesabläufe vorgelesen, u. U. auch als Museumsgang. (⟶ *Boîte à outils 12*)
Die Beschreibung des Tagesablaufs kann auch als längerfristige Hausaufgabe formuliert werden. Dazu werden im Vorfeld einige Aspekte der Bearbeitung erweitert bzw. erläutert wie z. B. Vorgabe bestimmter Uhrzeiten, Umfang der Sätze pro Uhrzeit bzw. Gesamt-

anzahl der Wörter. S sollen einige ihrer Tätigkeiten illustrieren oder eine Collage (Zeichnungen, Fotos) anfertigen. Die Arbeiten könnten im Klassenraum ausgehängt werden. Das Ergebnis sollte auch im Portfolio-Ordner abgeheftet werden.
**4. *Cahier d'activités*, S. 50, Nr. 5:** Um den Reim zu finden, müssen S die entsprechende Form von *aller* mit dem passenden Personalpronomen kombinieren. In den folgenden Fällen sind unterschiedliche Zuordnungen möglich: *à la maison/chez Manon = elles vont/nous allons; chez Thomas/chez Sarah = tu vas/il va*. In der Folgestunde sollten S bei der Besprechung der Hausaufgabe die Lösungen laut vorlesen und dabei auf die Reime achten.
**5. *Cahier d'activités*, S. 50, Nr. 6**: In dieser Übung wird abschließend die Verwendung von dem Verb *aller* zusammen mit der Ortsbezeichnung (*à* + best. Artikel), *chez* bei Personen und *à* bei Städtenamen gefestigt. Die Grafik dient als Hilfestellung.

**Differenzierung**

**1. *Cahier d'activités*, S. 49, Nr. 4:** Durchführung der Übung erfolgt in leistungsstarken Klassen mündlich und in leistungsschwächeren Klassen schriftlich.
**2. Schülerbuch, S. 129, Nr. 3:** In lernstärkeren Gruppen kann diese Aufgabe anstatt S. 63, Nr. 8 durchgeführt werden. Sie kann auch zusätzlich zu Nr. 8 bearbeitet werden. (Lösung ⟶ CD-ROM)

**Doppelstunde**

Die Festigungsphase kann nur im Rahmen einer Doppelstunde erfolgen. Ansonsten werden Schülerbuch, S. 63, Nr. 9, *Cahier d'activités*, S. 50, Nr. 7 und evtl. Schülerbuch, S. 63, Nr. 10 in der nächsten Unterrichtsstunde bearbeitet.
*Cahier d'activités*, S. 50, Nr. 5 und 6 sind als Hausaufgabe für die Einzelstunde vorgesehen.

## S. 64 Atelier B

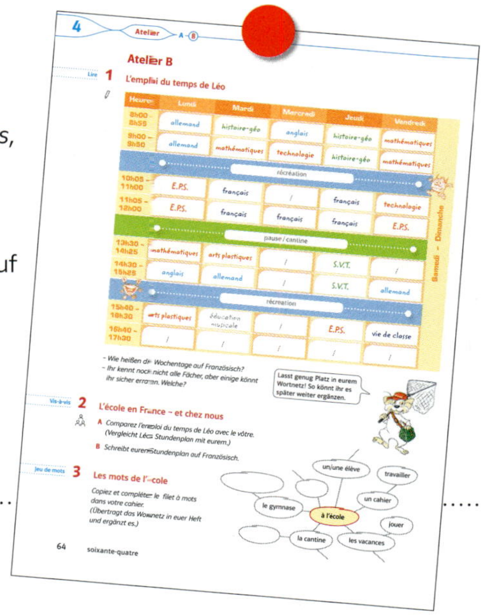


**Préparation en 3 minutes**

- **Mitnehmen!** Schülerbuch, *Cahier d'activités*, Folie, Overheadprojektor, Ball
- **Schülerbuch:** S. 64: Stundenplan
- ***Cahier d'activités***: S. 51, Nr. 8
- **Portfolio**: Erstellung eines Stundenplans auf Französisch im Schülerbuch, S. 64, Nr. 2B und Abheften im Portfolio-Ordner
- **Methodeneinsatz:** Strategien für das Erschließen von unbekanntem Vokabular: andere Sprachen, Realie (Stundenplan).
- **Hausaufgabe**: Schülerbuch, S. 64, Nr. 3

**Neue Wörter**

l'emploi du temps, mardi, mercredi, jeudi, vendredi, samedi, dimanche, un mot, un gymnase (im Stundenplan enthaltene Schulfächer gehören nicht zum obligatorischen Wortschatz)

**Schritte zur Erarbeitung**

**Hinführung** (Schülerbuch, *Cahier d'activités*, Ball)
Besprechen der Hausaufgabe: Schülerbuch, S. 63, Nr. 10 und *Cahier d'activités*, S. 50, Nr. 5 und 6 (Lösung/Lösungsmöglichkeiten ⟶ CD-ROM)
Zur Reaktivierung des Vokabulars zum Thema Schule stellen sich die S im Kreis auf. L wirft einem S einen Ball zu und fordert ihn auf, ein Wort mit dem Buchstaben „c" zu nennen: L: *Je te donne un „c".* S: *„C" comme collège.* S wirft den Ball zurück. Danach wirft L den Ball noch vier weiteren S zu und löst anschließend den Kreis auf. Mögl. Lösungen: *collège, cours d'allemand, cour, CDI, cantine.* L kann auch andere Anfangsbuchstaben nennen.

**Problematisierung** (Schülerbuch)
S öffnen Buch auf S. 64, Nr. 1. L sagt: *Voici l'emploi du temps de Léo.* L weist S darauf hin, dass es im Folgenden u. a. um die Wochentage geht; *lundi* ist schon aus Schülerbuch, S. 61, Nr. 3 bekannt.

**Erarbeitung** (Schülerbuch, Folie)
S. 64, Nr. 1: Bei geöffnetem Buch oder mittels Folie (U4/6) werden die Wochentage anhand des Stundenplans eingeführt (durch die Ähnlichkeit mit deutschen Stundenplänen dürfte die Bedeutung der Wochentage problemlos erschlossen werden): L spricht vor, Klasse wiederholt im Chor. Anschließend wird der restliche unbekannte Wortschatz geklärt und die unter dem Stundenplan stehenden Fragen beantwortet. (⟶ Zur Methodik 1; Lösung ⟶ CD-ROM)

**Sicherung** (*Cahier d'activités*)
S. 51, Nr. 8A: Training der Schreibung der Wochentage. (Lösung ⟶ CD-ROM)
S. 51, Nr. 8B (HV-Übung): S müssen die Namen in einem Telefonat identifizieren, die Wochentage und Uhrzeiten vestehen und notieren. (Lösung ⟶ CD-ROM)

**Festigung** (Schülerbuch, Tafel)
S. 64, Nr. 2A: S arbeiten in Gruppen (3–4 S). S erhalten vier Minuten Zeit, um eine Liste mit möglichst vielen Unterschieden zwischen ihrem und Léos Stundenplan anzufertigen. Die Anzahl der Unterschiede wird ebenfalls notiert. Abschließend werden die Unterschiede im Plenum zusammengetragen und an der Tafel stichwortartig notiert. (⟶ Doppelstunde; Lösung ⟶ CD-ROM)
**Hausaufgabe:** Schülerbuch, S. 64, Nr. 3 (⟶ Zur Methodik 2; Lösung ⟶ CD-ROM)

## Tipps und Tricks

**Zur Methodik**

**1. Schülerbuch, S. 64, Nr. 1:** Der Wortschatz kann weitgehend erschlossen werden: 1. Vergleich mit der Muttersprache aufgrund graphischer Ähnlichkeiten (z. B. *mathématiques*); 2. Kenntnis anderer Fremdsprachen (z. B. *technologie* ⟶ *technology*); 3. Illustrationen (Form des Stundenplans). Die Fächer zählen nicht zum obligatorischen Lernwortschatz.
**2. Schülerbuch, S. 64, Nr. 3:** In diesem Vokabelnetz wurden modellhaft Nomen und Verben verknüpft. Diese Gliederung kann so übernommen werden. L kann darauf hinweisen, dass das Vokabelnetz auch anders gegliedert werden kann, z. B. nach Personen, Dingen/Materialien, Fächern und Räumen. S sollten das Vokabelnetz auf einem DIN-A4-Blatt im Querformat anlegen, sodass genügend Platz für Ergänzungen im Anschluss an Schülerbuch, S. 65, Nr. 4 (Gliederungspunkt: *travailler* ergänzen und Vokabeln zu *ordinateur*) und S. 66, Nr. 7 bleibt. Das Blatt kann im Portfolio-Ordner abgeheftet werden.

**Doppelstunde**

**Schülerbuch, S. 64, Nr. 2B:** Die fakultative Übung kann in einer Doppelstunde gemeinsam erarbeitet werden. Die Erstellung des eigenen Stundenplans auf Französisch kann individuell erfolgen, den Gestaltungsformen sind keine Grenzen gesetzt (im Sinne des interkulturellen Lernens können Fächer, die in Frankreich und Deutschland identisch sind, entsprechend der im Schülerbuch verwendeten Farben ausgemalt werden; die Kästchen unterschiedlicher Fächer sollten den Namen des Faches enthalten und weiß bleiben. Abschließend kann der Stundenplan im Portfolio-Ordner abgeheftet werden.
Ggf. sind Hinweise bezüglich der Fächer erforderlich, die es in der Form im Französischen nicht gibt bzw. andere Bezeichnungen haben: *histoire* und *géo(graphie)* als getrennte Fächer, *biologie* statt *S.V.T.*, *sport* statt *E.P.S.*, *musique* statt *éducation musicale*.

# S. 65–66 Atelier B

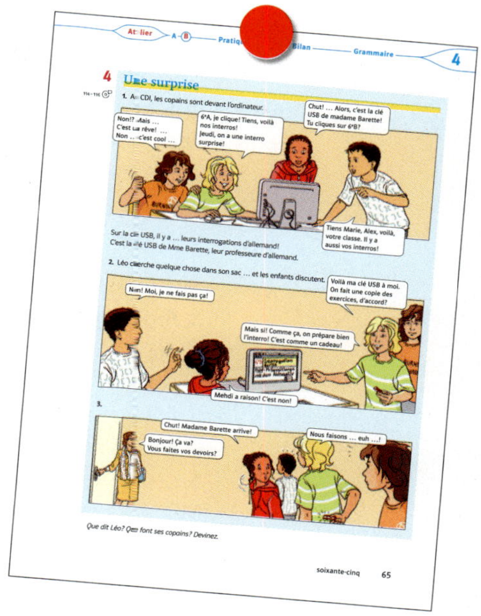


**Préparation en 3 minutes**

- **Mitnehmen!** Schülerbuch, *Cahier d'activités*, Overheadprojektor, Folien, CD-Player, CD 2 (Tracks 9–12; MP3 114–116), Maskottchen, Realien zum Thema Schule (zwei Bücher, ein USB-Stick, ein Stundenplan, ein Füller, zwei Bleistifte), Kopiervorlage 8
- **Schülerbuch**: S. 65, Nr. 4: Fortführung von Schülerbuch, S. 61 *La clé*, S. 66 Nr. 5: Textauswertung
- ***Cahier d'activités***: S. 51, Nr. 9
- **Grammatischer Schwerpunkt**: Possessivbegleiter *notre, votre, leur, nos, vos, leurs* ⟶ G 16
- **Methodeneinsatz:** Rollenspiel, Echo-Lesen (⟶ *Boîte à outils 15*), Frage-Antwortkärtchen (⟶ *Boîte à outils 29*)
- **Hausaufgabe**: *Cahier d'activités*, S. 52, Nr. 10A

**Neue Wörter**

un rêve, cool, cliquer, notre/nos, une interro(gation), votre/vos, leur/leurs, quelque chose, un sac, faire qc, une copie, un exercice, si (doch), comme ça, comme, avoir raison, les devoirs

**Schritte zur Erarbeitung**

**Hinführung** (Schülerbuch, Maskottchen, Realien, Tafel, Tafelbild 5, *Cahier d'activités*)
Besprechen der Hausaufgabe: Schülerbuch, S. 64, Nr. 3
Zunächst wird Wissen zu den Possessivbegleitern *mon, ton, son* im Rahmen eines Gesprächs zwischen L und Moustique reaktiviert. Auf dem Pult bei Moustique liegen diverse Materialien zum Thema Schule, z. B. zwei Bücher, ein USB-Stick, ein Stundenplan, ein Füller, zwei Bleistifte usw. Einzelne S kommen nun an den Pult, nehmen Moustique in die Hand, versetzen sich in seine Rolle und beantworten die Fragen des L, als ob sie Moustique wären. Beispiel: L nimmt Bleistift in die Hand und fragt S mit Maskottchen: *C'est ton crayon?* S antwortet in der Rolle des Maskottchens: *Oui, c'est mon crayon.* oder *Non, ce n'est pas mon crayon.*
Danach bearbeiten S in Partnerarbeit im *Cahier d'activités*, S. 51, Nr. 9: vorentlastende Übung zu den Possessivbegleitern; das Bekannte (*mon, ton, son …* ⟶ G 10) wird mit dem Neuen *(notre, nos, votre, vos, leur, leurs)* kombiniert. S bearbeiten zunächst 9A in Partnerarbeit. Die Ergebnissicherung erfolgt im Plenum. (⟶ Zur Methodik 1; Lösung ⟶ CD-ROM)
Anschließend werden die neuen Possessivbegleiter in Tafelbild 5 veranschaulicht, das S in ihr Heft abschreiben.
Danach wird 9B schriftlich in Einzelarbeit mit anschließender Kontrolle im Plenum bearbeitet. (Lösung ⟶ CD-ROM)

**Problematisierung** (Schülerbuch, Folie)
L legt Folie (U4/5) zum Text im Schülerbuch, S. 61, Nr. 3 auf. Im Lehrer-Schüler-Gespräch wird der Inhalt der Geschichte rekapituliert, die in *Une surprise* ihre Fortsetzung findet. Mögliche Fragen: *Léo arrive à l'école à quelle heure? Dans la cour, qu'est-ce qu'il y a/qu'est-ce qu'il a sous son pied? Les copains vont où? Qu'est-qu'ils regardent au CDI?*

**Erarbeitung** (CD 2 (Tracks 9–11; MP3 114–116), Schülerbuch, Folie)
Im Anschluss zeigt L die drei Bilder der Folie (U4/7), die sich auf die Geschichte im Schülerbuch, S. 65, Nr. 4: *Une surprise* beziehen. L fordert S auf, sich die Bilder anzusehen und den Bildinhalt auf Deutsch oder Französisch zu erzählen bzw. Hypothesen zum Inhalt der Geschichte zu formulieren. L notiert die Ideen der S stichpunktartig an der Tafel. Danach

hören S den Text (Tracks 9–11; MP3 114–116) bei geschlossenen Büchern ein erstes Mal. S sollen dabei ihre Vorannahmen mit dem gehörten Text auf Französisch vergleichen. Ergebnisse werden im Unterrichtsgespräch besprochen. S öffnen Bücher, hören den Text abschnittsweise ein zweites Mal und lesen halblaut zeitversetzt mit (Echo-Lesen ⟶ *Boîte à outils 15*).
Die Semantisierung der neuen Wörter erfolgt abschnittsweise. L notiert neue Wörter an der Tafel. Die im Text vorkommenden Formen von *faire* werden nur lexikalisch eingeführt.

**Sicherung** (Schülerbuch, CD 2 (Track 12; MP3 117))
S. 65, Nr. 4: S lesen den Text.
S. 66, Nr. 5A: S ordnen den Textabschnitten in Einzelarbeit Titel zu und vergleichen ihre Lösungen im Plenum. (⟶ Zur Methodik 2; Lösung ⟶ CD-ROM)
S. 65: S stellen Vermutungen zu den Fragen am Ende des Textes an: *Que dit Léo? Que font ses copains?* (Lösungsmöglichkeiten ⟶ CD-ROM)
S. 66, Nr. 5B: S hören die Fortsetzung des Schülerbuchtextes von der CD 2 (Track 12; MP3 117), der als HV-Aufgabe konzipiert wurde und für die S nicht transkribiert vorliegt. Anschließend beantworten S die Fragen. (⟶ Zur Methodik 3; Lösung ⟶ CD-ROM)

**Festigung** (Kopiervorlage 8)
Frage- und Antwortkärtchen (⟶ *Boîte à outils 29)* zum Schülerbuchtext.
**Hausaufgabe:** *Cahier d'activités*, S. 52, Nr. 10A (⟶ Zur Methodik 4/Differenzierung 2; Lösung ⟶ CD-ROM)

**Boîte à outils 29**

### Frage-/Antwortkärtchen

S schneiden Frage- und Antwortkärtchen aus. Die Fragekärtchen werden verdeckt auf einen Stapel gelegt, die Antwortkärtchen werden offen auf dem Tisch ausgebreitet. S1 zieht eine Fragekarte und liest die Frage vor. S2 sucht aus den Antwortkärtchen das passende Kärtchen heraus und liest die Antwort laut vor. Anschließend werden die beiden Kärtchen nebeneinander auf den Tisch gelegt. Danach zieht S2 ein Fragekärtchen und S1 antwortet usw.

## Tipps und Tricks

**Zur Methodik**

**1. *Cahier d'activités*, S. 51, Nr. 9:** Die Übung fördert das selbstständige Beobachten und Erschließen grammatischer Phänomene. S sollen aufgrund der visuellen Präsentation erkennen, dass es sich in Situation 1 um eine Person und in Situation 2 um mehrere Personen handelt. Nach der Vorentlastung der Possessivbegleiter wird das Erarbeiten und Verstehen des Schülerbuchtextes, S. 65, Nr. 4 erleichtert.
**2. Schülerbuch, S. 66, Nr. 5A:** Die „Schlüsselwörter" in den Überschriften lauten *barette*, *cliquer* und *avoir raison*. Sie befinden sich in den jeweiligen Abschnitten.
**3. Schülerbuch, S. 64, Nr. 5B:** Im Anschluss an die Übung kann das Wortnetz *Les mots de l'école* (⟶ S. 64, Nr. 3) erweitert werden: *préparer une interrogation, la classe, faire un exercice, faire ses devoirs. Zu ordinateur* passen *cliquer (sur qc), la clé USB, faire une copie*. Die Verben sollten gleich mit ihren Ergänzungen eingetragen werden.
**4. *Cahier d'activités*, S. 52, 10A:** Das Kreuzworträtsel, wenn nicht als Hausaufgabe aufgegeben, kann im Unterricht in Einzel- oder Partnerarbeit durchgeführt und im Plenum besprochen werden.

**Differenzierung**

***Cahier d'activités*, *En plus*, S. 57, Nr. 3:** Leichtere Differenzierungsübung anstelle von *Cahier d'activités*, S. 52, Nr. 10: Schreiben von Redewendungen im Kontext „Schule".
(Lösung ⟶ S. 102 oder auf CD-ROM)

**Tafelbild 5**

| | | | |
|---|---|---|---|
| Où est<br>Où est | **notre**<br>**notre** | **copain**?<br>**copine**? | Wo ist **unser** Freund?<br>Wo ist **unsere** Freundin? |
| Voilà<br>Voilà | **votre**<br>**votre** | **copain**.<br>**copine**. | Da ist **euer** Freund.<br>Da ist **eure** Freundin. |
| Ils/Elles cherchent<br>Ils/Elles cherchent | **leur**<br>**leur** | **copain**.<br>**copine**. | Sie suchen **ihren** Freund.<br>Sie suchen **ihre** Freundin. |
| Où sont<br>Où sont | **nos**<br>**nos** | **copains**?<br>**copines**? | Wo sind **unsere** Freunde?<br>Wo sind **unsere** Freundinnen? |
| Voilà<br>Voilà | **vos**<br>**vos** | **copains**.<br>**copines**. | Da sind **eure** Freunde.<br>Da sind **eure** Freundinnen. |
| Ils/Elles cherchent<br>Ils/Elles cherchent | **leurs**<br>**leurs** | **copains**.<br>**copines**. | Sie suchen **ihre** Freunde.<br>Sie suchen **ihre** Freundinnen. |

## S. 66 Atelier B

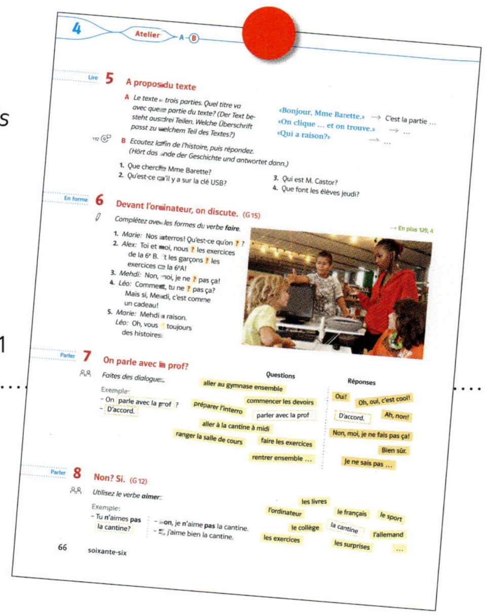
4 Atelier A B
5 A propos du texte
6 Devant l'ordinateur, on discute. (G 15)
7 On parle avec la prof?
8 Non? Si. (G 12)
66 soixante-six

**Préparation en 3 minutes**

- **Mitnehmen!** Schülerbuch, *Cahier d'activités*
- **Schülerbuch**: S. 66: Nr. 6–8
- **Grammatische Schwerpunkte:** *faire* ⟶ G 15, *si* bei der Verneinung ⟶ G 12
- **Methodeneinsatz:** Auswischtechnik (⟶ *Boîte à outils 4*), Fragekette (⟶ *Boîte à outils 13*)
- **Hausaufgabe**: *Cahier d'activités*, S. 52, Nr. 11

**Schritte zur Erarbeitung**

**Hinführung** (*Cahier d'activités*)
Besprechen der Hausaufgabe: *Cahier d'activités*, S. 52, Nr. 10A.
(Lösung ⟶ CD-ROM)
*Cahier d'activités*, S. 52, Nr. 10B: Kettenübung als Gruppenarbeit zum Thema „Schule".
(⟶ Zur Methodik 1)

**Problematisierung** (Folie)
L legt Folie (U4/7) zu *Une surprise*, Schülerbuch, S. 65, Nr. 4 auf und stellt Fragen zu den einzelnen Bildern, z. B. *Qui est-ce? Où est l'enfant/sont les enfants? Que fait Léo/Mehdi …? Que font les élèves?* L verweist darauf, dass *fait* und *font* Formen von *faire* sind.

**Erarbeitung** (Schülerbuch, Tafel)
1. Erarbeitung der Konjugation von *faire*: S suchen im Text *Une surprise*, S. 65, Nr. 4, Sätze mit Verbformen, die auf den Infinitiv *faire* schließen lassen. S nennen die Sätze und L schreibt die entsprechende Form von *faire* an die Tafel. Zuerst werden die Formen im Chor gelesen, dann lesen einzelne S eine Form laut vor, die anschließend weggewischt wird. (Auswischtechnik ⟶ *Boîte à outils 4*). Zum Schluss fehlen alle Formen. Ein S nennt danach eine Form, die von einem anderen S wieder angeschrieben wird. Wenn alle Formen wieder an der Tafel stehen, schreiben S die Konjugation in ihre Hefte.
2. Wiederholung der Verneinung mit *ne … pas*. L liest Schülerbuch S. 65, Abschnitt 2 vor: *Mehdi: Moi, je ne fais pas ça. Léo: Mais si!* S erfahren, dass man auf eine verneinte Frage nicht nur mit *non* (nein) sondern auch mit *si* (doch) antworten kann, ⟶ G 12.

**Sicherung** (Schülerbuch)
S. 66, Nr. 6: Lückenübung zu *faire:* Die Szene schließt inhaltlich an Abschnitt 2, S. 65 an und erweitert die dortige Diskussion. (Lösung ⟶ CD-ROM)
S. 66, Nr. 8: Dialog zu *non* und *si*, auch als Kettenübung möglich. (⟶ Fragekette, *Boîte à outils 13*) (⟶ Zur Methodik 2; Lösungsmöglichkeiten ⟶ CD-ROM)

**Festigung** (Schülerbuch)
S. 66, Nr. 7: In Partnerarbeit üben S, wie man einen Vorschlag macht (*On* + *Verb* in der 3. Pers. Singular Präsens + Ergänzung) und darauf adäquat reagiert. Dabei wird auch der Gebrauch der in *Unité* 4 neu eingeführten Verben *aller* und *faire* geübt. (Lösungsmöglichkeiten ⟶ CD-ROM)
**Hausaufgabe:** *Cahier d'activités*, S. 52, Nr. 11: Lückenübung zu *faire* (⟶ Zur Methodik 3/ Differenzierung)

## Tipps und Tricks

**Zur Methodik**

**1. *Cahier d'activités*, S. 52, Nr. 10B:** S arbeiten in Kleingruppen. Ein leistungsstärkerer S kann die „Regie" übernehmen und ggf. Hilfen geben bzw. korrigierend eingreifen. Die Ernennung eines „Spezialisten" bzw. „Experten" geht zurück auf die Rolle der LdL-Methode (⟶ *Boîte à outils 19*). Die Übung kann auch als Wettbewerb durchgeführt werden. Arbeitsauftrag: „Spielt fünf Minuten. Ein S pro Gruppe schreibt die Wörter auf. Welche Gruppe die meisten Wörter hat, hat gewonnen."
**2. Schülerbuch, S. 66, Nr. 8:** Die Antworten sollen den tatsächlichen Vorlieben oder Abneigungen der S entsprechen. Es muss also zwischen *non* und *si* gewählt werden. L kann S auch über die mutmaßlichen Vorlieben ihrer Mitschüler befragen und diese ggf. korrigieren lassen. Z. B.: L: *Tobias n'aime pas le français?* S: *Non, il …* Tobias: *Si, j'aime …* Weitere Items: *les chiens, les chats, les chansons, les BD, les CD de Tokio Hotel, les jeux vidéo,* evtl. weitere Schulfächer usw.
**3. *Cahier d'activités*, S. 52, Nr. 11:** Der Zungenbrecher wird im Plenum im Anschluss an das Besprechen der Hausaufgabe durchgenommen. *Tiens! Ta tata et ton tonton trouvent ton toutou!* befindet sich auf CD 2 (Track 25; MP3 130). Er wird erst langsam, dann immer schneller gesprochen, bis Sprecher sich verhaspelt und lacht. Im Unterricht kann man den Zungenbrecher nachsprechen lassen: Wer schafft dies auswendig und/oder am schnellsten?

**Differenzierung**

***Cahier d'activités*, *En plus*, S. 57, Nr. 4:** Leichte Differenzierungsübung zu *sont/font/vont/ont* bei vorgegebenen Alternativen, ergänzend zu *Cahier d'activités*, S. 52, Nr. 11. Die Aufgabe eignet sich auch für die zweite Stunde innerhalb einer Doppelstunde. (Lösung ⟶ *Cahier d'activités*, S. 102 oder CD-ROM)

## S. 67 Atelier B

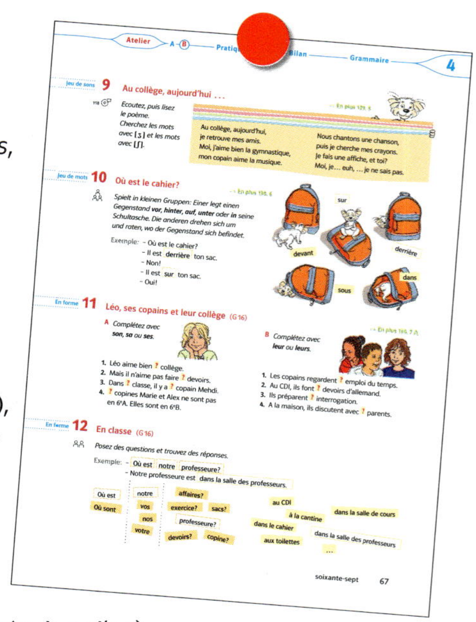


**Préparation en 3 minutes**

- **Mitnehmen!** Schülerbuch, *Cahier d'activités*, CD-Player, CD 2 (Track 13; MP3 118), Kopiervorlage 9, Ball
- **Schülerbuch:** S. 67: Nr. 9–12
- ***Cahier d'activités:*** S. 53, Nr. 12
- **Schwerpunkte:** Differenzierung zwischen den Lauten [ʒ] und [ʃ]
- **Grammatische Schwerpunkte:** Ortsadverbien *(devant, derrière, sur, sous, dans)*, Verstärkungsübungen zu den Possessivbegleitern *notre/nos, votre/vos* ⟶ G 16
- **Strategie:** Nutzen der alphabetischen Wortliste im Schülerbuch zum Auffinden von Wörtern, die die Laute [ʒ] und [ʃ] enthalten
- **Methodeneinsatz:** Auswischtechnik (⟶ *Boîte à outils 4*), Fragekette (⟶ *Boîte à outils 13*)
- **Hausaufgabe**: *Cahier d'activités*, S. 53, Nr. 13, 14

**Schritte zur Erarbeitung**

**Hinführung** (*Cahier d'activités*)
Besprechen der Hausaufgabe: *Cahier d'activités*, S. 52, Nr. 11 (Lösung ⟶ CD-ROM)
S auf Aussprache von [ʒ] und [ʃ] z. B. in ***je/journal*** [ʒ] und ***Chut*** [ʃ] hinweisen.

**Problematisierung** (Tafel, Schülerbuch)
S. 67, Nr. 9: S suchen Wörter, die die Laute [ʒ] und [ʃ] enthalten, und schreiben sie in ihr Heft. Die Kontrolle erfolgt im Plenum. L sichert Ergebnis an der Tafel. Die Liste kann um Wörter aus der alphabetischen Wortliste, S. 188–192, ergänzt werden. (Lösung ⟶ CD-ROM)

**Erarbeitung** (Schülerbuch, CD 2 (Track 13; MP3 118), Folie)
1. S. 67, Nr. 9: S hören Gedicht von CD 2, sprechen es im Chor nach, lernen es auswendig und anschließend tragen es einzelne S vor.
2. L legt Folie (U4/8) auf. Wo befindet sich Moustique? Im Gespräch zwischen L und S werden die Ortspräpositionen erarbeitet. L schreibt Ortspräpositionen an die Tafel.

**Sicherung** (Schülerbuch, *Cahier d'activités*)
*Cahier d'activités*, S. 53, Nr. 12: Erweiterung der Lautdiskriminierung um [g]. (Lösung ⟶ CD-ROM)
Schülerbuch, S. 67, Nr. 10: In Kleingruppen fragen sich S nach ihren eigenen Gegenständen im Klassenraum bzw. in der Schultasche und geben die passenden Antworten.

**Festigung** (Folie, Schülerbuch, Tafelbild 5)
Vor der Festigung der Possessivbegleiter, wird Tafelbild 5 aus *Atelier* B (2) als Folie aufgelegt und die Verwendung der Begleiter wiederholt. (⟶ Alternative)
S. 67, Nr. 11: S vervollständigen in Einzelarbeit Sätze mit den Possessivbegleitern der 3. Person Singular und Plural. (⟶ Zur Methodik 1; Lösung ⟶ CD-ROM)
S. 67, Nr. 12: S führen in Partnerarbeit Minidialoge. S1 fragt, wo sich bestimmte Dinge oder Personen befinden, und S2 antwortet. In Frage und Antwort werden die Possessivbegleiter der 1. und 2. Person Plural benutzt. (⟶ Differenzierung 1)
**Hausaufgabe:** *Cahier d'activités*, S. 53, Nr. 13, 14; Schülerbuch, S. 129, Nr. 5: diese Aufgabe kann in lernschwächeren Klassen oder bei Zeitmangel entfallen. (⟶ Zur Methodik 2)

## Tipps und Tricks

**Zur Methodik**

**1. Schülerbuch, S. 67, Nr. 11:** Bei der Ergebnissicherung des B-Teils können S zwecks Unterscheidung zwischen *leur/leurs* beim Plural *leurs* ein *-s-* in die Luft malen.
**2. *Cahier d'activités*, S. 53, Nr. 13 und 14:** Nr. 13 beinhaltet die neu eingeführten Formen der Possessivbegleiter; Nr. 14 ist eine integrative Übung mit allen Possessivbegleitern.
***Cahier d'activités*, S. 53, Nr. 14:** In einigen Fällen gibt es mehrere, wenn auch eher unwahrscheinliche Möglichkeiten, z. B. 5. *Et vous, les élèves, vous aimez aussi nos professeurs et notre collège?* Diese sind in der Musterlösung nicht eingeführt.

**Differenzierung**

**Schülerbuch, S. 67, Nr. 12:** Um kleinschrittiger vorzugehen, kann die Klasse geteilt werden: Eine Hälfte formuliert nur die Fragen, die andere die Antworten (schriftlich). Dann sprechen Vertreter beider Gruppen im Dialog. Differenzierend kann L in einem zweiten Durchgang bei den Antworten auf die Pronominalisierung bestehen *(Elle est dans la salle des professeurs.)*, allerdings entfällt dann der Gebrauch des Possessivbegleiters.
**Schülerbuch, S. 129, Nr. 5:** S beschreiben ihren Tagesablauf in Gedichtform. In lernschwachen Klassen oder bei Zeitmangel kann darauf verzichtet werden.

**Alternative**

**Kopiervorlage (Folie) 9:** S erhalten je eine **blaue**, **rote** und **schwarze** Blankokarte. S lesen ein Wort und werden aufgefordert, die korrekte Karte zu heben. Ein S mit der richtigen Karte nennt das Nomen zuerst mit dem unbestimmten Artikel, dann mit dem Possessivbegleiter der Person, die der L vorgibt. (*Farbige Karten ⟶ Boîte à outils 30*)

**Boîte à outils 30**

### Farbige Karten

Farbige Karten können im Unterricht zur Wiederholung grammatischer Strukturen eingesetzt werden: blau für Maskulinum, rot für Femininum, schwarz für Plural (einsetzbar z. B. beim Artikel, bei den Begleitern, beim Adjektiv usw.). Die Karten lassen sich besonders gut für Wiederholungsphasen im Unterricht verwenden.
Die Herstellung ist ganz einfach: ein farbiges DIN-A4-Blatt wird in gleich große Teile zerschnitten (DIN-A6 oder DIN-A7), dann werden die Kärtchen laminiert.

---

**Hausaufgabe:** Vor der Bearbeitung der Aufgaben zu *Pratique* die Hausaufgaben *Cahier d'activités* S. 53, Nr. 13 + 14 sowie Schülerbuch, S. 129, Nr. 5 besprechen.
(Lösung ⟶ CD-ROM)

## S. 68–69 Pratique: tâches

**Empfohlende Reihenfolge für die Durchnahme der Aufgaben:**

Lire **Schülerbuch, S. 68, Nr. 1**
Hier geht es um das globale Leseverstehen. S sollen den Textzusammenhang erschließen, ohne jedes einzelne Wort zu verstehen. Internationalismen wie *une bibliothèque, international, une médiathèque, le journalisme, transformé, une interview* sind erschließbar. Vom Deutschen oder Englischen können *arabe, espagnol/portugais, un cirque, un cinéma, un studio, une interview* abgeleitet werden. Aufgrund des Kontextes sind *donc, le plus grand* und *un lycée* verstehbar. *Une piscine* kann aufgrund des Fotos und *enfin* durch die Wortfamilie (*la fin* ist bekannt) verstanden werden.
S bearbeiten den Text in Kleingruppen.
Bevor der Text gelesen wird, stellen S anhand der Überschrift und der Fotos Vermutungen an, worum es in dem Text geht (⟶ *Stratégie* 1). Anschließend lesen S in Einzelarbeit den Text durch. Unbekannte Wörter sollen „überlesen" werden (⟶ *Stratégie* 2). Bei der erneuten Lektüre des Textes (⟶ *Stratégie* 3) sollen S versuchen, unbekannte Wörter durch Ähnlichkeiten mit der eigenen Sprache, mit dem Englischen oder anderen Sprachen zu erschließen (Internationalismen). Auch der Kontext, Wortfamilien oder textbegleitende Illustrationen können helfen, Wörter zu erraten.

---

Lire ***Cahier d'activités*, S. 54, Nr. 15**
Leistungsschwächere S lesen den ersten Teil im Schülerbuch S. 68, Nr. 1 bis *au lycée*. Die Erarbeitung des folgenden Textteils (*Stratégie* 3) erfolgt mit Hilfe von *Cahier d'activités*, S. 54, Nr. 15. Der Text über das *collège-lycée Honoré de Balzac* ist mit dem zweiten Teil des Textes im Schülerbuch, S. 68 identisch. S erarbeiten Text mit Hilfe der ausgewählten Texterschließungsmethoden schriftlich und kleinschrittig. Die Ergebnissicherung erfolgt im Plenum. Lösungsmöglichkeiten können in einer Tabelle aufgelistet werden, die im Portfolio-Ordner abgeheftet und für spätere Zwecke wiederverwendet werden kann.
(Lösung ⟶ CD-ROM)

---

Parler ***Cahier d'activités*, S. 55, Nr. 16**
S erfragen in Partnerarbeit mit Hilfe eines Tandembogens Merkmale des französischen Schulsystems. Die Kontrolle erfolgt gegenseitig.

---

**Médiation** **Schülerbuch S. 69, Nr. 2**
A + B: Sprachmittlung: Information von Plakaten soll auf Deutsch oder Französisch sinngemäß wiedergegeben werden. Hierbei ist es wichtig, sich in die Position des Adressaten zu begeben: Was ist wichtig für ihn/sie? Was möchte er/sie wissen? Was halte ich für besonders mitteilenswert?
A: Sprachmittlung in der Muttersprache: S sollen den Plakattext sinngemäß (auf keinen Fall übersetzen) auf Deutsch wiedergeben. Das Plakat enthält einige neue Wörter, die jedoch durch die vorher vermittelten Erschließungsstrategien ohne größere Probleme verstanden werden: *le club-vidéo* (dt.), *un film* (dt./engl.), *rêver* (⟶ *le rêve*), *une star* (dt.), *tourner qc* (Kontext), *mini* (dt.), *tous les âges* (Kontext), *le niveau* (dt.), *un rendez-vous* (dt.). (Lösungsvorschläge ⟶ CD-ROM)
B: Sprachmittlung in der Fremdsprache: Diese Aufgabe (Paraphrasieren in die Fremdsprache) ist das anspruchsvollere Pendant zu Schülerbuch, S. 53, Nr. 1 (Paraphrasieren in die Muttersprache). S sollen Information eines Plakates auf Französisch wiedergeben. (Lösungsvorschläge ⟶ CD-ROM)

**Médiation** ***Cahier d'activités*, S. 55, Nr. 17**
Sprachmitteln in die Fremdsprache anhand eines Fotos mit interkultureller Komponente: Französische Brieffreundin/Französischer Brieffreund erfragt, was das Mädchen mit der Schultüte auf dem Foto bedeutet. Die Schultüte ist in Frankreich völlig unbekannt. Die Übersetzung *un cornet* kommt dem Wort am nächsten, da die Schultüte eine ähnliche Form wie ein „Hörnchen mit Eis" hat. Die Lösungen der S werden in der Regel nicht alle Details des Fotos berücksichtigen, sodass die Schreibzeilen ausreichen müssten. (Lösungsmöglichkeit ⟶ CD-ROM)

**Portfolio** **Schülerbuch, S.69, Nr. 3**
S erstellen Dokumentation dessen, was sie schon können (Kompetenzerwartung), als Abschluss der Lektion und gestalten eine Seite über ihre Schule. Die Portfolio-Aufgabe sollte als Langzeithausaufgabe angelegt sein (Mindestzeitraum eine Woche). Die französischen Bezeichnungen, für die von den S zur Abbildung ausgewählten Räume, werden angegeben, z. B. *la salle de musique, la salle d'informatique, la bibliothèque, le couloir* usw.

**Ecrire** ***Cahier d'activités*, S. 58, Nr. 6**
Anstatt einen L vorzustellen, kann auch ein fiktiver Freund/eine fiktive Freundin beschrieben werden.

## S. 70–71 Bilan

Im *Bilan*-Teil überprüfen die S ihre in dieser *Unité* erworbenen Fertigkeiten selbstständig. Kopiervorlagen zur **Diagnose**, zum **Fördern** und zur **Differenzierung** befinden sich en bloc im hinteren Teil dieses Buches – im Anschluss an die *Unités*.
Lösungsbögen zu den Kopiervorlagen befinden sich auf der CD-ROM zum Ausdrucken und Weitergabe an die S.

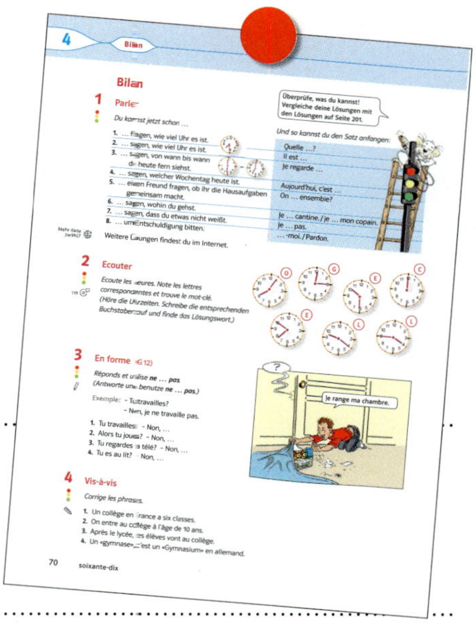
4 Bilan

Bilan

1 Parler
Überprüfe, was du kannst! Vergleiche deine Lösungen mit den Lösungen auf Seite 201.
*Du kannst jetzt schon …*
*Und so kannst du den Satz anfangen:*
1. … fragen, wie viel Uhr es ist. — Quelle …?
2. … sagen, wie viel Uhr es ist. — Il est …
3. … sagen, von wann bis wann du heute fern siehst. — Je regarde …
4. … sagen, welcher Wochentag heute ist. — Aujourd'hui, c'est …
5. … einen Freund fragen, ob ihr die Hausaufgaben gemeinsam macht. — On … ensemble?
6. … sagen, wohin du gehst. — Je … cantine. / Je … mon copain.
7. … sagen, dass du etwas nicht weißt. — Je … pas.
8. … um Entschuldigung bitten. — … -moi. / Pardon.
Mehr dazu 3w9hj7
Weitere Lösungen findest du im Internet.

2 Ecouter
*Ecoute les heures. Note les lettres correspondantes et trouve le mot-clé.*
*(Höre die Uhrzeiten. Schreibe die entsprechenden Buchstaben auf und finde das Lösungswort.)*


3 En forme (G 12)
*Réponds et utilise **ne … pas**.*
*(Antworte und benutze **ne … pas**.)*
Exemple: – Tu travailles?
– Non, je ne travaille pas.
1. Tu travailles? – Non, …
2. Alors tu joues? – Non, …
3. Tu regardes la télé? – Non, …
4. Tu es au lit? – Non, …


4 Vis-à-vis
*Corrige les phrases.*
1. Un collège en France a six classes.
2. On entre au collège à l'âge de 10 ans.
3. Après le lycée, les élèves vont au collège.
4. Un «gymnase», c'est un «Gymnasium» en allemand.

70 soixante-dix

**Parler** **Schülerbuch S. 70, Nr. 1**
Aufgabe zur Evaluation: Du kannst jetzt schon …
(Lösung ⟶ S. 201 oder CD-ROM)

**Jeu des mots** ***Cahier d'activités*, S. 56, Nr. 1**
Wortschatz zu den Themenbereichen Familie, Musik, Sport und Schule.
(Lösung ⟶ *Cahier d'activités*, S. 101 oder CD-ROM)

---

**Differenzierung** ***Cahier d'activités, En plus*, S. 57, Nr. 1:** Leichtere Differenzierungsübung zum Schreiben von Wörtern.
***Cahier d'activités, En plus*, S. 58, Nr. 5**: Schwierige Differenzierungsübung: **A:** Hör-(Seh)-Verstehen, **B:** Geschichte schreiben. (Lösung ⟶ *Cahier d'activités*, S. 102 oder CD-ROM)
***Cahier d'activités, En plus*, S. 58, Nr. 6:** Schwierige Differenzierungsübung: einen Freund/ eine Freundin beschreiben. (Individuelle Lösung)

---

**Ecouter** **Schülerbuch S. 70, Nr. 2**
Bei dieser HV-Übung wird die Uhrzeit wiederholt und trainiert. (Lösung ⟶ S. 201 oder CD-ROM)

---

**En forme** **Schülerbuch S. 70, Nr. 3**
Wiederholungsübung zur Verneinung in Einzelarbeit. (Lösung ⟶ S. 201 oder CD-ROM)

---

**Vis-à-vis** **Schülerbuch S. 70, Nr. 4**
Die S überprüfen Aussagen zum französischen Schulsystem auf Korrektheit.
(Lösung ⟶ S. 201 oder CD-ROM)

---

**Médiation** ***Cahier d'activités*, S. 56, Nr. 2**
Sprachmittlung: schriftliches Paraphrasieren in die Fremdsprache. (Lösung ⟶ *Cahier d'activités*, S. 101 oder CD-ROM)

---

**En forme** **Schülerbuch S. 71, Nr. 5**
Wiederholung von *faire* und *aller à/chez*. (Lösung ⟶ S. 201 oder CD-ROM)
**Schülerbuch S. 71, Nr. 6**
Wiederholung der Possessivbegleiter. (Lösung ⟶ S. 201 oder CD-ROM)
***Cahier d'activités*, S. 56, Nr. 3**
Grammatische Übung zur Verneinung mit *ne … pas*, *faire*, *aller à/chez*, Possessivbegleiter.
(Lösung ⟶ *Cahier d'activités*, S. 101 oder CD-ROM)
***Cahier d'activités, En plus*, S. 57, Nr. 2**: Leichtere Differenzierungsübung zur Verneinung.
(Lösung ⟶ S. 101 oder CD-ROM)
***Cahier d'activités, En plus*, S. 57, Nr. 4**: Leichtere Differenzierungsübung zu *faire* und *aller*.
(Lösung ⟶ S. 102 oder CD-ROM)

---

**Portfolio** ***Cahier d'activités, En plus*, S. 58, Nr. 6**
S sollen ein „schönes" Blatt gestalten, das sie mit Zeichnungen oder Fotos verschönern und anschließend im Portfolio abheften. Die Vorgaben können um eigene Ideen erweitert werden. Die Form der Sonne soll als Gestaltungsmöglichkeit zur Beschreibung genutzt werden. Die Beschreibung kann aber auch in einen zusammenhängenden Text überführt werden.

---

**Théâtre** ***Cahier d'activités*, S. 58, Nr. 7**
**Cahier für Lehrer** sowie das **Cahier für Schüler:** enthält alle Tonaufnahmen pro Szene im MP3-Format.
**Audio-CD** (Klett-Nr. 622166): enthält alle Tonaufnahmen
**Cahier für Schüler:** Online-Link verweist aufs Internet; dort befinden sich der komplette Text des Theaterstücks und Tipps für die Aufführung usw.
**Cahier für Lehrer:** identisch mit den Inhalten des Online-Links im Schüler-Cahier sowie zusätzlichen Hinweisen pro Szene für den L.

---

## L'horloge

*Schneide die Uhr aus und befestige die Zeiger in der Mitte mit solch einer Klemme.* 

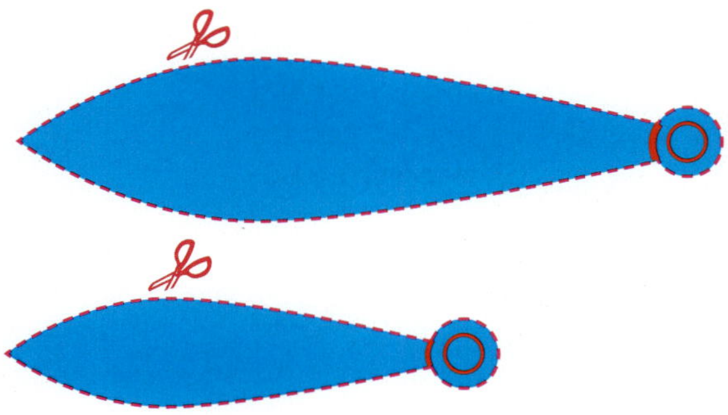

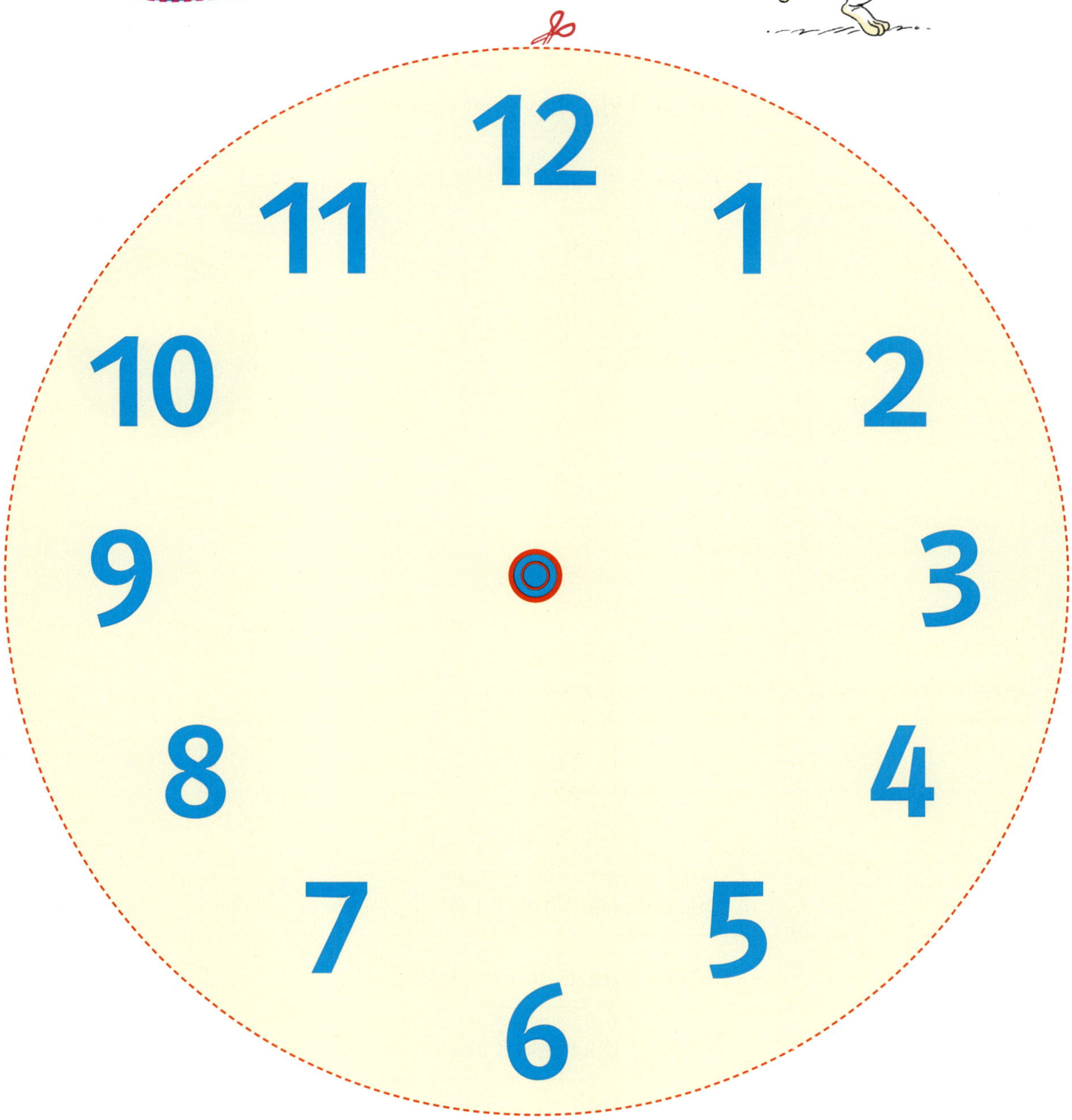

## Quelle heure est-il, s'il te plaît?

*Demande l'heure à ton partenaire.*
*(Frage deine Partnerin/deinen Partner nach der Uhrzeit. Partner/in B sitzt mit dem Rücken zum Overheadprojektor.*
*A stellt die erste auf der Folie angegebene Uhrzeit auf seiner Uhr ein und fragt nach der Uhrzeit. Partner/in B sagt die Uhrzeit. A vergleicht die Antwort mit der Lösung auf der Folie.*
*Sind alle Fragen von A beantwortet, werden die Rollen getauscht. Nun wird nach den Uhrzeiten von B gefragt und A antwortet.)*

### A

| Quelle heure est-il, s'il te plaît? | Il est ... |
|---:|---|
| 8.05 | huit heures cinq. |
| 10.30 | dix heures et demie. |
| 03.45 | quatre heures moins le quart. |
| 12.00 | midi. |
| 15.50 | quatre heures moins dix. |
| 23.25 | onze heures vingt-cinq. |

### B

| Quelle heure est-il, s'il te plaît? | Il est ... |
|---:|---|
| 19.50 | huit heures moins dix. |
| 06.15 | six heures et quart. |
| 09.20 | neuf heures vingt. |
| 10.40 | onze heures moins vingt. |
| 22.30 | dix heures et demie. |
| 11.45 | midi moins le quart. |

## L'heure

*Ecris l'heure sous chaque dessin. (Schreibe unter jede Zeichnung die Uhrzeit.)*

Il est

## La clé

*Coupe les cartes et lis les phrases. Puis écoute le texte et mets les phrases dans le bon ordre.*
*(Schneide die Kärtchen auseinander und lies die Sätze. Höre dann den Text an und bringe die Sätze mit deinem Partner/deiner Partnerin in die richtige Reihenfolge.)*

**1.** Alex: «Après la cantine, nous allons au CDI et nous regardons sur l'ordi.»

**2.** Léo n'est pas là. Mehdi cherche Léo dans la cour mais il ne trouve pas son copain.

**3.** Le cours de français commence dans deux minutes.

**4.** A la récréation de 10 heures, les garçons retrouvent Marie et Alex dans la cour. Léo raconte l'histoire de la clé USB.

**5.** Aujourd'hui, Léo est en retard. A huit heures quatre, Léo entre dans la salle de cours. Léo va à sa place. Dans sa main, il a la clé USB.

**6.** A une heure, ils vont au CDI. Bientôt, la clé USB est dans l'ordinateur.

## Questionnaire

### △ Frage- und Antwortkärtchen A

1. Tu es Alex?
2. Tu as 10 ans?
3. Tu habites à Nice?
4. Tu aimes ranger ta chambre?
5. Tu es élève au lycée Balzac?
6. Tu cherches Malou?
7. Tu regardes la télé?

1. Tu es Alex?
2. Tu as 10 ans?
3. Tu habites à Nice?
4. Tu aimes ranger ta chambre?
5. Tu es élève au lycée Balzac?
6. Tu cherches Malou?
7. Tu regardes la télé?

1. Tu es Alex?
2. Tu as 10 ans?
3. Tu habites à Nice?
4. Tu aimes ranger ta chambre?
5. Tu es élève au lycée Balzac?
6. Tu cherches Malou?
7. Tu regardes la télé?

**Non, …**

1. je ne … pas Alex.
2. je n' … pas 10 ans.
3. je n' … pas à Nice.
4. je n' … pas ranger ma chambre.
5. je ne … pas élève au lycée Balzac.
6. je ne … pas Malou.
7. je ne … pas la télé.

**Non, …**

1. je ne … pas Alex.
2. je n' … pas 10 ans.
3. je n' … pas à Nice.
4. je n' … pas ranger ma chambre.
5. je ne … pas élève au lycée Balzac.
6. je ne … pas Malou.
7. je ne … pas la télé.

**Non, …**

1. je ne … pas Alex.
2. je n' … pas 10 ans.
3. je n' … pas à Nice.
4. je n' … pas ranger ma chambre.
5. je ne … pas élève au lycée Balzac.
6. je ne … pas Malou.
7. je ne … pas la télé.

### ▲ Frage- und Antwortkärtchen B

1. être Alex?
2. avoir 10 ans?
3. habiter à Nice?
4. aimer ranger sa chambre?
5. être élève au lycée Balzac?
6. chercher Malou?
7. regarder la télé?

1. être Alex?
2. avoir 10 ans?
3. habiter à Nice?
4. aimer ranger sa chambre?
5. être élève au lycée Balzac?
6. chercher Malou?
7. regarder la télé?

1. être Alex?
2. avoir 10 ans?
3. habiter à Nice?
4. aimer ranger sa chambre?
5. être élève au lycée Balzac?
6. chercher Malou?
7. regarder la télé?

**Non, …**

1. être Alex
2. avoir 10 ans
3. habiter à Nice
4. aimer ranger sa chambre
5. être élève au lycée Balzac
6. chercher Malou
7. regarder la télé

**Non, …**

1. être Alex
2. avoir 10 ans
3. habiter à Nice
4. aimer ranger sa chambre
5. être élève au lycée Balzac
6. chercher Malou
7. regarder la télé

**Non, …**

1. être Alex
2. avoir 10 ans
3. habiter à Nice
4. aimer ranger sa chambre
5. être élève au lycée Balzac
6. chercher Malou
7. regarder la télé

## La négation

**A** *Reconstituez les phrases. (Stellt die Sätze wieder her.)*

| | | | | | |
|---|---|---|---|---|---|
| Mme Barette. | cherche | ne | Mehdi | pas | |
| pas | ne | Le cours d'allemand | commence | à huit heures et demie. | |
| pas | ne | la clé USB. | Marie et Léo | trouvent | |
| ne | Je | pas | sais | | |
| Les copains | ne | regardent | pas | sur l'ordi à dix heures. | |
| pas | allons | n' | Nous | au CDI avec Mme Barette. | |

**B** *Ecrivez des phrases avec la négation. Coupez les pièces. Donnez les pièces à une autre groupe. L'autre groupe reconstitue les phrases. (Schreibt Sätze mit der Verneinung. Schneidet die Teile aus. Gebt die Teile einer anderen Gruppe. Die andere Gruppe stellt die Sätze wieder her.)*

## Joue au détective.

*Joue au détective. Marque dans la grille les formes du verbe „aller“. Puis écris la bonne forme derrière le pronom personnel à droite. (Spiele Detektiv. Markiere in dem Gitter die Formen von „gehen“. Schreibe dann die passende Form rechts neben das entsprechende Personalpronomen.)*

Suche in diesen Richtungen:

← → ↑ ↓

| | | | | | |
|---|---|---|---|---|---|
| V | B | Q | Y | K | T |
| A | L | L | O | N | S |
| I | D | G | O | J | M |
| S | A | V | Q | S | S |
| Z | V | C | R | H | A |
| G | F | M | E | L | L |
| D | X | P | L | H | L |
| A | Y | E | L | D | E |
| V | Z | O | A | W | Z |
| T | V | O | N | T | S |

**Infinitif: aller**

je ____________________

tu ____________________

il/elle/on ____________________

nous ____________________

vous ____________________

ils/elles ____________________

## Une surprise

*Parlez du texte. A pose des questions, B trouve la bonne réponse.*
*(Sprecht über den Text. A stellt Fragen, B findet die passende Antwort.)*

*Schneidet die Fragen und Antworten an den gestrichelten Linien auseinander.*
*Legt die Fragekärtchen ✲ verdeckt auf den Tisch, die Antwortkärtchen ❀ liegen aufgedeckt daneben. Arbeitet zu zweit. Partner/in A nimmt eine Karte und liest die Frage vor.*
*Partner/in B sucht die richtige Antwort heraus und liest sie laut vor.*
*Tauscht nach einem Durchgang die Rollen.*

| A – Questions | B – Réponses |
|---|---|
| ✲ **1.** C'est la clé USB de qui? | ❀ **a.** Ils sont au CDI devant l'ordinateur. |
| ✲ **2.** Qu'est-ce qu'il y a jeudi? | ❀ **b.** C'est la professeure d'allemand. |
| ✲ **3.** Où sont les copains? | ❀ **c.** Mme Barette arrive. |
| ✲ **4.** Qu'est-ce que Léo cherche dans son sac? | ❀ **d.** Ils discutent. |
| ✲ **5.** Qui est Mme Barette? | ❀ **e.** C'est la clé USB de Mme Barette. |
| ✲ **6.** Qui arrive? | ❀ **f.** Sur la clé, il y a des interrogations d'allemand. |
| ✲ **7.** Que font les enfants? | ❀ **g.** Il cherche sa clé USB. |
| ✲ **8.** Qu'est-ce qu'il y a sur la clé USB? | ❀ **h.** Jeudi, il y a une interro surprise. |

### *Un, une, des? Mon, ma, mes?*

*Ajoutez l'article indéfini et puis le déterminant possessif.*
*(Lest ein Wort und hebt die blaue Karte für Maskulinum, die rote für Femininum und die schwarze für den Plural. Nennt zunächst den unbestimmten Artikel, anschließend den Possessivbegleiter.)*

professeure

sac

cour

cantine

lits

infirmerie

professeurs

élèves

collège

clés

pieds

CDI

journée

télévision

classe

interrogation

copies

rêve

main

emploi du temps

gymnase

## S. 73–75 **Plateau 2**

# Ziel des Plateau 2

Allgemeine Hinweise zu den *Plateaux*-Einheiten ⟶ *Plateau 1*, S. 94.

**Inhaltlicher Schwerpunkt**

*Plateau* 2 bezieht sich auf die in den *Unités 3 + 4* erworbenen Kompetenzen und Kenntnisse. In *Plaisir d'écouter* geht es um das Thema „Schule".
Der *Révisions*-Teil beinhaltet Präpositionen, *aller à/chez*, einen Hörtext zur Mediation und verschiedene Verben.
Daran schließen sich Aufgaben zur Vorbereitung der *DELF*-Prüfung an.

**Kompetenzerwartung**

Die S können Wortbedeutungen anhand des Kontextes und der Verwandtschaft zu anderen Sprachen erschließen und auf diese Weise Inhalte eines Liedtextes verstehen. Sie können bei entsprechenden Vorgaben kleine Reime selbst erstellen sowie Wörter und Ausdrücke aus dem Wortfeld „Schule" verstehen und verwenden.
Die S können ihre Lernfortschritte mithilfe der Lösungen selbst einschätzen und sich ggf. bei Problemen Hilfe suchen.
Die S können sich auf die zentralen Aufgaben der *DELF*-Prüfung vorbereiten. Sie können gesprochene und geschriebene Nachrichten verstehen und Fragen dazu beantworten, eine Nachricht verfassen und Fragen zur eigenen Person beantworten.

## S. 73 Plaisir d'écouter: Bye bye collège

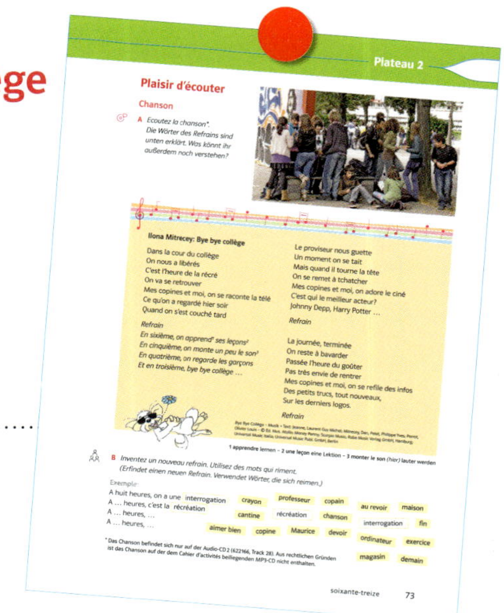


**Inhaltlicher Schwerpunkt**

Das Chanson *Bye bye collège* handelt von der Schulzeit und den täglichen Erlebnissen der Schüler/innen auf dem Schulhof. Es geht um die Dinge, für die sich Kinder mit ihren Freunden interessieren, worüber sie sich unterhalten und was ihnen wichtig ist. Darüber hinaus ist die Entwicklung bis zum Ende der *collège*-Zeit angesprochen.

**Préparation en 3 minutes**

- **Mitnehmen!** Schülerbuch, CD-Spieler, CD 2 (Track 28)
- **Schülerbuch:** S. 73: *Chanson*
- **Thematischer Schwerpunkt:** Schule
- **Inhaltlicher Schwerpunkt:** Hörverstehen, Reime schreiben
- **Hausaufgabe:** Schülerbuch, S. 73B

**Neue Wörter/ Kein Lernwortschatz**

libérer, on a regardé (passé composé), hier soir, se coucher, tard, en sixième, en cinquième, en quatrième, en troisième, apprendre, une leçon, monter, un peu, le son, un proviseur, guetter, un moment, se taire, la tête, se remettre, tchatcher, adorer, le ciné, le meilleur acteur, terminer, rester, bavarder, le goûter, passer, se refiler, des infos, nouveau, dernier, un logo

**Schritte zur Erarbeitung**

**Hinführung** (Schülerbuch, Tafel)
S. 73: S betrachten Foto und beschreiben es (Worum könnte es gehen?). Anschließend schreibt L *collège* an die Tafel und fragt S, was sie schon über das französische Schulsystem wissen. Die Ergebnisse können an der Tafel festgehalten werden.

**Problematisierung** (Tafel)
L schreibt *Bye bye collège* an die Tafel und S überlegen auf Deutsch, um was es in dem *Chanson* geht.

**Erarbeitung** (CD 2 (Track 28), Tafel, Schülerbuch)
S hören das *Chanson* zweimal bei geschlossenen Büchern von CD 2 und sagen, was sie verstanden haben. L sammelt an der Tafel die Beiträge in Stichworten.
Bevor das *Chanson* erneut bei geöffneten Büchern angehört wird, schreibt L Fragen an die Tafel, die im Anschluss von den S beantwortet werden:
*De quoi est-ce que la chanteuse parle? La chanson est composé de* (besteht aus) *combien de parties?* Sagt auf Deutsch, welches die Teile sind.
L wiederholt zusammen mit den S Tipps zur Worterschließung. Danach wird der Text gemeinsam gelesen. Unbekannte Wörter werden erschlossen. (⟶ Zur Methodik)

**Sicherung** (Schülerbuch)
Lied wird erneut vorgespielt und Refrain wird von den S mitgesungen.

**Festigung** (Schülerbuch, CD 2 (Track 28))
S. 73 B: S arbeiten in Kleingruppen und erfinden einen neuen Refrain. Anschließend wird das *Chanson* erneut abgespielt (CD 2: Track 28) und immer dort, wo ein Refain vorkommt, singt jeweils eine Gruppe ihren Refrain. L stoppt solange die CD und wechselt zur nächsten Strophe.
**Hausaufgabe:** Informationen über Ilona Mitrecey zusammentragen, z. B. Alter, Wohnort usw.

**Zur Methodik**

Jedes authentische *Chanson* geht zu diesem Zeitpunkt weit über den erreichten Lernstand hinaus. Das *Chanson* soll hier vor allem dem Lernvergnügen dienen. Die kreative Aufgabe bezieht sich bewusst nur auf den Refrain.

**Interkulturelles**

**Ilona Mitrecey**
Ilona Mitrecey wurde am 1. 9. 1993 geboren und hat mittlerweile schon einige Singles auf den Markt gebracht. Der Durchbruch gelang ihr als Kinderstar im Jahr 2005 mit dem Lied *Un monde parfait*, das Platz 1 der französischen Charts erreichte.

**Portfolio**

***Cahier d'activités*, S. 59**
Informationen zur Portfolio *Auto-Evaluation* ⟶ S. 97
Die Aussagen beschreiben den nach *Unité* 3 und 4 erreichten Lernstand nicht vollständig, sondern bilden nur die wichtigsten Fähigkeiten und Kenntnisse ab.
Die Einträge, bei denen „grüne Ampeln" vergeben wurden, können in das Portfolio im Anschluss an *Cahier d'activités*, S. 105 übertragen werden.

## S. 74 Révisions

Informationen zu den *Révisions-* sowie *Auto-Contrôle*-Übungen auf S. 97.

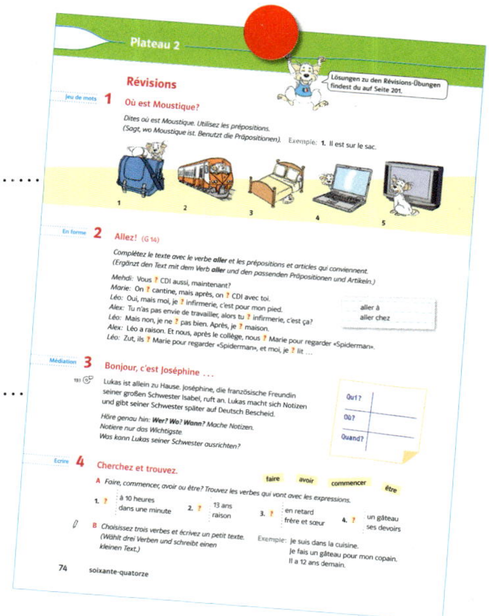
Plateau 2

Révisions

Lösungen zu den Révisions-Übungen findest du auf Seite 201.

Jeu de mots **1** Où est Moustique?

*Dites où est Moustique. Utilisez les prépositions.*
*(Sagt, wo Moustique ist. Benutzt die Präpositionen).* Exemple: **1.** Il est sur le sac.

1 2 3 4 5

En forme **2** Allez! (G 14)

*Complétez le texte avec le verbe* ***aller*** *et les prépositions et articles qui conviennent.*
*(Ergänzt den Text mit dem Verb* ***aller*** *und den passenden Präpositionen und Artikeln.)*

*Mehdi:* Vous ? CDI aussi, maintenant?
*Marie:* On ? cantine, mais après, on ? CDI avec toi.
*Léo:* Oui, mais moi, je ? infirmerie, c'est pour mon pied.
*Alex:* Tu n'as pas envie de travailler, alors tu ? infirmerie, c'est ça?
*Léo:* Mais non, je ne ? pas bien. Après, je ? maison.
*Alex:* Léo a raison. Et nous, après le collège, nous ? Marie pour regarder «Spiderman».
*Léo:* Zut, ils ? Marie pour regarder «Spiderman», et moi, je ? lit …

aller à
aller chez

Médiation **3** Bonjour, c'est Joséphine …

Lukas ist allein zu Hause. Joséphine, die französische Freundin seiner großen Schwester Isabel, ruft an. Lukas macht sich Notizen und gibt seiner Schwester später auf Deutsch Bescheid.

*Höre genau hin:* ***Wer? Wo? Wann?*** *Mache Notizen.*
*Notiere nur das Wichtigste.*
*Was kann Lukas seiner Schwester ausrichten?*

Qui? / Où? / Quand?

Ecrire **4** Cherchez et trouvez.

faire avoir commencer être

**A** *Faire, commencer, avoir ou être? Trouvez les verbes qui vont avec les expressions.*

**1.** ? à 10 heures / dans une minute **2.** ? 13 ans / raison **3.** ? en retard / frère et sœur **4.** ? un gâteau / ses devoirs

**B** *Choisissez trois verbes et écrivez un petit texte.*
*(Wählt drei Verben und schreibt einen kleinen Text.)*

Exemple: Je suis dans la cuisine.
Je fais un gâteau pour mon copain.
Il a 12 ans demain.

74 soixante-quatorze

**Jeu de mots** **Schülerbuch, S. 74, Nr. 1**
Die Aufgabe wird mündlich im Plenum bearbeitet. Dabei kann die Bedeutung der Präpositionen mit Gesten dargestellt werden.
(Lösung ⟶ Schülerbuch, S. 201/CD-ROM)

**En forme** **Schülerbuch, S. 74, Nr. 2**
S bearbeiten die Übung in Einzelarbeit schriftlich und kontrollieren ihre Ergebnisse zunächst eigenständig im Schülerbuch auf S. 201. Anschließend kann der Dialog in verteilten Rollen im Plenum gelesen werden.
(Lösung ⟶ CD-ROM)

**Médiation** **Schülerbuch, S. 74, Nr. 3/CD 2 (Track 29; MP3 133)**
Die S lesen den Text und die Fragen. Danach schreiben S eine Tabelle in ihre Hefte und notieren die Informationen, die sie dem Hördokument entnehmen. Der Text wird zwei- bis dreimal angehört. Danach spielen S Rollenspiel zu zweit: S1 = Isabel, S2 = Lukas. Lukas berichtet seiner Schwester auf Deutsch, wer wann wohin kommt.
(Lösung ⟶ Schülerbuch, S. 201 oder CD-ROM)
Anschließend kann noch auf Lukas Rückfrage während des Telefonats *Euh … pardon …, comment?* sowie auf Bestätigungssignale wie *Ah, bon* hingewiesen werden.

**Ecrire** **Schülerbuch S. 74, Nr. 4**
Der A-Teil wird im Plenum gemeinsam bearbeitet. (Lösung ⟶ CD-ROM)
Anschließend wird der B-Teil in Einzelarbeit schriftlich durchgeführt. Zur Korrektur nimmt L die Schülerarbeiten nach Hause mit. In der Folgestunde können beispielhaft Texte vorgelesen und häufig auftretende Fehler in der Klasse besprochen werden.

**Jeu de sons** ***Cahier d'activités*, S. 60, Nr. 1**
S bearbeiten Aufgabe zur Lautdiskriminierung von [ə], [e], [ɛ], [œ], indem sie das Wort, das nicht passt, durchstreichen.
Der Laut [œ] wurde in den *Unités* 1–4 noch nicht speziell behandelt. Er bietet sich aber zur Ergänzung der „e-Laute" an. Bei den Beispielwörtern wurde auf eine unterschiedliche orthografische Realisierung der einzelnen Laute geachtet.
(Lösung ⟶ *Cahier d'activités*, S. 102 oder CD-ROM)

**Jeu de mots** ***Cahier d'activités*, S. 60, Nr. 2**
S vervollständigen Sätze, indem sie das Gegenteil der Abbildungen beschreiben. Das Lernen in Gegensatzpaaren ist hilfreich für das Einprägen von Vokabeln, z. B.: *chercher ≠ trouver*, *aimer ≠ détester* usw. (Lösung ⟶ *Cahier d'activités*, S. 102 oder CD-ROM)

**En forme** ***Cahier d'activités*, S. 60, Nr. 3**
Es handelt sich um eine schwierigere Differenzierungsübung. Bei der Aufgabe handelt es sich um eine formale kontrastive Übersetzung, die der Bewusstmachung struktureller Unterschiede zwischen dem Französischen und Deutschen dient. Französische Entsprechungen für das deutsche „ihr(e)" und „Ihr(e)" müssen gefunden werden (hier: *sa, son, votre, leur*). (Lösung ⟶ *Cahier d'activités*, S. 102 oder CD-ROM)

## S. 75 On prépare le DELF

Allgemeine Hinweise zu *DELF* ⟶ S. 99

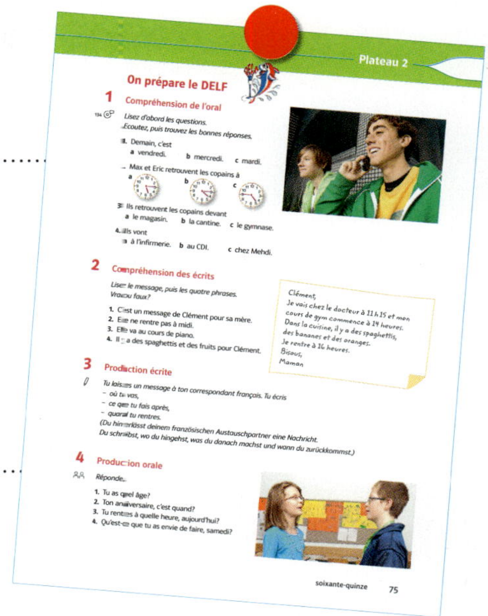
Plateau 2

On prépare le DELF

1 Compréhension de l'oral

134 *Lisez d'abord les questions. Écoutez, puis trouvez les bonnes réponses.*

1. Demain, c'est
   a vendredi. b mercredi. c mardi.
2. Max et Eric retrouvent les copains à
   a b c
3. Ils retrouvent les copains devant
   a le magasin. b la cantine. c le gymnase.
4. Ils vont
   a à l'infirmerie. b au CDI. c chez Mehdi.

2 Compréhension des écrits

*Lisez le message, puis les quatre phrases. Vrai ou faux?*

1. C'est un message de Clément pour sa mère.
2. Elle ne rentre pas à midi.
3. Elle va au cours de piano.
4. Il y a des spaghettis et des fruits pour Clément.

Clément,
Je vais chez le docteur à 11 h 15 et mon cours de gym commence à 14 heures.
Dans la cuisine, il y a des spaghettis, des bananes et des oranges.
Je rentre à 16 heures.
Bisous,
Maman

3 Production écrite

*Tu laisses un message à ton correspondant français. Tu écris*
*– où tu vas,*
*– ce que tu fais après,*
*– quand tu rentres.*
*(Du hinterlässt deinem französischen Austauschpartner eine Nachricht. Du schreibst, wo du hingehst, was du danach machst und wann du zurückkommst.)*

4 Production orale

*Répondez.*

1. Tu as quel âge?
2. Ton anniversaire, c'est quand?
3. Tu rentres à quelle heure, aujourd'hui?
4. Qu'est-ce que tu as envie de faire, samedi?

soixante-quinze 75

**Zur Methodik**

Vor der Bearbeitung der einzelnen Aufgaben weist L noch einmal darauf hin, was von den S erwartet wird.
Die Bearbeitung erfolgt in Einzelarbeit in der vorgegebenen Reihenfolge. Die Ergebnissicherung erfolgt nach jeder Aufgabe, um die S behutsam an die eigenständige Bearbeitung der Prüfungsformate heranzuführen.

**Compréhension de l'oral**

**Schülerbuch, S. 75, Nr. 1/CD 2 (Track 30; MP3 134)**
Die S lesen zunächst die Aufgabe, hören den Hörverstehenstext zweimal an und notieren die Lösungen.
Die Kontrolle erfolgt im Plenum. (Lösung ⟶ CD-ROM)

**Compréhension des écrits**

**Schülerbuch, S. 75, Nr. 2**
S lesen Text still durch und sagen, ob die Sätze *vrai* oder *faux* sind.
Der unbekannte Wortschatz *(docteur, gym, spaghetti, banane, orange, message, piano, fruit, bisou)* kann mit Ausnahme von *bisou* vom Deutschen oder Englischen abgeleitet werden. Die Kontrolle erfolgt anschließend im Plenum. (Lösung ⟶ CD-ROM)

**Production écrite**

**Schülerbuch, S. 75, Nr. 3**
S bearbeiten die Aufgabe schriftlich. In lernschwächeren Klassen kann die Textproduktion vorbereitet werden, z. B. Hilfen zum Satzbau und Wortschatz bereitstellen. Zur Ergebnissicherung können einzelne Texte vorgelesen werden. (Lösungsmöglichkeit ⟶ CD-ROM)

**Production orale**

**Schülerbuch S. 75, Nr. 4**
Das *entretien dirigé* wird in Partnerarbeit durchgeführt. Dabei stehen oder sitzen sich die S gegenüber. Bevor mit dem Dialog begonnen wird, können in lernschwächeren Klassen die Fragen laut vorgelesen werden. L geht in der Klasse umher, hört sich die Gespräche an, greift aber während des Dialogs nur helfend, nicht korrigierend ein. Korrekturen erfolgen nach Beendigung der Gespräche. (Lösungsmöglichkeiten ⟶ CD-ROM)

**Prüfungssimulation**

Nachdem die *DELF*-Aufgaben im Schülerbuch bearbeitet und ausgewertet sind, wird der bepunktete Minitest im *Cahier d'activités*, S. 61/62 in Form einer Prüfungssimulation durchgeführt.
Das *DELF*-Training, das in der ersten Hälfte des 2. Lernjahres erreicht wird, schreitet auf dem Weg zum Niveau A 1 voran. Es werden wie zuvor alle für die *DELF*-Prüfung relevanten Fertigkeiten trainiert. Die Anforderungen mit jeweils zwei Aufgaben steigen vom Anspruch her leicht an, so wie es in der *DELF*-Prüfung ebenfalls geschieht. Wie bei *DELF* üblich, enthält die Tonaufnahme bereits die Pausen, die die S zur Bearbeitung benötigen. Die Arbeitsanweisungen sind vereinfacht, enthalten aber keine ausgedruckten deutschen Übersetzungen mehr. Es wird davon ausgegangen, dass die so vereinfachten Anweisungen erschlossen werden können, auch wenn nicht jedes einzelne Wort bekannt ist.
Die Hörverstehenstexte, die sich auf dem Tonträger befinden, formulieren hingegen die Aufgaben bereits in der vom *CIEP* gewünschten Form. Hier sind sie jedoch zur besseren Verständlichkeit noch von deutschen Erläuterungen begleitet. Diese Erläuterungen sollen das Verständnis des Verfahrens erleichtern und sind deshalb mehr als eine bloße Übersetzung.

Die Kontrolle der Ergebnisse erfolgt selbstständig nach Beendigung des Tests (Ausnahme Aufgabe Nr. 4), die S notieren ihre Punktanzahl beim Vergleich mit den Lösungen auf S. 102/103. Bei der Auswertung des „echten" *DELF* gibt es zwei Kriterien: 1. Bei jeder Teilprüfung muss die Mindestpunktzahl fünf erreicht werden. 2. Insgesamt muss mindestens die Hälfte der möglichen Gesamtpunktzahl (d. h. 50 oder mehr) erzielt werden. Die hier vorgeschlagene zweite Mini-*DELF*-Prüfung umfasst ca. 1/3 der tatsächlichen *DELF*-Prüfung (bei jeder Teilprüfung maximal acht Punkte, mögliche Gesamtpunktzahl 32).
S können eine eigene *DELF*-Seite in ihrem Ordner anlegen und dort die Punkte ihres zweiten Tests notieren.

**Compréhension de l'oral**

***Cahier d'activités*, S. 61, Nr. 1/CD 2 (Track 31; MP3 135)**
Die Hörverstehensaufgabe wird im Klassenverband durchgeführt. Der Ablauf der Aufgabe sollte vor dem Anhören des Tondokuments mit den S besprochen werden: Arbeitsanweisung auf Französisch und Deutsch, Pause um Bilder bzw. Sätze anzuschauen, erstes Anhören des Hörtextes, 30 Sekunden Zeit zur Bearbeitung, erneutes Anhören des Hörtextes, 30 Sekunden Zeit zur Bearbeitung. Vor dem Hören sollen S immer Bleistift, Radiergummi, Textmarker und Kugelschreiber/Füller bereit legen. Beim ersten Hören wird mit Bleistift gearbeitet, nach dem zweiten Hören werden die Bleistiftnotizen mit dem Füller überschrieben.
Nun bearbeiten S den A- und B-Teil entsprechend der Arbeitsanweisungen des Tondokuments. Nach der Bearbeitung überprüfen S selbstständig ihre Lösungen im *Cahier d'activités* auf S. 102 oder CD-ROM.

**Compréhension des écrits**

***Cahier d'activités*, S. 61, Nr. 2**
S bearbeiten den A- und B-Teil in Einzelarbeit. Zunächst werden die Texte still gelesen, danach die Fragen beantwortet. Die Kontrolle erfolgt selbstständig mithilfe der Lösungen im *Cahier d'activités* auf S. 102 oder CD-ROM.

**Production écrite**

***Cahier d'activités*, S. 62, Nr. 3**
**A:** S füllen das Formular mit den entsprechenden Daten/Angaben auf Deutsch aus. Ein Formular zum Einsetzen der persönlichen Daten gab es bereits in *Plateau* 1. Die entsprechende Anforderung wird hier wiederholt, da das Ausfüllen eines Formblattes oder Formulars zum Standard-Repertoire des *DELF scolaire* A 1 gehört. In Abweichung zum *Plateau* 1 wird hier auch nach der Adresse der Schule und der Klasse gefragt. Dies ist plausibel, da das (authentische) *Radio Junior* evtl. Werbung an Schulen machen möchte. Weiterhin berücksichtigt das Formular auch eine Rückmeldung zum Programm des Radios.
**B:** S verfassen Mail über ihren Aufenthaltsort und sagen, was ihnen an Paris gefällt. Ausgangssituation: S ist in einer französischen Familie in Paris und darf deren Computer benutzen. Deshalb schreibt S in die Maske eines französischen E-Mail-Programms. Eine Vorlage befindet sich im *Cahier d'activités*, *Unité* 3, S. 36, Nr. 1.
Nach Bearbeitung der Aufgabe können S selbstständig ihre Lösungen mit dem Lösungsvorschlag im *Cahier d'activités*, S. 102 vergleichen. (Lösungsvorschlag ⟶ *Cahier d'activités*, S. 102 oder CD-ROM)

**Production orale**

***Cahier d'activités*, S. 62, Nr. 4**
Die Standardeinleitung bei der *DELF*-Prüfung auf dem Niveau A1 und A2 ist die Personenvorstellung. Die Erweiterung dieses mündlichen Prüfungsteils (auch im Vergleich zu *Plateau* 1) ist das Fragestellen anhand von Impulsen, hier Wortkärtchen. Die Aufgabe wird als Rollenspiel durchgeführt.
**A:** S1 ist der Prüfer/die Prüferin, S2 antwortet.
**B:** S2 stellt S1 Fragen ausgehend von den Wortkärtchen. S1 (Prüfer/in) bewertet die Antworten bzw. Fragen. Danach werden die Rollen getauscht.
(Lösungsvorschlag ⟶ *Cahier d'activités*, S. 103 oder CD-ROM)

# Unité 5

# S. 76–91 Un samedi dans le quartier

## Ziele

**Inhaltlicher Schwerpunkt**

Gegenstand dieser *Unité* sind Freizeitbeschäftigungen im Allgemeinen sowie speziell im 17. Arrondissement von Paris. Alex(andra) verbringt die Nacht von Freitag auf Samstag bei ihrer Freundin Marie. Am Samstag haben beide sportliche Verpflichtungen. Sie verabreden, dass Marie nach ihrem Leichtathletiktraining Alex beim Judo zuschaut. Während Marie dem Training beiwohnt, hat sie die Idee, einen Artikel für die Zeitung des Viertels zu schreiben. Sie interviewt den Champion Damien. Beim Versuch vorzumachen, wie man stürzt, tut sich Damien weh. Danach hat er keine Lust mehr Interviewfragen zu beantworten sondern möchte mit Alex kämpfen.
Léo und Mehdi fahren im Park von Batignolles Inliner, danach verabreden sich Léo, Mehdi, Marie und Alex per SMS zu einem Imbiss am Crêpesstand.

**Kompetenzerwartung**

Am Ende dieser *Unité* können die Schülerinnnen und Schüler von ihrer Umgebung und von ihren Freizeitbeschäftigungen berichten. Sie können nach dem Weg fragen und anderen den Weg erklären. Ferner können sie im Lokal eine Bestellung aufgeben und sich dabei über Preise verständigen. (Portfolio: Schülerbuch, S. 76 ⟶ S. 89 Nr. 7B)

## Kompetenzen (Die Schüler können …)

**Funktionale kommunikative Kompetenzen: Kommunikative Fertigkeiten**

### Hör-(Seh-)verstehen / Sprechen

| Kompetenzerwartungen | Kompetenztraining |
|---|---|
| – über Vorhaben sprechen | SB: S. 78 (2) |
| – über ihren Tagesablauf und Freizeitbeschäftigungen sprechen | SB: S. 80 (6), 83 (6/7), 131 (2), 133 (5) |
| – ihre Wohnung beschreiben und sagen, wo etwas in einer Wohnung steht | CdA: S. 72 (1) |
| – eine Wegbeschreibung verstehen, äußern und nach dem Weg fragen | SB: S. 81 (1/2)<br>CdA: S. 67 (8), 72 (1) |
| – Fragen stellen und beantworten | SB: 83 (4/5/6/7) |
| – Gespräche an einem Imbissstand verfolgen und eine Bestellung aufgeben | SB: S. 85 (5)<br>CdA: S. 72 (1) |
| – Preise verstehen | CdA: S. 69 (13) |
| – über Vorlieben und Abneigungen sprechen | SB: S. 88 (6) |
| – ein Lied verstehen und nachsingen | CdA: S. 73 (1) |

### Sprachmittlung

| Kompetenzerwartungen | Kompetenztraining |
|---|---|
| – eine Wegbeschreibung ins Französische übertragen | SB: S. 132 (3) |
| – einem deutschen Veranstaltungskalender Informationen entnehmen und ins Französische übertragen | SB: S. 87 (3) |

### Leseverstehen / Schreiben

| Kompetenzerwartungen | Kompetenztraining |
|---|---|
| – einen Weg anhand eines Stadtplans beschreiben | SB: S. 79 (3), 81 (1), 84 (1)<br>CdA: S. 67 (8) |
| – Texte (auch Liedtexte) lesen und verstehen | CdA: S. 73 (1) |
| – Fragen zum Text beantworten | SB: S. 83 (4), 85 (2) |
| – bildgestützte Texte erstellen | SB: S. 68 (10B), S. 80 (4), 88 (5) |
| – eine E-Mail verstehen und sie beantworten | SB: S. 89 (7)<br>CdA: S. 66 (6A), 71 (2) |

**Funktionale kommunikative Kompetenzen: Verfügung über die sprachlichen Mittel**

### Wortschatz

| Kompetenzerwartungen | Kompetenztraining |
|---|---|
| den Wortschatz erweitern: | |
| – Stadtviertel | SB: S. 76/77 |
| – Zeitangaben, u. a. Wochentage | SB: S. 79 (3) |
| – Freizeitbeschäftigungen und Alltagsaktivitäten | SB: S. 80 (5), 87 (3), 88 (6) |
| – Wohnung, Einrichtung (Möbel) | SB: S. 79 (3)<br>CdA: S. 65 (4) |
| – Schule und Klassenraumvokabular | CdA: S. 67 (7) |
| – Zahlen bis 100 | CdA: S. 69 (13) |
| – Speisen und Getränke | SB: S. 84 (1)<br>CdA: S. 69 (12) |
| – Kollokationen mit *prendre* | SB: S. 86 (2) |
| – Körperteile | CdA: S. 73 (1) |

### Grammatik

| Kompetenzerwartungen | Kompetenztraining |
|---|---|
| grammatisches Grundinventar anwenden: | |
| – das *Futur composé*, auch verneint | SB: S. 78 (1/2), 87 (4), 131 (1)<br>CdA: S. 64 (2+3), 72 (2A) |
| – *faire du/de la/de l'* + Nomen | SB: S. 79 (3), 80 (6), 87 (3), 131 (2) |
| – Imperativ (bejaht und verneint) | SB: S. 81 (1/2), 86 (1), 132 (4)<br>CdA: S. 67 (7), 72 (2C) |
| – Fragen mit *est-ce que* | SB: S. 82 (3), 83 (4/7), 88 (6)<br>CdA: S. 68 (10A), 72 (2D) |
| – das Verb *prendre* | SB: S. 84 (1), 85 (4), 133 (7)<br>CdA: S. 69 (12) |

### Aussprache und Intonation

| Kompetenzerwartungen | Kompetenztraining |
|---|---|
| – die *Liaison*, z. B. *Quand est ce-que …* sprechen | SB: S. 133 (5) |
| – das französische [ʀ] korrekt aussprechen | CdA: S. 69 (11) |

### Orthografie

| Kompetenzerwartungen | Kompetenztraining |
|---|---|
| – *est-ce-que* schreiben, *qu'est-ce que* und *où est-ce que* unterscheiden | CdA: S. 68 (9) |

**Interkulturelle Kompetenzen**

- **soziokulturelles Orientierungswissen**
- **praktische Bewältigung interkultureller Begegnungssituationen**
- **verständnisvoller Umgang mit kultureller Differenz**

| Kompetenzerwartungen | Kompetenztraining |
|---|---|
| - ein grundlegendes Orientierungswissen über das Leben in Paris im 17. Arrondissement und die dortigen Freizeitmöglichkeiten erwerben und in Bezug zur eigenen Umgebung setzen | SB: S. 76/77, 78 (1)<br>CdA: S. 63 (1) |
| - eine Wohnung in Paris beschreiben unter Kenntnis des Unterschiedes zwischen *pièce/chambre* | SB: S. 88 (5)<br>CdA: S. 65 (4) |
| - Speisen und Getränke an einem Imbissstand benennen und mit deutschen Imbissständen vergleichen | SB: S. 84 (1), 85 (2) |
| - Offenheit und Neugierde für die Lebenswelt französischer Jugendlicher entwickeln und in Beziehung zur deutschen Lebenswelt stellen | SB: S. 87 (3), 89 (7) |

**Methodische Kompetenzen**

**Textrezeption**

| Kompetenzerwartungen | Kompetenztraining |
|---|---|
| - beim Lesen Informationen global und detailliert aus dem Textzusammenhang auch mithilfe von W-Fragen erschließen | SB: S. 89 (7) |

**Interaktion**

| Kompetenzerwartungen | Kompetenztraining |
|---|---|
| - auf Fragen in der Zielsprache adäquat und bildgesteuert antworten | SB: S. 131 (2) |
| - auf der Basis von Notizen ein Interview führen | SB: S. 83 (7) |
| - Sprechfertigkeiten in kommunikativen Alltagssituationen üben: einfache Begründungen auf Nachfragen geben, nach dem Weg fragen, über Freizeitaktivitäten sprechen, Bestellungen aufgeben usw. | SB: S. 78 (2), 80 (6), 81 (2), 83 (5/7), 85 (5), 88 (6)<br>CdA: S. 67 (8) |

**Textproduktion**

| Kompetenzerwartungen | Kompetenztraining |
|---|---|
| - eine E-Mail gliedern und schreiben | SB: S. 89 (7)<br>CdA: S. 66 (6) |
| - eine Karte/einen Brief schreiben | CdA: S. 71 (2) |
| - einen Text/ein Theaterstück mit den Redemitteln der *Unité* erstellen | CdA: S. 73 (2) |

### Lernstrategien

| Kompetenzerwartungen | Kompetenztraining |
|---|---|
| - das Schulbuch als Arbeitsmittel und Nachschlagewerk verwenden | CdA: S. 71 (2) |
| - elementare Techniken zur Umschreibung von unbekannten Wörtern anwenden und sinngemäß wiedergeben | SB: S. 87 (3) |
| - Informationen aus Texten entnehmen mittels W-Fragen und der Textstruktur | SB: S. 89 (7B) |
| - selbst erstellte Materialien im Portfolio-Ordner sammeln | SB: S. 89 (7B)<br>CdA: S. 65 (4) |
| - Kollokationen erschließen | SB: S. 86 (2) |
| - Schreibfähigkeit mithilfe des Blinden Schreibens trainieren | CdA: S. 68 (9) |

### Präsentation

| Kompetenzerwartungen | Kompetenztraining |
|---|---|
| - Szene für ein Theaterstück schreiben und sie präsentieren | CdA: S. 73 (2) |
| - einen Wohnungsgrundriss mit Einrichtungsgegenständen entwerfen | CdA: S. 65 (4B) |
| - einen Dialog/eine Szene am Imbissstand vorspielen | SB: S. 85 (5) |

### Lernbewusstheit und Lernorganisation

| Kompetenzerwartungen | Kompetenztraining |
|---|---|
| - im Rahmen eines Lernzirkels Aufgaben zum Training der einzelnen Kompetenzen auswählen und die für den individuellen Lernfortschritt sinnvolle Reihenfolge in der Bearbeitung der Aufgaben festlegen | SB: S. 86–89 (1–7)<br>CdA: S. 70–71 (1–2) |
| - Strategien zur Selbstkontrolle und Bewusstheit des eigenen Lernstandes nutzen (*Bilan*) | SB: S. 90 (1)<br>CdA: S. 72 (1–2) |
| - ihren individuellen Wortschatz zusammenstellen | SB: S. 89 (7B) |

## S. 76–77 Un samedi dans le quartier

**Préparation en 3 minutes**

- **Mitnehmen!** Schülerbuch, CD-Player, CD 2 (Track 51; MP3 155), Overheadprojektor, Folien
- **Schülerbuch:** S. 76–77: 17. Arrondissement
- **Inhaltlicher Schwerpunkt:** über sein Stadtviertel und Alex Viertel sprechen
- **Methodeneinsatz**: Zeichnung von Schülerbuch, S. 14–15 und Bilder von Schülerbuch, S. 76–77 beschreiben, Vergleich des eigenen Wohnumfeldes mit dem von Alex und Marie (Gemeinsamkeiten und Unterschiede)
- ***Cahier d'activités*:** S. 63, Nr. 1 A + 1 B (CD 2, Track 51; MP3 155)
- **Hausaufgabe**: das Wohnviertel auf Französisch beschreiben

**Neue Wörter**

un quartier, Batignolles, le dix-septième arrondissement, une photo, un parc, le roller, l'avenue de Clichy, Interclub 17, une activité, tout le monde, un stand de crêpes

**Schritte zur Erarbeitung**

**Hinführung** (Folie, Schülerbuch)
S beschreiben mittels Folie (U1/1) von *Unité 1* oder Bild im Schülerbuch S. 14–15 das Straßenbild von Paris soweit wie möglich auf Französisch. (⟶ Zur Methodik 1)

**Problematisierung** (Folie)
Anhand der Folie (U5/1) führt L *un quartier, Batignolles, le dix-septième arrondissement* und *une photo* ein*: Voilà des photos du quartier des Batignolles dans le dix-septième arrondissement. C'est le quartier d'Alex.*

**Erarbeitung** (Folie, Schülerbuch)
Die neuen Vokabeln werden sukzessive foliengesteuert eingeführt und an die Tafel geschrieben. S sprechen im Chor die einzelnen Vokabeln nach. Anschließend liest L Sätze bei geöffneten Büchern vor und S sprechen im Chor nach.

**Sicherung** (Schülerbuch, Folie)
*Décris les photos:* Vokabular wird gesichert, bekanntes Vokabular reaktiviert und neues Vokabular zum Wortfeld *quartier* vorentlastet (bekannt: *une avenue, une rue, une place, un magasin, une maison, un collège, une école, une cour, un gymnase*; neu in der *Unité 5* außer S. 76–77: *une voiture, un taxi, une boulangerie, un café, un carrefour, une poste, une piscine, un théâtre).*
S beantworten Fragen im Schülerbuch, S. 77 unten. S beschreiben das Viertel von Alex auch in Bezug auf Freizeitmöglichkeiten und -aktivitäten soweit wie möglich auf Französisch. Anschließend beschreiben S Viertel, in dem sie wohnen, und beantworten auch die Fragen des *Vis-à-vis*-Kastens, Schülerbuch, S. 76 in Bezug auf ihre eigenen Freizeitaktivitäten und -möglichkeiten. S ziehen auch interkulturelle Vergleiche.
Zur Beschreibung der unmittelbaren Umgebung, in der sie wohnen, können S entsprechende Fotos oder eine selbst angefertigte Zeichnung mitbringen.

**Festigung** (*Cahier d'activités*, CD 2 (Track 51; MP3 155)
*Cahier d'activités*, S. 63, Nr. 1A: S erarbeiten Unterschiede zwischen Deutschland und Frankreich mittels eines Suchbildes. In Einzel- oder Partnerarbeit werden Fehler eingekreist und anschließend im Plenum diskutiert. (Lösung ⟶ CD-ROM)
*Cahier d'activités*, S. 63, Nr. 1B: S hören den Refrain des Liedes von der CD und singen ihn gemeinsam. (⟶ Zur Methodik 2)
**Hausaufgabe:** S beschreiben ihr Viertel schriftlich. *Décris ton quartier.* (individuelle Lösungsmöglichkeiten)

## Tipps und Tricks

**Zur Methodik**

Die S können auch auf Deutsch formulieren, wenn ihnen die sprachlichen Mittel noch fehlen.

**1. Folie (U1/1) zu Schülerbuch S. 14–15:** Der Folieneinsatz einer bereits erarbeiteten *Unité* zu Beginn der Stunde dient dem „Warmreden" und ist lernpsychologisch für leistungsschwächere S und für zurückhaltende S sinnvoll. S, die schon etwas (Einfaches) in der Zielsprache gesagt haben, trauen sich auch im weiteren Verlauf der Stunde, sich zu äußern.

**2. *Cahier d'activités*, S. 63 Nr. 1B:** Der Liedrefrain illustriert den im Schülerbuch, S. 78 enthaltenen *Vis-à-vis*-Hinweis zu den Staus im Pariser Straßenverkehr.

Der Refrain ist ein Auszug aus dem Chanson *La complainte de l'heure de pointe* (1972) von Joe Dassin. S erschließen *dépasser* aus dem Kontext. In interessierten Klassen kann das Lied gesungen werden. Liedtext und Musik bzw. Video sind im Internet zu finden.

**Interkulturelles**

**1. Parc Martin Luther King (Parc Clichy-Batignolles)** (Schülerbuch, S. 76)

Die Idee für diesen modernen Park entstand 2002. Seit 2004 wird an seiner Fertigstellung gearbeitet. Er umfasst die größte zusammenhängende Grünfläche im Pariser Nordwesten und hat drei thematische Schwerpunkte: Sport, Wasser, Jahreszeiten.

Weitere Informationen findet man im Internet. Suchbegriff: Parc Clichy-Batignolles

**2. Vélos en libre service à Paris: Velib'**

Der Name *Velib'* (zusammengesetzt aus *vélo* und *liberté*) bezeichnet Fahrradverleihstationen, erstmalig in Paris im Jahr 2007 in Betrieb genommen. An den Stationen kann man per Kreditkarte bezahlen. Man kann Tages- und Wochenkarten kaufen oder das Fahhrad nur einmalig mieten. Die Fahrräder können Tag und Nacht ausgeliehen werden.

Weitere Informationen findet man im Internet. Suchbegriff: Velib

# S. 78 Atelier A

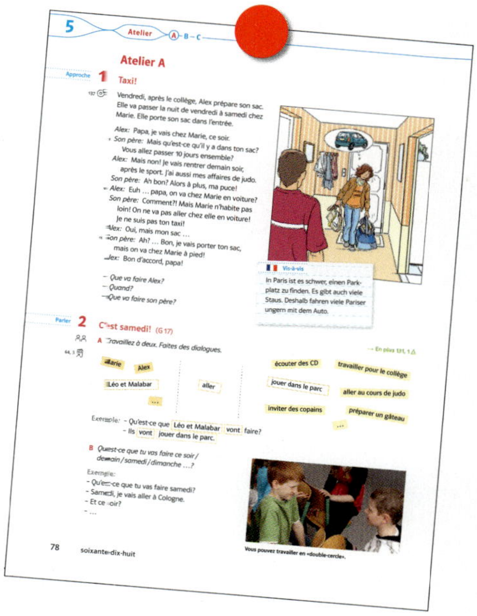
5 Atelier A – B – C

Atelier A

Approche **1 Taxi!**

137 Vendredi, après le collège, Alex prépare son sac. Elle va passer la nuit de vendredi à samedi chez Marie. Elle porte son sac dans l'entrée.

*Alex:* Papa, je vais chez Marie, ce soir.
*Son père:* Mais qu'est-ce qu'il y a dans ton sac? Vous allez passer 10 jours ensemble?
*Alex:* Mais non! Je vais rentrer demain soir, après le sport. J'ai aussi mes affaires de judo.
*Son père:* Ah bon? Alors à plus, ma puce!
*Alex:* Euh … papa, on va chez Marie en voiture?
*Son père:* Comment?! Mais Marie n'habite pas loin! On ne va pas aller chez elle en voiture! Je ne suis pas ton taxi!
*Alex:* Oui, mais mon sac …
*Son père:* Ah? … Bon, je vais porter ton sac, mais on va chez Marie à pied!
*Alex:* Bon d'accord, papa!

– *Que va faire Alex?*
– *Quand?*
– *Que va faire son père?*

Vis-à-vis
In Paris ist es schwer, einen Parkplatz zu finden. Es gibt auch viele Staus. Deshalb fahren viele Pariser ungern mit dem Auto.

Parler **2 C'est samedi! (G 17)**

A *Travaillez à deux. Faites des dialogues.* → En plus 131, 1

64, 3

Marie | Alex | Léo et Malabar | … — aller — écouter des CD | travailler pour le collège | jouer dans le parc | aller au cours de judo | inviter des copains | préparer un gâteau | …

Exemple: – Qu'est-ce que Léo et Malabar vont faire?
– Ils vont jouer dans le parc.

B *Qu'est-ce que tu vas faire ce soir / demain / samedi / dimanche …?*

Exemple:
– Qu'est-ce que tu vas faire samedi?
– Samedi, je vais aller à Cologne.
– Et ce soir?
– …

Vous pouvez travailler en «double-cercle».

78 soixante-dix-huit

**Préparation en 3 minutes**

- **Mitnehmen!** Schülerbuch, CD-Player, CD 2 (Track 33; MP3 137), Overheadprojektor, Folie, bunte Kreide, Kopiervorlage 1
- **Schülerbuch:** S. 78, Nr. 1: Texteinführung- und auswertung, Nr. 2: Erarbeitung und Anwendung des *Futur composé*
- **Inhaltlicher Schwerpunkt:** über Vorhaben sprechen
- **Grammatischer Schwerpunkt:** *Futur composé* ⟶ G 17
- **Methodeneinsatz:** Fragekette (⟶ *Boîte à outils 13*), Kugellager (⟶ *Boîte à outils 31*)
- **Hausaufgabe**: *Cahier d'activités*, S. 64, Nr. 2, 3

**Neue Wörter**

aller faire qc, passer qc, une nuit, une entrée, un soir, ce soir, un jour, à plus, ma puce!, une voiture, en voiture, loin, à pied

**Schritte zur Erarbeitung**

**Hinführung** (Tafel)
Besprechen der Hausaufgabe: *Décris ton quartier.* Einzelne S lesen ihre Texte vor. Mittels einer Fragekette (⟶ *Boîte à outils 13)* befragen S sich gegenseitig, wie sie zu ihren Freunden/ihren Freundinnen gelangen. L schreibt Frage und mögliche Antworten zur Auswahl in Form eines *On-dit*-Kastens an die Tafel. *Comment est-ce que vous allez chez vos copains/copines? – Je vais à pied, en voiture, en taxi* (Lernwortschatz) und je nach Umfeld *à vélo, en bus, en métro, en train* (hier nur rezeptiv).

**Problematisierung** (Folie, Tafel)
L legt Folie (U5/2) auf und fragt S, wen und was sie auf dem Bild sehen, z. B. *Qui est-ce? Alex est où? Que fait Alex?* Anschließend berichtet L, dass Alex bei ihrer Freundin übernachten wird und lässt Vermutungen anstellen, wie Alex zu ihrer Freundin gelangt: *Alex va passer la nuit chez Marie. Comment est-ce qu'elle va chez sa copine?*
S stellen Vermutungen an, die L an der Tafel festhält. *Aller faire* und *passer la nuit* werden gesichert und an die Tafel geschrieben.

**Erarbeitung** (Schülerbuch, CD 2 (Track 33; MP3 137), Tafelbild 1)
S hören Text: *Taxi*, S. 78, Nr. 1 zweimal bei geschlossenen Büchern von CD 2 und überprüfen ihre Vermutungen. S diskutieren auf Deutsch, warum Alex trotz schwerer Tasche nicht vom Vater mit dem Auto gefahren wird. Anhand der Fragestellung wird die Verkehrssituation in Paris beleuchtet. (⟶ Interkulturelles)
Bei geöffneten Büchern liest L den Text vor und S lesen im Chor nach. Anschließend wird neues Vokabular erläutert.
Zur Erarbeitung des *Futur composé* werden die Formen aus dem Text herausgesucht und im Plenum gesammelt. Anschließend erstellt L Tafelbild 1. S kopieren Tafelanschrieb in ihre Hefte.

**Sicherung** (Schülerbuch)
S lesen den Text mit verteilten Rollen.
Anschließend beantworten S die Fragen zum Text. (Lösung ⟶ CD-ROM)

**Festigung** (Schülerbuch, *Cahier d'activités*)
S. 78, Nr. 2A: In Partnerarbeit machen S Minidialoge mit Hilfe der angegebenen Satzelemente. Die Ergebniskontrolle erfolgt im Plenum. (Lösungsmöglichkeiten ⟶ CD-ROM)
Schülerbuch S. 78, Nr. 2B: S bearbeiten Aufgabe mit der Kugellagermethode (⟶ *Boîte à outils 31*) und befragen sich gegenseitig, was sie in der Zukunft machen werden.
(⟶ Differenzierung) (Lösungsmöglichkeiten ⟶ CD-ROM)
**Hausaufgabe:** *Cahier d'activités*, S. 64, Nr. 2 *(Futur composé)* und 3 (*Futur composé* verneint).

**Tafelbild 1**

Le futur composé – aller faire qc

| | | | | | |
|---|---|---|---|---|---|
| Je | | **vais** | | **porter** | ton sac. |
| Je | | **vais** | | **rentrer** | demain soir. |
| Tu | | **vas** | | **rentrer** | quand? |
| Il/Elle<br>On | **ne** | **va** | **pas** | **passer**<br>**aller** | la nuit chez Marie.<br>chez elle en voiture. |
| Nous | **n'** | **allons** | **pas** | **aller** | chez elle en voiture. |
| Vous | **n'** | **allez** | **pas** | **passer** | 10 jours ensemble? |
| Ils/Elles | **ne** | **vont** | **pas** | **aller** | chez elle en voiture. |

**aller** + **infinitif**
**ne/n'** + **aller** + **pas** + **infinitif**

**Boîte à outils 31**

## Kugellager

Das **Kugellager** ist ein zeitlich begrenztes Gespräch über ein **bestimmtes Thema**. Die S sitzen oder stehen sich in einem Innen- und einem Außenkreis gegenüber. Die S des Innenkreises stellen den jeweils vor ihnen befindenden S des Außenkreises Fragen oder präsentieren ihnen die Ergebnisse einer Arbeitsphase. Die S des Außenkreises beantworten die Fragen oder hören zu. Nach einer vorher vereinbarten Zeit bzw. auf Signal des L hin geht der Innenkreis im Uhrzeigersinn zwei Plätze weiter. Diesmal beginnt der Außenkreis damit, Fragen zu stellen bzw. Ergebnisse zu präsentieren und die S des Innenkreises beantworten die Fragen oder hören zu. Dieses Verfahren wird ein paar Mal wiederholt.
**Vorteil der Methode:** Erhöhung der individuellen Sprechzeit mit wechselnden Gesprächspartnern.

**Interkulturelles**

Die Pariser Verkehrspolitik erschwert das Autofahren bewusst durch immer mehr Einbahnstraßen, wenig Parkraum usw. In der Folge verzichten viele Pariser auf das Auto oder benutzen es nur für bestimmte Strecken.

**Differenzierung**

**1. Kopiervorlage 1/Antwortkärtchen:** In lernschwächeren Klassen kann folgende Übung zusätzlich erfolgen: S erhalten Antwortkärtchen, die sie verdeckt auf den Tisch legen. S1 fragt: *Qu'est-ce que tu vas faire demain?* S2 nimmt ein Antwortkärtchen, z. B. *chanter* und antwortet entsprechend: *Je vais chanter.*
**2. Kopiervorlage 1/Frage- und Antwortkärtchen:** L kopiert Fragekärtchen auf buntes Papier und Antwortkärtchen auf weißes Papier. S schneiden Kärtchen aus und legen Frage- und Antwortkärtchen verdeckt auf separate Stapel. Nun befragen sie sich gegenseitig. S1 nimmt Fragekärtchen und stellt die auf dem Kärtchen stehende Frage und S2 zieht ein Antwortkärtchen und antwortet entsprechend. Beispiel: S1: *Qu'est-ce que vous allez faire demain, ton copain/ta copine et toi?* – S2: *Nous allons regarder un DVD.* Anschließend fragt S2 und S1 antwortet.
**3. Fragekärtchen:** In lernstarken Klassen werden Fragekärtchen auf einen Stapel gelegt. S1 zieht eine Frage und stellt sie S2. S2 antwortet frei realitätsbezogen.
**4. Schülerbuch, S. 131, Nr. 1:** In lernstarken Gruppen wird diese Aufgabe anstatt von Schülerbuch, S. 78, Nr. 2 durchgeführt. Sie ist schwieriger, weil die Verneinung hinzukommt.

**Doppelstunde**

Die oben aufgeführte Planung bezieht sich auf eine Doppelstunde. Stehen zwei Einzelstunden zur Verfügung, so liegt der Schwerpunkt der ersten Stunde auf der Texteinführung inklusive Lesen des Textes und auf dem *Vis-à-vis*-Hinweis, S. 78. In der zweiten Stunde wird das *Futur composé* eingeführt.

**Tipp**

Auch wenn das Abschreiben eines Tafelbildes in dieser Altersgruppe sehr viel Zeit in Anspruch nimmt, ist es bei grundlegenden grammatischen Phänomenen wichtig, dass die S diese im Unterricht zur Verankerung/Vernetzung im Gedächtnis schriftlich fixieren.

**Besondere Lernschwierigkeiten**

Hinweis darauf, dass das *Futur composé* von *aller* ⟶ *je vais aller* korrekt ist, obwohl es oft als ungewöhnlich klingend empfunden wird.
Beispiele: *Alex va aller chez Marie. Je vais aller au judo.*

## S. 79 Atelier A

**Préparation en 3 minutes**

- **Mitnehmen!** Schülerbuch, CD-Player, CD 2 (Tracks 34–37; MP3 138–141), Folie, Overheadprojektor, Fragekarten, Kopiervorlagen 2 + 3
- **Schülerbuch:** S. 79, Nr. 3: Texteinführung, S. 80, Nr. 4: Textverständnis
- **Inhaltlicher Schwerpunkt:** Wortschatz zum Thema Wohnung
- **Methodeneinsatz:** Hypothesenbildung, Fragekette (⟶ *Boîte à outils 13*), Fragekarten (⟶ *Boîte à outils 17*)
- **Hausaufgabe:** *Cahier d'activités*, S. 65, Nr. 4

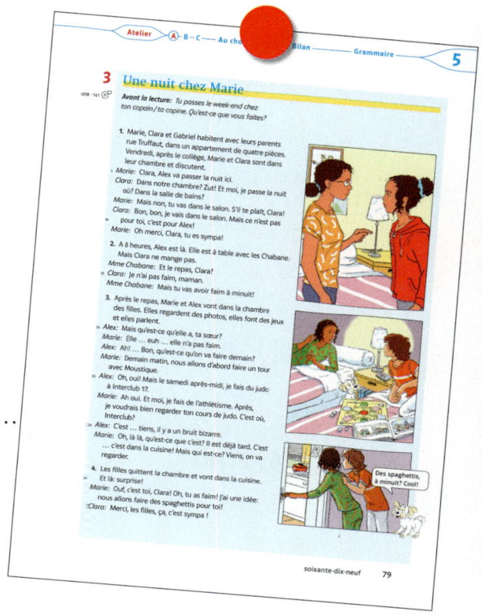
Atelier A – B – C — Au ch… Bilan — Grammaire 5

3 Une nuit chez Marie

138–141

*Avant la lecture:* *Tu passes le week-end chez ton copain / ta copine. Qu'est-ce que vous faites?*

1. Marie, Clara et Gabriel habitent avec leurs parents rue Truffaut, dans un appartement de quatre pièces. Vendredi, après le collège, Marie et Clara sont dans leur chambre et discutent.
*Marie:* Clara, Alex va passer la nuit ici.
*Clara:* Dans notre chambre? Zut! Et moi, je passe la nuit où? Dans la salle de bains?
*Marie:* Mais non, tu vas dans le salon. S'il te plaît, Clara!
*Clara:* Bon, bon, je vais dans le salon. Mais ce n'est pas pour toi, c'est pour Alex!
*Marie:* Oh merci, Clara, tu es sympa!

2. A 8 heures, Alex est là. Elle est à table avec les Chabane. Mais Clara ne mange pas.
*Mme Chabane:* Et le repas, Clara?
*Clara:* Je n'ai pas faim, maman.
*Mme Chabane:* Mais tu vas avoir faim à minuit!

3. Après le repas, Marie et Alex vont dans la chambre des filles. Elles regardent des photos, elles font des jeux et elles parlent.
*Alex:* Mais qu'est-ce qu'elle a, ta sœur?
*Marie:* Elle … euh … elle n'a pas faim.
*Alex:* Ah! … Bon, qu'est-ce qu'on va faire demain?
*Marie:* Demain matin, nous allons d'abord faire un tour avec Moustique.
*Alex:* Oh, oui! Mais le samedi après-midi, je fais du judo à Interclub 17.
*Marie:* Ah oui. Et moi, je fais de l'athlétisme. Après, je voudrais bien regarder ton cours de judo. C'est où, Interclub?
*Alex:* C'est … tiens, il y a un bruit bizarre.
*Marie:* Oh, là là, qu'est-ce que c'est? Il est déjà tard. C'est … c'est dans la cuisine! Mais qui est-ce? Viens, on va regarder.

4. Les filles quittent la chambre et vont dans la cuisine. Et là: surprise!
*Marie:* Ouf, c'est toi, Clara! Oh, tu as faim! J'ai une idée: nous allons faire des spaghettis pour toi!
*Clara:* Merci, les filles, ça, c'est sympa !



soixante-dix-neuf 79

**Neue Wörter**

Clara, Gabriel, un appartement, une pièce, une salle de bains, un salon, une table, à table, un repas, le minuit, un matin, un tour, le samedi, un après-midi, faire du (judo), l'athlétisme, je voudrais, un bruit, déjà, tard, une cuisine, quitter, des spaghettis

**Schritte zur Erarbeitung**

**Hinführung** (*Cahier d'activités*, Schülerbuch)
Besprechen der Hausaufgabe: *Cahier d'activités*, S. 64, Nr. 2, 3 evtl. mit Lösungsfolie. (Lösung ⟶ CD-ROM)
Zur Einstimmung des Themas reflektieren S die bei *Avant la lecture* gestellte Frage im Schülerbuch, S. 79, Nr. 3 in Gruppenarbeit oder als Fragekette (⟶ *Boîte à outils 13*).

**Problematisierung** (Tafel)
Tafelanschrieb (stummer Impuls): *Une nuit chez Marie*
S stellen Vermutungen an, ggf. unterstützt durch L-Frage: *Qu'est-ce que Marie et Alex vont faire?* Vermutungen werden stichpunktartig an der Tafel notiert.

**Erarbeitung** (Folie, Schülerbuch, CD 2, Tracks 34–37; MP3 138–141)
Folgende Wörter über Folie (U 5/3) einführen: *un appartement, une pièce, une table, une salle de bains, un salon, une cuisine.*
S hören Text: *Une nuit chez Marie*, S. 79, Nr. 3 bei geschlossenen Büchern von CD 2. Anschließend liest L abschnittsweise den Text vor, S lesen im Chor nach. Danach wird jeweils der unbekannte Wortschatz geklärt. *Faire un tour, faire du judo, faire de l'athlétisme, des spaghettis* sind vom Deutschen ableitbar. Restliche Vokabeln werden an die Tafel geschrieben und erläutert.

**Sicherung** (Schülerbuch, Kopiervorlage 2)
S lesen Text mit verteilten Rollen.
Kopiervorlage 2: Sicherung des Textverständnisses mittels *Vrai-faux*-Übung.
Falsche Sätze werden korrigiert.

**Festigung** (Schülerbuch, *Cahier d'activités*)
Schülerbuch, S. 80, Nr. 4: Bilder werden zur Sicherung des Textverständnisses in die richtige Reihenfolge gebracht und zu jedem Bild wird ein Kurztext geschrieben. (⟶ Differenzierung/Doppelstunde) (Lösung ⟶ CD-ROM)
**Hausaufgabe:** *Cahier d'activités*, S. 65, Nr. 4

**Differenzierung**

Kopiervorlage 3: In lernschwächeren Klassen kann das Textverständnis zusätzlich durch Fragekarten (⟶ *Boîte à outils 17*) gesichert werden. Kärtchen werden ausgeschnitten und an der Mittellinie gefaltet. Die Kärtchen werden mit der Frage nach oben auf einen Stapel gelegt. S1 zieht Kärtchen und hält es so, dass S1 die Frage und S2 die Antwort sieht. S1 liest die Frage vor und gibt die Antwort. S2 kontrolliert die Antwort. Danach zieht S2 ein Kärtchen usw.

**Doppelstunde**

Im Rahmen einer Doppelstunde kann das Textverständnis durch Fragekarten (⟶ *Boîte à outils 17*) erneut gesichert werden.
Außerdem kann Folie U 5/4 (oder 5/5) zur Sicherung des Wortschatzes zum Thema Wohnung bearbeitet werden. L fragt nach den Bezeichnungen der Räume und S antworten.

## S. 80 Atelier A

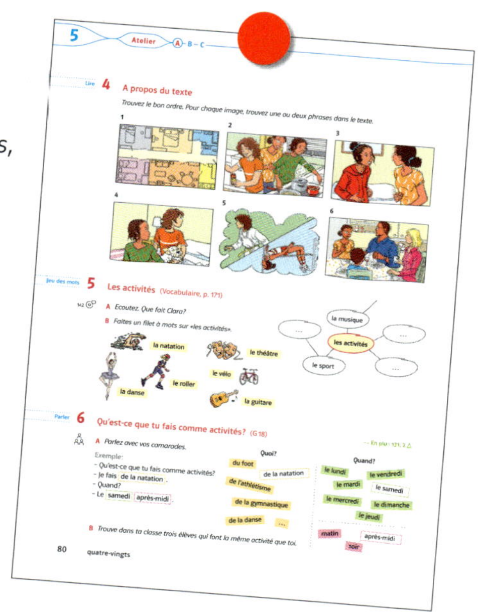


**Préparation en 3 minutes**

- **Mitnehmen!** Schülerbuch, *Cahier d'activités*, CD 2 (Track 38; MP3 142), Folien, Overheadprojektor, bunte Kreide, Kopiervorlage 4
- **Schülerbuch:** S. 80, Nr. 5, 6: Freizeitaktivitäten
- ***Cahier d'activités***: S. 66, Nr. 5: *du, de la, de l', des*
- **Inhaltlicher Schwerpunkt:** Freizeitaktivitäten, Zeitangaben
- **Grammatischer Schwerpunkt:** *de* + Artikel ⟶ G 18
- **Methodeneinsatz:** Aufdecktechnik (⟶ *Boîte à outils 32*) zur Semantisierung von Wortschatz, Fragekette (⟶ *Boîte à outils 13*), Omniumkontakt (⟶ *Boîte à outils 3*)
- **Hausaufgabe:** *Cahier d'activités*, S. 66, Nr. 6

**Neue Wörter**

la natation, un théâtre, une danse, une guitare, comme (als)

**Schritte zur Erarbeitung**

**Hinführung** (*Cahier d'activités*, Schülerbuch, CD 2 (Track 38; MP3 142), Tafel)
Besprechen der Hausaufgabe: *Cahier d'activités*, S. 65, Nr. 4. S heften ihre Wohnungsbeschreibung im Portfolio-Ordner ab. (Lösung ⟶ CD-ROM)
Schülerbuch, S. 80, Nr. 5A: S beantworten Frage nach Anhören des Hörverstehenstextes von CD 2. (⟶ Zur Methodik 1) (Lösung ⟶ CD-ROM)
Schülerbuch, S. 80, Nr. 5B: S erstellen ein Wortnetz zum Thema *Les activités*.
Wörter werden anschließend im Plenum gesammelt und neue Wörter an die Tafel geschrieben.

**Problematisierung** (Tafel, Tafelbild 2)
Im Lehrer-Schüler-Gespräch wird *faire de* + Artikel + Aktivität sowie *de* + Artikel ausgehend vom Text, Schülerbuch, S. 79, Nr. 3 problematisiert. L beginnt parallel mit Erstellung des Tafelbildes.
*Que fait Alex le samedi après-midi? – Elle fait du judo. Et Marie? Elle fait de l'athlétisme.* (Tafelbild linke Seite)
*Où vont Alex et Marie après le repas? – Elles vont dans la chambre des filles.* (Tafelbild rechte Seite) (⟶ Zur Methodik 2)

**Erarbeitung** (Tafel, Kopiervorlage 6/Folie)
*(Et toi,) Est-ce que tu fais de la natation?* Dabei wird *de la* eingeführt und an der Tafel notiert. S antwortet. (⟶ Alternative 1)
L legt Kopiervorlage 6 (auf Folie kopiert) zur Erarbeitung der nominalen Ergänzung im Singular auf Overheadprojektor. L zeigt auf Bilder und sagt: *Ce sont les photos du quartier. C'est l'entrée de l'appartement. C'est le lit de la sœur de Marie.* Parallel dazu wird das Tafelbild erweitert (links unten).
L vervollständigt Tafelanschrieb. S erarbeiten selbstentdeckend die Regel und übertragen das Tafelbild in ihre Hefte.

**Sicherung** (*Cahier d'activités*, Kopiervorlage 4/Folie, Tafel)
S. 66, Nr. 5: Zur Festigung von *de* + bestimmter Artikel bearbeiten S die Übung schriftlich in Einzelarbeit mit anschließender Kontrolle im Plenum. (Lösung ⟶ CD-ROM)
Kopiervorlage 4 auf Folie kopiert, evtl. unter Einsatz der Aufdecktechnik (⟶ *Boîte à outils 32*): Zunächst Lehrer-Schüler-Dialog, dann Fragekette (⟶ *Boîte à outils 13*): *Qu'est-ce que Pascal et Romain font comme activités?* (L schreibt Frage an die Tafel, *comme* wird neu eingeführt) – *Ils font du foot.* usw. (⟶ Stärkung der Mündlichkeit)

**Festigung** (Schülerbuch, *Cahier d'activités*)
S. 80, Nr. 6A: In Gruppenarbeit fragen sich S gegenseitig nach ihren Freizeitaktivitäten unter Einbeziehung der Wochentage. (⟶ Zur Methodik 3; Lösung ⟶ CD-ROM)
S. 80, Nr. 6B: Klassenraumaktivität: S suchen nach Gleichgesinnten in der Klasse mittels Omniumkontakt (⟶ *Boîte à outils 3*). Anschließend stellt im Plenum der/die Hobby-Vertreter/in die Person und das gleichartige Hobby vor. (⟶ Differenzierung 1)
**Hausaufgabe:** *Cahier d'activités*, S. 66, Nr. 6 (Formeln für Brief usw. ⟶ S. 71, Nr. 2A; ⟶ Zur Methodik 4/Differenzierung 2)

**Tafelbild 2**

**du/de la/de l'/des**

| | | | | |
|---|---|---|---|---|
| | Que fait ... ? | | | Où vont Alex et Marie...? |
| **le judo** | Il/Elle fait | **du judo.** | | Elles vont dans la chambre ... |
| **l'athlétisme** | Je fais | **de l'athlétisme.** | | |
| **la natation** | | **de la natation.** | **les filles** | **des filles.** |
| | | | **les garçons** | **des garçons.** |
| | C'est .../Ce sont ... | | **les amis** | **des amis.** |
| **le quartier** | les photos | **du quartier.** | **les amies** | **des amies.** |
| **l'appartement** | l'entrée | **de l'**appartement. | | |
| **la sœur** | le lit | **de la sœur** de Marie. | | |

**de + le ⟶ du**
**de + la ⟶ de la**
**de + l' ⟶ de l'**

**de + les ⟶ des**

**Zur Methodik**

**1. Schülerbuch, S. 80, Nr. 5: A:** Neue Wörter *(la danse, la natation, le théâtre* und *la guitare*) werden mithilfe von Geräuschen eingeführt. Zusätzlich sind die Aktivitäten bei der Übung abgebildet. **B:** Weitere Aktivitäten (Sportarten) für das Wortnetz befinden sich im Vokabelteil, S. 171 (siehe auch Folie U5/6).
**2. *de* + bestimmter Artikel als nominale Ergänzung** wird erst in der „Erarbeitung" thematisiert. Daher bleibt *dans la chambre **des** filles* zunächst unkommentiert an der Tafel stehen.
**3. Schülerbuch, S. 80, Nr. 6:** In der Rubrik *quand* kann über die Wochentage hinaus noch *aujourd'hui, ce soir, demain* hinzugenommen werden.
**4. *Cahier d'activités*, S. 66, Nr. 6:** Maries Chatpartnerin, Simone, kam schon im *Cahier d'activités*, S. 39, Nr. 7 vor. Zur exemplarischen Fehlerkorrektur schreiben zwei S die E-Mail auf Folie, die dann in der folgenden Stunde gemeinsam korrigiert wird. (⟶ Alternative 2).

**Boîte à outils 32**

## Aufdecktechnik

Eine Folie wird ganz abgedeckt. Sukzessive werden alle Teile aufgedeckt, sodass zum Schluss die gesamte Folie sichtbar ist.
Mit dieser Methode lenkt der L den Blick der S zunächst auf einzelne Aspekte. Dadurch beugt er der Gefahr der Ablenkung vor und ermöglicht eine zielgenaue Semantisierung. Der L hat bei dieser Methode eine stark steuernde Funktion.

**Stärkung der Mündlichkeit**

Da das Gespräch über Freizeitaktivitäten wichtig für die Vorbereitung von Realsituationen in Frankreich ist, können mit der **Kopiervorlage 4** Dialoge geübt, Fähigkeiten, sich zur eigenen Lebenswelt zu äußern, gestärkt und Hemmungen minimiert werden.

**Doppelstunde**

**Kopiervorlage 4/5:** In einer Doppelstunde kann zur Wortschatzsicherung und -erweiterung zum Thema Aktivitäten Memory gespielt werden. Kopiervorlage 4 enthält Bildkarten, Kopiervorlage 5 Wörter. Die Karten werden ausgeschnitten und verdeckt auf den Tisch gelegt. S decken abwechselnd zwei Karten auf. Entspricht die Bildkarte der Textkarte, darf S das Kartenpaar behalten. Wenn nicht, wird das Kartenpaar wieder umgedreht, sodass es verdeckt ist. Der nächste S ist an der Reihe usw. In lernschwächeren Klassen werden Bild- und Textkarten auf verschiedenfarbigem Papier kopiert. Dadurch wird das Spiel leichter. Namen sollen S unbeachtet lassen. Sie können auch abgeschnitten werden.

**Differenzierung**

**1. Schülerbuch, S. 131, Nr. 2:** In lernstarken Gruppen kann diese Aufgabe anstatt Schülerbuch, S. 80, Nr. 6 bearbeitet werden.
**2. *Cahier d'activités*, S. 66, Nr. 6B:** In lernschwächeren Klassen können die Tageszeiten vor der Bearbeitung des B-Teils wiederholt werden.

**Alternative**

**1.** L kann Struktur und Sportarten mit Hilfe von Folie U 5/6 im Lehrer-Schüler-Gespräch einführen und sichern, evtl. Einsatz von Aufdecktechnik (⟶ *Boîte à outils 32*) in lernschwächeren Klassen. Mögliche Fragen: *Est-ce que les garçons font du foot? Que font les garçons?*
**2.** Die S können die E-Mail auch an ihren L schicken, der sie dann dem jeweiligen S korrigiert zurücksendet (Achtung: Hoher Korrekturaufwand!). Die E-Mail kann im Portfolio-Ordner abgeheftet werden. Diese Aufgabe bereitet auch auf die **DELF-Prüfung** vor.

# S. 81 Atelier B

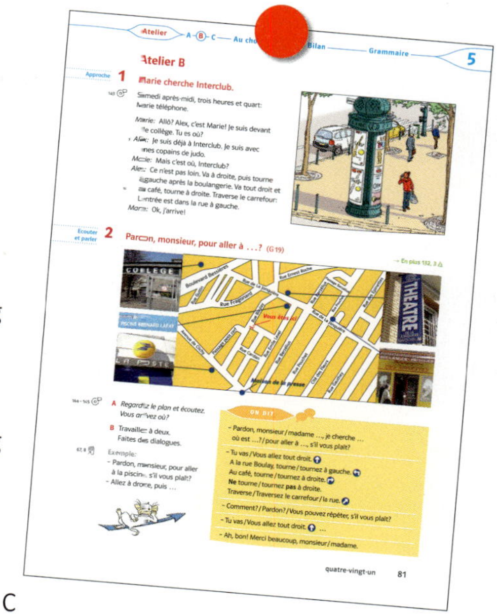
Atelier B

1 Marie cherche Interclub.

Samedi après-midi, trois heures et quart: Marie téléphone.

Marie: Allô? Alex, c'est Marie! Je suis devant le collège. Tu es où?
Alex: Je suis déjà à Interclub. Je suis avec mes copains de judo.
Marie: Mais c'est où, Interclub?
Alex: Ce n'est pas loin. Va à droite, puis tourne à gauche après la boulangerie. Va tout droit et au café, tourne à droite. Traverse le carrefour: L'entrée est dans la rue à gauche.
Marie: Ok, j'arrive!

2 Pardon, monsieur, pour aller à …? (G 19)

A Regardez le plan et écoutez. Vous arrivez où?

B Travaillez à deux. Faites des dialogues.

Exemple:
– Pardon, monsieur, pour aller à la piscine, s'il vous plaît?
– Allez à droite, puis …

ON DIT
– Pardon, monsieur/madame …, je cherche … où est …?/pour aller à …, s'il vous plaît?
– Tu vas/Vous allez tout droit.
A la rue Boulay, tourne/tournez à gauche.
Au café, tourne/tournez à droite.
Ne tourne/tournez pas à droite.
Traverse/Traversez le carrefour/la rue.
– Comment?/Pardon?/Vous pouvez répéter, s'il vous plaît?
– Tu vas/Vous allez tout droit. …
– Ah, bon! Merci beaucoup, monsieur/madame.

quatre-vingt-un 81

**Préparation en 3 minutes**

- **Mitnehmen!** Schülerbuch, *Cahier d'activités*, CD-Player, CD 2 (Tracks 39–41, 52–54; MP3 143–145, 156–158), farbige Kreide, Folie, ggf. Schätze für Spiel
- **Schülerbuch:** S. 81, Nr. 1: Text mit Wegbeschreibung; Nr. 2A + 2B: Wegbeschreibung
- ***Cahier d'activités***: S. 67, Nr. 7: Imperativ; 8A: (CD2, Track 52–54; MP3 156–158): Wegbeschreibung
- **Inhaltlicher Schwerpunkt:** Wegbeschreibung
- **Grammatischer Schwerpunkt:** Imperativ ⟶ G 19
- **Methodeneinsatz:** *La chasse au trésor* (⟶ *Boîte à outils 33*)
- **Hausaufgabe**: *Cahier d'activités*, S. 67, Nr. 8B, C

**Neue Wörter**

**1.** à droite, tourner, à gauche, une boulangerie, tout droit, un café, traverser, un carrefour;
**2.** pour aller à …, Vous pouvez répéter, s'il vous plaît?, beaucoup, la poste, une piscine

**Schritte zur Erarbeitung**

**Hinführung** (*Cahier d'activités*, Schülerbuch, Folie)
Besprechen der Hausaufgabe: *Cahier d'activités*, S. 66, Nr. 6 (Lösung ⟶ CD-ROM)
Schülerbuch, S. 81, Nr. 1: L legt Folie (U 5/7) auf und führt in den Kontext ein: *Marie cherche Interclub. Alex lui* (obwohl *lui* unbekannt ist, trotzdem verwenden, da aus dem Kontext erschließbar) *explique le chemin.*

**Problematisierung** (Folie, Schülerbuch)
Anhand der Folie (U5/7) oder Bild im Schülerbuch, S. 81, Nr. 1, wird im Lehrer-Schüler-Gespräch Bildinhalt auf Französisch oder Deutsch beschrieben. L fragt: *Qui est-ce? Que fait Marie?* S antworten. L resümiert auf Französisch, da unbekannte Vokabeln/Konstruktionen enthalten sind: *C'est Marie. Marie a un portable, elle téléphone à qn, elle parle à qn.* L fragt: *Elle est où? Qu'est-ce qu'il y a encore sur le dessin?* S antworten erneut. (⟶ Zur Methodik 1)

**Erarbeitung** (CD 2 (Track 39; MP3 143), Schülerbuch, Tafel, Tafelbild 3)
S. 81, Nr. 1: Text von CD 2 anhören, anschließend im Chor lesen. Vokabular zur Wegbeschreibung erarbeiten (+ *la boulangerie*) und an der Tafel visualisieren. Danach Text in verteilten Rollen lesen lassen, evtl. auch in Partnerarbeit (⟶ Zur Methodik 2). Anschließend erfolgt die Erarbeitung des Imperativs an der Tafel (Tafelbild 3) mit selbstentdeckender Regelformulierung durch S (evtl. auch vorher mündlich Befehle übersetzen). Danach übertragen S Tafelbild in ihre Hefte.

**Sicherung** (*Cahier d'activités*, Schülerbuch, Folie, CD 2, Tracks 40–41; MP3 144 + 145)
Spiel: S1 trägt Wegbeschreibung vor, S2 führt dazu die entsprechenden Bewegungen durch. Alternativ dazu könnte man *La chasse au trésor* (⟶ *Boîte à outils 33*) spielen.
*Cahier d'activités*, S. 67, Nr. 7: S bearbeiten Aufgabe in Einzelarbeit schriftlich mit anschließender Kontrolle im Plenum. (Lösung ⟶ CD-ROM)
Schülerbuch S. 81, Nr. 2A: S hören von CD 2 Wegbeschreibung und bearbeiten Hörverstehensaufgabe in Einzelarbeit. Weg kann auf Folie (U 5/7) nachverfolgt werden. (⟶ Zur Methodik 3/Differenzierung*)* (Lösung ⟶ CD-ROM)
Schülerbuch, S. 81, Nr. 2B: S befragen sich in Partnerarbeit gegenseitig nach dem Weg. (⟶ Zur Methodik 4) (Lösung ⟶ CD-ROM)

**Festigung** (*Cahier d'activités*, CD 2, Tracks 52–54; MP3 156–158)
*Cahier d'activités*, S. 67, Nr. 8B: S hören Wegbeschreibung von CD 2 und bearbeiten Hörverstehensaufgabe in Einzelarbeit. (Lösung ⟶ CD-ROM)
**Hausaufgabe:** *Cahier d'activités*, S. 67, Nr. 8B, 8C (Lösung ⟶ CD-ROM)

**Tafelbild 3**

Trouver le chemin + impératif

| tourner à gauche | aller tout droit | tourner à droite | traverser la place |
|---|---|---|---|
| (ne) tourn<u>e</u> (pas) | (ne) <u>va</u> (pas) | (ne) tourn<u>e</u> (pas) | (ne) travers<u>e</u> (pas) |
| (ne) tourn<u>ons</u> (pas) | (n')all<u>ons</u> (pas) | (ne) tourn<u>ons</u> (pas) | (ne) travers<u>ons</u> (pas) |
| (ne) tourn<u>ez</u> (pas) | (n')all<u>ez</u> (pas) | (ne) tourn<u>ez</u> (pas) | (ne) travers<u>ez</u> (pas) |

**Zur Methodik**

**1. Schülerbuch, S. 81, Nr. 1, Abbildung:** Während des Unterrichtsgesprächs können als Vorentlastung für die folgenden *Unités* die noch unbekannten Wörter/bzw. Konstruktionen *un portable, téléphoner à qn* und *parler à qn* eingeführt werden.
**2. Marie cherche Interclub:** Text setzt inhaltlich die Geschichte der *Unité* fort.
**3. Schülerbuch, S. 81, Nr. 2:** *On dit*-Kasten: *pouvoir* wird nur in der 2. Person Plural lexikalisch eingeführt.
**4. Schülerbuch, S. 81, Nr. 2B:** Weitere Ziele: *le théâtre, la piscine, la boulangerie.*

**Differenzierung**

**Schülerbuch, S. 132, Nr. 3:** In lernstarken Gruppen kann diese Aufgabe anstatt von Schülerbuch, S. 81, Nr. 2 bearbeitet werden.

**Boîte à outils 33**

## La chasse au trésor

Einem S werden die Augen verbunden. Es wird ein Schatz versteckt, die anderen S rufen dem S mit den verbundenen Augen zu, wie er gehen muss, um den Schatz zu finden. Sobald der Schatz gefunden ist, ist ein anderer S an der Reihe, mit Hilfe von Wegbeschreibungen einen versteckten Schatz mit verbundenen Augen zu finden. Alternativ können mehrere Gruppen jeweils einen Schatz suchen. Dabei kann man örtlich ausweichen: z. B. auf den Flur, in eine andere freie Klasse, in die Sporthalle (dort kann man einen Parcours aufbauen und dann die Kinder mit verbundenen Augen da durch schicken).

# S. 82 Atelier B

**Préparation en 3 minutes**

- **Mitnehmen!** Schülerbuch, CD-Player, CD 2 Folie U5/8 (Tracks 42–43; MP3 146–147), Kopiervorlage 7
- **Schülerbuch:** S. 82, Nr. 3: Texteinführung
- **Hausaufgabe**: Vokabellernen

**Neue Wörter**

le combat, vraiment, même (Adv.), tomber, une interview, est-ce que …, gagner, poser, une question, comment est-ce que …, faire mal, Pourquoi?, parce que, aïe!, C'est trop nul!, Damien, avoir mal, Ippon ⟶ Interkulturelles

5 Atelier A B C

3 Le champion numéro 1

146 – 147

1.
Marie retrouve Alex à l'entrée d'Interclub. A trois heures et demie, tout le monde est là. Le prof arrive et le cours commence. Les élèves font d'abord des exercices. Puis ils font des combats. Alex est vraiment super. Elle fait «ippon[1]» même avec les garçons!

*Marie:* C'est cool, le judo. J'ai une idée, Alex. Je vais faire une interview pour le journal du quartier.
*Un garçon:* Est-ce que tu as envie de faire ton interview avec un champion?
*Alex:* Il y a un champion, ici?
*Le garçon:* Ben moi, je gagne toujours!

2.
Marie pose des questions au garçon.

*Marie:* Comment est-ce que tu tombes? Est-ce que ça fait mal?
*Le garçon:* Non, non, ça ne fait pas mal.
*Marie:* Pourquoi?
*Le garçon:* Parce que je fais des exercices pour ça. Regarde, on tombe comme ça! … Aïe! Oh zut! C'est trop nul! Aïe! Aïe!
*Le prof:* Mais qu'est-ce que tu fais? Fais attention, s'il te plaît, Damien!
*Alex:* Ça va, maintenant, Damien? Tu as mal?
*Damien:* Non, non, ça va, merci. Ecoute, Marie, je n'ai pas envie de faire l'interview. Mais Alex, on fait un combat?
*Alex:* Pourquoi pas? Un combat avec le champion numéro 1, ça va être super, ça! Mais pas aujourd'hui!

1 «ippon!» (japonais): Höchste Wertung im Judo (Gewonnen!)

82 quatre-vingt-deux

**Schritte zur Erarbeitung**

**Hinführung** (*Cahier d'activités*, Folie)
Besprechen der Hausaufgabe: *Cahier d'activités*, S. 67, Nr. 8B, 8C (Lösung ⟶ CD-ROM)
Da der neue Text *Le champion numéro 1* die Fortsetzung der Geschichte der *Unité* ist, wird der vorherige Text noch einmal kurz im Lehrer-Schüler-Gespräch wiederholt. L legt Folie (U 5/7) auf (nur Bild von Marie) und stellt Fragen, die S beantworten: *Marie va où? – Elle va à Interclub. – Qui est à Interclub? – C'est Alex. – Que fait Alex à Interclub? – Elle fait du judo.* (⟶ Doppelstunde)

**Problematisierung** (Folie, Tafel)
L legt Folie (U 5/8) auf. S stellen auf Deutsch Vermutungen an, was dort passieren könnte. L notiert sie an der Tafel.

**Erarbeitung** (Schülerbuch, CD 2 (Tracks 42/43; MP3 146/147), Tafel)
Die beiden Textteile von Schülerbuch, Seite 82, Nr. 3 werden nacheinander auf dieselbe Weise erarbeitet. Text von Schülerbuch bei geöffneten Büchern von CD 2 vorspielen, anschließend lesen S Texte im Chor. Unbekannter Wortschatz wird semantisiert. Neue Wörter werden an der Tafel notiert und ggf. im Chor nachgesprochen. S vergleichen Textinhalt mit ihren Vorvermutungen.

**Sicherung** (Kopiervorlage, Schülerbuch)
Textverständnis wird mit Ankreuzaufgabe (Kopiervorlage 7) gesichert.
Anschließend lesen S Text in verteilten Rollen.
**Hausaufgabe:** Vokabellernen

**Interkulturelles**

*Ippon* ist die höchste Wertung beim Judo und führt zur sofort gen Beendigung des Kampfes.
Im 17. Arrondissement gibt es eine Vielzahl an Möglichkeiten, Kampfsport zu betreiben. Judo steht dabei besonders hoch im Kurs.

**Doppelstunde**

Auf die beschriebene Weise lässt sich in einer Doppelstunde die komplette Geschichte wiederholen (Folie: U 5/2, 5/3)

## S. 83 Atelier B

**Préparation en 3 minutes**

- **Mitnehmen!** Schülerbuch, CD-Player, CD 2 (Track 44; MP3 148), Ball, bunte Kreide
- **Schülerbuch:** S. 83, Nr. 4: Textauswertung und Frageformen, S. 83, Nr. 5–7: Frageformen
- ***Cahier d'activités***: S. 68, Nr. 9A + B
- **Grammatischer Schwerpunkt:** Fragen mit *est-ce que* (Entscheidungs- und Ergänzungsfragen) ⟶ G 20
- **Methodeneinsatz:** Omniumkontakt (⟶ *Boîte à outils 3*)
- **Hausaufgabe**: *Cahier d'activités*, S. 68, Nr. 10

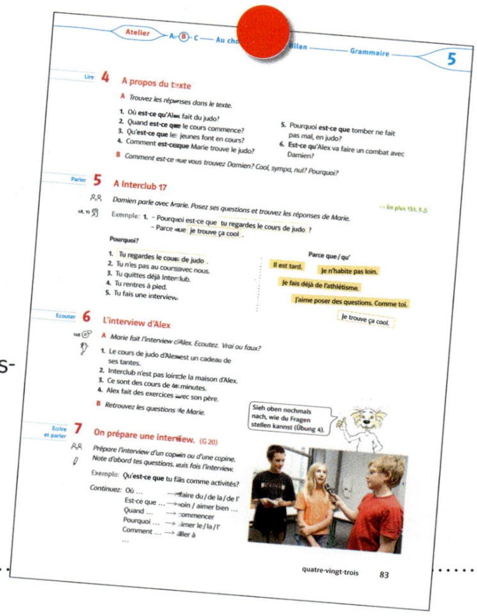
Atelier A – B – C — Au ch… Bilan — Grammaire 5

Lire **4 A propos du texte**

**A** *Trouvez les réponses dans le texte.*

1. Où **est-ce qu'**Alex fait du judo?
2. Quand **est-ce que** le cours commence?
3. Qu'**est-ce que** les jeunes font en cours?
4. Comment **est-ce que** Marie trouve le judo?
5. Pourquoi **est-ce que** tomber ne fait pas mal, en judo?
6. **Est-ce qu'**Alex va faire un combat avec Damien?

**B** *Comment est-ce que vous trouvez Damien? Cool, sympa, nul? Pourquoi?*

Parler **5 A Interclub 17**

*Damien parle avec Marie. Posez ses questions et trouvez les réponses de Marie.*

Exemple: 1. – Pourquoi est-ce que tu regardes le cours de judo ?
– Parce que je trouve ça cool .

**Pourquoi?**

1. Tu regardes le cours de judo .
2. Tu n'es pas au cours avec nous.
3. Tu quittes déjà Interclub.
4. Tu rentres à pied.
5. Tu fais une interview.

**Parce que / qu'**

Il est tard. Je n'habite pas loin. Je fais déjà de l'athlétisme. J'aime poser des questions. Comme toi. Je trouve ça cool.

Ecouter **6 L'interview d'Alex**

**A** *Marie fait l'interview d'Alex. Ecoutez. Vrai ou faux?*

1. Le cours de judo d'Alex est un cadeau de ses tantes.
2. Interclub n'est pas loin de la maison d'Alex.
3. Ce sont des cours de 45 minutes.
4. Alex fait des exercices avec son père.

**B** *Retrouvez les questions de Marie.*

Ecrire et parler **7 On prépare une interview.** (G 20)

*Prépare l'interview d'un copain ou d'une copine. Note d'abord tes questions, puis fais l'interview.*

Exemple: Qu'**est-ce que** tu fais comme activités?

Continuez: Où … ⟶ faire du / de la / de l'
Est-ce que … ⟶ voir / aimer bien …
Quand … ⟶ commencer
Pourquoi … ⟶ aimer le / la / l'
Comment … ⟶ aller à
…



quatre-vingt-trois 83

**Schritte zur Erarbeitung**

**Hinführung** (Schülerbuch, Ball, *Cahier d'activités*)
S lesen Text im Schülerbuch, S. 82, Nr. 3 erneut.
Danach stellen sich S in den Kreis oder bleiben am Platz sitzen. L fragt Vokabeln ab, indem er einzelnen S einen Ball zuwirft, diesen ein Wort auf Deutsch oder Französisch nennt und die S dieses entsprechend übersetzen. L leitet zu Fragen über, indem L darauf hinweist, dass *est-ce que* nicht übersetzt wird.
*Cahier d'activités*, S. 68, Nr. 9A + B: Orthografische Übung zur Schreibung von *est-ce que*. (⟶ Zur Methodik 1/Differenzierung 1; Lösung ⟶ CD-ROM)

**Problematisierung** (Schülerbuch, Tafel)
S erhalten Arbeitsauftrag, die im Text auf S. 82 vorkommenden Fragen mit *est-ce que* herauszusuchen. Währenddessen schreibt L Tafelbild 4 an die Tafel ohne die ersten drei Sätze (Sätze aus dem Text).

**Erarbeitung** (Tafel, Tafelbild 4, Schülerbuch)
S nennen die Fragesätze aus dem Text. L vervollständigt Tafelbild 4 und erläutert die Frageformen (⟶ G 20). Anschließend schreiben S das Tafelbild in ihre Hefte ab.

**Sicherung** (Schülerbuch)
S. 83, Nr. 4: A Überprüfen des Textverständnisses, Leseverstehen von Fragen mit *est-ce que*, B freie Meinungsäußerung (Lösung ⟶ CD-ROM)
S. 83, Nr. 5: S versprachlichen Teilfrage mit *pourquoi*. In Partnerarbeit befragen sie sich gegenseitig nach Gründen und geben Begründungen. (⟶ Zur Methodik 2/Differenzierung 2; Lösung ⟶ CD-ROM)

**Festigung** (Schülerbuch, CD 2 (Track 44; MP3 148))
S. 83, Nr. 6A: S hören Interview von CD 2 und bearbeiten *Vrai-faux*-Aufgabe. (⟶ Stärkung der Mündlichkeit) (Lösung ⟶ CD-ROM)
S. 83, Nr. 6B: S rekonstruieren Maries Fragen in Einzel- oder Partnerarbeit schriftlich. (Lösung ⟶ CD-ROM)
S. 83, Nr. 7: S befragen sich in Partnerarbeit nach ihren Freizeitaktivitäten. Die Fragen werden in Einzelarbeit schriftlich formuliert. Während des Interviews geht L in der Klasse umher und greift korrigierend ein, falls nötig. (⟶ Alternative; Lösungsmöglichkeit ⟶ CD-ROM)

**Hausaufgabe:** *Cahier d'activités*, S. 68, Nr. 10

**Tafelbild 4**

Fragen mit est-ce que

| | | |
|---|---|---|
| | **Est-ce que** | tu as envie de faire ton interview avec un champion? |
| | **Est-ce que** | ça fait mal? |
| **Comment** | **est-ce que** | tu tombes? |
| **Qu'** | **est-ce que** | tu fais? |
| **Où** | **est-ce que** | tu fais du judo? |
| **Quand** | **est-ce que** | tu fais du judo? |
| **Pourquoi** | **est-ce que** | tu fais du judo? |
| **Pourquoi** | **est-ce qu'** | il fait du judo? |

↑

Bei der Frage mit **est-ce que** bleibt die Reihenfolge der Wörter dieselbe wie im Aussagesatz.
**Est-ce que** wird vor Vokalen zu **est-ce qu'**.

**Zur Methodik**

**1. *Cahier d'activités*, S. 68, Nr. 9:** Die Übung führt im A-Teil imitativ zur Schreibung der orthografisch schwierigen Frageformeln hin. Teil B erinnert an die Möglichkeit, sich die Orthografie schwieriger Wörter großmotorisch einzuprägen.
**2. Schülerbuch, S. 83, Nr. 5:** Die Teilfrage mit *pourquoi* steht hier stellvertretend für die Struktur. Teilfragen mit weiteren Fragewörtern können in Aufgabe 7 analog gebildet werden.

**Alternative**

**Schülerbuch, S. 83, Nr. 7:** S notieren Fragen und evtl. mögliche Antworten, die sie sich anschließend gegenseitig in der Kugellager-Methode stellen (⟶ *Boîte à outils 31*).

**Stärkung der Mündlichkeit**

**Schülerbuch, S. 83, Nr. 6:** S können zusätzlich zur Bearbeitung der *Vrai-faux*-Aufgabe die richtigen Aussagen paraphrasieren und die falschen korrigieren (⟶ CD-ROM: Lösungen zu der Übung, eingeklammerte Sätze)

**Differenzierung**

**1. *Cahier d'activités*, S. 68, Nr. 9:** In lernstarken Klassen kann diese Übung entfallen und L geht direkt zur Problematisierung über.
**2. Schülerbuch, Seite 133, Nr. 5:** In lernstärkeren Klassen kann diese Aufgabe anstatt von Schülerbuch, Seite 83, Nr. 5 in Partnerarbeit durchgeführt werden.

## S. 84 Atelier C

**Préparation en 3 minutes**

- **Mitnehmen!** Schülerbuch, Folie, CD-Player, CD 2 (Tracks 45–50; MP3 149–154)
- **Schülerbuch:** S. 84, Nr. 1: Text; S. 85, Nr. 2: Textauswertung; Nr. 3: Landeskunde; Nr. 4: *prendre* mit CD (Einüben des Raps); Nr. 5: Einkaufsgespräch
- ***Cahier d'activités***: S. 69, Nr. 11 nach Abschnitt 1
- **Grammatischer Schwerpunkt:** Das Verb *prendre* ⟶ G 21
- **Inhaltlicher Schwerpunkt:** Zahlen von 40–100
- **Methodeneinsatz:** Fragekette (⟶ *Boîte à outils 13*), Offene-Buch-Methode zur Einführung von Texten (⟶ *Boîte à outils 34*)
- **Hausaufgabe**: *Cahier d'activités*, S. 69, Nr. 12 + 13

**Neue Wörter**

un portable, un SMS, un film, avoir soif, prendre, une gaufre, Ça coûte combien?, un euro, un centime, un vendeur, un coca, une eau minérale, un jus de pomme, une orange, un diabolo menthe, Ça fait combien?

**Schritte zur Erarbeitung**

**Hinführung** (*Cahier d'activités*)
Besprechen der Hausaufgabe: *Cahier d'activités*, S. 68, Nr. 10 (Lösung ⟶ CD-ROM)
Im Plenum Namen typischer französischer Speisen und Getränke sammeln.

**Problematisierung** (Folie, Tafel)
L legt Folie (U5/9) auf, führt die abgebildeten Speisen und Getränke ein und notiert sie an der Tafel. S sprechen im Chor nach.

**Erarbeitung** (Schülerbuch, Tafel, CD 2 (Tracks 45–48; MP3 149–152))
Vor der Lektüre des Textes werden S gefragt, was sie zum Essen und Trinken nehmen. Zur Auswahl stehen die Speisen und Getränke von Folie U5/9. Zunächst als Lehrer-Schüler-Dialog, dann als Fragekette (⟶ *Boîte à outils 13*): L: *Qu'est-ce que tu prends?* S: *Moi, je prends …* (zu anderem S) *Et toi?*
Text von S. 84, Nr. 1 wird mit Hilfe der Offenen-Buch-Methode (⟶ *Boîte à outils 34*) eingeführt unter Einbeziehung der CD 2.

Die Bewusstmachung von *prendre* erfolgt mit Hilfe eines Tafelbildes. L schreibt 1. und 3. Person Plural an die Tafel. Die restlichen Formen ergänzen die S durch Heraussuchen der Formen aus dem Text. Anschließend übertragen S Paradigma in ihre Hefte.
Zahlen 40–100 werden mittels Chorsprechen eingeführt. (⟶ Vokabular, S. 174/ Differenzierung 1)

**Sicherung** (Schülerbuch)
S lesen Text mit verteilten Rollen.
S. 85, Nr. 2: S beantworten Fragen zur Sicherung des Textverständnisses schriftlich oder mündlich. (⟶ Differenzierung 2) (Lösung ⟶ CD-ROM)
S. 85, Nr. 3: Ausgehend von der Speisetafel nennen S Speisen und Getränke, die es in Frankreich an einem Imbissstand gibt. Interkulturelle Unterschiede beim Imbissangebot werden erörtert. (Lösung ⟶ CD-ROM)

**Festigung** (Schülerbuch, CD 2, *Cahier d'activités*)
S. 85, Nr. 4: S hören Rap (Track 49; MP3 153) im Plenum, ergänzen Formen von *prendre* schriftlich und singen Rap gemeinsam mit Playback (Track 50; MP3 154). (⟶ Zur Methodik/Differenzierung 3) (Lösung ⟶ CD-ROM)
S. 85, Nr. 5: S spielen Musterdialog (Verkaufsgespräch am Imbissstand) mit variierenden Getränken und Speisen in Partnerarbeit nach. Abschließend werden einige Dialoge im Plenum vorgespielt.
**Hausaufgabe:** *Cahier d'activités*, S. 69, Nr. 12 + 13

**Boîte à outils 34**

## Offene-Buch-Methode

Folgendes Vorgehen:
- Vorspielen der Szene von Tonträger bei geöffneten Büchern,
- Erarbeitung des neuen Wortschatzes, Chorsprechen, sukzessiver Tafelanschrieb,
- Bewusstmachung der Grammatik aufgrund von farbigem Tafelbild,
- Lesen mit verteilten Rollen,
- Auflegen der Folie bei geschlossenen Büchern,
- Lehrer-Schüler-Dialog, Fragekette.

**Zur Methodik**

**Schülerbuch, S. 85, Nr. 4:** Bei dem Rap sollten die Verse 3 und 4 von Jungen bzw. Mädchen gesungen/skandiert werden. Der Rap kann auswendig gelernt und immer zu Beginn der folgenden Stunden vorgetragen werden. Die unbekannten Vokabeln sind vom Deutschen ableitbar und kein Lernwortschatz: *la vanille, bon appétit.*
Vorgehensweise beim Einstudieren von Raps: zunächst gemeinsam den Rhythmus, dann einzelne Verse/Reime üben und schließlich das Gesamtstück rappen.

**Doppelstunde**

Für die hier aufgeführten Übungen ist ggf. mehr als eine Doppelstunde zu veranschlagen, wenn die Zahlen ausführlicher geübt und/oder wiederholt werden.
Bei zwei Einzelstunden liegt der Schwerpunkt der ersten Stunde auf der Texterarbeitung. Die zweite Stunde dient dem Rap und schwerpunktmäßig dem Üben unterschiedlicher Einkaufssituationen (⟶ Schülerbuch, S. 85, Nr. 5).

**Differenzierung**

**1. Zahlen:** In lernschwächeren Klassen wird empfohlen die Zahlen an dieser Stelle zu wiederholen (Schülerbuch, S. 150 und 161) und zusätzliche Übungen anzubieten, z. B. Bingo, Zählen von 1 bis 100 und dabei bei jeder Zahl, die eine 5 enthält oder durch 5 teilbar ist, in die Hände zu klatschen, gerade/ungerade Zahlen aufzählen, Zahlendiktat (auch in Partnerarbeit).
**2. Schülerbuch, Seite 133, Nr. 6:** In lernschwächeren Gruppen kann diese Aufgabe zusätzlich zu Schülerbuch, S. 85, Nr. 2 durchgeführt werden. (Lösung ⟶ CD-ROM)
**3. Schülerbuch, Seite 133, Nr. 7:** In lernschwachen Gruppen kann diese Aufgabe anstatt von Schülerbuch, S. 85, Nr. 4 durchgeführt werden. (Lösung ⟶ CD-ROM)

**Alternative** ***Cahier d'activités*, S. 69, Nr. 11:** Diese gezielte Ausspracheübung kann nach Abschnitt 1 bearbeitet werden. Das „r“ nicht deutlich auszusprechen (vor allem im Auslaut und vor anderen Konsonanten) ist für den deutschen Akzent typisch. L kann den S zeigen, dass das „r“ z. B. in *„porte“* fast wie das „pocht“ im Deutschen gesprochen wird. Mit Hilfe der bekannten französischen *Comptine „Am stram gram“* lässt sich die Aussprache des „r“ üben. (Lösung ⟶ CD-ROM)

**Interkulturelles** **Typische französische Speisen und Getränke:** *le bifteck-frites, le couscous, le cassoulet* (Bohneneintopf mit Wurst), *la ratatouille, la salade niçoise, les escargots, les cuisses de grenouille, les huîtres, l'orangina, le pastis, le vin rouge, le diabolo menthe* (alkoholfreies Mixgetränk aus Pfefferminzsirup und Wasser). Im Schülerbuch S. 85 werden für einen französischen Imbissstand typische Speisen und Getränke auf der Standtafel aufgeführt. Die Wörter dienen der landeskundlichen Vertiefung, gehören aber nicht zum aktiven Lernwortschatz (z. B. *la barbe à papa* „die Zuckerwatte“). Kontrastiv kann hier überlegt werden, was typisch für einen deutschen Imbissstand ist und welche Unterschiede und Parallelen es zwischen Frankreich und Deutschland gibt. Dabei können die S auch ihre Vorlieben und Abneigungen bzgl. bestimmter Getränke und Speisen nennen.

**Projekt** Im Rahmen dieser *Unité* können mit den S *Crêpes* vorbereitet und gebacken werden; als Getränk kann z. B. auch *Diabolo* serviert werden. Aufgaben verteilen: Mitbringen von *Crêpes*-Teig, süßem und salzigem Belag, Getränken, *Crêpes*-Pfannen, Geschirr, Servietten, Spül- und Trockentuch, Dekoration. Zur Unterstützung eines Schul- oder Klassenprojekts oder im Rahmen eines Tages der offenen Tür können auch *Crêpes* verkauft werden.

**Les crêpes**
125 grammes de farine
25 grammes de sucre vanillé
30 grammes de beurre fondu
une pincée de sel fin
2 œufs entiers
2 décilitres de lait froid

Mélanger tout. Préparer la pâte deux heures à l'avance.
Une fois la crêpe bien dorée, garnir de sucre, de confiture, de miel, de chocolat ou bien de fromage, de jambon …

**Les comptines**
*Comptines*/Kinderreime spielen in Frankreich eine besondere Rolle. Sie werden oft melodisch oder rhythmisch gesprochen oder gesungen. Spielerisch wird Vokabular aufgebaut, die Kinder lernen zählen oder schulen in Verbindung mit Bewegungen ihre motorischen Fertigkeiten. Die Wortspiele und Reime in den *comptines* zeugen von großer verbaler Kreativität. Die Texte sind oft ohne besondere Bedeutung, einige *comptines* dienen als Abzählreime. Im Internet findet man Clips und Musik von *comptines* unter dem Suchbegriff *comptines*.

Vor der Bearbeitung der *Activités au choix* die Hausaufgaben *Cahier d'activités*, S. 69, Nr. 12, 13 besprechen (Lösung ⟶ CD-ROM)

## S. 86–89 Activités au choix

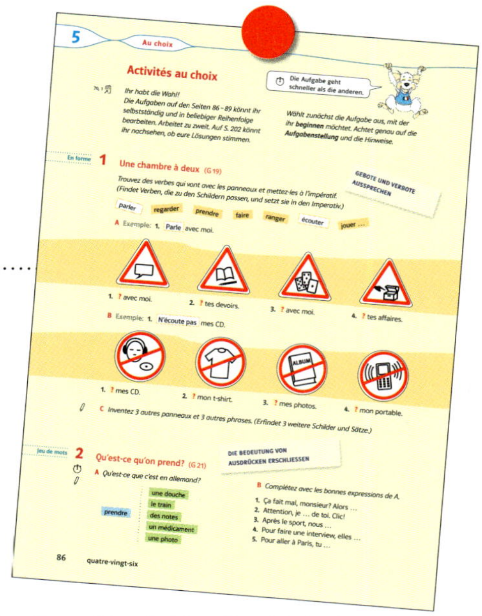
5 Au choix

Activités au choix

*Ihr habt die Wahl!*
*Die Aufgaben auf den Seiten 86–89 könnt ihr selbstständig und in beliebiger Reihenfolge bearbeiten. Arbeitet zu zweit. Auf S. 202 könnt ihr nachsehen, ob eure Lösungen stimmen.*

Die Aufgabe geht schneller als die anderen.

*Wählt zunächst die Aufgabe aus, mit der ihr* ***beginnen*** *möchtet. Achtet genau auf die* ***Aufgabenstellung*** *und die Hinweise.*

En forme **1 Une chambre à deux** (G 19)

GEBOTE UND VERBOTE AUSSPRECHEN

*Trouvez des verbes qui vont avec les panneaux et mettez-les à l'impératif. (Findet Verben, die zu den Schildern passen, und setzt sie in den Imperativ.)*

parler regarder prendre faire ranger écouter jouer …

A Exemple: 1. Parle avec moi.

1. ? avec moi. 2. ? tes devoirs. 3. ? avec moi. 4. ? tes affaires.

B Exemple: 1. N'écoute pas mes CD.

1. ? mes CD. 2. ? mon t-shirt. 3. ? mes photos. 4. ? mon portable.

C *Inventez 3 autres panneaux et 3 autres phrases. (Erfindet 3 weitere Schilder und Sätze.)*

Jeu de mots **2 Qu'est-ce qu'on prend?** (G 21)

DIE BEDEUTUNG VON AUSDRÜCKEN ERSCHLIESSEN

A *Qu'est-ce que c'est en allemand?*

prendre – une douche / le train / des notes / un médicament / une photo

B *Complétez avec les bonnes expressions de A.*

1. Ça fait mal, monsieur? Alors …
2. Attention, je … de toi. Clic!
3. Après le sport, nous …
4. Pour faire une interview, elles …
5. Pour aller à Paris, tu …

86 quatre-vingt-six

**Stationenlernen** In dieser *Unité* ersetzen die *Activités au choix* den *Pratique*-Teil. Sie bietet sich für die Durchführung eines Stationenlernens an.

**Zur Methodik** Die Aufgaben auf den Schülerbuchseiten 86–89 können von den S **selbstständig** und in **beliebiger Reihenfolge** bearbeitet werden. Dabei sollen sie stets **zu zweit** arbeiten. Vorher sollte jede/r S für sich versuchen, die Aufgabe zu verstehen und notieren, was leicht ist bzw. wo es Probleme gibt. Anschließend wird die Aufgabe besprochen und zu zweit bearbeitet. Auf S. 202 können die S nachsehen, ob die Lösungen stimmen.
Um die Übersicht zu behalten, benutzen S den **Laufzettel** im *Cahier d'activités*, S. 70, Nr. 1. Erledigte Aufgaben werden von den S abgehakt. In der rechten Spalte vermerken die S, wie sie die Aufgaben fanden. Durch die Evaluation (Wie war die Aufgabe für dich?) reflektieren S über ihre persönlichen Erfahrungen beim Stationenlernen.
Für die Bearbeitung aller Aufgaben sollten inklusive Auswertung ca. vier Unterrichtsstunden eingeplant werden.

**Tipp** Wer weiterführende Informationen zum Stationenlernen als offene Form des Lernens und Unterrichtens sucht, wird u. a. fündig in:
Nieweler, Andreas (2006): „Fachdidaktik Französisch. Tradition – Innovation – Praxis".
Der Fremdsprachliche Unterricht (2004), Heft 69 + 70: „Wege zur Differenzierung: Stationenlernen".
Der Fremdsprachliche Unterricht (2001), Heft 50: „Lernen an Stationen".

**Grundlagen des Stationenlernens** Das Stationenlernen dient:
1. der Wiederholung, Festigung und Übung von bereits Gelerntem,
2. der Bearbeitung neuer Inhalte,
3. dem Methodentraining (z. B. von Lese- und Lerntechniken).

Stationenlernen wird durch einen **Laufzettel** gesteuert. Bei der Bearbeitung der einzelnen Aufgaben wird zwischen dem geschlossenen, dem offenen und dem halboffenen Stationenlernen unterschieden.
Beim **geschlossenen Stationenlernen** (Lernstraße, Lernzirkel) wird die Reihenfolge der zu bearbeitenden Aufgaben vorgegeben.
Beim **offenen Stationenlernen** (Lernbüffet, Lerntheke) können die S die Reihenfolge der zu bearbeitenden Stationen frei wählen.
Beim **halboffenen Stationenlernen** hat der S Wahl- und Pflichtstationen zu bearbeiten.
Stationenlernen bedarf im Hinblick auf die Auswahl der Inhalte, der Methoden und der Sozialformen einer intensiven Vorbereitung durch den L.
In dieser *Unité* werden die S zum ersten Mal mit **Stationenlernen** im Französischunterricht konfrontiert. Im Rahmen eines Lernzirkels werden weitgehend bekannte Themenbereiche in Partnerarbeit geübt und von den S gemeinsam überprüft.
In der *Unité* 7 folgt ein ausführliches Stationenlernen, in dem die S im Sinne autonomen Arbeitens eigenständig Inhalte erarbeiten und so von vorneherein für ihren Kompetenzzuwachs selber verantwortlich sind.

**Konkrete Hinweise**

Im Vorfeld muss L Überlegungen über das **Raumarrangement** und über die Zuordnung der zusammenarbeitenden Paare anstellen. Typisch für Stationenlernen ist, dass die S von Station zu Station gehen und dort die sich an dieser Station befindende Aufgabe bearbeiten. Da die Aufgaben und Lösungen bereits im Schülerbuch und im *Cahier d'activités* vorliegen, ist dies allerdings nicht zwingend notwendig. Trotzdem bietet es sich für die konkrete Durchführung an, entsprechend der Zahl der Aufgaben im Schülerbuch im Klassenraum sieben „Inseln" zu schaffen, diese mit den Zahlen der Aufgaben kenntlich zu machen und die S aufzufordern, in wechselnden Paaren und beliebiger Reihenfolge diese Inseln aufzusuchen, die dort zu erledigende Aufgabe zu bearbeiten und anhand der Lösungen zu korrigieren.
Beim vorliegenden **Laufzettel** (*Cahier d'activités*, S. 70, Nr. 1) werden Hinweise zur Aufgabenstellung, zum zeitlichen Umfang (ein Wecker = Aufgabe geht schneller als die anderen), zu den vorgegebenen Materialien und zum Fundort der Lösungshinweise gegeben. Der S markiert auf dem Laufzettel, welche Aufgaben erledigt wurden und gibt seine Einschätzung zu der jeweiligen Aufgabe ab.
Wer die Durchführung als Stationenlernen nicht bevorzugt, kann die Übungen auch in herkömmlicher Weise erarbeiten.

**Hinweise zu den Aufgaben**

**Schülerbuch, S. 86, Nr. 1**
Übung zum bejahten und verneinten Imperativ. (Lösung ⟶ CD-ROM)
**Schülerbuch, S. 86, Nr. 2**
Unbekanntes Vokabular erschließen am Beispiel von *une douche, un médicament, une note*. Diese Wörter werden im Folgenden nicht als bekannt vorausgesetzt. Wenn die Erschließung in A nicht lückenlos gelingt, kann zu B übergegangen werden. Evtl. erklärt sich eine noch fehlende Wortbedeutung dann aus dem Kontext oder dem übrig gebliebenen Satz. (Lösung ⟶ CD-ROM)
**Schülerbuch, S. 87, Nr. 3**
Die S sollen die vorgegebenen Aktivitäten umschreiben und damit Vertrauen in ihre Ausdrucksmöglichkeiten gewinnen. Am Ende Hinweis durch den L auf den frz. Filmtitel *Les choristes*. (Lösungsmöglichkeit ⟶ CD-ROM/Die angebotene Lösung basiert auf dem Kenntnisstand der S, sie entspricht deshalb noch nicht den Formulierungen eines Muttersprachlers.)
**Schülerbuch, S. 87, Nr. 4**
Über Zukünftiges sprechen und dabei das *Futur composé* verwenden. (Lösung ⟶ CD-ROM)
**Schülerbuch, S. 88, Nr. 5**
Dinge/Gegenstände, die sich in den falschen Zimmern befinden, benennen und sagen, wo sich die Dinge/Gegenstände bei den S befinden. *Vis-à-vis*: Hinweis auf den Unterschied zwischen *une chambre* und *une pièce*. (Lösungsmöglichkeit ⟶ CD-ROM)
**Schülerbuch, S. 88, Nr. 6**
Die Identität einer Schülerbuch-Figur erraten unter Verwendung unterschiedlicher Frageformen, vor allem der *Est-ce que*-Fragen. *Scoubidou* ist maskulin. In den Rätselfragen sollte *Scoubidou* immer mit dem Pronomen *il* bezeichnet werden, auch wenn sich hinter *Scoubidou* ein Mädchen verbirgt. (Lösungsbeispiel ⟶ CD-ROM)
**Schülerbuch, S. 89, Nr. 7**
**A:** Durch die Anwendung von erworbenen Lernstrategien (⟶ Schülerbuch, S. 68: Wörter erschließen durch Nähe zur Muttersprache oder zum Englischen) kann die E-Mail mit unbekannten Wörtern verstanden und Fragen können beantwortet werden. Neue Wörter, die im Folgenden nicht als bekannt vorausgesetzt werden: *un terrain de sport, un saxophone, Aqua-Parc, le week-end*. (Lösung ⟶ CD-ROM)
**B:** Auf eine E-Mail antworten unter Berücksichtigung einer entsprechenden Gliederung. (Lösungsbeispiel ⟶ CD-ROM)
***Cahier d'activités*, S. 71, Nr. 2**
Diese Seite unterstützt die S bei Schülerbuch, S. 89, Nr. 7. Der A-Teil stellt elementare Formeln und Regeln für die Privatkorrespondenz zur Verfügung. Der B-Teil bietet konkretes Sprachmaterial an, um Valentins Mail zu beantworten, z. B. Beschreibung der Umgebung, der Hobbys, der Freizeitaktivitäten und Verwendung von Zeitangaben. In der rechten Spalte können S individuellen Wortschatz sammeln. Es handelt sich somit um eine

Ergänzung des *Dico personnel* (⟶ im Anschluss von S. 96). In der Zusammenstellung werden lexikalische Erweiterungen vorgenommen: *ville, village*.
*Joue au détective* macht den S erneut die Hilfen bewusst, die im Vokabular des Schülerbuchs für die thematische Zusammenstellung von Wortschatz gegeben werden.

## S. 90 Bilan

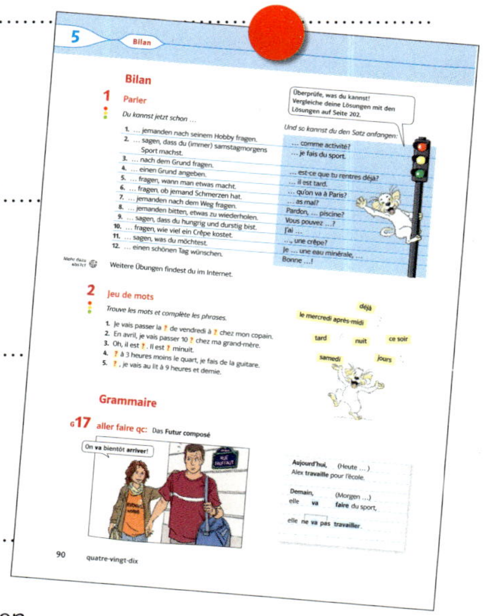
Bilan
1 Parler
2 Jeu de mots
Grammaire
17 aller faire qc: Das Futur composé
90 quatre-vingt-dix

Zur Funktion der Aufgaben im *Bilan*-Teil (SB und CdA) sowie der *En plus*-Übungen im *CdA* ⟶ S. 130.

**Parler** — **Schülerbuch, S. 90, Nr. 1**
Aufgabe zur Evaluation: Du kannst jetzt schon …
(Lösung ⟶ SB S. 202/CD-ROM)

**Parler et écrire** — ***Cahier d'activités*, S. 72, Nr. 1**
Festigungsübung zu Wortschatz der *Unité*: Wohnung, Wegbeschreibung, Speisen und Getränke. (Lösung ⟶ CdA S. 103/CD-ROM)

**Jeu des mots** — **Schülerbuch, S. 90, Nr. 2**
Wortschatzübung mit dem Schwerpunkt Zeitangaben, die in Atelier A eingeführt wurden. (Lösung ⟶ SB S. 202/CD-ROM)

**En forme** — ***Cahier d'activités*, S. 72, Nr. 2**
Wiederholungs- und Festigungsübung der Grammatik der *Unité*: *Futur composé, à/de* + best. Artikel, Imperativ und Fragen mit *est-ce que*. (Lösung ⟶ CdA S. 103/CD-ROM)

**Alternative** — Inwiefern es in dieser *Unité* sinnvoll ist, im Anschluss an das Stationenlernen noch *Bilan*-Aufgaben anzuschließen, ist abhängig von den Ergebnissen des Lernzirkels. Denkbar ist es auch, Schülerbuch, S. 90, Nr. 1 vor dem Stationenlernen einzusetzen, damit die S sich so darüber im Klaren sind, was sie schon können und worauf sie beim Lernzirkel ihr Augenmerk richten müssen.

**Differenzierung/ Chanson** — Um im Anschluss an die Übungsphase im Rahmen des Stationenlernens die Kreativität der S zu fördern, bietet es sich an, das Chanson *Jean petit qui danse* (*Cahier d'activités*, S. 73, Nr. 1) einzusetzen. Es handelt sich um eine schwierigere Verstärkungsübung, in der das **Sachfeld der Körperteile** ergänzt wird. Bekannt sind *la main* und *le pied*, neu sind: *le bras, le doigt, la jambe, le ventre, l'épaule, la fesse, la tête, le nez, l'oreille*. Durch das Lied lässt sich der Wortschatz spielerisch/musikalisch/tänzerisch erweitern. *La tête, le nez, l'oreille* werden als Distraktoren eingesetzt.
In Gedichten und Chansons ist die Inversion (hier: *Jean petit*) aus stilistischen, phonetischen oder anderen Gründen gängig. Falls die S nach der Stellung von *petit* fragen, kann der Vergleich mit der Wendung „Hänschen klein" helfen. Einen echten Jean Petit hat es im 17. Jahrhundert gegeben, der als Mitglied einer Revolte gefangen genommen und gerädert (hingerichtet) wurde. Auf diese Person könnte das Lied zurückgehen.
Die Tonaufnahme befindet sich nicht auf der MP3-CD, die der Schülerausgabe des *Cahier d'activités* beiliegt. In der Lehrerversion des CdAs sind auf der MP3-CD und der Video-DVD auch Lieder enthalten, die aus lizenzrechtlichen Gründen in der Schülerversion fehlen.

**Theater** — **Cahier d'activités, S. 73, Nr. 2**
Die S schreiben Szenen für ein kleines Theaterstück. Dabei denken sie sich selbst eine Handlung aus oder realisieren den vorgeschlagenen Rahmen. Im Laufe der weiteren *Unités* können die S zusätzliche Szenen verfassen und umsetzen, sodass eine aufführbare Gesamthandlung entsteht. (⟶ Lehrerhinweise CD-ROM)

## Qu'est-ce que tu vas faire ...?

Les activités – Fragekärtchen

| | | |
|---|---|---|
| Qu'est-ce que tu vas faire ce soir? | Qu'est-ce que vous allez faire demain, ton copain/ ta copine et toi? | Qu'est-ce que tes parents vont faire samedi? |
| Qu'est-ce que vous allez faire dimanche, ta famille et toi? | Qu'est-ce que ta mère va faire ce soir? | Qu'est-ce que tu vas faire demain? |
| Qu'est-ce que tu vas faire dimanche? | Qu'est-ce que vous allez faire ce soir, ton copain/ ta copine et toi? | Qu'est-ce que tes copains vont faire demain? |
| Qu'est-ce que tes frères et sœurs vont faire ce soir? | Qu'est-ce que vous allez faire vendredi soir, ta famille et toi? | Qu'est-ce que tes parents vont faire ce soir? |

Les activités – Antwortkärtchen

| | | |
|---|---|---|
| regarder un film à la télé | faire ses devoirs | faire des jeux vidéo |
| aller à ... (Paris) | regarder des BD | travailler (avec son père) à la maison |
| jouer dans la cour | aller chanter | regarder un/des DVD |
| aller dans un magasin | préparer l'interro de maths | retrouver des copains |

## Une nuit chez Marie: vrai ou faux?

*Kreuze an, ob der Satz richtig (vrai) oder falsch (faux) ist. Wenn der Satz falsch ist, schreibe den richtigen Satz in die dafür vorgesehene Zeile.*

| | | vrai | faux |
|---|---|---|---|
| 1 | Alex habite rue Truffaut. | ☐ | ☐ |
| 2 | Les Chabane ont un appartement de trois pièces. | ☐ | ☐ |
| 3 | A huit heures, Marie et Alex sont à table. | ☐ | ☐ |
| 4 | Clara ne mange pas. | ☐ | ☐ |
| 5 | Après le repas, Alex et Marie vont au salon. | ☐ | ☐ |
| 6 | Marie et Alex regardent des photos, elles font des jeux et elles parlent. | ☐ | ☐ |
| 7 | Le samedi matin, Alex fait du judo. | ☐ | ☐ |
| 8 | Dans la cuisine, il y a un bruit bizarre. | ☐ | ☐ |
| 9 | M. Chabane est dans la cuisine. | ☐ | ☐ |
| 10 | Marie et Alex vont faire des spaghettis pour Clara. | ☐ | ☐ |

## Questions et réponses: Une nuit chez Marie

| | | |
|---|---|---|
| Qui habite rue Truffaut? | L'appartement a combien de pièces? | A quelle heure est-ce qu'Alex est à table avec les Chabane? |
| [Ce sont Marie, Clara et Gabriel avec leurs parents.] | [L'appartement/Il a quatre pièces.] | [Elle est à table avec les Chabane à 8 heures.] |
| Où est-ce que Clara va passer la nuit? | Quel sport est-ce qu'Alex fait le samedi? | Où est-ce que les deux filles vont à minuit? |
| [Elle va passer la nuit dans le salon.] | [Elle fait du judo.] | [Elles vont dans la cuisine.] |
| Où est-ce qu'Alex et Marie vont après le repas? | Qu'est-ce que Marie et Alex font dans la chambre des filles? | Qu'est-ce que les filles vont faire demain matin? |
| [Elles vont dans la chambre des filles.] | [Elles regardent des photos, elles font des jeux et elles parlent.] | [Elles vont faire un tour avec Moustique.] |
| Quel sport est-ce que Marie fait le samedi? | Qu'est-ce que Marie va regarder après son sport? | Où est le cours de judo d'Alex? |
| [Elle fait de l'athlétisme.] | [Elle va regarder le cours de judo d'Alex.] | [Le cours de judo est à Interclub 17.] |
| Où est Clara à minuit? | Qui a faim à minuit? | Qu'est-ce qu'elles vont faire dans la cuisine à minuit? |
| [Elle est dans la cuisine.] | [Clara a faim à minuit.] | [Elles vont faire des spaghettis.] |

## Le sport, la musique et le théâtre

### Le sport

| | | |
|---|---|---|
| le foot  *Pascal et Romain* | le vélo  *Emilie* | le tennis  *Marie* |
| la natation  *Christophe* | le ping-pong  *Zoé* | le judo  *Luc et Gabriel* |
| le surf  *Léa* | le ski  *Gaspard* | la danse  *Mathilde* |
| le hand-ball  *Maurice* | le cyclisme  *Elisa* | l'équitation  *Gabrielle* |
| le roller  *Lilou* | l'escalade (f.)  *André* | le skateboard  *Lisa* |

### La musique et le théâtre

| | | |
|---|---|---|
| le théâtre  *Isabelle* | la guitare  *Jacques* | le piano  *Loïc* |
| le violon  *Zoé* | la batterie  *Paul* | la flûte  *Mathieu* |

## Memory – Activités

| | | |
|---|---|---|
| le foot | le vélo | le tennis |
| la natation | le ping-pong | le judo |
| le surf | le ski | la danse |
| le hand-ball | le cyclisme | l'équitation *(f.)* |
| le roller | l'escalade *(f.)* | le skateboard |
| la guitare | le théâtre | le piano |
| le violon | la batterie | la flûte |

## De l', du, de la

Glaces CHALET DES BATIGNOLLES Crêpes

Le Libre Echange
Déviation
Rue Brochant
P

## A propos du texte: Le champion numéro 1

*Cochez les phrases correctes. (Kreuzt die richtigen Sätze an.)*

| | | |
|---|---|---|
| 1 | **a.** Marie retrouve Alex à l'entrée d'Interclub 17. | ☐ |
| | **b.** Clara retrouve Alex à l'entrée d'Interclub 17. | ☐ |
| | **c.** M. Chabane retrouve Alex à l'entrée d'Interclub 17. | ☐ |
| 2 | **a.** A trois heures, tout le monde est là. | ☐ |
| | **b.** A trois heures et quart, tout le monde est là. | ☐ |
| | **c.** A trois heures et demie, tout le monde est là. | ☐ |
| 3 | **a.** Les élèves font d'abord des jeux. | ☐ |
| | **b.** Les élèves font d'abord des combats. | ☐ |
| | **c.** Les élèves font d'abord des exercices. | ☐ |
| 4 | **a.** Marie fait une interview pour le journal du quartier. | ☐ |
| | **b.** Alex fait une interview pour le journal du judo. | ☐ |
| | **c.** Le prof fait une interview pour le journal. | ☐ |
| 5 | **a.** Damien ne gagne pas. | ☐ |
| | **b.** Damien est le champion numéro 1. | ☐ |
| | **c.** Le prof s'appelle Damien. | ☐ |
| 6 | **a.** Marie a mal. | ☐ |
| | **b.** Alex a mal. | ☐ |
| | **c.** Damien a mal. | ☐ |
| 7 | **a.** Alex va faire un combat avec Damien. Mais pas aujourd'hui. | ☐ |
| | **b.** Damien va faire un combat avec un champion. | ☐ |
| | **c.** Demain, Marie va faire un combat avec Damien. | ☐ |

# Unité 6
# S. 92–106 On va à la fête!

## Ziele

**Inhaltlicher Schwerpunkt**

Der Gegenstand dieser *Unité* sind die Feierlichkeiten zum 14. Juli in Paris. Die Familie Chabane erhält Besuch von Frau Chabanes Freundin Delphine und deren Tochter Lilou. Marie sieht dem Besuch Lilous, die genauso alt ist wie sie, skeptisch entgegen. Sie erwartet eine spießige Streberin. Außerdem heißt das: Zimmer aufräumen, Streit mit der Schwester Clara und nicht wie die Freunde in die Ferien fahren. Marie wird aber positiv überrascht, denn Lilou erweist sich als ziemlich cool. Beim Abholen der beiden am *Gare de Lyon* geht Maries kleiner Bruder Gabriel für kurze Zeit verloren.
Am Abend geht die Familie mit den Gästen zum *Bal populaire* auf dem *Place de la Bastille*, wo sich die Jugendlichen beim Tanz vergnügen und Lilou ihre Coolness beweist.

**Kompetenzerwartung**

Am Ende dieser *Unité* können die Schüler/innen von Erlebnissen in der Vergangenheit berichten. Sie können Elemente und Abläufe des 14. Juli in Paris sowie landestypische Feste benennen und beschreiben. Sie können selbst ein französisches Fest gestalten und es beschreiben bzw. dazu einladen (siehe auch Portfolio-Auftrag, Schülerbuch, S. 92 ⟶ S. 103, Nr. 4). Sie können Vorlieben und Abneigungen in Bezug auf Kleidung ausdrücken.

## Kompetenzen (Die Schüler können …)

**Funktionale kommunikative Kompetenzen: Kommunikative Fertigkeiten**

### Hör-(Seh-)verstehen / Sprechen

| Kompetenzerwartungen | Kompetenztraining |
|---|---|
| – über Feste, Feiertage und Brauchtum sprechen | SB: S. 92, 102 (1), 103 (2)<br>CdA: S. 80/81 (12), 83 (3), 84 (5) |
| – sich verabreden, über Vorbereitungen vor dem Ausgehen sprechen und sagen, was man anzieht | SB: S. 96 (10), 97 (1)<br>CdA: S. 81 (12C) |
| – über Erlebnisse/Aktivitäten auf einem Fest/beim Ausgehen sprechen | SB: 97/98 (1), 98 (2)<br>CdA: S. 80/81 (12), 82 (1A) |
| – ein Gespräch im Zug verstehen und Fragen zum Inhalt beantworten | SB: S. 93 (1) |
| – ein Streitgespräch führen und sagen, wie man sich fühlt | SB: S. 93 (2), 94 (4), 96 (10) |
| – ein Gespräch über einen bevorstehenden Besuch führen und Vorbereitungen treffen | SB: S. 93 (2) |
| – über vergangene Ereignisse, Erlebnisse und Aktivitäten berichten | SB: S. 93 (2/3), 96 (7/8)<br>CdA: S. 76 (4), 81 (12E), 84 (4) |
| – Informationen austauschen | SB: S. 96 (8) |
| – über Kleidung und Farben sprechen und die Kleidungsstücke von Personen beschreiben | SB: S. 100 (8), 135 (4)<br>CdA: S. 79 (11), 82 (1B) |
| – über Vorlieben und Abneigungen sprechen | SB: S. 100 (8)<br>CdA: S. 79 (11), 82 (1B) |
| – sagen, was man gewonnen hat | SB: S. 101 (9) |
| – sagen, wo man etwas verstaut | SB: S. 101 (10) |
| – jemanden zu etwas auffordern | CdA: S. 79 (10) |

### Sprachmittlung

| Kompetenzerwartungen | Kompetenztraining |
|---|---|
| – einer französischen, mündlichen Lautsprecherdurchsage Informationen entnehmen und diese ins Deutsche übertragen | SB: S. 103 (3A) |
| – einer deutschen Zeitungsnotiz (Ankündigung eines Festes) Informationen entnehmen und ins Französische übertragen | SB: S. 103 (3B) |
| – Informationen auf Deutsch sinngemäß auf Französisch in einer E-Mail zusammenfassen | CdA: S. 81 (12B/D) |

### Leseverstehen / Schreiben

| Kompetenzerwartungen | Kompetenztraining |
|---|---|
| – Tabelle mit unbekannten Wörtern lesen und den Inhalt auf Deutsch wiedergeben | CdA: S. 74 (1) |
| – Texte lesen und verstehen | SB: S. 93 (2), 94 (4), 97/98 (1) |
| – schriftliche Aufgaben, auch bildgestützt, zu Texten bearbeiten und Texte erstellen | SB: S. 95 (5), 100 (7), 134 (2)<br>CdA: S. 76 (5) |
| – Personen und Vorlieben beschreiben | SB: S. 101 (11)<br>CdA: S. 77 (6/7), 79 (11) |
| – ein Fest auf Grund von Fragen beschreiben | SB: S. 103 (4) |
| – eine E-Mail schreiben, um sich für ein Geschenk zu bedanken und sich zu verabreden | SB: S. 100 (7B)<br>CdA: S. 81 (12B/D) |
| – eine Postkarte über ein Fest schreiben | CdA: S. 81 (12E) |

**Funktionale kommunikative Kompetenzen: Verfügung über die sprachlichen Mittel**

### Wortschatz

| Kompetenzerwartungen | Kompetenztraining |
|---|---|
| den Wortschatz erweitern: | |
| – Kleidung und Farben | SB: S. 94 (4), 100 (6/8), 101 (9), 135 (4)<br>CdA: S. 79 (11), 82 (1B) |
| – Gliederungswörter | SB: S. 96 (8) |
| – Kollokationen mit *mettre* | SB: S. 136 (5) |

### Grammatik

| Kompetenzerwartungen | Kompetenztraining |
|---|---|
| grammatisches Grundinventar anwenden: | |
| – das *Passé composé* mit *avoir* der regelmäßigen Verben und von *faire*, auch in verneinten Sätzen | SB: S. 93 (2/3), 96 (7/8), 99 (4C), 104 (3), 134 (1)<br>CdA: S. 75 (2), 76 (4), 83 (1), 84 (4) |
| – Verben im Präsens, *Futur composé* und Imperativ (Wiederholung) | CdA: S. 79 (10), 83 (1), 84 (4) |
| – Angleichung und Stellung der Adjektive/Farbadjektive | SB: S. 96 (9), 101 (9/11), 104 (2), 134 (2), 135 (4)<br>CdA: S. 77 (6/7), 79 (11), 83 (2), 84 (4) |
| – die Formen von *mettre* | SB: S. 97 (1), 101 (10), 136 (5)<br>CdA: S. 78 (8) |
| – die Satzstellung des direkten und indirekten Objekts | SB: S. 97 (1), 99 (4/5), 104 (3), 135 (3)<br>CdA: S. 79 (10), 82 (2) |
| – *Article contracté* | SB: S. 135 (3)<br>CdA: S. 79 (10) |

### Aussprache und Intonation

| Kompetenzerwartungen | Kompetenztraining |
|---|---|
| – die Aussprache des offenen [ɛ] und geschlossenen [e] unterscheiden | SB: S. 99 (3)<br>CdA: S. 78 (9) |

### Orthografie

| Kompetenzerwartungen | Kompetenztraining |
|---|---|
| – das offene [ɛ] und geschlossene [e] beim Hören unterscheiden und korrekt schreiben | SB: S. 99 (3)<br>CdA: S. 78 (9) |

## Interkulturelle Kompetenzen

- **soziokulturelles Orientierungswissen**
- **praktische Bewältigung interkultureller Begegnungssituationen**
- **verständnisvoller Umgang mit kultureller Differenz**

| Kompetenzerwartungen | Kompetenztraining |
|---|---|
| – den Nationalfeiertag (14. Juli) und andere Feste sowie Bräuche in Frankreich benennen und mit dem Nationalfeiertag, anderen Festen und Bräuchen in Deutschland und anderen Ländern vergleichen | SB: S. 92, 97/98 (1), 102 (1)<br>CdA: S. 80/81 (12), 83 (3), 84 (5) |
| – *TGV* und ICE in Bezug setzen | SB: S. 93 (1) |
| – Pariser Bahnhöfe benennen | SB: S. 94 (4) |
| – nationale Bauwerke benennen | CdA: S. 74 (1) |
| – ein Fest beschreiben, auch französische Speisen und Getränke benennen | SB: S. 103 (4) |

## Methodische Kompetenzen

### Textrezeption

| Kompetenzerwartungen | Kompetenztraining |
|---|---|
| – einen Text lesen und neue Wörter mithilfe von Bildern/Zeichnungen erschließen | SB: S. 92, 94 (4) |
| – ein fast authentisches Dokument mit unbekanntem Wortschatz durch intelligentes Raten erschließen | CdA: S. 74 (1) |
| – einen unbekannten Text mithilfe von Schlüsselwörtern erschließen | SB: S. 95 (6), 103 (3)<br>CdA: S. 75 (3) |
| – in einem Lesetext wichtige von unwichtigen Informationen trennen | SB: S. 95 (6)<br>CdA: S. 75 (3) |

### Interaktion

| Kompetenzerwartungen | Kompetenztraining |
|---|---|
| – ein Gespräch über den Vortag führen | SB: S. 96 (8) |
| – Spiele zum Thema direkte und indirekte Objektpronomen sowie Farbadjektive spielen | SB: S. 99 (5), 101 (9) |
| – sich gegenseitig einen Textinhalt auf Deutsch erzählen | CdA: S. 75 (3) |
| – gemeinsam eine Geschichte schreiben | CdA: S. 76 (5) |
| – Schreibfertigkeit in Form eines Partnerdiktats üben | CdA: S. 78 (9B) |

### Textproduktion

| Kompetenzerwartungen | Kompetenztraining |
|---|---|
| - einen Text auf Grundlage einer Bildsequenz (und Stichwörtern) erstellen | SB: S. 95 (5), 134 (2)<br>CdA: S. 76 (5) |
| - vor der Lektüre eines Textes Vermutungen über dessen Inhalt anstellen | SB: S. 94 (4) |
| - ein Gedicht schreiben | SB: S. 101 (11) |
| - Szenen für ein Theaterstück mit den Redemitteln der *Unité* erstellen | CdA: S. 84 (6) |
| - Aufgaben zu einem Hörtext bearbeiten | SB: S. 96 (10), 98 (2)<br>CdA: S. 81 (12C) |

### Lernstrategien

| Kompetenzerwartungen | Kompetenztraining |
|---|---|
| - Wörter mithilfe von Bildern erschließen | SB: S. 92 |
| - durch intelligentes Raten Texte verstehen | CdA: S. 74 (1) |
| - Inhalte im Internet recherchieren | CdA: S. 74 (1) |
| - Texte aufgrund von Schlüsselwörtern verstehen | SB: S. 95 (6)<br>CdA: S. 75 (3) |
| - grammatische Phänomene in der Ziel- und Muttersprache kontrastiv vergleichen | SB: S. 96 (9B)<br>CdA: S. 77 (6) |
| - Verben zusammen mit ihrer Ergänzung lernen | SB: S. 99 (4/5)<br>CdA: S. 79 (10) |
| - das Schulbuch als Arbeitsmittel und Nachschlagewerk verwenden | CdA: S. 78 (9) |
| - wichtige von unwichtigen Informationen in schriftlichen Ankündigungen und mündlichen Mitteilungen unterscheiden | SB: S. 103 (3)<br>CdA: S. 80 (12A) |
| - selbst erstellte Materialien im Portfolio-Ordner sammeln | CdA: S. 81 (12E) |
| - Kollokationen erschließen | SB: S. 136 (5) |

### Präsentation

| Kompetenzerwartungen | Kompetenztraining |
|---|---|
| - ein Gedicht schreiben und es präsentieren | SB: S. 101 (11) |
| - ein Plakat für ein Fest entwerfen | SB: S. 103 (4) |
| - eine Postkarte gestalten | CdA: S. 81 (12E) |

### Lernbewusstheit und Lernorganisation

| Kompetenzerwartungen | Kompetenztraining |
|---|---|
| - Strategien zur Selbstkontrolle und Bewusstheit des eigenen Lernstandes nutzen (*Bilan*) | SB: S. 104 (1–3)<br>CdA: S. 82 (1–2) |

# S. 92 On va à la fête!

**Préparation en 3 minutes**

- **Mitnehmen!** Schülerbuch, Folie, Overheadprojektor
- **Schülerbuch:** S. 92: Informationen zum 14. Juli, Vokabular erarbeiten
- **Inhaltlicher Schwerpunkt:** über Feste/den 14. Juli sprechen
- **Methodeneinsatz:** Kontrastives Beschreiben der Bilder/Feierlichkeiten
- **Hausaufgabe**: *Cahier d'activités*, S. 74, Nr. 1A + B

**Neue Wörter**

une fête, la fête nationale, grand, le feu, le feu d'artifice, la tour Eiffel, les gens, un bal, danser

**Schritte zur Erarbeitung**

**Hinführung** (Folie)
L legt Folie U6/1 auf: S beschreiben auf Deutsch die Bilder und stellen Vermutungen über das Abgebildete an. Entweder erkennen S, dass es sich um den französischen Nationalfeiertag handelt oder L informiert entsprechend.

**Problematisierung**
S beschreiben Parallelen und Unterschiede zwischen den Feierlichkeiten in Frankreich und in ihrem Land (auf Deutsch). (⟶ Zur Methodik 1)

**Erarbeitung** (Folie, Schülerbuch, Tafel)
L führt neue Vokabeln foliengesteuert ein und notiert sie an der Tafel. Anschließend liest L Text von Schülerbuch, S. 92 und S lesen im Chor nach.

**Sicherung und Festigung** (Schülerbuch)
S lesen den Text und überlegen sich die deutsche Bedeutung der französischen Wörter unten auf der Seite. Mit Ausnahme von *les gens* sollten die Wörter anhand der Fotos und der Nähe zum Deutschen und Englischen verstanden werden.

**Hausaufgabe:** *Cahier d'activités*, S. 74, Nr. 1A + B (⟶ Zur Methodik 2)

**Interkulturelles**

Am **14. Juli** wird in Frankreich nicht nur in der Hauptstadt gefeiert. Auch in anderen Städten und in kleinen Gemeinden gibt es Empfänge vor den Rathäusern, Bälle und Feuerwerke. Die Bälle finden in der Nacht vom 13. auf den 14. oder vom 14. auf den 15. Juli statt. In Deutschland wird der Tag der Deutschen Einheit am 3. Oktober gefeiert.

## Tipps und Tricks

**Zur Methodik**

**1. Problematisierung:** S mit Migrationshintergrund sollen über Feierlichkeiten in ihrem Herkunftsland berichten. Man könnte z. B. eine Folie mit einer Tabelle erstellen lassen: Kopfleiste mit folgenden Begriffen: Fest/Feierlichkeit, Datum, Ablauf des Festes/Gegenstände, die dazu gehören usw. S füllen Spalten aus und vergleichen ihre Inhalte miteinander.
**2. *Cahier d'activités*, S. 74, Nr. 1A + B:** Folgende Hinweise für das intelligente Raten zur Erschließung des unbekannten Wortschatzes den S vor der Hausaufgabe an die Hand geben: *m* = Abkürzung für „Meter", weist auf die Höhe hin; *tonnes* = Gewicht; *travaillent* = Anzahl der „arbeitenden" Menschen; *marches* = Zuordnung zu den Stufen mittels Zahl (1665); *ampoules* = Beleuchtung. Der Erbauer wird über die Namensgleichheit identifiziert. Die Wörter werden nicht als bekannt vorausgesetzt.

# S. 93 Atelier A

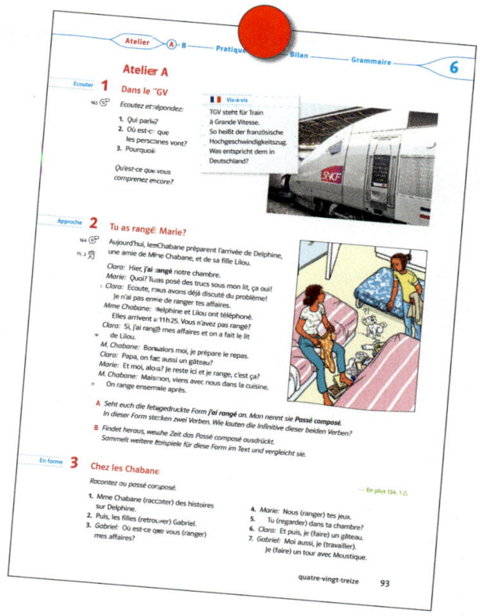


**Préparation en 3 minutes**

- **Mitnehmen!** Schülerbuch, *Cahier d'activités*, CD-Player, CD 2 (Tracks 59–60; MP3 163–164), Folie, farbige Kreide, Kopiervorlage 1
- **Schülerbuch:** S. 93, Nr. 1: Hörverstehen (Lilou und ihre Mutter fahren im TGV nach Paris), Nr. 2: Texteinführung (Familie Chabane bereitet die Ankunft von Lilou und ihrer Mutter vor), Erarbeitung des *Passé composé*, Nr. 3: Anwendung des *Passé composé*
- **Inhaltlicher Schwerpunkt:** Gespräch im Zug, über vergangene Ereignisse sprechen
- **Grammatischer Schwerpunkt:** *Passé composé* mit *avoir* ⟶ G 22
- **Methodeneinsatz:** Echo-Lesen (⟶ *Boîte à outils 15*), Tandembogen zur kommunikativen Anwendung des *Passé composé* (⟶ *Boîte à outils 35*)
- **Hausaufgabe**: *Cahier d'activités*, S. 75, Nr. 2

**Neue Wörter**

1. *Dans le TGV:* le TGV, une personne;
2. *Tu as rangé, Marie?*: l'arrivée, hier, un problème, téléphoner à qn, rester

**Schritte zur Erarbeitung**

**Hinführung** (*Cahier d'activités*, Schülerbuch, Folie)
Hausaufgabe besprechen: *Cahier d'activités*, S. 74, Nr. 1A + B (Lösung ⟶ CD-ROM)
L führt zum Thema des Hörverstehenstextes über: *Delphine, une amie de madame Chabane, et sa fille Lilou prennent le train/le TGV pour aller chez les Chabane.*
L legt Folie U6/2 auf und S beantworten Frage des *Vis-à-vis*-Kastens im Schülerbuch, S. 93.

**Problematisierung** (CD 2 (Track 59, MP3 163, Schülerbuch)
S hören Dialog im TGV von S. 93, Nr. 1 von CD 2 einmal. Danach werden die Fragen gelesen, der Text erneut gehört und die Fragen im Plenum beantwortet.
(⟶ Zur Methodik/Differenzierung 1; Lösung ⟶ CD-ROM)

**Erarbeitung** (Schülerbuch, CD 2 (Track 60, MP3 164, Tafelbild 1)
Bei geschlossenem Buch Text von S. 93, Nr. 2 von CD 2 einmal abgespielen und Fragen zum Text stellen: *Que font les Chabane? Qui est Delphine? Comment s'appelle sa fille?* usw. Danach wird der Text bei geöffnetem Buch mit Hilfe der CD im Echo-Lesen (⟶ *Boîte à outils 15*) gelesen und neue Vokabeln werden semantisiert.
Die Erarbeitung des *Passé composé* mit *avoir* erfolgt kleinschrittig und selbstentdeckend. Zunächst wird die Frage des A-Teils im Plenum beantwortet. Bei der Bearbeitung des B-Teils suchen S in Einzel- oder Partnerarbeit ganze Sätze mit Formen des *Passé composé* (einschließlich Verneinung) heraus. Im Plenum werden diese zusammengetragen und L erstellt Tafelbild 1, das S in ihre Hefte übertragen. (Lösung ⟶ CD-ROM)

**Sicherung** (Schülerbuch)
Text wird mit verteilten Rollen gelesen. Im Lehrer-Schüler-Gespräch werden Fragen zum Text gestellt und beantwortet, die das *Passé composé* beinhalten, z. B.: *Qui a rangé la chambre de Clara et de Marie? Quand est-ce que Clara a rangé la chambre? Qu'est-ce que Delphine et Lilou ont fait?* usw.

**Festigung** (Schülerbuch, Kopiervorlage 1, *Cahier d'activités*)
Schülerbuch, S. 93, Nr. 3 im Plenum (⟶ Differenzierung 2; Lösung ⟶ CD-ROM)
Kopiervorlage 1: Tandembogen zum *Passé composé* (⟶ *Boîte à outils 35*)
**Hausaufgabe:** *Cahier d'activités*, S. 75, Nr. 2 und Schülerbuch, S. 94, Nr. 4: *Avant la lecture:* Hypothesen erstellen

**Interkulturelles** **Der französische Hochgeschwindigkeitszug** *TGV* ist das Gegenstück zum deutschen ICE. Der *TGV Est* verkehrt zwischen Stuttgart und Paris, seine Geschwisterzüge *Thalys* und *Eurostar* zwischen Paris, Brüssel, Köln/Amsterdam bzw. zwischen Paris und London. Der *TGV* ist seit 1981 im Einsatz und umfasst aktuell ein Streckennetz von ca. 7000 km. Von Paris aus erreicht der *TGV* Lyon in weniger als zwei Stunden, London, Marseille und Bordeaux in jeweils drei Stunden. Im Regelbetrieb erreicht er eine Höchstgeschwindigkeit von bis zu 320 km/h. Reisen kann man mit dem *TGV* nur, wenn man einen Platz reserviert hat.

## Tipps und Tricks

**Boîte à outils 35**

### Tandembogen

Bei den **Tandembögen** handelt es sich um Übungsbögen für die **Partnerarbeit**. Um gute Kommunikationsvoraussetzungen zu haben, sitzen sich die beiden Partner/innen während der Übungsphase gegenüber, stellen sich im Wechsel Fragen/Impulse und antworten auch im Wechsel (in der Kopiervorlage 1 mit Raster unterlegt). Sie kontrollieren sich dabei gegenseitig. Nach einem Durchgang werden die Rollen gewechselt. Am Ende können einzelne Dialoge im Plenum vorgestellt werden. Vorteil dieses Verfahrens: Beide Schüler/innen sind während der Übung sprachlich produktiv.

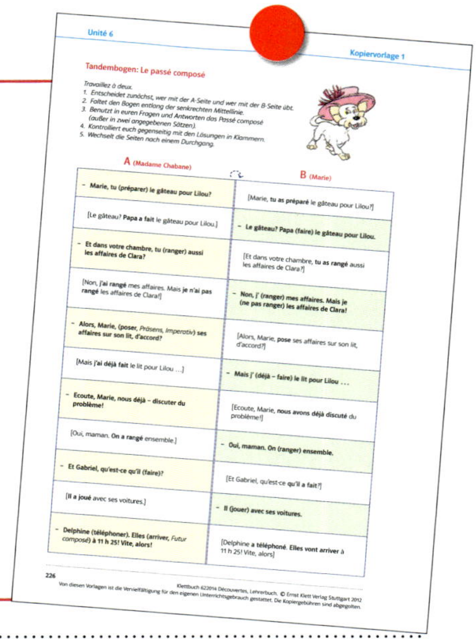

Unité 6 — Kopiervorlage 1

**Tandembogen: Le passé composé**

*Travaillez à deux.*
1. *Entscheidet zunächst, wer mit der A-Seite und wer mit der B-Seite übt.*
2. *Faltet den Bogen entlang der senkrechten Mittellinie.*
3. *Benutzt in euren Fragen und Antworten das Passé composé (außer in zwei angegebenen Sätzen).*
4. *Kontrolliert euch gegenseitig mit den Lösungen in Klammern.*
5. *Wechselt die Seiten nach einem Durchgang.*

| A (Madame Chabane) | B (Marie) |
| --- | --- |
| – **Marie, tu (préparer) le gâteau pour Lilou?** | [Marie, **tu as préparé** le gâteau pour Lilou?] |
| [Le gâteau? **Papa a fait** le gâteau pour Lilou.] | – **Le gâteau? Papa (faire) le gâteau pour Lilou.** |
| – **Et dans votre chambre, tu (ranger) aussi les affaires de Clara?** | [Et dans votre chambre, **tu as rangé** aussi les affaires de Clara?] |
| [Non, **j'ai rangé** mes affaires. Mais **je n'ai pas rangé** les affaires de Clara!] | – **Non, j' (ranger) mes affaires. Mais je (ne pas ranger) les affaires de Clara!** |
| – **Alors, Marie, (poser,** *Präsens, Imperativ*) **ses affaires sur son lit, d'accord?** | [Alors, Marie, **pose** ses affaires sur son lit, d'accord?] |
| [Mais **j'ai déjà fait** le lit pour Lilou …] | – **Mais j' (déjà – faire) le lit pour Lilou …** |
| – **Ecoute, Marie, nous déjà – discuter du problème!** | [Ecoute, Marie, **nous avons déjà discuté** du problème!] |
| [Oui, maman. **On a rangé** ensemble.] | – **Oui, maman. On (ranger) ensemble.** |
| – **Et Gabriel, qu'est-ce qu'il (faire)?** | [Et Gabriel, qu'est-ce **qu'il a fait**?] |
| [**Il a joué** avec ses voitures.] | – **Il (jouer) avec ses voitures.** |
| – **Delphine (téléphoner). Elles (arriver,** *Futur composé*) **à 11 h 25! Vite, alors!** | [Delphine **a téléphoné**. **Elles vont arriver** à 11 h 25! Vite, alors] |

226 Klettbuch 622014 Découvertes, Lehrerbuch. © Ernst Klett Verlag Stuttgart 2012
Von diesen Vorlagen ist die Vervielfältigung für den eigenen Unterrichtsgebrauch gestattet. Die Kopiergebühren sind abgegolten.

**Zur Methodik** **Schülerbuch, S. 93, Nr. 1:** Der HV-Text enthält zwar einige unbekannte Wörter (*seulement, passer* = vorübergehen, *la gare, les vacances* und *le tourisme*), die die Beantwortung der Fragen zum Globalverständnis allerdings nicht beeinflussen sollten. Möglich sind auch Fragen auf Deutsch zum Detailverstehen, die den Lesetext im Schülerbuch, S. 93, Nr. 2 vorentlasten: Kennt Lilou Marie? (Nein.) Freut sie sich auf den Besuch? (Sie ist eher ängstlich und fragt sich, ob sie sich wohl mit Marie verstehen wird. Die Mutter beruhigt sie.) Es kann auch ein direkter Bezug zur Lebenswelt der S auf Deutsch hergestellt werden: Wie findet ihr es, wenn jemand Fremdes zum Besuch angekündigt wird? Wie reagiert ihr? Wie bereitet ihr euch darauf vor?

**Differenzierung** **1. Schülerbuch, S. 93, Nr. 1:** In leistungsschwächeren Klassen Hörtext erneut anhören, bevor S *Qu'est-ce que vous comprenez encore?* beantworten.
Evtl. könnte man auch Antworten auf Deutsch zulassen.
**2. Schülerbuch, S. 134, Nr. 1:** In lernschwächeren Gruppen kann diese Aufgabe anstatt Schülerbuch, S. 93, Nr. 3 bearbeitet werden. (Lösung ⟶ CD-ROM)

**Doppelstunde** Die oben aufgeführte Planung bezieht sich auf eine Doppelstunde. Stehen zwei Einzelstunden zur Verfügung, so liegt der Schwerpunkt der ersten Stunde auf der Texteinführung und auf den interkulturellen Aspekten. In der zweiten Stunde wird das *Passé composé* eingeführt und geübt.

**Tipp** Hinweis auf die phonetische Gleichheit von *travaillé – travailler – travaillez* (vgl. Grammatisches Beiheft, S. 35, Was fällt dir auf?)

**Tafelbild 1**

**Le passé composé**

| | | | | | |
|---|---|---|---|---|---|
| J' | | **ai** | | **rang<u>é</u>** | notre chambre. |
| Tu | | **as** | | **pos<u>é</u>** | des trucs sous mon lit. |
| Il/Elle/On | | **a** | | **fait** | le lit de Lilou. |
| Nous | | **avons** | | **discut<u>é</u>** | du problème. |
| Vous | n' | **avez** | pas | **rang<u>é</u>?** | |
| Ils/Elles | | **ont** | | **téléphon<u>é</u>.** | |

Konjugation von **avoir** + **Verb mit der Endung** é **bei Verben auf -er im Infinitiv**
**ne/n'** + **avoir** + **pas** + **Verb mit** é
Ausnahme: il a fait = er hat gemacht

## S. 94–95 Atelier A

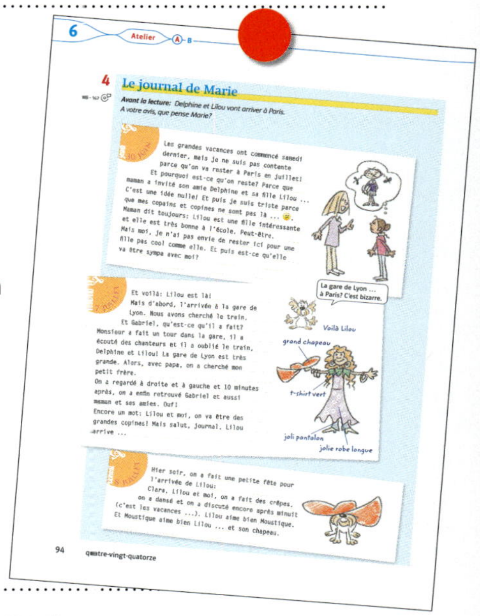


**Préparation en 3 minutes**

- **Mitnehmen!** *Cahier d'activités*, Schülerbuch, CD-Player, CD 2 (Tracks 61–63; MP3 165–167), Kopiervorlage 2
- **Schülerbuch:** S. 94, Nr. 4: Text als Lesetext einführen
- **Inhaltlicher Schwerpunkt:** einen Tagebuchauszug lesen
- **Methodeneinsatz:** *Avant la lecture:* Hypothesenbildung zu Maries Erwartungshaltung im Hinblick auf den bevorstehenden Besuch, Fehlerwächter (⟶ *Boîte à outils 17*), Fehlerlesen (⟶ *Boîte à outils 22*), Semantisierungstechniken
- **Hausaufgabe**: Schülerbuch S. 96, Nr. 7

**Neue Wörter**

un journal, les vacances, dernier, content, triste, intéressant, très, bon, peut-être, sympa, une gare, un chanteur, oublier, petit, enfin, un chapeau, joli, une robe, long, un pantalon, vert

**Schritte zur Erarbeitung**

**Hinführung** (*Cahier d'activités*, Schülerbuch, Tafel)
Besprechen der Hausaufgabe: *Cahier d'activités*, S. 75, Nr. 2. (Lösung ⟶ CD-ROM)
L fragt S, um welche Textsorte es sich bei *Le journal de Marie*, S. 94, Nr. 4 handelt. Aufgrund der Gestaltung, der Überschrift sowie der Datumsangaben lässt sich erraten, dass es sich um Einträge in Maries Tagebuch handelt. *Le journal* wird eingeführt. Evtl. folgt Unterrichtsgespräch auf Deutsch über Sinn und Zweck eines Tagebuchs. S können befragt werden, wer selbst ein Tagebuch schreibt und wie S dies finden.

**Problematisierung** (Schülerbuch)
Schülerbuch, S. 94, Nr. 4: *Avant la lecture:* Ergebnisse der Hypothesenbildung im Hinblick auf den bevorstehenden Besuch von Delphine und Lilou im Plenum zusammentragen und an der Tafel notieren. Mögliche Fragen, die Marie sich stellt: *Lilou est comment? Est-ce qu'elle est sympa? Qu'est-ce qu'on va faire ensemble?*

**Erarbeitung** (Schülerbuch, CD 2 (Tracks 61–63; MP3 165–167))
Die Tagebucheinträge, S. 94, Nr. 4 werden abschnittsweise vom Tonträger abgespielt und anschließend gelesen. Durch den Einsatz eines Fehlerwächters (⟶ *Boîte à outils 17*)

oder in Form des Fehlerlesens (⟶ *Boîte à outils 24*) kann der Unterricht abwechslungsreich gestaltet werden.
Unbekanntes Vokabular entweder durch die bekannten Semantisierungstechniken erklären oder übersetzen. (⟶ Zur Methodik)

**Sicherung** (Schülerbuch, Folie)
S. 95, Nr. 5: Die Aufgabe wird in Einzelarbeit erarbeitet und im Plenum gesichert. Folie U6/3 mit der korrekten Reihenfolge der Bilder kann als Lösungsfolie dienen.
(⟶ Differenzierung; Lösung ⟶ CD-ROM)
Der Textinhalt des Tagebucheintrags wird im Lehrer-Schüler-Gespräch mit Folie U6/3 gesichert. L stellt Fragen zu den einzelnen Bildern, die die S beantworten.

**Festigung** (Schülerbuch)
S. 95, Nr. 6: *Stratégie:* Schlüsselwörter *(mots-clés)* in einem Text finden, um wichtige von unwichtigen Informationen zu unterscheiden. Die Aufgabe wird in Partnerarbeit bearbeitet und im Plenum gesichert. (⟶ Der besondere Tipp/Alternative)
**Hausaufgabe:** *Cahier d'activités*, S. 75, Nr. 3A und Schülerbuch, S. 96, Nr. 7.

**Interkulturelles**

**Die Bahnhöfe von Paris**
Das französische Eisenbahnnetz geht sternförmig von Paris aus. Dieser Struktur entsprechen die sechs Pariser Bahnhöfe, die als Kopfbahnhöfe in die verschiedenen Richtungen des Landes führen:

- *Gare du Nord* (*TGV* Lille, London, Brüssel),
- *Gare de l'Est* (*TGV* Straßburg, Stuttgart, Frankfurt, Zürich),
- *Gare de Lyon* (*TGV* Lyon, Marseille, Genf, Turin),
- *Gare Montparnasse* (*TGV* Bordeaux, Nantes, Rennes),
- *Gare d'Austerlitz* (Orléans, Limoges, Toulouse),
- *Gare Saint-Lazare* (Caen, Normandie).

Der *Gare de Lyon* (siehe Abbildung) im 12. Arrondissement ist eine der Sehenswürdigkeiten von Paris. Er wurde zur Weltausstellung im Jahre 1900 gebaut. Im Bahnhofsgebäude befindet sich auch das prunkvolle Restaurant *Le Train Bleu* mit seinen prächtigen Wandmalereien aus der Zeit um 1900.

## Tipps und Tricks

**Zur Methodik**

**Schülerbuch, Seite 94, Nr. 4:** Da der Text bzw. das **Leseverstehen** im Vordergrund steht, sollten die Adjektive in dieser Stunde nur lexikalisch eingeführt werden. Die Systematisierung der Adjektive erfolgt später. Für die Erarbeitung des Textes inklusive der Textauswertung sollte eine Doppelstunde oder zwei Einzelstunden zur Verfügung stehen.

**Der besondere Tipp**

**Schülerbuch, Seite 95, Nr. 6:** 1. Das Herausfinden von **Schlüsselwörtern** sollte konsequent von Anfang an geübt werden, da diese Strategie in den folgenden Jahren zunehmend an Bedeutung für die Strukturierung und das Verständnis längerer Lesetexte gewinnt. Vor allem in der Oberstufe sind Schlüsselwörter wichtig u. a. für das selektive Hör- und Leseverstehen, die Vorbereitung eines Textresümees oder eines mündlichen Vortrags.
2. Die Unterscheidung von Wichtigem und Unwichtigem kann oft auch über die Beantwortung von Fragen erfolgen (im Deutschen „W-Fragen"): *Qui fait quoi? Quand? Où? Pourquoi?*

**Differenzierung**

In lernschwächeren Gruppen kann Kopiervorlage 2 (*Vrai-faux*-Aufgabe) zur Textsicherung zusätzlich eingesetzt werden.

**Alternative**

Der Text *Le journal de Marie* und die Adjektive können auch integriert erarbeitet werden. Im Anschluss an die Sicherung des Textes wird Tafelbild 2 wie auf S. 219 beschrieben entwickelt, gesichert und gefestigt wie dort beschrieben.

## S. 96 Atelier A

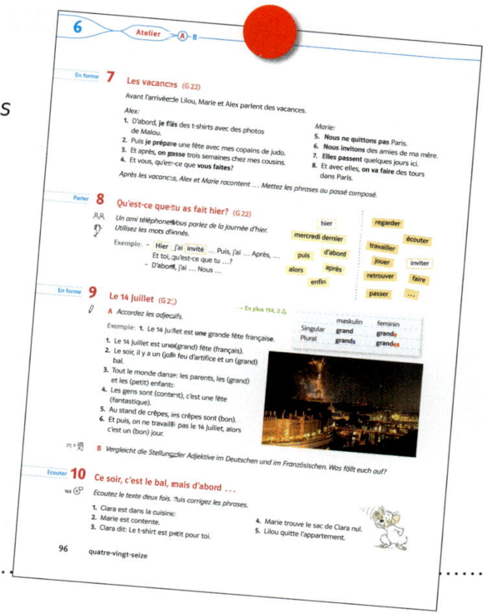
6 Atelier A B

En forme **7** Les vacances (G 22)

Avant l'arrivée de Lilou, Marie et Alex parlent des vacances.

*Alex:*

1. D'abord, **je fais** des t-shirts avec des photos de Malou.
2. Puis **je prépare** une fête avec mes copains de judo.
3. Et après, **on passe** trois semaines chez mes cousins.
4. Et vous, qu'est-ce que **vous faites**?

*Marie:*

5. **Nous ne quittons pas** Paris.
6. **Nous invitons** des amies de ma mère.
7. **Elles passent** quelques jours ici.
8. Et avec elles, **on va faire** des tours dans Paris.

*Après les vacances, Alex et Marie racontent … Mettez les phrases au passé composé.*

Parler **8** Qu'est-ce que tu as fait hier? (G 22)

*Un ami téléphone. Vous parlez de la journée d'hier. Utilisez les mots donnés.*

Exemple: – Hier j'ai invité … Puis, j'ai … Après, … Et toi, qu'est-ce que tu …?
– D'abord, j'ai … Nous …

hier, mercredi dernier, puis, d'abord, alors, après, enfin

regarder, écouter, travailler, jouer, inviter, retrouver, faire, passer, …

En forme **9** Le 14 Juillet (G 22)

A *Accordez les adjectifs.* → En plus 134, 2

Exemple: 1. Le 14 Juillet est **une** grande fête française.

1. Le 14 Juillet est une (grand) fête (français).
2. Le soir, il y a un (joli) feu d'artifice et un (grand) bal.
3. Tout le monde danse: les parents, les (grand) et les (petit) enfants.
4. Les gens sont (content), c'est une fête (fantastique).
5. Au stand de crêpes, les crêpes sont (bon).
6. Et puis, on ne travaille pas le 14 Juillet, alors c'est un (bon) jour.

| | maskulin | feminin |
|---|---|---|
| Singular | grand | grande |
| Plural | grands | grandes |

B *Vergleicht die Stellung der Adjektive im Deutschen und im Französischen. Was fällt euch auf?*

Ecouter **10** Ce soir, c'est le bal, mais d'abord …

*Ecoutez le texte deux fois. Puis corrigez les phrases.*

1. Clara est dans la cuisine.
2. Marie est contente.
3. Clara dit: Le t-shirt est petit pour toi.
4. Marie trouve le sac de Clara nul.
5. Lilou quitte l'appartement.

96 quatre-vingt-seize

**Préparation en 3 minutes**

- **Mitnehmen!** Schülerbuch, *Cahier d'activités*
- **Schülerbuch:** S. 96, Nr. 8: Festigung des *Passé composé*
- ***Cahier d'activités*:** S. 76, Nr. 4–5: Übungen zum *Passé composé*
- **Inhaltlicher Schwerpunkt:** vergangene Ereignisse erzählen
- **Grammatischer Schwerpunkt:** Festigung/Sicherung des *Passé composé* der regelmäßigen Verben auf *-er* ⟶ G 22
- **Methodeneinsatz**: Auf dem Marktplatz (⟶ *Boîte à outils 36)*
- **Hausaufgabe**: Freies Schreiben: Text über die vergangene Woche schreiben

**Schritte zur Erarbeitung**

**Hinführung** (*Cahier d'activités*, Schülerbuch)
Besprechen der Hausaufgabe: *Cahier d'activités*, S. 75, Nr. 3A. Im Anschluss daran erfolgt die Bearbeitung von Aufgabe 3B in Partnerarbeit (*Médiation:* Text ins Deutsche übertragen).
Schülerbuch, S. 96, Nr. 7: Transformationsübung zum *Passé composé*. (Lösung ⟶ CD-ROM)

**Problematisierung** (Tafel)
Im Brainstorming-Verfahren überlegen sich S Gliederungswörter, die für das Erzählen einer zusammenhängenden Geschichte/eines Handlungsablaufs wichtig sind. L notiert Gliederungswörter an der Tafel, z. B. *d'abord, puis* usw.

**Erarbeitung** (Schülerbuch)
Im Anschluss daran wird die kommunikative Übung, S. 96, Nr. 8 in Partnerarbeit bearbeitet, in der sich die S gegenseitig ihren vorherigen Tag unter Verwendung der Gliederungswörter und des *Passé composé* erzählen. (⟶ Zur Methodik/Auf dem Marktplatz ⟶ *Boîte à outils 36*; Lösung ⟶ CD-ROM)

**Sicherung** (*Cahier d'activités*)
S. 76, Nr. 4: S vervollständigen schriftlich Erzählung über die Vergangenheit in Einzelarbeit. Das Ergebnis wird im Plenum gesichert. (⟶ Differenzierung; Lösung ⟶ CD-ROM)

**Festigung** (*Cahier d'activités*)
S. 76, Nr. 5: In Partnerarbeit beschreiben S anhand einer Bildsequenz Gabriels Erlebnis am Bahnhof im *Passé composé*. Im Plenum werden einzelne Ergebnisse präsentiert. (Lösungsmöglichkeit ⟶ CD-ROM)
**Hausaufgabe:** S schreiben einen einfachen Text über das, was sie in der letzten Woche gemacht haben.

## Tipps und Tricks

**Zur Methodik**

**Schülerbuch, S. 96, Nr. 8:** S können zunächst in Einzelarbeit ihren gestrigen Tag notieren und anschließend mit der Marktplatz-Methode sich gegenseitig darüber berichten.

**Doppelstunde**

**Zusatzübung:** Klasse erfindet Geschichte oder Tag in der Vergangenheit. S 1 beginnt mit einem Satz, z. B. *Mercredi dernier, j'ai quitté la maison.* S 2 wiederholt den Satz und fügt einen weiteren hinzu: *Mercredi dernier, j'ai quitté la maison. Puis j'ai fait le tour du quartier.* usw.

**Boîte à outils 36**

## Au marché (Auf dem Marktplatz)

Die „Marktplatz-Methode“ eignet sich zum Präsentieren oder Austauschen von Ergebnissen. Es ist eine flexible, an viele Situationen adaptierbare Methode, die Bewegung in den Unterricht bringt. Im Fremdsprachenunterricht erzielt man damit einen hohen Sprachumsatz.
Im Klassenraum muss dazu der mittlere Raum, von Tischen befreit, als „Marktplatz“ groß genug sein, dass die S umhergehen und sich jeweils neue Partner/innen suchen können. Für den Fall, dass die S die Bewegung scheuen und bei einer Partnerin/einem Partner „stecken bleiben“, sollte L z. B. ein Glöckchen bereithalten und mit den S vereinbaren, dass bei jedem Ertönen des Signals ein neuer Gesprächspartner/eine neue Gesprächspartnerin gesucht wird. In der vorliegenden Situation erhalten die S den Auftrag, mit dem im Heft notierten gestrigen Tagesablauf immer wieder neue Partner/innen aufzusuchen, um sie nach ihrem Tagesablauf zu befragen.

**Differenzierung** ***Cahier d'activités*, S. 83, Nr. 1:** In lernschwächeren Gruppen kann diese Aufgabe anstatt *Cahier d'activités*, S. 76, Nr. 4 bearbeitet werden. (Lösung ⟶ CD-ROM)

# S. 96 Atelier A

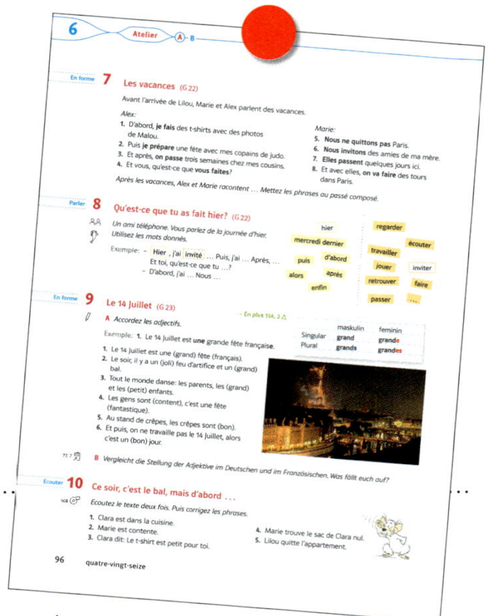


**Préparation en 3 minutes**

- **Mitnehmen!** Schülerbuch, *Cahier d'activités*, CD 2 (Track 64; MP3 168), CD-Player, farbige Kreide
- **Schülerbuch:** Nr. 9: Adjektivangleichung und -stellung, Nr. 10: Hörverstehen
- ***Cahier d'activités*:** S. 77, Nr. 6, 7: Adjektivangleichung und -stellung
- **Inhaltlicher Schwerpunkt:** 14. Juli
- **Grammatischer Schwerpunkt:** Adjektive: Angleichung und Stellung ⟶ G 23
- **Hausaufgabe**: *Cahier d'activités*, S. 77, Nr. 6B

**Schritte zur Erarbeitung**

**Hinführung**
Besprechen der Hausaufgabe: S tauschen Texte aus und korrigieren sie gegenseitig. Anschließend werden einige Texte im Plenum vorgelesen.

**Problematisierung** (Schülerbuch)
S. 94, Nr. 4: S lesen den Text und notieren die Sätze, die Adjektive enthalten.

**Erarbeitung 1** (Schülerbuch, Tafel, Tafelbild 2)
S tragen Sätze im Plenum zusammen und L erstellt Tafelbild 2 (Maskulinum Plural ist nicht im Text). Danach formulieren S selbstentdeckend Regel der Adjektivangleichung und versuchen ein Beispiel für Maskulinum Plural (da nicht im Text belegt) zu finden.
S übertragen Tafelbild in ihre Hefte.
S erhalten Arbeitsauftrag im Buch auf S. 179 (Kasten: Auf einen Blick *Les adjectifs*) die feminine Form sowie die Pluralformen von *bon, dernier, long, français, fantastique, triste, bizarre, sympa, super* und *cool* herauszusuchen. S nennen Formen und L notiert sie strukturiert an der Tafel. *Nul* fügt L hinzu.

**Sicherung 1** (Schülerbuch, *Cahier d'activités*)
Schülerbuch, S. 96, Nr. 9A: S vervollständigen Sätze mit den korrekten Formen der Adjektive schriftlich. Die Ergebnissicherung erfolgt im Plenum. (⟶ Differenzierung; Lösung ⟶ CD-ROM)
*Cahier d'activités*, S. 77, Nr. 6A: Identifizierung von maskulinen und femininen Adjektiven über das Hörverstehen. (Lösung ⟶ CD-ROM)

**Erarbeitung 2** (Schülerbuch, Tafel, Tafelbild 3)
S. 96, Nr. 9B: S erkennen, dass es im Vergleich zum Deutschen im Französischen Adjektive gibt, die nach dem Nomen stehen, und andere, die vor dem Nomen stehen. L schreibt Tafelbild 3 zur Stellung der Adjektive an die Tafel, das die S in ihre Hefte übertragen.

**Sicherung 2** (*Cahier d'activités*)
S. 77, Nr. 7: S vervollständigen Text mit der korrekten Form und Stellung der Adjektive in Einzelarbeit und erraten drei Adjektivformen. Die Ergebnissicherung erfolgt im Plenum. (Lösung ⟶ CD-ROM)

**Festigung** (Schülerbuch, CD 2 (Track 64; MP3 168))
S. 96, Nr. 10: Hörverstehen: S hören Dialog zweimal und korrigieren die Sätze in Einzelarbeit. Das Ergebnis wird im Plenum oder mittels Lösungsfolie gesichert. (⟶ Zur Methodik; Lösung ⟶ CD-ROM)
**Hausaufgabe:** *Cahier d'activités*, S. 77, Nr. 6B

## Tipps und Tricks

**Zur Methodik**

**Schülerbuch, S. 96, Nr. 10:** Der Hörverstehenstext beinhaltet mehrere Adjektive.

**Differenzierung**

**Schülerbuch, S. 134, Nr. 2:** In lernstarken Gruppen kann diese Aufgabe anstatt Schülerbuch, S. 96, Nr. 9 bearbeitet werden. (Lösung ⟶ CD-ROM)

**Tafelbild 2**

Die Angleichung der Adjektive

| | **maskulin** | **feminin** |
|---|---|---|
| Singular | … on a cherché **mon petit frère.**<br>Les grandes vacances ont commencé **samedi dernier** … | **La gare** de Lyon est très **grande**.<br>Je (**Marie**) ne suis pas **contente** …<br>Lilou est **une fille intéressante** …<br>… on a fait **une petite fête** … |
| Plural | A Paris, il y a de **grands quartiers intéressants**. | **Les grandes vacances** ont commencé samedi dernier …<br>Lilou et moi, on va être des **grandes copines**. |

**Maskulinum Singular:** Grundform
**Maskulinum Plural:** Grundform + **s**
**Femininum Singular:** Grundform + **e**
**Femininum Plural:** Grundform + **es**

**Tafelbild 3**

**Die Stellung der Adjektive**

Le 14 Juillet est **une fête** française.
C'est **une fête** fantastique.
Im Französischen stehen die meisten Adjektive nach dem Nomen.
Das ist anders als im Deutschen.

C'est un grand **bal**.
Les petits **enfants** dansent.
C'est un bon **jour** avec un joli **feu d'artifice**.
Mais il y a un mauvais chanteur.
Grand, petit, bon, joli und mauvais stehen vor dem Nomen.

**Der besondere Tipp**

Die maskulinen und femininen Formen der Adjektive stehen im lektionsbegleitenden **Vokabular** des Schülerbuchs ab Seite 175 („Auf einen Blick“ auf Seite 179) und in der alphabetischen **Wortliste** (Französisch ⟶ Deutsch) ab S. 188.

## S. 97–98 Atelier B

**Préparation en 3 minutes**

- **Mitnehmen!** Schülerbuch, *Cahier d'activités*, CD-Player, CD 2 (Tracks 65–69; MP3 169–173) Folie, Overheadprojektor, Kopiervorlagen 3, 4
- **Schülerbuch**: S. 97–98, Nr. 1: Texterarbeitung (Auf dem Ball zum 14. Juli hilft Marie einem kleinen Jungen, eine Wette gegen seinen großen Bruder zu gewinnen.); S. 98, Nr. 2: Textauswertung
- **Inhaltlicher Schwerpunkt:** Leseverstehen: Familie Chabane auf dem Fest zum 14. Juli.
- **Grammatischer Schwerpunkt:** Das Verb *mettre* ⟶ G 25
- **Methodeneinsatz:** Echo-Lesen (⟶ *Boîte à outils 15*), Auswischtechnik (⟶ *Boîte à outils 4*), Fragekarten (⟶ *Boîte à outils 18*)
- **Hausaufgabe**: *Cahier d'activités*, S. 78, Nr. 8 und Schülerbuch, S. 101, Nr. 10A

Atelier — A — B — Pratique — Bilan — Grammaire 6

Atelier B

1 Au bal du 14 Juillet

169–172

1.

Chez les Chabane, une heure avant le bal.

*M. Chabane:* Les enfants, mettez l'eau pour Moustique dans la cuisine, s'il vous plaît. Le chien va rester ici.

*Marie:* Dommage, Moustique, mais papa a raison, un bal, ce n'est pas très intéressant pour un chien! Ecoute, je mets ma robe, et après, on va ensemble dans la cuisine.

78, 8

2.

Une heure après. Place de la Bastille, c'est déjà la fête.

*Lilou:* C'est bien, ici! Regarde les stands. Et la musique n'est pas mauvaise. On va danser?

*Mme Chabane:* Mais oui, allez danser! Clara, donne la main à ton petit frère, s'il te plaît!

*Clara:* Oh, zut, pourquoi toujours moi? Bon, viens Gabriel!

3.

Devant un stand, un grand garçon parle à un petit.

*Le grand:* Regarde les filles, Noah. Elles ne vont pas danser avec un petit comme toi!

*Noah:* Quoi, un petit comme moi? Reste ici et regarde!

Noah tourne sa casquette, met ses mains dans ses poches, puis il arrive devant les filles. Il demande à Marie:

*Noah:* Salut! Tu danses avec moi?

*Marie:* Euh … non merci, je n'ai pas envie.

*Noah:* Ecoute une minute! C'est un petit jeu entre mon frère et moi: tu danses avec moi et je gagne! Allez, il regarde!

*Marie:* Ah bon? Alors d'accord. On va montrer une petite danse à ton frère!

quatre-vingt-dix-sept 97

**Neue Wörter**

avant, mettre, la place de la Bastille, mauvais, donner qc à qn, une casquette, la poche, demander qc à qn, entre (Präp.), montrer qc à qn, parler à qn, aider qn, autre, rencontrer qn

**Schritte zur Erarbeitung**

**Hinführung** (*Cahier d'activités*)
Besprechen der Hausaufgabe: *Cahier d'activités*, S. 77, Nr. 6B (Lösung ⟶ CD-ROM)
L weist darauf hin, das S nun die Familie Chabane wiedertreffen.

**Problematisierung** (Folie U6/4)
L legt Folie auf und zeigt das erste Bild. Der Rest bleibt abgedeckt. S beschreiben das Bild und stellen Vermutungen darüber an, was die Familie machen wird. L notiert Vorschläge an der Tafel.

**Erarbeitung 1** (Schülerbuch, CD 2 (Track 65; MP3 169), Folie, Tafel)
S. 97, Nr. 1, Abschnitt 1: S hören den Text von CD 2 ein- oder zweimal an, um herauszufinden, wohin die Familie geht (Antwort: *le bal*). Anschließend lesen S den Text in verteilten Rollen. *Avant* wird semantisiert und die Formen von *mettre* werden erarbeitet.

**Sicherung 1** (*Cahier d'activités*, Tafel)
Erstes Sichern der Formen von *mettre* mittels Auswischtechnik (⟶ *Boîte à outils 4).*
*Cahier d'activités*, S. 78, Nr. 8: Formen von *mettre* in Einzelarbeit einsetzen mit anschließender Kontrolle im Plenum. (Lösung ⟶ CD-ROM)

**Erarbeitung 2** (Folie, CD 2, Tracks 66–68, MP3 170–172, Schülerbuch)
Bild 2 der Folie U6/4 wird gezeigt. S beschreiben Bild und wiederholen Wortschatz von S. 92, *On va à la fête*. Anschließend wird das dritte Bild gezeigt und S stellen (auf Deutsch) Vermutungen über die beiden Jungen – Noah und seinen großen Bruder – an. Ziel ist es, Spannung aufzubauen, deshalb Lösung nicht vorgeben. (⟶ Zur Methodik)
Abschnitte 2 und 3 werden mit Hilfe des Echo-Lesens (⟶ *Boîte à outils 15*) erarbeitet. Anschließend stellt L abschnittsweise Fragen zum Text und erläutert die neuen Wörter (Semantisierung u. a. über die Illustrationen). (⟶ Der besondere Tipp 1)
Abschnitt 4: Letztes Bild der Folie U6/4 zeigen und Szene beschreiben lassen. Anschließend Text von CD 2 vorspielen und im Chor nachlesen lassen. Unbekannte Vokabeln semantisieren und Fragen zum Text stellen.

**Sicherung 2** (Schülerbuch, CD 2,Track 69, MP3 173)
S. 97–98, Nr. 1: Text mit verteilten Rollen lesen. (⟶ Der besondere Tipp 2)
S. 98, Nr. 2A: Sätze werden von CD 2 zweimal vorgespielt. S erraten, wer die Sprecher sind. (Lösung ⟶ CD-ROM)
S. 98, Nr. 2B: S berichten individuell, was sie auf einem Fest machen.

**Festigung** (Kopiervorlage 3, 4)
Kopiervorlage 3: Sicherung des Textverständnisses mit Fragekarten (⟶ *Boîte à outils 18*) (⟶ Doppelstunde)
**Hausaufgabe:** Kopiervorlage 4 und Schülerbuch, S. 101, Nr. 10A.

## Tipps und Tricks

**Zur Methodik**

**Schülerbuch, S. 97, 98, Nr. 1:** Bei der Erarbeitung dieses Textes sollte das Lese-Erleben im Vordergrund stehen. Der Text ist für S dieses Alters durch die Personen und Aktionen spannend, insbesondere durch die etwas rätselhaft bleibende Figur des namenlosen großen Bruders. Diskussionen und Kommentare zum Verhalten der Personen, auch auf Deutsch, sind erwünscht.

**Mündlichkeit**

**Kopiervorlage 3:** Zur Stärkung der Mündlichkeit, verbunden mit einem hochen Sprechanteil aller S, kommen auch in dieser *Unité* Fragekarten (⟶ *Boîte à outils 18)* zum Einsatz.

**Der besondere Tipp**

**1.** Für das **Globalverstehen** eines Textes ist es nicht erforderlich, alle unbekannten Wörter vorher einzuführen. Neue Wörter sind entweder aus dem Kontext erschließbar oder hindern nicht daran, die wesentlichen Informationen eines Textes zu verstehen.
**2.** Textabschnitte 2 bis 4 (Ballszenen) können auch **szenisch nachgespielt** werden. Protagonisten: ein großer Junge (der Bruder von Noah), zwei kleinere Jungen (Noah, Gabriel), drei Mädchen (Marie, Clara, Lilou), ein Erzähler und ein Musiktechniker, der frei wählbare Musik laut (z. B. nach *„la musique n'est pas mauvaise"*) und leise (für die Sprechpassagen) regelt. Die übrigen S spielen die tanzende Menge.

**Doppelstunde**

**Schülerbuch, S. 99, Nr. 3:** Wenn noch Zeit ist, könnte diese Übung zur Aussprache und Orthografie bearbeitet werden (CD 2: Track 70; MP3 174). In diesem Fall als Hausaufgabe Aufgabe Nr. 9A im *Cahier d'activités*, S. 78 zusätzlich aufgeben. (Lösung ⟶ CD-ROM)

## S. 99 Atelier B

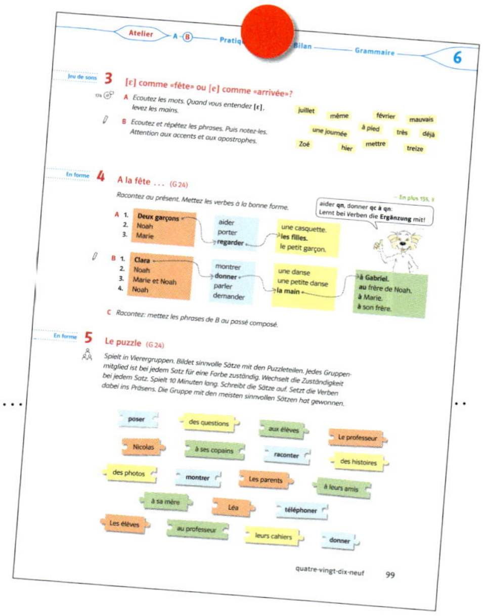


**Préparation en 3 minutes**

- **Mitnehmen!** Schülerbuch, *Cahier d'activités*, leere Folie, farbige Kreide, Kopiervorlagen 4, 5
- **Schülerbuch**, S. 99, Nr. 4, 5: Übungen zu direkten und indirekten Objekten, Satzbau
- **Grammatischer Schwerpunkt**: Das direkte und das indirekte Objekt ⟶ G 24
- **Hausaufgabe**: Schülerbuch, S. 99, 4C und *Cahier d'activités*, S. 79, Nr. 10

**Schritte zur Erarbeitung**

**Hinführung** (Kopiervorlage 4, Schülerbuch)
Besprechen der Hausaufgabe: S. 101, Nr. 10A: Formen von *mettre* im Plenum sichern und anschließend B-Teil in Partnerarbeit kommunikativ bearbeiten. (Lösung ⟶ CD-ROM)
Erneutes Lesen des Textes, S. 97–98, Nr. 1 und Besprechen der Kopiervorlage 4 (⟶ Doppelstunde; Lösung ⟶ CD-ROM)
Bei geöffneten Schülerbüchern stellt L gezielte Fragen zum Lektionstext, die das direkte, indirekte oder beide Objekte enthalten, um S zu sensibilisieren. (⟶ Zur Methodik 1)
Z. B.: *Marie met son pantalon pour le bal du 14 Juillet? – Non, elle met sa robe.*
*Noah demande à Lilou «Tu danses avec moi?» – Non, il demande à Marie «Tu danses avec moi?»* (⟶ Alternative)

**Problematisierung** (Tafel/Folie, Tafelbild 4)
L thematisiert mit S die unterschiedlichen Strukturen und schreibt je einen Satz exemplarisch auf Tafel/Folie (⟶ Tafelbild 4: Satz 1 + 2), in dem (nur) ein direktes oder (nur) ein indirektes Objekt vorkommt und markiert die Objekte mit unterschiedlichen Farben. (⟶ Der besondere Tipp 1)

**Erarbeitung** (Tafel/Folie, Tafelbild 4, Schülerbuch)
S erkennen (ggfs. mit Unterstützung durch den L), dass Objekte unmittelbar nach dem Verb stehen und sich unterscheiden: Objekte ohne und mit *à*.
S suchen im Text, S. 97–98, Nr. 1, nach ähnlichen Sätzen, in denen beide Objekte vorkommen. L schreibt einen Satz stellvertretend für die anderen an die Tafel. (⟶ Tafelbild 4: Satz 3)

**Sicherung** (Schülerbuch)
S. 99, Nr. 4 A+B: Aufgabe wird im Plenum oder in Partnerarbeit bearbeitet. (⟶ Zur Methodik 2/Differenzierung 1; Lösung ⟶ CD-ROM)

**Festigung** (Schülerbuch, Kopiervorlage 5)
S. 99, Nr. 5: Das Satzpuzzle wird in Vierergruppen gespielt. Die Ergebnisse werden im Plenum präsentiert und gewertet. (⟶ Zur Methodik 3; Lösung ⟶ CD-ROM)
Kopiervorlage 5: Tandembogen
**Hausaufgabe:** Schülerbuch, S. 99, 4C und *Cahier d'activités*, S. 79, Nr. 10
(⟶ Differenzierung 2)

## Tipps und Tricks

**Zur Methodik**

**1.** An dieser Stelle könnte Moustique zum Einsatz kommen, damit die Fragen nicht unnatürlich klingen.
**2.** Die farbigen Unterlegungen entsprechen ⟶ G 24 und dem Grammatisches Beiheft, S. 39 f.
**3. Schülerbuch, S. 99, Nr. 5:** Die Puzzleteile jeder Zeile entsprechen einem Satz. Bei Zeitknappheit können die Sätze auch im Plenum erarbeitet werden.

**Der besondere Tipp**

**1.** Lassen Sie Ihre S **Grammatik entdecken**. Gehen Sie nie deduktiv vor. Folgen Sie dem Prinzip „zuerst das Beispiel, dann die Regel".
Nur so wird die der Kommunikation dienende Funktion der Grammatik transparent.
**2.** S darauf hinweisen, dass sie die direkten bzw. indirekten **Verbergänzungen** immer im Vokabular nachschlagen können: Verb + *qn/qc*, Verb + *à* + *qn/qc*.

**Alternative**

Das **direkte und indirekte Objekt** könnte auch anhand von Schülerbuch, S. 99, Nr. 4A+B in lernstärkeren Klassen zeitsparender erarbeitet werden. Da die Satzstruktur sowie alle Sätze im Rahmen einer Satzbautafel mit entsprechendem Textbezug vorgegeben sind, bearbeiten die S zunächst den A-Teil im Plenum (direktes Objekt). L fragt um welchen Satzteil es sich im gelb unterlegten Kasten handelt. S nennen das direkte Objekt/Akkusativobjekt und L erstellt ersten Teil des Tafelanschriebs nach dem Muster von Tafelbild 4 (allerdings Satz aus Nr. 4A nehmen).
Im Anschluss daran wird der B-Teil nach demselben Vorgehen bearbeitet. Das indirekte Objekt sowie die Stellung der direkten und indirekten Objekte im Satz werden von den S selbst entdeckt. L vervollständigt dritten Teil des Tafelanschriebs (Satz aus dem B-Teil nehmen).
Daran anschließend suchen S im Lektionstext nach den beiden Sätzen mit nur einem indirekten Objekt im Satz. Sätze werden im Tafelbild entsprechend ergänzt. Nun wird Schülerbuch, S. 135, Nr. 3 schriftlich in Einzelarbeit bearbeitet und im Plenum gesichert.

**Doppelstunde**

Wenn im *Cahier d'activités*, S. 78, Nr. 9 zusätzlich aufgegeben wurde, dann wird diese Aufgabe mittels Lösungsfolie von den S selbst kontrolliert und direkt im Anschluss der B-Teil in Partnerarbeit bearbeitet.
Daran anschließend wird die Stunde wie oben beschrieben aufgebaut.

**Differenzierung**

**1. Schülerbuch, S. 135, Nr. 3:** In lernschwachen Gruppen kann diese Aufgabe zusätzlich zu Schülerbuch, S. 99, Nr. 4 bearbeitet werden. (Lösung ⟶ CD-ROM)
**2. *Cahier d'activités*, S. 79, Nr. 10:** Besonders in lernschwächeren Gruppen sollten zur Vorbereitung der Hausaufgabe die in der Übung verwendeten Verben mit ihren Ergänzungen an die Tafel geschrieben werden, z. B. *donner qc à qn*. Die Farben zeigen die Funktion an, die Ergänzungen stehen schon in der richtigen Reihenfolge.

**Stärkung der Mündlichkeit**

Tandembogen, ⟶ Kopiervorlage 5 (⟶ *Boîte à outils 35)*
Beim Puzzlespiel wird ein hoher Sprachanteil der einzelnen S erzielt.

**Tafelbild 4**

Direkte und indirekte Objekte

direktes Objekt

1. Marie met **son pantalon** pour le bal du 14 Juillet?
– Non, elle met sa robe.

indirektes Objekt

2. Noah demande **à Lilou** «Tu danses avec moi?»
– Non, il demande **à Marie** «Tu danses avec moi?»

direktes + indirektes Objekt

3. Mme Chabane: «Clara, donne **la main à ton petit frère**, s'il te plaît!»

## S. 100–101 Atelier B

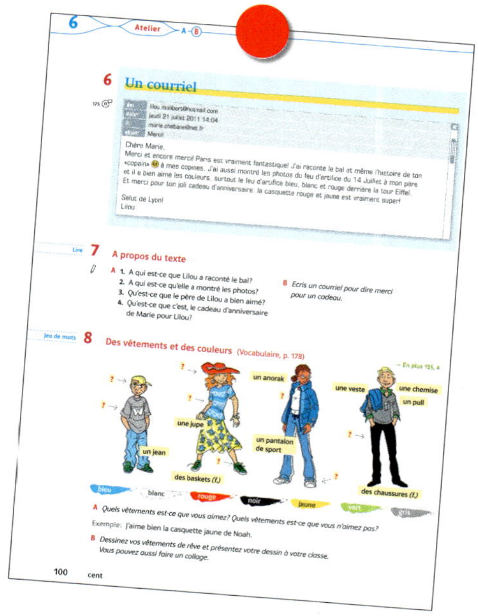


**Préparation en 3 minutes**

- **Mitnehmen!** Schülerbuch, CD-Player, CD 2 (Track 71; MP3 175), Frankreichfahne, Kopiervorlage 6, Würfel (je einer für zwei S), Folie, *Cahier d'activités*
- **Schülerbuch,** S. 100, Nr. 6: Lilou ist wieder in Lyon und schreibt eine Dankesmail an Marie; S. 100, Nr. 7: Textauswertung; S. 100, Nr. 8: Kleidung und Farben; S. 101, Nr. 9: Farben
- **Inhaltliche Schwerpunkte:** Kleidung, Farben, Gedicht schreiben
- **Grammatischer Schwerpunkt:** Farbadjektive
- **Methodeneinsatz:** Lernen durch Lehren / LdL (⟶ *Boîte à outils 19*)
- **Hausaufgabe**: Schülerbuch, S. 100, Nr. 7 B und *Cahier d'activités*, S. 79, Nr. 11, Langzeithausaufgabe (Projekt)

**Neue Wörter**

Nr. 6, *Un courriel*: un courriel, des couleurs, surtout, bleue, blanche, rouge, jaune;
Nr. 8, *Des vêtements et des couleurs*: des vêtements, noire, grise, un jean, des baskets, une jupe, un anorak, une chemise, une veste, des chaussures, un pull;
Nr. 11, *Un poème sur …*: un poème

**Schritte zur Erarbeitung**

**Hinführung** (Schülerbuch, *Cahier d'activités*, Tafel)
Besprechen der Hausaufgabe: Schülerbuch, S. 99, 4C und *Cahier d'activités*, S. 79, Nr. 10 (Lösung ⟶ CD-ROM)
S. 100, Nr. 6, *Un courriel*: S sollen zunächst auf Deutsch sagen, um welche Textsorte es sich handelt. Danach wird *un courriel* eingeführt und an der Tafel festgehalten. Des Weiteren werden S befragt, ob sie E-Mails schreiben und wie sie sie finden (evtl. auf Deutsch).

**Problematisierung**
L: *Lilou est de retour à Lyon. Elle écrit un courriel à Marie pour dire merci.*

**Erarbeitung 1** (Tafel, Frankreichfahne, CD 2 (Track 71; MP3 175), Schülerbuch)
Anhand einer Frankreichfahne (oder des oberen Bildes im Schülerbuch auf S. 92) werden die Adjektive *bleu, blanc, rouge* erklärt = *les couleurs du drapeau tricolore; surtout* und *jaune* werden übersetzt und an der Tafel notiert. (⟶ Zur Methodik 1)
Text wird einmal von CD 2 vorgespielt. Anschließend lesen die S die E-Mail in Partnerarbeit und korrigieren sich gegenseitig. L fragt S, ob ihnen bei der Mail nach der Anrede etwas auffällt, dass in deutschen Mails anders ist. (Antwort: Text wird nach dem Komma der Anrede groß weitergeschrieben.)

**Sicherung** (Schülerbuch)
S. 100, Nr. 7: Textverständnis wird durch Fragen gesichert. Die Aufgabe wird in Einzelarbeit schriftlich bearbeitet und im Plenum gesichert. (⟶ Zur Methodik 2)
(Lösung ⟶ CD-ROM)

**Erarbeitung 2** (Folie, Tafel)
Anhand der Folie U6/5 wird der neue Wortschatz zum Thema Kleidung eingeführt, z. B. *C'est un jean./Noah porte un jean.* Neue Vokabeln werden an der Tafel fixiert oder auf die Folie mit wasserlöslichem Stift geschrieben. Bereits bekannte Kleidungsstücke, auf die L deutet, werden im Unterrichtsgespräch wiederholt, z. B. L: *Qu'est-ce que c'est?* – S: *C'est une casquette.* oder L: *Qu'est-ce que Noah porte?* – S: *Il porte une casquette.*
In einem weiteren Schritt werden die fehlenden Farben *noir* und *gris* eingeführt.

**Sicherung** (Schülerbuch)
S. 100, Nr. 8A: S notieren zunächst, welche Kleidungsstücke mit der dazugehörigen Farbe ihnen gefallen und welche nicht und berichten im Plenum oder der Partnerin/dem Partner darüber. (⟶ Zur Methodik 3; Lösung ⟶ CD-ROM)
Jeder S wählt eine der vier abgebildeten Personen aus und beschreibt deren Kleidung (mit Farben) ohne den Namen zu nennen. Anschließend lesen S Beschreibungen im Plenum vor und die anderen S erraten, um wen es sich handelt. Diese Aufgabe kann auch in der Kleingruppe erfolgen. (⟶ Differenzierung 1/Der besondere Tipp)

**Festigung** (Kopiervorlage 6, Schülerbuch, Würfel)
Kopiervorlage 6: Fragen und Antworten zu der Farbe von Kleidungsstücken geben
S. 101, Nr. 9: Partnerspiel zu Form und Stellung der Adjektive (⟶ Zur Methodik 4/ Alternative)
**Hausaufgabe:** Schülerbuch, S. 100, Nr. 7B, 8B, Nr. 11 (⟶ Zur Methodik 5) und *Cahier d'activités*, S. 79, Nr. 11 (⟶ Differenzierung 2). Zur Option: Projekt: Modenschau als Langzeithausaufgabe (⟶ Projekt)

## Tipps und Tricks

**Zur Methodik**

**1. Die Angleichung der Adjektive** wird im Text *Le journal de Marie* (S. 94) vorbereitet. *Un courriel* beschränkt sich auf **Farbadjektive**: feminine Sonderformen (*blanc, blanche*), Unterschied im Schriftbild, aber nicht hörbar (*bleu, bleue*) und nur eine Form für maskulin und feminin (*rouge, jaune*).
**2. Schülerbuch, S. 100, Nr. 7A:** Bei der Beantwortung der Fragen muss auf den Transfer der Possessivbegleiter in der 3. Person geachtet werden.
**3. Schülerbuch, S. 100, Nr. 8A:** Die Pfeile mit Fragezeichen verweisen auf bekanntes Vokabular, das hier memorisiert werden soll: *t-shirt, casquette, chapeau, baskets, pantalon.*
**B:** Das Malen der Lieblingskleidungsstücke erfordert viel Zeit und sollte deshalb im Rahmen einer Hausaufgabe erfolgen, auf jeden Fall, wenn *faire un collage* in Betracht gezogen wird. Die Präsentation erfolgt in der Folgestunde.
**4. Schülerbuch, S. 101, Nr. 9:** Die Adjektive (*petit, joli* usw.) sind den Gegenständen fest zugeordnet, die Farben werden erwürfelt. Man spielt mit einem Würfel und würfelt jeweils zweimal: einmal für den Gegenstand + fest zugeordnetes Adjektiv, das zweite Mal für die Farbe. Wenn aus Zeitgründen auf das «Erwürfeln» der Kombinationen verzichtet wird, können die Items von links nach rechts durchgenommen werden.
Schülerbuch, S. 136, Nr. 5 kann an dieser Stelle zusätzlich bearbeitet werden.
**5. Schülerbuch, S. 101, Nr. 11:** In der Unterrichtsstunde sollten die Merkmale eines Gedichtes anhand des Beispiels kurz besprochen werden. Die Gedichte werden im Plenum präsentiert. Evtl. können sie auch als Rätselaufgabe an die Zuhörer gestellt werden, wenn alle S über sich selbst schreiben. Alternativ dazu können Plakate mit den Gedichten erstellt und ausgehängt werden. S erraten, von wem welches Gedicht ist.

**Alternative**

**Schülerbuch, S. 101, Nr. 10:** Sollte die Aufgabe noch nicht bei der Einführung von *mettre* im Zusammenhang mit dem Text im Schülerbuch auf S. 97–98, *Au bal du 14 Juillet*, durchgenommen worden sein, kann sie an dieser Stelle bearbeitet werden.
In **10B** soll bei den Antworten der Possessivbegleiter verwendet werden (***sur** ma table*), daneben auch – wenn möglich – der bestimmte Begleiter (***le** carton*). Zusätzlich können Farbadjektive aus Nr. 9 verlangt werden (*Où est-ce que tu mets le petit train bleu et rouge?*). (Lösung ⟶ CD-ROM)

**Der besondere Tipp**

Um das selbstständige Arbeiten der S weiterhin zu fördern, kann die Erarbeitung der Aufgabe im Schülerbuch, S. 100, Nr. 8 von den S nach der Methode **Lernen durch Lehren (LdL)** selbst übernommen werden. Eine ausführliche Beschreibung dieser Methode enthält ⟶ *Boîte à outils 19.*

**Differenzierung**

**1. Schülerbuch, S. 135, Nr. 4/CD 3 (Track 3; MP3 178):** Hörverstehens- und Schreibübung, die zusätzlich zum Wortfeld Kleidungsstücke und Farben durchgeführt werden kann. (Lösung ⟶ CD-ROM)
**2. *Cahier d'activités, En plus*, S. 83, Nr. 2:** In lernschwächeren Gruppen kann diese Aufgabe zusätzlich oder anstatt *Cahier d'activités*, S. 79, Nr. 11 bearbeitet werden. (Lösung ⟶ CD-ROM)
***Cahier d'activités, En plus*, S. 84, Nr. 4:** In lernstärkeren Gruppen kann diese Aufgabe anstatt *Cahier d'activités*, S. 79, Nr. 11 bearbeitet werden.
Schwierigere Differenzierungsübung zum *Passé composé* mit *avoir* bei Verben auf *-er* und *faire* sowie zur Angleichung und Stellung von Adjektiven. (Lösung ⟶ CD-ROM)

**Projekt**

Im Rahmen dieser *Unité* kann zur Motivation ein *Défilé de mode* veranstaltet werden. Die S werden zunächst in Tandems eingeteilt. Jeder S darf sein Lieblingsoutfit kreieren (evtl. zunächst auf Papier) und sich entsprechend kleiden (Falls Kleidung nicht vorhanden, zu Hause, bei Bekannten nachfragen oder selbst nähen.) Die Tandems erklären sich gegenseitig ihr Outfit und notieren das des Partners, um es danach zu kommentieren. Das *Défilé* auf einem improvisierten Catwalk (z. B. auf einer Tischreihe) läuft dann so ab, dass je ein S (Mannequin) defiliert und der Look von anderem S präsentiert wird. Die übrigen S sitzen als Publikum auf Stühlen, bis sie mit ihrer eigenen Präsentation an der Reihe sind. L oder ein S kann Fotos machen oder einen kurzen Film drehen. Am Ende der Veranstaltung werden die drei schönsten Outfits prämiert, bewusst nicht die sprachlich beste Präsentation.

**Hausaufgabe:** Vor der Bearbeitung der Aufgaben zu *Pratique* die Hausaufgaben Schülerbuch, S. 100, Nr. 7B, 8B, S. 101, Nr. 11 und *Cahier d'activités*, S. 79, Nr. 11 besprechen. (Lösung ⟶ CD-ROM)
Zur Festigung des Wortschatzes *vêtements et couleurs* kann Folie U6/6 bearbeitet werden. S beschreiben eine Person, die anderen S erraten, wer es ist. Diese Übung kann auch in Partnerarbeit erfolgen.

## S. 102–103 Pratique: tâches

6 Pratique

Pratique: tâches

Vis-à-vis
Wie werden diese Feste bei euch gefeiert?

Ecouter et lire **1** Des jours pas comme les autres

Mehr dazu 2bz6iz

176

Le 14 juillet est **la Fête nationale** de la France: c'est l'anniversaire de la Révolution française. Mais il y a d'autres jours pas comme les autres …

*Ecoutez et lisez les textes, puis trouvez les 5 erreurs sur les dessins.*

1. C'est **Noël**! Dans la nuit du 24 décembre, le père Noël passe[1]. Et le matin[2] du 25, les enfants trouvent les cadeaux sous l'arbre[3]. Mais le 26 décembre, en France, tout le monde travaille.

2. Le premier dimanche de janvier, c'est la **Fête des Rois**[4]. On mange la galette[5] des rois. Quand on a trouvé la fève[6], on est le roi ou la reine.

3. C'est le **1er avril**, le jour des «poissons[7] d'avril»! Tout le monde fait des blagues[8], et souvent[9], on a un poisson en papier sur ses vêtements et on ne le sait pas!

4. A **Pâques**, les cloches apportent des œufs[10]. Les enfants cherchent les œufs dans l'appartement ou dans le jardin[11]. C'est bon, les œufs en chocolat!

5. Le 21 juin, c'est la **Fête de la musique**. Tout le monde est dans la rue. On écoute et on fait de la musique.

1 passer vorbeikommen – 2 le matin am Morgen – 3 un arbre ein Baum – 4 un roi, une reine ein König, eine Königin – 5 une galette: ein Kuchen – 6 une fève eine dicke Bohne – 7 un poisson ein Fisch – 8 une blague *hier:* ein Streich – 9 souvent oft – 10 un œuf ein Ei – 11 un jardin ein Garten

102 cent-deux

### Empfohlene Reihenfolge für die Durchnahme der Aufgaben:

**Ecouter et lire**

**Schülerbuch, S. 102, Nr. 1**
In der Aufgabe geht es um interkulturelles Lernen. S sollen Brauchtum an besonderen Tagen kennenlernen und landeskundliche „Fehler" sowie Abweichungen zwischen Text und Bildern herausfinden.
L befragt S nach ihnen bekannten französischen Festen im Brainstorming-Verfahren. Danach wird Folie U6/7 aufgelegt und S raten, um welche Feste es sich handelt, zunächst auf Deutsch. Danach schreibt L französische Bezeichnungen der Feste an die Tafel. Anschließend wird bei geöffneten Büchern abschnittsweise jeweils der Text zu jedem Bild vom Tonträger (CD 3: Track 1; MP3 176) präsentiert. Im Anschluss werden die einzelnen Passagen von einem S laut vorgelesen, während die anderen S den Fehler suchen. Auswertung der Fehler erfolgt im Plenum. (Lösung ⟶ CD-ROM)
S lesen Texte in Partnerarbeit erneut, evtl. Stopp-Lesen (⟶ *Boîte à outils 37*/Der besondere Tipp 1) und lernen als Hausaufgabe eine Passage auswendig, die sie in der Folgestunde frei vortragen (*Monologue minute* ⟶ *Boîte à outils 38).*

**Ecrire** **Schülerbuch, S. 103, Nr. 2**
S beschreiben ein Fest und berichten im Plenum darüber, evtl. auch per Omniumkontakt (⟶ *Boîte à outils 3*). Bei Schwierigkeiten hinsichtlich der Strukturierung kann im Schülerbuch auf S. 96, Nr. 8 hingewiesen werden.

**Médiation** **Schülerbuch S. 103, Nr. 3**
A + B: Sprachmittlung: Information von Lautsprecherdurchsage (CD 3, Track 2, MP3 177) soll auf Deutsch und Zeitungsmeldung auf Französisch sinngemäß wiedergegeben werden. (Lösungsvorschläge ⟶ CD-ROM) Verweis evtl. auf Schlüsselwortstrategie, Schülerbuch, S. 95, Nr. 6 und Strategie zur *Médiation*, Schülerbuch, S. 87, Nr. 3.

**Portfolio** **Schülerbuch, S. 103, Nr. 4**
S erstellen in Einzel- oder Gruppenarbeit ein Plakat, um auf ein Fest einzuladen. (⟶ Der besondere Tipp 2)

**Lire/Médiation/ Ecrire/Ecouter** ***Cahier d'activités*, S. 80/81, Nr. 12 (CD 3: Track 6; MP3 181)**
Es handelt sich zum ersten Mal um eine komplexere, anwendungsorientierte Aufgabe, die verschiedene Kompetenzen integriert (Leseverstehen, Sprachmitteln, Hörverstehen, inhaltsbezogenes Schreiben, interkulturelle Kompetenz und methodische Kompetenz). S sollen ein quasi authentisches Dokument mit unbekanntem Wortschatz erschließen, relevante Textstellen unterstreichen, Notizen anfertigen und im Portfolio-Ordner abheften. S bearbeiten alle Teilaufgaben über eine Woche verteilt im Unterricht in Einzelarbeit mit anschließender Kontrolle im Plenum. Beim B- und D-Teil können nur einzelne Arbeitsergebnisse im Plenum besprochen werden oder L korrigiert alle. In lernstärkeren Klassen kann die gesamte Aufgabe im Rahmen einer Hausaufgabe bearbeitet werden.
A-Teil: S lesen Text und sichern das Textverständnis, indem sie die darunter stehende Aufgabe eigenständig lösen. Das Textverständnis wird durch Indizien ermöglicht, die „Verstehensinseln" bilden und somit den Text erschließbar machen, z. B. *militaire, bal, concert, feu d'artifice*.
B-Teil: S schreiben eine E-Mail an Pariser Bekannte und fragen diese, ob sie das Feuerwerk mit ihnen anschauen wollen.
C-Teil: S hören ein- bis zweimal Antwort der Bekannten vom Anrufbeantworter und kreuzen korrekte Lösungen an.
D-Teil: S schreiben SMS an die Bekannten, um Ort und Zeit des Treffens zu bestätigen.
E-Teil: S schreiben einen Tag nach dem 14. Juli eine Karte an einen französischen Freund/ eine französische Freundin. Dieser Teil könnte in leistungsschwachen Klassen entfallen. (⟶ Zur Methodik/Differenzierung) (Lösung/Lösungsvorschläge ⟶ CD-ROM)

## Tipps und Tricks

**Zur Methodik** ***Cahier d'activités*, S. 80/81, Nr. 12:** Folgendes bei der Korrektur beachten: *14 Juillet* ohne Punkt nach „14". In E-Mail, SMS, Karte: Nach Anrede + Komma immer mit Großbuchstaben beginnen. Auf der Adresse der Karte (Teil E): erst Hausnummer, dann Straßennamen ohne Komma anschließen. Die S können vorab auf *Cahier d'activités*, S. 44, Nr. 17 verwiesen werden.

**Boîte à outils 37**

### Stopp-Lesen

Schüler/innen lesen Texte im Tandem. S 1 liest (halblaut), stoppt an einer beliebigen Stelle, S 2 muss den Satz beenden, z. B. Schülerbuch, S. 102, Nr. 1: S 1: *Le 14 Juillet est …*
S 2: *la Fête nationale de la France: c'est l'anniversaire de la Révolution française.*
Bei Satz 2 beginnt S2 und S1 beendet den Satz.
Dieses Verfahren kann auch abschnittsweise angewandt werden.

**Der besondere Tipp**

**1. Korrigieren Sie die S nicht bei jedem Fehler.** Sie würden jegliche Motivation zum Erliegen bringen und den Französischunterricht sprachlos werden lassen. Bei schriftlichen Arbeiten sollten sie auch positiv mit einer anderen Farbe korrigieren und dadurch Fehler „ausgleichen". Wichtig ist nur, dass Sie Fehler sammeln und bei Gelegenheit besprechen, damit sie sich nicht dauerhaft einschleifen.
**2.** Die S bereiten ein *fête française* vor, mit Einladungen (Portfolio, S. 103, Nr. 4) und den Portfolio-Plakaten als Deko. Die Modenschau (⟶ S. 226) könnte ein Teil der Feier sein und/oder es könnte per Beamer ein Feuerwerk zum 14. Juli gezeigt werden. Crêpes (⟶ s. *Unité 5*), coole Verkleidung und französische Musik sind natürlich dabei!

**Boîte à outils 38**

### Monologue minute (Einminutenrede)

Beim *Monologue minute* erhalten die S die Aufgabe, eine Minute über ein Thema möglichst frei zu sprechen. Durch das anfänglich zugelassene Auswendiglernen bekommen die S die nötige Sicherheit im Vortragen und Sprechen. In fortgeschrittenem Stadium soll dann nicht mehr auswendig gelernt werden. Man kann in einer zweiten Stufe einen „Assistenten" soufflieren lassen oder Karteikärtchen mit Notizen zulassen, bevor man zum ganz freien Sprechen übergeht. Die Methode kann ritualisiert und den S damit die Scheu vor dem freiem Sprechen genommen werden. Außerdem erlauben die Mini-Vorträge Sprechanteile für mehrere S, ohne dass Langeweile aufkommt.
Die Methode kann man anhand der Mini-Texte Schülerbuch, S. 102, Nr. 1 einführen: Jeder S lernt einen Text zu einem Fest nach Wahl auswendig und trägt ihn vor.

**Differenzierung**

***Cahier d'activités, En plus*, S. 83, Nr. 3**: leichtere Verstärkungsübung zum Thema „Nationalfeiertag". Es wird auch auf die Aussage zum 14. Juli im Schülerbuch, S. 102, Nr. 1 zurückgegriffen. (Lösung ⟶ CD-ROM)
***Cahier d'activités, En plus*, S. 84, Nr. 5**: schwierigere Differenzierungsübung zur interkulturellen Kompetenz bzw. zum 14. Juli. Ziel der Übung ist es, trotz unbekannter Vokabeln das selektive Hörverstehen zu trainieren. S hören den Text einmal vom Tonträger (CD 3: Track 7; MP3 182) bei geschlossenen Büchern. Anschließend werden die zur Auswahl stehenden Antwortmöglichkeiten laut von einzelnen S vorgelesen, der Text erneut angehört und die korrekten Antworten angekreuzt. Die Ergebnissicherung erfolgt im Plenum oder mittels Lösungsfolie. (Lösung ⟶ CD-ROM)
Falls die S die Video-DVD gekauft haben, kann die Szene auch als Video angeschaut werden und so das Hör-Seh-Verstehen trainiert werden.

## S. 104 Bilan

Im *Bilan*-Teil überprüfen die S ihre in dieser *Unité* erworbenen Fertigkeiten selbstständig.

**Selbsteinschätzung**

S schätzen sich selbst ein und kreuzen in der Ampel ihre Selbsteinschätzung hinsichtlich der geforderten Kompetenz an (rot für „klappt noch nicht", gelb für „geht so", grün für „prima"). Danach machen S die Übung und überprüfen, ob ihre Selbsteinschätzung richtig war. Die Lösungen sind jeweils im Schülerbuch auf S. 203 oder im *Cahier d'activités* auf S. 103 abgedruckt, ebenso auf der CD-ROM.

Die *En plus*-Übungen des *Cahier d'activités* (Lösungen ⟶ S. 103/104/CD-ROM) dienen dazu, bei diagnostizierten Problemen diese zu beheben und dazu gezielt Übungsmaterial zur Verfügung zu haben. Der *En plus*-Teil enthält neben leichteren auch schwierigere Übungen zur Differenzierung nach oben (der Schwierigkeitsgrad einer Übung wird in diesem Lehrerbuch jeweils ausgewiesen). Bei den Aufgaben des *Cahiers* sind Querverweise zu den entsprechenden *En plus*-Übungen vermerkt.

**Parler**

**Schülerbuch S. 104, Nr. 1**
Aufgabe zur Evaluation: Du kannst jetzt schon … (Lösung ⟶ SB S. 203 oder CD-ROM)

**Parler et écrire**

***Cahier d'activités*, S. 82, Nr. 1**
A: Emmas Bericht im *Passé composé* mit *avoir* bei Verben auf *-er* und *faire* vervollständigen.
B: Moustiques Vorlieben bei der Kleidung und den Farben beschreiben.
(Lösung ⟶ *CdA* S. 103 oder CD-ROM)

**Differenzierung**

Diese *Cahier d'activités, En plus*-Übungen können anstatt *Cahier d'activités*, S. 82, Nr. 1 oder 2 zusätzlich durchgeführt werden:
***Cahier d'activités, En plus*, S. 83, Nr. 1:** Leichtere Differenzierungsübung für den A-Teil zum *Présent*, *Futur composé* und *Passé composé*. (Lösung ⟶ *Cahier d'activités*, S. 103 oder CD-ROM)
***Cahier d'activités, En plus*, S. 84, Nr. 4**: Schwierigere Differenzierungsübung für den A-Teil zum *Passé composé* mit *avoir* und zur Stellung und Angleichung der Adjektive. (Lösung ⟶ *Cahier d'activités*, S. 104 oder CD-ROM)
***Cahier d'activités, En plus*, S. 83, Nr. 2**: Leichtere Differenzierungsübung zur Stellung und Angleichung der Adjektive für den B-Teil. (Lösung ⟶ *CdA* S. 103 oder CD-ROM)

**En forme**

**Schülerbuch S. 104, Nr. 2**
Grammatikübung zur Angleichung der Adjektive (Lösung ⟶ SB S. 203 oder CD-ROM)

**Ecrire**

**Schülerbuch S. 104, Nr. 3**
Bildbeschreibung im *Passé composé* mit Gebrauch des direkten und indirekten Objekts (Präposition *à*) aufgrund vorgegebener Satzteile in Einzelarbeit. (Lösung ⟶ SB S. 203 oder CD-ROM)

**En forme**

***Cahier d'activités*, S. 82, Nr. 2**
Satzbau mit direktem und indirektem Objekt, auch nach adverbialer Bestimmung am Satzanfang. (Lösung ⟶ *CdA* S. 103 oder CD-ROM)

**Théâtre**

***Cahier d'activités*, S. 84, Nr. 6**
***Cahier* für Lehrer** und ***Cahier* für Schüler:** enthalten alle Tonaufnahmen pro Szene im MP3-Format.
**Audio-CD** (Klett-Nr. 622166): enthält alle Tonaufnahmen
***Cahier* für Schüler:** Online-Link verweist aufs Internet. Dort befinden sich der komplette Text des Theaterstücks und Tipps für die Aufführung usw.
***Cahier* für Lehrer:** Identisch mit dem Schüler-*Cahier* zusätzlich mit Hinweisen pro Szene für den L.

## Tandembogen: Le passé composé

*Travaillez à deux.*

1. *Entscheidet zunächst, wer mit der A-Seite und wer mit der B-Seite übt.*
2. *Faltet den Bogen entlang der senkrechten Mittellinie.*
3. *Benutzt in euren Fragen und Antworten das Passé composé (außer in zwei angegebenen Sätzen).*
4. *Kontrolliert euch gegenseitig mit den Lösungen in Klammern.*
5. *Wechselt die Seiten nach einem Durchgang.*

| A (Madame Chabane) | B (Marie) |
|---|---|
| – **Marie, tu (préparer) le gâteau pour Lilou?** | [Marie, **tu as préparé** le gâteau pour Lilou?] |
| [Le gâteau? **Papa a fait** le gâteau pour Lilou.] | – **Le gâteau? Papa (faire) le gâteau pour Lilou.** |
| – **Et dans votre chambre, tu (ranger) aussi les affaires de Clara?** | [Et dans votre chambre, **tu as rangé** aussi les affaires de Clara?] |
| [Non, **j'ai rangé** mes affaires. Mais **je n'ai pas rangé** les affaires de Clara!] | – **Non, j' (ranger) mes affaires. Mais je (ne pas ranger) les affaires de Clara!** |
| – **Alors, Marie, (poser,** ***Präsens, Imperativ*****) ses affaires sur son lit, d'accord?** | [Alors, Marie, **pose** ses affaires sur son lit, d'accord?] |
| [Mais **j'ai déjà fait** le lit pour Lilou …] | – **Mais j' (déjà – faire) le lit pour Lilou …** |
| – **Ecoute, Marie, nous (déjà – discuter) du problème!** | [Ecoute, Marie, **nous avons déjà discuté** du problème!] |
| [Oui, maman. **On a rangé** ensemble.] | – **Oui, maman. On (ranger) ensemble.** |
| – **Et Gabriel, qu'est-ce qu'il (faire)?** | [Et Gabriel, qu'est-ce **qu'il a fait**?] |
| [**Il a joué** avec ses voitures.] | – **Il (jouer) avec ses voitures.** |
| – **Delphine (téléphoner). Elles (arriver,** ***Futur composé*****) à 11 h 25! Vite, alors!** | [Delphine **a téléphoné**. **Elles vont arriver** à 11 h 25! Vite, alors!] |

## Le journal de Marie: vrai ou faux?

*Kreuze an, ob der Satz richtig (vrai) oder falsch (faux) ist. Wenn der Satz falsch ist, schreibe den richtigen Satz in die dafür vorgesehene Zeile.*

| | | vrai | faux |
|---|---|---|---|
| 1 | Les grandes vacances ont commencé jeudi dernier.<br>____________________ | ☐ | ☐ |
| 2 | Marie est contente parce qu'elle va rester à Paris en juillet.<br>____________________ | ☐ | ☐ |
| 3 | Son père a invité un ami et sa fille.<br>____________________ | ☐ | ☐ |
| 4 | Marie est triste parce que ses copains et copines sont en vacances.<br>____________________ | ☐ | ☐ |
| 5 | Lilou arrive à la gare du Nord.<br>____________________ | ☐ | ☐ |
| 6 | A la gare, Gabriel a oublié le train.<br>____________________ | ☐ | ☐ |
| 7 | Gabriel a écouté un CD.<br>____________________ | ☐ | ☐ |
| 8 | La gare de Lyon n'est pas grande.<br>____________________ | ☐ | ☐ |
| 9 | Une heure après, on a retrouvé Gabriel.<br>____________________ | ☐ | ☐ |
| 10 | Les jeunes ont fait une petite fête pour l'anniversaire de Lilou.<br>____________________ | ☐ | ☐ |
| 11 | Moustique aime le chapeau de Lilou.<br>____________________ | ☐ | ☐ |

## Questions et réponses

1. *Schneidet die Karten aus, faltet sie in der Mitte und legt sie auf einen Stapel mit der Antwort in eckigen Klammern nach unten.*
2. *S1 nimmt das Kärtchen und zeigt S2 die Frage. S2 antwortet und S1 überprüft, ob die Antwort korrekt ist.*
3. *Ist die Antwort korrekt, darf S2 das Kärtchen behalten. Wenn nicht wird es wieder unter den Stapel gelegt.*

| | | | |
|---|---|---|---|
| **Moustique va aussi au bal?** | **Pourquoi est-ce que Moustique reste à la maison?** | **Où est le bal?** | **Qu'est-ce qu'il y a sur la place de la Bastille?** |
| [Non, il reste à la maison.] | [Un bal, ce n'est pas intéressant pour un chien.] | [Il est sur la place de la Bastille.] | [Il y a des stands et de la musique.] |
| **Qui danse avec Gabriel?** | **Qu'est-ce que Noah demande à Marie?** | **Qu'est-ce que Marie et Noah vont montrer au grand frère de Noah?** | **Quel est le jeu entre les deux frères?** |
| [Clara danse avec Gabriel.] | [Tu danses avec moi?] | [Ils vont montrer une petite danse à son grand frère.] | [Noah danse avec Marie et il a gagné.] |
| **Est-ce que le grand frère danse avec Lilou?** | **Qui danse avec Lilou?** | **Marie met une jupe?** | **Le frère de Noah porte une casquette. C'est ça?** |
| [Non, il rentre avec Noah.] | [Marie danse avec Lilou. ] | [Non, elle met une robe.] | [Non, Noah porte une casquette.] |
| **Lilou trouve la musique mauvaise?** | **Qu'est-ce que madame Chabane dit à Clara?** | **Est-ce que Lilou porte un chapeau?** | **Est-ce que Clara porte une robe?** |
| [Non, elle trouve la musique bonne.] | [Donne la main à ton petit frère, s'il te plaît!] | [Oui, elle porte un chapeau.] | [Non, elle porte un pantalon.] |

## Au bal du 14 Juillet?

*Verbinde die Satzanfänge mit dem richtigen Satzende auf der rechten Seite.*

**1**

*Mme Chabane:* Les enfants, mettez …

- l'eau pour Moustique dans la cuisine.
- le coca pour Moustique dans la cuisine.
- l'eau pour Moustique dans votre chambre.

**2**

Un bal, …

- c'est super intéressant pour un chien.
- c'est cool pour un chien.
- ce n'est pas très intéressant pour un chien.

**3**

*Mme Chabane:* Clara, …

- donne la main à Lilou, s'il te plaît!
- danse avec ton petit frère, s'il te plaît!
- donne la main à ton petit frère, s'il te plaît!

**4**

Devant un stand, …

- un grand garçon parle avec un petit garçon.
- un petit garçon parle avec Lilou.
- un petit garçon joue avec son copain.

**5**

*Noah:* Salut, tu …

- joues avec moi?
- danses avec mon frère?
- danses avec moi?

**6**

*Noah:* C'est un petit jeu …

- avec mes parents.
- entre mon frère et moi.
- pour mon frère et moi.

**7**

*Marie:* On va montrer …

- une petite danse à ton père.
- une petite danse à ton frère.
- des photos à ton frère.

**8**

*Lilou:* Regardez bien, je vais …

- danser avec le petit garçon.
- demander une danse au petit frère.
- demander une danse au grand frère.

**9**

*Lilou:* C'est vraiment super de …

- danser avec le petit Noah.
- rencontrer des gens bizarres comme toi!
- rencontrer des gens sympas comme toi!

## **Tandembogen: La danse** (Direkte und indirekte Objekte)

*Travaillez à deux.*
1. *Entscheidet zunächst, wer mit der A-Seite und wer mit der B-Seite übt.*
2. *Faltet den Bogen entlang der senkrechten Mittellinie.*
3. *Linke Seite: Stelle deiner Partnerin/deinem Partner Fragen und korrigiere ihre/seine Antworten. Sie/Er sollte das sagen, was in Klammern steht.*
4. *Rechte Seite: Antworte auf die Fragen deiner Partnerin/deines Partners. Die Wörter in den Klammern helfen dir dabei.*
5. *Wechselt die Rollen nach einem Durchgang.*

| A | B |
|---|---|
| **Qu'est-ce que Marie donne à Moustique?**<br>[Elle donne l'eau à Moustique.] | **( … Moustique?)** |
| **Marie met un pantalon pour le bal?**<br>[Non, elle met sa/une robe.] | **( … un pantalon …?)** |
| **Est-ce que Clara donne la main à son père?**<br>[Non, elle donne la main à Gabriel.] | **( … à son père?)** |
| **Le grand frère de Noah regarde Gabriel?**<br>[Non, il regarde les filles.] | **( … Gabriel?)** |
| **Noah demande une danse à Lilou?**<br>[Non, il demande une danse à Marie.] | **( … à Lilou?)** |
| **Que font Marie et Noah?**<br>[Ils montrent une petite danse au grand frère.] | **( … Marie et Noah?)** |
| **Qu'est-ce que Lilou demande à Marie?**<br>[Tu as trouvé un petit copain?] | **( … à Marie?)** |
| **Est-ce que Lilou demande aussi une danse à Noah?**<br>[Non, elle demande une danse au grand frère.] | **( … à Noah?)** |

## Les couleurs et les vêtements

*Choisissez un personnage, A ou B, et coloriez ses vêtements. Puis posez des questions à tour de rôle.*
*(Wählt eine Figur, A oder B, und malt deren Kleidungsstücke bunt an, in Farben, deren Namen ihr auf Französisch kennt. Dann stellt euch gegenseitig Fragen zu den Personen.)*

**Exemple:** De quelle couleur est le pull de la fille? – Son pull/Il est noir.

## Unité 7

# S. 107–120 P comme … Papa à Paris!

## Ziele

**Inhaltlicher Schwerpunkt**

Das Thema dieser *Unité* ist Paris. Monsieur Pirou, der für eine Zeitung in Deutschland arbeitet, hat beruflich in Paris zu tun. Er macht eine Reportage über die Stadt und wird dabei von seinem Sohn Léo als Assistent begleitet. Im Mittelpunkt ihrer Arbeit stehen Interviews z. B. auf dem Eiffelturm oder auf einem Flohmarkt.

**Kompetenzerwartung**

Am Ende dieser *Unité* kennen die S die wichtigsten Sehenswürdigkeiten in Paris. Sie können die Bedeutung neuer Wörter erschließen und deren Aussprache selbstständig ableiten. Sie können eine Postkarte schreiben, über das Wetter berichten, über Verkehrsmittel - insbesondere in Paris - sprechen, ein Einkaufsgespräch führen, ihre Vorlieben äußern, wichtige Informationen zu einem vorgegebenen Thema einholen, und diese an Dritte weitergeben.
Am Ende der *Unité* können sie eine eigene Parisausstellung (z. B. im Klassenzimmer oder für die ganze Schule) vorbereiten und präsentieren.

## Kompetenzen (Die Schüler können …)

**Funktionale kommunikative Kompetenzen: Kommunikative Fertigkeiten**

### Hör-(Seh-)verstehen / Sprechen

| Kompetenzerwartungen | Kompetenztraining |
|---|---|
| - über Vorhaben sprechen | SB: S. 136 (1) |
| - über Sehenswürdigkeiten in Paris sprechen | SB: S. 108, 110 (1/4)<br>CdA: S. 85 (1) |
| - über einen Freizeitpark sprechen | SB: S. 116 (1/2), 117 (4) |
| - über das Wetter sprechen und den Wetterbericht verstehen | SB: S. 110 (1/2)<br>CdA: S. 88 (3), 93 (1) |
| - Fragen stellen und darauf antworten | SB: S. 117 (4)<br>CdA: S. 87 (1) |
| - Durchsagen am Bahnhof verstehen, über Verkehrsmittel sprechen, diese aus einem Gespräch sowie einem Liedtext heraushören und zu Alltagssituationen in Bezug setzen | SB: S. 112/113 (1/2), 113 (3), 113 (4)<br>CdA: S. 91 (4), 93 (1) |
| - ein Einkaufsgespräch z. B. in einem Laden oder auf dem Flohmarkt führen | SB: S. 115 (2)<br>CdA: S. 91 (3) |
| - einen Verkaufsmonolog führen | SB: S. 137 (4) |
| - Vorlieben und Abneigungen, auch mit Abstufungen, ausdrücken | SB: S. 115 (3), 117 (4) |
| - Angaben über Mengen machen | SB: S. 115 (2)<br>CdA: S. 90 (2) |
| - die (offizielle) Uhrzeit verstehen | CdA: S. 91 (4B) |

### Sprachmittlung

| Kompetenzerwartungen | Kompetenztraining |
|---|---|
| - den Fahrweg mit der Bahn oder dem Auto nach Paris sinngemäß ins Deutsche übertragen | SB: S. 137 (3) |
| - in einer konkreten Situation zwischen Personen dolmetschen | CdA: S. 92 (1) |

### Leseverstehen / Schreiben

| Kompetenzerwartungen | Kompetenztraining |
|---|---|
| – einen Text verstehen | SB: S. 110 (1), 112 (1), 116 (1) |
| – Bildunterschriften lesen bzw. verstehen und im Stadtplan Sehenswürdigkeiten suchen | SB: S. 108<br>CdA: 85 (1) |
| – den Text auf einer Postkarte verstehen und eine eigene Postkarte schreiben | SB: S. 111 (4) |
| – Angaben zum Wetter verschriftlichen | CdA: S. 87 (2), 88 (3) |
| – Fragen für ein Interview formulieren und darauf antworten | CdA: S. 87 (1) |
| – Vorlieben notieren | SB: S. 136 (2) |
| – einen einfachen Text/literarischen Text verstehen und Fragen beantworten | SB: S. 116 (2)<br>CdA: S. 94 (2) |
| – SMS-Nachricht entziffern und ausgeschrieben notieren | CdA: S. 83 (4) |
| – Bilder mithilfe von Vorgaben beschreiben | CdA: S. 89 (1) |
| – Text erstellen auf Grund des Inhalts eines Lesetextes | SB: S. 114 (1) |

**Funktionale kommunikative Kompetenzen: Verfügung über die sprachlichen Mittel**

### Wortschatz

| Kompetenzerwartungen | Kompetenztraining |
|---|---|
| über einen erweiterten Wortschatz zu diesen Themen verfügen und ihn anwenden: | |
| – Tourismus und Sehenswürdigkeiten in Paris | SB: S. 107, 108, 110 (1), 111 (4), 114 (1), 118<br>CdA: S. 87 (2), 88 (4) |
| – Wetter | SB: S. 110 (2), 111 (5)<br>CdA: S. 87 (2), 88 (3) |
| – Phraseologie und Grußformeln in informellen Briefen/Postkarten | SB: S. 111 (4) |
| – Verkehrsmittel | SB: S. 112 (1/2), 113 (3/4/5)<br>CdA: S. 89 (1) |
| – Mengenangaben | SB: S. 115 (2), 137 (4)<br>CdA: S. 90 (2) |
| – Kleidung | CdA: S. 91 (3) |
| – Freizeitpark und Freizeitbeschäftigungen | SB: S. 116 (1/2), 117 (4/5) |
| – (offizielle) Uhrzeit | CdA: S. 91 (4) |

### Grammatik

| Kompetenzerwartungen | Kompetenztraining |
|---|---|
| grammatisches Grundinventar anwenden: | |
| – Verben *écrire* und *lire* im Präsens | SB: S. 111 (3), 118, 136 (2)<br>CdA: S. 88 (4) |
| – Verneinung mit *ne … pas, ne … plus* und *ne … rien* | SB: S. 116 (1), 117 (3/4), 118, 137 (4)<br>CdA: S. 92 (2) |
| – *adorer, aimer, détester* + Nomen oder Infinitiverweiterung | SB: S. 117 (4), 118 |
| – Mengenangaben: *ne … pas de, ne … plus de, beaucoup de, peu de, combien de* | SB: S. 115 (2)<br>CdA: S. 90 (2) |

### Aussprache und Intonation

| Kompetenzerwartungen | Kompetenztraining |
|---|---|
| – die *Liaison* artikulieren *(Quel temps fait-il? Quelle heure est-il?)* | SB: S. 110 (2) |
| – typisch französische Laute wiederholen und auf unbekannte Wörter übertragen | SB: S. 109 (2), 112 (1), 116 (1)<br>CdA: S. 85 (1) |

### Orthografie

| Kompetenzerwartungen | Kompetenztraining |
|---|---|
| - Apostrophierung von *ne* vor Vokal durchführen | SB: S. 117 (3)<br>CdA: S. 92 (2) |
| - Wortschatz der *Unité* korrekt schreiben | CdA: S. 90 (1) |

## Interkulturelle Kompetenzen

- **soziokulturelles Orientierungswissen**
- **praktische Bewältigung interkultureller Begegnungssituationen**
- **verständnisvoller Umgang mit kultureller Differenz**

| Kompetenzerwartungen | Kompetenztraining |
|---|---|
| - grundlegendes Orientierungswissen zu Paris anwenden: Sehenswürdigkeiten, Flohmarkt in Saint-Ouen an der *Porte de Clignancourt, Parc Astérix* | SB: S. 107/108, 110 (1), 111 (4), 114 (1), 116 (1/2), 117 (5), 118, 136 (1)<br>CdA: S. 85 (1), 89 (1) |
| - öffentliche Verkehrsmittel in Paris und deren Logos erkennen | SB: S. 112/113 (2), 118<br>CdA: S. 89 (1) |
| - typische französische SMS-Abkürzungen entschlüsseln | CdA: S. 88 (4) |

## Methodische Kompetenzen

### Textrezeption

| Kompetenzerwartungen | Kompetenztraining |
|---|---|
| - Wörter von anderen Sprachen ableiten, Internationalismen erschließen und Wörter mithilfe visueller Unterstützung verstehen | SB: S. 107/108, 116 (2), 137 (3B)<br>CdA: S. 94 (2) |
| - einem Lese- oder Hörtext Informationen entnehmen | SB: S. 115 (3), 137 (3)<br>CdA: S. 91 (4), 94 (2) |

### Interaktion

| Kompetenzerwartungen | Kompetenztraining |
|---|---|
| - Sprechfertigkeiten in kommunikativen Alltagssituationen üben: einen Einkaufsdialog, ein Gespräch über die Nutzung von Verkehrsmitteln, über Freizeitparks, über das Wetter und über Vorlieben und Abneigungen führen | SB: S. 110 (2), 113 (3), 115 (2), 117 (4) |
| - zu Fragen Antworten und zu Antworten Fragen finden | SB: S. 110 (1), 116 (2)<br>CdA: S. 87 (1), 92 (2) |
| - in einer konkreten Situation dolmetschen | CdA: S. 92 (1) |

### Textproduktion

| Kompetenzerwartungen | Kompetenztraining |
|---|---|
| - einen Text/ein Theaterstück mit den Redemitteln der *Unité* erstellen | CdA: S. 93 (1) |
| - eine Einminutenrede verfassen | SB: S. 115 (4) |
| - einen Prospekt zu einem Freizeitpark gestalten | SB: S. 117 (5) |
| - kreatives Schreiben durchführen | SB: S. 114 (1) |
| - eine Postkarte schreiben | SB: S. 111 (4) |
| - Wörter zu Kollokationen verbinden | SB: S. 110 (1B) |
| - Wörter ähnlicher Aussprache finden und damit unbekannte Wörter aussprechen | SB: S. 109 (2), 112 (2A)<br>CdA: S. 85 (1) |

## Lernstrategien

| Kompetenzerwartungen | Kompetenztraining |
|---|---|
| - Informationen zu einem Freizeitpark im Internet finden | SB: S. 117 (5) |
| - selbstständig arbeiten: Partnerarbeit organisieren, unbekannte Lexik erraten oder im Vokabelteil nachschlagen, die Aussprache neuer Wörter durch Analogiebildung erschließen | SB: S. 109 (1/2), 112 (1A), 116 (1)<br>CdA: S. 85 (1) |
| - selbst erstellte Materialien, auch Hörmaterial, im Portfolio-Ordner sammeln | SB: S. 111 (5), 113 (5), 115 (4), 117 (5) |
| - zwischen Global- und Detailverstehen beim Hören eines Liedes unterscheiden | SB: S. 113 (4) |
| - *mots-images* zur Behaltensförderung erstellen | SB: S. 113 (5) |
| - Wörter zu einem Thema zusammentragen | SB: S. 115 (3B) |
| - bildgesteuert Hypothesen vor dem Hören eines Textes bilden | CdA: S. 91 (4) |
| - Dolmetschen vom Übersetzen abgrenzen | CdA: S. 92 (1) |
| - Vorwissen aktivieren, Hypothesen zu einem Textinhalt formulieren und unbekanntes Vokabular aus dem Kontext erschließen | CdA: S. 94 (2) |

## Präsentation

| Kompetenzerwartungen | Kompetenztraining |
|---|---|
| - Szenen für ein Theaterstück schreiben und sie präsentieren | CdA: S. 93 (1) |
| - eine Einminutenrede vorbereiten und vortragen | SB: S. 115 (4) |

## Lernbewusstheit und Lernorganisation

| Kompetenzerwartungen | Kompetenztraining |
|---|---|
| - im Rahmen eines Stationenlernens Aufgaben zum Training der einzelnen Kompetenzen auswählen und eine für den individuellen Lernfortschritt sinnvolle Reihenfolge in der Bearbeitung der Aufgaben festlegen | SB: S. 109–117<br>CdA: S. 86 (2)–92 |
| - eigenverantwortliches Lernen mit Aufgaben zur Selbstkontrolle durchführen und Bewusstheit des eigenen Lernstandes erlangen (*Bilan*) | CdA: S. 93 (1) |
| - mit einem Partner ein größeres Arbeitspensum bewältigen | SB: S. 110 (2), 113 (3), 115 (2), 117 (4) |
| - spielerisch Kenntnisse überprüfen (*Le jeu de l'escargot*) | SB: S. 118 |

**Zur Methodik** Diese *Unité* ist mit Ausnahme des *Découvertes*-Teils (S. 107–108) als **Stationenlernen** konzipiert (zur Methode des Stationenlernens siehe *Unité* 5, S. 198 f.). Daher sind „Schritte zur Erarbeitung" aus den vorangegangenen *Unités* hier weder erforderlich noch sinnvoll. Die Präsentation und die Ausführungen im Lehrerbuch für Schülerbuch ab S. 109 beziehen sich auf die Durchnahme als Stationenlernen. Wer die Durchführung als Stationenlernen allerdings nicht bevorzugt, kann die Übungen auch in herkömmlicher Weise erarbeiten.
In *Découvertes*, S. 107–108 stimmt L die S auf das Thema der *Unité* ein. Nach der Durchnahme der beiden Seiten bereitet L die S auf das Stationenlernen vor, indem der **Laufzettel** und die einzelnen **Stationen** mit den S besprochen werden (siehe S. 109).

## S. 107 P comme ... papa à Paris!

**Préparation en 3 minutes**

- **Mitnehmen!** Schülerbuch, Overheadprojektor, Folien, CD-Player, CD 3 (Track 8; MP3 183), Kopiervorlage 1
- **Schülerbuch:** S. 107–109, Stadtplan von Paris (hintere Umschlaginnenseite)
- **Inhaltliche Schwerpunkte:** Wichtige Bauwerke/Sehenswürdigkeiten in Paris kennen lernen, Aussprache erschließen
- **Methodeneinsatz:** Erschließen unbekannter Wörter
- ***Cahier d'activités:*** S. 85

**Neue Wörter** un reportage, une ville, un assistant, visiter, un endroit, un/une touriste, une cathédrale, Notre-Dame, le Louvre, un musée, La Défense, moderne, l'Arc de triomphe

**Schritte zur Erarbeitung**

**Hinführung** (Folie U7/1, Tafel)
L legt Folie auf und lässt S das Foto beschreiben. Weiterhin mutmaßen S, was Léo und sein Vater wohl machen. L hält Mutmaßungen stichwortartig an der Tafel fest.

**Problematisierung** (Schülerbuch, CD 3 (Track 8; MP3 183))
S. 107: Anhören des Textes von CD 3 bei geschlossenem Buch; S überprüfen ihre Mutmaßungen. Danach beantworten S einfache Fragen zum Text: *Il s'appelle comment, le papa? Où sont M. Pirou et son fils? Qu'est-ce qu'ils font?*

**Erarbeitung** (Schülerbuch, CD 3 (Track 8; MP3 183)), Tafel, Folie U7/1, U7/2, U7/3)
S. 107: Anhören des Textes bei geöffnetem Buch. S lesen den Text im Chor nach und erschließen unbekannte Wörter auf Grund der Ableitbarkeit vom Deutschen und Englischen (⟶ Zur Methodik). *Une ville* und *un endroit* werden semantisiert. Neue Vokabeln werden an der Tafel notiert.
S. 108: L legt Folie U7/2 auf und beschreibt die Bauwerke unter Zuhilfenahme der Bildunterschriften. Die unbekannten Wörter sind erschließbar, die Eigennamen bzw. Bildunterschriften werden vorgesprochen und S sprechen im Chor nach. Anschließend wird die Lage der Bauwerke in Paris mittels Folie U7/3 (Stadtplan von Paris) besprochen.

**Sicherung** (Folie U7/3, U7/5, Tafel)
L legt Folie U7/5 auf (Bildunterschriften sind verdeckt), auf der die Bauwerke aus dem *Cahier d'activités*, S. 85, Nr. 1 zu sehen sind. L schreibt Namen der Sehenswürdigkeiten an die Tafel und S raten, auf welchem Bild das dazugehörige Bauwerk zu sehen ist. L deckt Bildunterschriften auf und liest sie vor. S lesen im Chor nach. L lokalisiert Sehenswürdig-

keiten mittels Folie U7/3 und kann auf Deutsch weitere Informationen zu den Sehenswürdigkeiten geben. Danach folgt ein kurzes Unterrichtsgespräch zu den Bauwerken auf Deutsch, evtl. unter Einbeziehung von Schülerwissen.

**Festigung** (Kopiervorlage 1)
Kopiervorlage 1: Zuordnungsübung; Bilder der Sehenswürdigkeiten der jeweiligen Bezeichnung zuweisen. (⟶ Differenzierung; Lösung ⟶ CD-ROM)
**Hausaufgabe:** S sollen im Internet oder in Publikationen, z. B. Reiseführern, eine oder zwei weitere Sehenswürdigkeiten in und um Paris suchen und in der nächsten Stunde vorstellen. Evtl. teilweise auch auf Deutsch.

## Tipps und Tricks

**Zur Methodik** Strategie: Für das **Erschließen unbekannter Wörter** gibt es mehrere Techniken:
1. Ähnlichkeit der Wörter mit Wörtern der **Muttersprache**,
2. Ähnlichkeiten in der Orthografie und gleiche Bedeutung wie im **Englischen**,
3. Bedeutung der Wörter aus dem **Kontext** des Textes erraten.

**Der besondere Tipp** Der Titel der *Unité* kann genutzt werden, um mit den S die französische Aussprache des *p*-Lautes zu üben. Die S suchen Wörter mit *p* am Wortanfang oder in der Wortmitte: *papa, Paris, pantalon, parc, parler, après appartement, reportage, prendre*, usw.
Die Aussprache von [ph] *(photo, triomphe, pharmacie)* kann wiederum plastisch erarbeitet werden, indem ein **Wattebausch** auf den Tisch gelegt wird um zu zeigen, dass bei der Aussprache von [ph] dieser von einem Luftstoß weggetrieben und bei [p] liegen bleibt bzw. liegen bleiben muss.

**Differenzierung** **Schülerbuch, S. 136, Nr. 1** kann anstatt Kopiervorlage 1 in lernstärkeren Klassen bearbeitet werden.

## S. 109 Selbstständiges Arbeiten – Stationenlernen

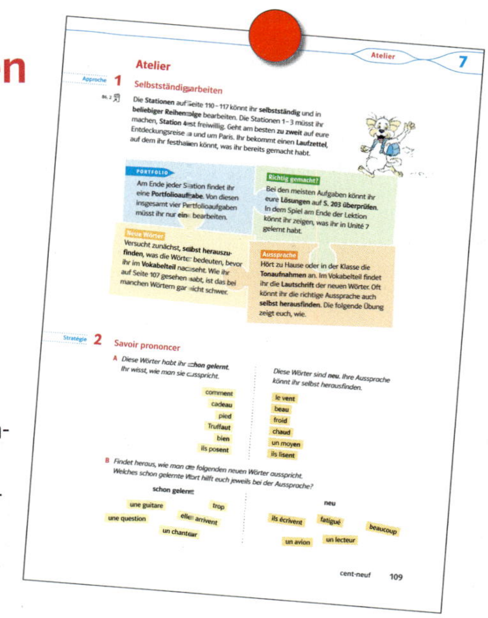
Atelier 7

Atelier

Approche 1 Selbstständig arbeiten

Die Stationen auf Seite 110–117 könnt ihr **selbstständig** und in **beliebiger Reihenfolge** bearbeiten. Die Stationen 1–3 müsst ihr machen, Station 4 ist freiwillig. Geht am besten **zu zweit** auf eure Entdeckungsreise in und um Paris. Ihr bekommt einen **Laufzettel**, auf dem ihr festhalten könnt, was ihr bereits gemacht habt.

PORTFOLIO
Am Ende jeder Station findet ihr eine **Portfolioaufgabe**. Von diesen insgesamt vier Portfolioaufgaben müsst ihr nur **eine** bearbeiten.

Richtig gemacht?
Bei den meisten Aufgaben könnt ihr eure **Lösungen auf S. 203 überprüfen**. In dem Spiel am Ende der Lektion könnt ihr zeigen, was ihr in Unité 7 gelernt habt.

Neue Wörter
Versucht zunächst, **selbst herauszufinden**, was die Wörter bedeuten, bevor ihr im **Vokabelteil** nachseht. Wie ihr auf Seite 107 gesehen habt, ist das bei manchen Wörtern gar nicht schwer.

Aussprache
Hört zu Hause oder in der Klasse die **Tonaufnahmen** an. Im Vokabelteil findet ihr die **Lautschrift** der neuen Wörter. Oft könnt ihr die richtige Aussprache auch **selbst herausfinden**. Die folgende Übung zeigt euch, wie.

Stratégie 2 Savoir prononcer

A *Diese Wörter habt ihr **schon gelernt**. Ihr wisst, wie man sie ausspricht.*
comment, cadeau, pied, Truffaut, bien, ils posent

*Diese Wörter sind **neu**. Ihre Aussprache könnt ihr selbst herausfinden.*
le vent, beau, froid, chaud, un moyen, ils lisent

B *Findet heraus, wie man die folgenden neuen Wörter ausspricht. Welches schon gelernte Wort hilft euch jeweils bei der Aussprache?*

schon gelernt: une guitare, trop, une question, elles arrivent, un chanteur

neu: ils écrivent, fatigué, beaucoup, un avion, un lecteur

cent-neuf 109

**Zur Methodik** Die S werden sorgfältig auf ihre Aufgaben vorbereitet. Fragen der S werden ausführlich beantwortet, damit das Stationenlernen als neue Lernform angenommen und gut ablaufen kann. Dazu gehört das Einbauen von **Ritualen**, z. B. bei Problemen zunächst im Schülerbuch, *Cahier d'activités*, grammatischen Beiheft oder anderen Lernmitteln nachschauen, den Nachbarn fragen und erst dann den L. (⟶ ausführliche Darstellung des Stationenlernens, S. 198, in *Unité* 5.) Die Stationen 1–3 sind verpflichtend, Station 4 ist fakultativ. Schwerpunkte und Schwierigkeitsgrad der Inhalte der *Unité* sind so ausgewählt, dass ein **selbstständiges Erarbeiten** der Inhalte in durchschnittlichen Lerngruppen möglich ist. Besonders wichtig sind die vorbereitenden Hinweise zum Umgang mit den unbekannten Wörtern und der Aussprache.

Generell wird **Partnerarbeit** empfohlen (mit Ausnahme der Portfolio-Aufgaben, siehe Kasten „Portfolio"), die idealerweise im Dreierschritt *think-pair-share* durchgeführt wird (französische Bezeichnungen für diese Methode: *Réfléchir–Partager–Discuter* oder auch *Réfléchir–Echanger–Présenter*):
1. Die S versuchen in Einzelarbeit, die Aufgabenstellung zu verstehen und machen sich Notizen zu ihren Lösungsansätzen.
2. Die Partner besprechen ihre individuellen Ansätze und erläutern sie.
3. Die Aufgabe wird unter Nutzung der individuellen Vorarbeiten zu zweit bearbeitet.

**Rolle der Lehrperson** L beobachtet die Stationen und steht den S als Ansprechperson zur Verfügung, insbesondere bei mündlichen Aufgaben, z. B. Dialogübungen (S. 110, Nr. 2), auch bei Leseübungen (S. 111, Nr. 4) oder Ausspracheübungen (S. 112, Nr. 1A).

**Laufzettel** Den Laufzettel aus dem *Cahier d'activités* S. 86 gibt es als ausgefüllte Kopiervorlage (Kopiervorlage 2) und als Blanko-Kopiervorlage (Kopiervorlage 3), damit die Kategorien individuell „gefüllt" werden.
Wenn eine Station vollständig bearbeitet wurde, wird das Kästchen auf der Höhe des Titels jeder Station angekreuzt. Um die Flexibilität und die Wahlmöglichkeiten im Rahmen des Stationenlernens zu erhöhen, wird in jeder Station die Möglichkeit geboten statt einer Aufgabe im Schülerbuch Aufgabe(n) im *Cahier d'activités*, S. 104 zu bearbeiten. Die S bewerten die Schwierigkeit einer Station, indem sie die entsprechende Ampelfarbe ankreuzen. Der L kann so erkennen, wo er noch einmal wiederholend eingreifen muss.

**Doppelstunde** Für jede Station wird eine Doppelstunde veranschlagt. Das bedeutet, dass für die Bearbeitung der 3 (oder 4) Stationen insgesamt 6 (oder 8) Stunden eingeplant werden sollten. Stehen nur Einzelstunden zur Verfügung, wird insgesamt mehr Zeit für die Durchführung benötigt, da die Organisation der Einheiten, d. h. die jeweils vor einer Unterrichtsstunde neue „Einrichtung der Arbeitsplätze" (Stationen), viel Zeit in Anspruch nimmt.

**Raumgestaltung** Für die die Gestaltung des Klassenraums ⟶ s. Konkrete Hinweise, *Unité 5*, S. 199.

**Der besondere Tipp** Möchte L bewusst den Schwerpunkt auf die **Lautschrift** setzen, ist hier der geeignete Ort dafür (vgl. Lautschriftzeichen im Schülerbuch, S. 142).
Zur Durchführung der **HV-Aufgaben** können private MP3-Player benutzt werden oder Kopfhörer mit einem Adapterstecker an ein Abspielgerät angeschlossen werden.
**Schülerbuch, S. 109, Nr. 2A** (Stratégie: Savoir prononcer): Die S lernen, anhand bekannter Wörter die Aussprache neuer Wörter abzuleiten. Dadurch werden sie auch in der genauen Betrachtung von Wörtern geschult. Sie erkennen Zusammenhang und Unterschiede zwischen dem Schriftbild und der Aussprache.
**Schülerbuch, S. 109, Nr. 2B:** Die S lernen selbstständig wie unbekannte Wörter ausgesprochen werden anhand eines bereits bekannten Wortes: *guitare* ⟶ *fatigué* (das *u* wird nicht gesprochen); *elles‿arrivent* ⟶ *ils‿écrivent* (*liaison* und stumme Endsilbe); *une question* ⟶ *un avion* (*i* als *j* gesprochen); *trop* ⟶ *beaucoup* (stummes *p*); *un chanteur* ⟶ *un lecteur* (*eur* als *œʀ*)
Im Anschluss bearbeiten S eine weitere Ausspracheübung im ***Cahier d'activités*, S. 85, Nr. 1.** (Lösung ⟶ CD-ROM)
Neben den Wörtern in der Übung kann auch für die restlichen unbekannten Wörter nach Analogien gesucht werden. Neu: *une église*, bekannt: *une chemise*; neu: *un tombeau*, bekannt: *tomber*, *un gâteau*.

## Interkulturelles

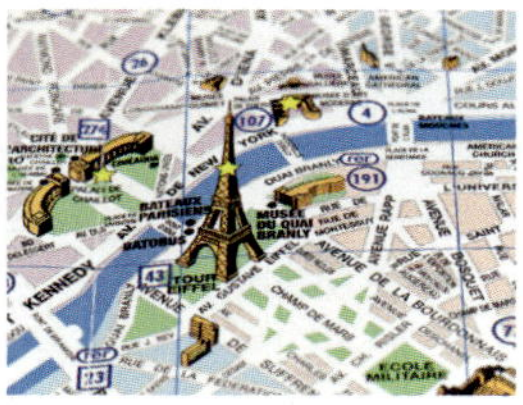

**Paris, Paris, Paris**
Im Großraum Paris leben ungefähr 10 Millionen Menschen; Berlin hat zum Vergleich ca. 3,5 Millionen Einwohner.

Das Haupttransportmittel der Pariser ist die **Métro**. Mit ihr gelangt man am besten zu den Hauptsehenswürdigkeiten der Stadt.

**La tour Eiffel:** Der Eiffelturm (benannt nach seinem Konstrukteur Gustave Eiffel) ist eines der Wahrzeichen und die Hauptsehenswürdigkeit von Paris. Er wurde für die Weltausstellung 1889 gebaut und ist 320 Meter hoch. Er steht auf dem **Champ-de-Mars** (Marsfeld), am Ufer der **Seine**.

**L'Arc de triomphe:** Der Triumpfbogen bildet das obere Ende der berühmten Prachtstraße **Les Champs-Elysées**. Vom Triumpfbogen im Zentrum eines riesigen Kreisverkehrs gehen sternförmig zahlreiche Straßen ab. Dieser Platz hieß früher **la place de l'Etoile** (Sternplatz), heute **la place Charles de Gaulle**.

Am unteren Ende der Champs-Elysées befindet sich **la place de la Concorde**, der größte Platz von Paris. Im Zentrum steht der Obelisk von Luxor (**l'Obélisque**), ein Geschenk des ägyptischen Königs aus dem Jahre 1836.

**Notre-Dame de Paris:** Die Kathedrale steht im Zentrum von Paris auf der Seineinsel, **l'Ile de la Cité**. Die Kathedrale wurde im Mittelalter errichtet und ist ein Bauwerk der Gotik, was an an den Fenstern mit Spitzbögen zu erkennen ist.

**Le Louvre** wurde ursprünglich als große Festung erbaut, zwischenzeitlich als Gefängnis benutzt, nach Umbau im 16. Jahrhundert als königliche Residenz genutzt. Heute gilt der Louvre als das meist besuchte Museum der Welt. Das berühmteste und kostbarste Ausstellungsstück ist die **Mona Lisa (la Joconde)**, ein Gemälde von Leonardo da Vinci aus dem 16. Jahrhundert.
**La Pyramide du Louvre**: Im Jahre 1988 erhielt der Louvre mit einer 22 Meter hohen Glaspyramide einen neuen Eingang.

**La Défense:** Das supermoderne Geschäftszentrum mit mehr als 40 riesengroßen Hochhäusern ist der Sitz zahlreicher internationaler Firmen. Inmitten des Zentrums befindet sich die 1989 gebaute **Grande Arche de La Défense** mit einer Aussichtsplattform in 110 Metern Höhe.

Die neue Oper, **l'Opéra Bastille**, wurde im Jahre 1989 fertiggestellt und gilt als eines der „großen Bauwerke", die unter dem Präsidenten François Mitterrand in Auftrag gegeben wurden.

**L'Hôtel des Invalides**, der „Invalidendom", wurde im 17. Jahrhundert unter Ludwig XIV vollendet und diente der Unterbringung von Kriegsversehrten. Seit 1840 befindet sich dort das Grabmal Napoléons.

**Le Sacré-Cœur**: Die auf dem Hügel von **Montmartre** erbaute Basilika ist ein großer Touristenmagnet. Beliebt wegen der Aussicht über die Stadt und der zahlreichen engen Gassen mit Restaurants, in denen jedermann, der sich für einen Künstler hält, seine Werke ausstellt und zu verkaufen versucht.

**Le Centre Georges Pompidou** ist ein großes Kulturzentrum. Es ist nach dem französischen Präsidenten Georges Pompidou (1911–1974) benannt.

Eines der jüngeren Bauwerke ist die **Bibliothèque nationale de France,** die François Mitterrand erbauen ließ und im Jahre 1995 eröffnet wurde. Sie ersetzte die alte Nationalbibliothek. Die Gebäude mit ihren L-förmigen Türmen symbolisieren aufgeschlagene Bücher.

# S. 110–111 Station 1: Bonjour de Paris!

**Neue Wörter** il fait beau/chaud, beaucoup de, la vue, un restaurant, une boutique, un souvenir, un bureau, Gustave Eiffel, écrire, une carte postale, il y a du vent, il fait froid/mauvais, il neige, il pleut, lire, Cher…, papi, mamie, Comment allez-vous? génial, bisous, la Joconde, bises, Coucou!, grosses bises

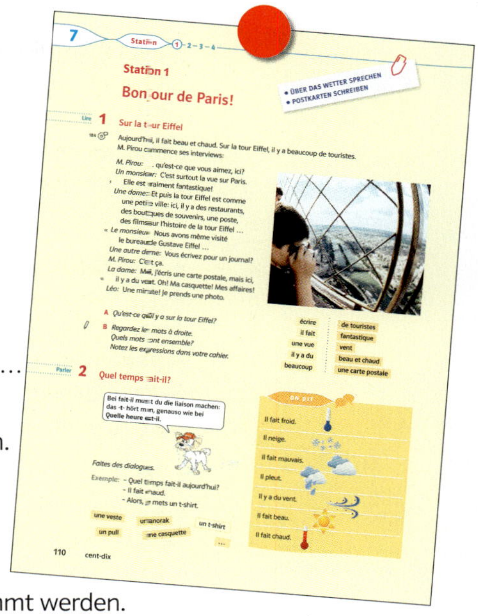
7 Station 1–2–3–4

Station 1

Bonjour de Paris!

• ÜBER DAS WETTER SPRECHEN
• POSTKARTEN SCHREIBEN

Lire 1 Sur la tour Eiffel

184 Aujourd'hui, il fait beau et chaud. Sur la tour Eiffel, il y a beaucoup de touristes. M. Pirou commence ses interviews:

*M. Pirou:* … qu'est-ce que vous aimez, ici?
*Un monsieur:* C'est surtout la vue sur Paris. Elle est vraiment fantastique!
*Une dame:* Et puis la tour Eiffel est comme une petite ville: ici, il y a des restaurants, des boutiques de souvenirs, une poste, des films sur l'histoire de la tour Eiffel …
*Le monsieur:* Nous avons même visité le bureau de Gustave Eiffel …
*Une autre dame:* Vous écrivez pour un journal?
*M. Pirou:* C'est ça.
*La dame:* Moi, j'écris une carte postale, mais ici, il y a du vent. Oh! Ma casquette! Mes affaires!
*Léo:* Une minute! Je prends une photo.

A *Qu'est-ce qu'il y a sur la tour Eiffel?*
B *Regardez les mots à droite. Quels mots vont ensemble? Notez les expressions dans votre cahier.*

| | |
|---|---|
| écrire | de touristes |
| il fait | fantastique |
| une vue | vent |
| il y a du | beau et chaud |
| beaucoup | une carte postale |

Parler 2 Quel temps fait-il?

Bei fait-il musst du die liaison machen: das -t- hört man, genauso wie bei **Quelle heure est-il.**

*Faites des dialogues.*
Exemple: – Quel temps fait-il aujourd'hui?
– Il fait chaud.
– Alors, je mets un t-shirt.

une veste | un anorak | un t-shirt | un pull | une casquette | …

ON DIT
Il fait froid.
Il neige.
Il fait mauvais.
Il pleut.
Il y a du vent.
Il fait beau.
Il fait chaud.

110 cent-dix

**Ziel der Station** Die S können über das Wetter sprechen, eine Postkarte schreiben und ihr Portfolio anreichern.
**Vorbereitung:** Es werden eine oder mehrere Postkarten, eine ausgeschnittene Sonne, Plakate mit Wolken, Regentropfen und/oder eine Wetterkarte aufgehängt, sodass die S auf die einzelnen Themen der Station eingestimmt werden.

**Mitnehmen!** Utensilien (⟶ Vorbereitung, Würfel), Schülerbuch, *Cahier d'activités*, Grammatisches Beiheft, evtl. CD 3 (Tracks 9, 16–18; MP3 184, 191–193), Kopiervorlage 4

**Hinweise zur Durchführung**

**1 Sur la tour Eiffel**
Aufmerksames Lesen des Textes (evtl. zuvor Text von CD 3, Track 9; MP3 184 anhören) und Aufgaben A und B bearbeiten. (Lösung ⟶ Schülerbuch, S. 203 oder CD-ROM)
***Cahier d'activités*, S. 87, Nr. 1:** Die Aufgabe ergänzt den *Lire*-Text im Schülerbuch S. 110 durch eine produktive *Ecrire*-Aufgabe; von der gelenkten (Sätze 1–4) zur freien Produktion. (Lösung ⟶ CD-ROM)
***Cahier d'activités*, S. 87, Nr. 2:** In der Aufgabe werden neue Wörter/Ausdrücke des Schülerbuchtextes von S. 110 gesichert. Außerdem soll die Entsprechung für „es schneit" gefunden werden, da der Ausdruck in Aufgabe 3 des *Cahier d'activités*, S. 88, nicht vorkommt. (Lösung ⟶ CD-ROM)

**2 Quel temps fait-il?**
Die Bedeutungen der neuen Wörter werden durch die Abbildungen erschlossen.
Vor den Dialogen sollen S erkennen, dass bei der Inversion von *il fait* das *t* hörbar ist.
Aussprache von *temps* ist bekannt von *l'emploi du temps*, *Unité* 4.
Dialoge mit dem Partner werden gemäß der Vorgabe und anhand der Abbildungen durchgeführt.
***Cahier d'activités*, S. 88, Nr. 3A:** S hören den Text (CD 3 Tracks 16–18; MP3 191–193) dreimal: das erste Mal, um einen ersten Eindruck zu gewinnen, das zweite Mal zum Ankreuzen, das dritte Mal zur Kontrolle. (Lösung ⟶ CD-ROM)
***Cahier d'activités*, S. 88, Nr. 3B:** S beschreiben eigenständig das Wetter.

**3 J'écris, tu lis**
**A:** Infinitive *écrire* und *lire*: Die Bedeutung ist aus der Mind-Map erschließbar. Die Erweiterung der Mind-Map erfolgt mit Syntagmen, die mit *écrire* und *lire* beginnen. (Lösung ⟶ Schülerbuch, S. 203 oder CD-ROM)
**B:** Konjugation von *écrire* und *lire* wird selbstständig erarbeitet ⟶ S. 120, G 26, 27 oder Grammatisches Beiheft, S. 43.
Die Aussprache der Verbformen ist z. T. bekannt (*ils lisent* [S. 109, 2A], *ils écrivent* [S. 109, 2B], *vous écrivez, j'écris, écrire* [S. 110 (1)] und kann durch Analogiebildung erschlossen werden.
Mit Würfeln (je „Auge" ein Personalpronomen) werden die Verbformen in ganzen Sätzen geübt.
Zusätzliche Übungsmöglichkeit der Verben *écrire* und *lire* ⟶ Kopiervorlage 4
***Cahier d'activités*, S. 88, Nr. 4:** Die Übung kann nach oder statt Schülerbuch, S. 111, Nr. 3 gemacht werden. Die *Cahier*-Übung ist weniger zeitaufwändig als die Übung im Schülerbuch. (Lösung ⟶ *Cahier d'activités*, S. 104 oder CD-ROM). In interessierten Gruppen kann

erklärt werden, dass die Abkürzung T OU in der SMS darauf beruht, dass im Französischen das *u* von *tu* in der gesprochenen Umgangssprache vor Vokal häufig apostrophiert wird: *T'es/où?*
**Schülerbuch, S. 136, Nr. 2** kann in lernstärkeren Klassen anstatt Schülerbuch, S. 111, Nr. 3 bearbeitet werden. Dies muss im Laufzettel entsprechend aufgeführt werden. (Lösung ⟶ CD-ROM).

**4 Des cartes postales**
**A:** Postkarten lesen und anschließend Bilder den Texten zuordnen: Bild 1–Text 3; Bild 2–Text 1; Bild 3–Text 2. S erkennen, dass es bei persönlichen Postkarten unterschiedliche Anreden und Schlussformeln gibt.
**B:** Falls keine fertigen Postkarten zur Verfügung stehen, können sie selbst gestaltet evtl. auch gemalt werden.

**5 Portfolio**
Zur Ergänzung ihres Portfolios erstellen die S einen Wetterbericht und orientieren sich dabei an dem Beispiel.

## S. 112–113 Station 2: Des millions de kilomètres

7 Station 1 – 2 – 3 – 4

Station 2

Des millions de kilomètres

ÜBER VERKEHRSMITTEL SPRECHEN

Lire **1** Trop tôt pour Léo

185

A 7 heures du matin, Léo et son père font déjà des interviews dans des bus, des gares et des stations de métro. C'est les vacances, et 7 heures, c'est tôt pour Léo. Il est encore fatigué.

*M. Pirou:* Ecoute ça, Léo! A Paris, les gens font 8 millions de kilomètres par jour avec les moyens de transport.
*Léo:* Combien de kilomètres, papa? Les gens sont un peu bizarres, tu ne trouves pas?

**A** *Ihr kennt schon diese Wörter: Wie spricht man also diese Wörter aus?*
bientôt → tôt; enfin → matin; à plus → bus; attention → station; sport → transport

**B** *Lest euch gegenseitig den 1. Abschnitt des Textes vor. Benutzt die Methode «Lire et parler» auf S. 48.*

Vis-à-vis **2** En train, en bus et en métro …

Mehr dazu k9k2zn

Voilà la gare de l'Est.
Tiens, une station de métro!
Voilà un ticket pour le métro ou pour le bus.
Le train arrive! A Paris, il y a six gares.
Zut! Le bus est en retard!
Le vélo, un moyen de transport écologique.
Super! Des vélos pour tout le monde!

**A** *Seht euch die Logos und Abkürzungen auf Seite 113 genau an. Zu welchen Pariser Verkehrsmitteln gehören sie? Welches Logo gehört nicht hierher?*

112 cent-douze

**Neue Wörter**
un million, des millions de, un kilomètre, tôt, un bus, une station, le métro, fatigué(e), par jour, un moyen de transport, un peu, en train, la gare de l'Est, un ticket, écologique, un avion, aller en

**Ziel der Station**
Die S können über Verkehrsmittel sprechen und ihr Portfolio erweitern.
**Vorbereitung:** L bringt Bilder von verschiedenen Verkehrsmitteln mit, heftet sie vergrößert auf eine Stellwand oder bringt Modelle mit. Dadurch werden die S auf das Thema der Station vorbereitet.
Zur Illustration der interkulturellen Unterschiede können die S auch deutsche Verkehrsmittel bzw. Bilder davon mitbringen.
Schülerbuch, S. 112, Nr. 4 sollte wegen des Hörverstehens in einen anderen Klassenraum verlegt werden, wenn dies möglich ist.

**Mitnehmen!** Utensilien (⟶ Vorbereitung), Schülerbuch, *Cahier d'activités*, CD-Player, CD 3 (Tracks 10–11; MP3 185–186)

**Hinweise zur Durchführung**

**1 Trop tôt pour Léo**
Lesen des Textes. Evtl. Anhören des Textes von CD 3 (Track 10; MP3 185) mit Hilfe von Tonträgern mit Kopfhörern. Anschließend die bekannten Wörter von Teilaufgabe A dem Partner/der Partnerin vorsprechen und die Aussprache der unbekannten Wörter durch Analogiebildung üben (⟶ *Stratégie*, Schülerbuch, S. 109, Nr. 2; *Lire – Regarder – Parler* ⟶ *Boîte à outils 7*)

**Der besondere Tipp**
Ausspracheschulung: Die S nehmen den vorgelesenen Text (Teilaufgabe B) mit ihrem Handy auf (wenn kein Handyverbot an der Schule herrscht und Handys in genügender Anzahl zur Verfügung stehen) oder L bringt aufnahmefähige Geräte mit. L hört sich an der Station die Aufnahme an, lobt positive Beispiele und gibt gegebenenfalls Tipps, wie die Aussprache verbessert werden kann.

**2 En train, en bus et en métro ...**
Die S erschließen die neuen Wörter (*la gare de l'Est, un ticket, écologique*) durch die bildlichen Vorgaben. Im A-Teil ordnen S die Logos den Verkehrsmitteln zu.
Im B-Teil korrigieren S falsche Aussagen. (Lösung ⟶ Schülerbuch, S. 203 oder CD-ROM)

**Interkulturelles** **Verkehrsmittel in Paris**

**RATP** steht für *Régie Autonome des Transports Parisiens* und umfasst 14 Metrolinien, zwei **RER** (*banlieue*-Schnellzüge) und aktuell drei Straßenbahnen (*tramway de Paris*), die vor allem in den Vorstädten und am Rande der Stadt verkehren.
In Bus und Métro werden die gleichen Tickets benutzt. Man kann aber nicht mit einem bereits entwerteten Ticket von der Métro in den Bus umsteigen (und umgekehrt). Es muss jeweils ein neues Ticket entwertet werden.
Die **Métro**, das Pariser Haupttransportmittel, wurde im Jahr 1900 anlässlich der Weltausstellung eröffnet und ist eine der ältesten U-Bahnen Europas. Sie hat mehr als 300 Stationen und verfügt über 14 Linien. Die Métro verfügt über ein Netz von 213 km Gesamtlänge und befördert ca. fünf Millionen Reisende pro Tag.

**Busse:** In Paris gibt es 351 Buslinien. 4300 öffentliche Busse versorgen das Zentrum von Paris, verbinden aber auch das Zentrum mit der *Banlieue*. *Noct'lien* sind Busse, die nur nachts fahren. Mit dem *Balabus* kommt man an den wichtigsten Sehenswürdigkeiten in Paris vorbei. Er fährt zwischen dem *Gare de Lyon* und *La Défense*. Mit dem *Opentour*, einem offenen Doppeldecker, können Touristen Paris erkunden

**Velib'**: Hierbei handelt es sich um einen Fahrradleihservice. Die Fahrräder stehen an Stationen; dort können sie ausgeliehen und an einer anderen Station abgegeben werden. Dieser Service kann zu jeder Tages- und Nachtzeit an allen sieben Tagen der Woche genutzt werden. Bezahlt wird an der Station oder über ein Abonnement. Ungefähr 20 000 dieser Fahrräder sind auf den Straßen von Paris unterwegs.

**3 Comment est-ce que tu vas ...?**
S führen Dialoge, wohin sie wie gelangen mit Hilfe eines Musterdialogs und angebotener Ziele und Verkehrsmittel. Neben *aller en métro* usw. ist auch *prendre le métro* usw. möglich. *Un avion* wird durch die Abbildung erschlossen.
***Cahier d'activités*, S. 89, Nr. 1** kann nach oder statt Schülerbuch, S. 113, Nr. 3 gemacht werden. Die *Cahier*-Übung ist gesteuerter als die Übung im Schülerbuch. In Satz 8 wird, durch das Ausrufezeichen angekündigt, dass *à* statt *en* verwendet wird. Bei Satz 7 *vélo* ist sowohl *à* als auch *en* möglich. (Lösung ⟶ *Cahier d'activités*, S. 104 oder CD)
**Schülerbuch, S. 137, Nr. 3** kann in lernstärkeren Klassen anstatt Schülerbuch, S. 111, Nr. 3 bearbeitet werden. Dies muss im Laufzettel entsprechend aufgeführt werden. (Lösung ⟶ CD-ROM).

**4 Le blues des transports**
In dieser selbstständig zu bearbeitenden Hörverstehensaufgabe geht es ausschließlich um das Hörverstehen und nicht um Sprachproduktion, deshalb antworten die S auf Deutsch. S hören mehrmals das Lied von CD 3 (Track 11; MP3 186) und beantworten die beiden Fragen. Unter „Verkehrsmittel" wird hier „Fortbewegungsart" verstanden, also auch „zu Fuß gehen". *L'avion* kommt nicht vor. (Lösung ⟶ Schülerbuch, S. 203 oder CD-ROM)

**Portfolio** **5 Des mots-images**
Die S ergänzen ihr Portfolio, indem sie den Namen des Verkehrsmittels bildlich so gestalten, dass man die Wortbedeutung daran erkennt oder sich besonders gut merken kann.

## S. 114–115 Station 3: Au marché aux puces

7 Station 1 – 2 – 3 – 4

Station 3

Au marché aux puces

EIN EINKAUFSGESPRÄCH FÜHREN

Lire 1 Pas de problème!

187

*M. Pirou:* Bonjour, monsieur. Je fais un reportage avec mon fils … Je voudrais …
*Le vendeur:* Pas de problème, monsieur. Chez moi, on trouve des choses fantastiques! J'ai des jeux, des portables, des sacs, … Regardez! Même votre chien a déjà trouvé un copain, ici.
*M. Pirou:* Euh, … pour mon reportage, …
*Le vendeur:* Pas de problème! J'ai par exemple un super cadeau pour votre fils. C'est très joli: rouge, bleu et vert. On peut mettre ça dans sa poche. C'est petit, moderne et pratique. Tout le monde adore ça. Et alors, plus de problème pour faire ses devoirs, des jeux, des dessins ou pour inventer des histoires!
*M. Pirou:* Qu'est-ce que c'est? C'est cher?
*Le vendeur:* Non, ce n'est pas cher! 12 euros pour vous. C'est un stylo! Alors? C'est une bonne idée? Ah, mais voilà un autre client. Pas de problème, monsieur …

Das Wort cher (lieb, teuer) spricht man wie super (toll).

*Pourquoi est-ce que M. Pirou ne peut pas faire son interview? Commencez comme ça:*

M. Pirou ne peut pas faire son interview parce que …

Vis-à-vis

Der Flohmarkt in Saint-Ouen ist der größte in Paris. Dort sind mehr als 2000 Händler, die alles Mögliche verkaufen, von allerlei Trödelware bis zu Kunstwerken.



114 cent-quatorze

**Neue Wörter**

un marché, un marché aux puces, une chose, pas de …, par exemple, on peut, pratique, adorer, plus de …, inventer qc, cher/chère; désirer qc, beaucoup de, peu de …, désolé(e)

**Ziel der Station**

Die S können ein Einkaufsgespräch führen und Flohmarktartikel in einem *monologue minute* (Einminutenrede) feilbieten.

**Vorbereitung:** Zur Einbettung der Station eignen sich Fotos vom *Marché aux puces de Saint-Ouen*, die als laminierte Bilder aufgehängt werden. Evtl. können alte Gegenstände dazugestellt werden, um eine authentische Atmosphäre anzudenken. Besonders gut wäre es, wenn neben Flohmarktbildern, die L mitbringt, die S aufgefordert würden, von deutschen Flohmärkten Bilder oder alte Gegenstände von zu Hause mitzubringen. Die Einbindung der S in die Vorbereitungen der Station steigert deren Motivation. Der Haupttitel der *Station* (*Au marché aux puces*) muss vor der Duchführung der Station erklärt werden.

**Mitnehmen!** (⟶ Vorbereitung), Schülerbuch, *Cahier d'activités*, Grammatisches Beiheft, mehrere (evtl. eigene) CD-Player, CD 3 (Tracks 12–13, 19; MP3 187–188, 194)

**Hinweise zur Durchführung**

**1 Pas de problème!**

Zur Einstimmung auf den Text lesen S Text im *Vis-à-vis*-Kasten. Die S können sich das dazugehörige Foto und die Verkehrsschilder anschauen und auf Deutsch beschreiben. Evtl. können auch Bilder von Saint-Ouen, die der Lehrer im Klassenzimmer aufgehängt hat, beschrieben werden. S können schon erste Unterschiede zu Flohmärkten in Deutschland erkennen (bei dem Flohmarkt handelt es sich um einen dauerhaften, da ein Verkehrschild darauf hinweist ⟶ *Marché aux Puces*).

**Interkulturelles**

Der *Marché aux puces* von Saint-Ouen befindet sich unweit der *Métro*-Station *Porte de Clignancourt*, Endhaltepunkt der Linie 4, die von dort zurück zur *Porte d'Orléans* fährt. Er ist das ganze Jahr über an jedem Wochenende geöffnet.

Anhören des Textes vom Tonträger CD 3 (Track 12; MP3 187) bei geschlossenem Buch (bzw. schwächere S bei geöffnetem Buch) und anschließendes Lesen. Der unbekannte Wortschatz ergibt sich weitgehend aus dem Kontext und ihm wird erst nach dem Lesen Bedeutung beigemessen. *Une chose* ist erschließbar aus *qc, par exemple* aus dem Englischen, *pratique* aus dem Deutschen. Die anderen Wörter werden im Vokabelteil nachgeschlagen.

Damit die S an den unterschiedlichen Stationen bei Hörverstehenstexten nicht gestört werden, ist es von Vorteil, den Text über Kopfhörer anhören zu lassen oder die Station in einen separaten Raum zu verlegen.
S beantworten im Anschluss an die Lektüre die Frage: *Pourquoi est-ce que M. Pirou ne peut pas faire son interview?* Antwort: *M. Pirou ne peut pas faire son interview parce que le vendeur n'écoute pas.* (Lösung ⟶ Schülerbuch, S. 203 oder CD-ROM).
Das gute Verstehen des Textes ist Voraussetzung für die Bearbeitung von Schülerbuch, S. 115, Nr. 4 (*monologue-minute*).
***Cahier d'activités*, S. 90, Nr. 1:** Die Aufgabe dient dem Training der neuen Wörter (Bedeutung + Orthografie) des Schülerbuchtextes (Lösung ⟶ CD-ROM). Außerdem werden die bekannten Wörter *endroit, ville, visiter* (Schülerbuch, S. 107) sowie *vélo* reaktiviert.

**2 Vous désirez?**
In dieser Übung lernen die S die erforderlichen sprachlichen Mittel kennen, um ein Einkaufsgespräch zu führen und Angaben über Mengen zu machen. Bekannt sind *pas de …* und *plus de* (Nr. 1: *Pas de problème!*). Zusätzlich werden die für Mengenangaben erforderlichen Strukturen eingeführt (⟶ Schülerbuch, S. 115, *On dit*-Kasten oder G 28 im Grammatischen Beiheft S. 44 bzw. Schülerbuch, S. 120). Nach dem ersten Lesen des *On dit*-Kastens erarbeiten S zu zweit eigene Dialoge, die durch die Fotos gesteuert werden.
***Cahier d'activités*, S. 90, Nr. 2** übt den neuen Wortschatz und die neue Grammatik. (Lösung ⟶ CdA, S. 104 oder CD-ROM)
Nach Wahl der S (siehe Laufzettel) kann diese Übung zusammen mit ***Cahier d'activités*, S. 91, Nr. 3** während des Stationenlernens statt der Schülerbuch-Übung S. 115, Nr. 2 bearbeitet werden.
Im Schülerbuch kommen die Mengenangaben innerhalb des „freien" Einkaufsgesprächs integriert vor. Im *Cahier d'activités* besteht die Möglichkeit, die Mengenangaben zunächst gesteuert und isoliert zu üben. Hier werden auch *ne … plus de* sowie die Frage mit *combien de* ergänzt.
Wird die Übung nicht im Rahmen des Stationenlernens durchgenommen, eignet sie sich als Vorentlastung zu Schülerbuch S. 115, Nr. 2.

---

**Tandembogen**

***Cahier d'activités*, S. 91, Nr. 3:** Das dialogische Sprechen (ein Einkaufsgespräch führen) wird durch einen Tandembogen gelenkt geübt.
Tandembögen eignen sich hervorragend zum Üben von Dialogen, da sich die S gegenseitig kontrollieren und ggfs. verbessern. Solche Tandembögen lassen sich gut erstellen, wenn man sich ein Blankomuster vorbereitet, das dann nur noch mit den entsprechenden Inhalten gefüllt werden muss.

---

**Schülerbuch, S. 137, Nr. 4:** Leichtere Differenzierungsübung zu den Mengenangaben. (Lösung ⟶ CD-ROM)

**3 Un stand pas comme les autres**
**A:** Aufgabe zum selektiven Hörverstehen: S hören Dialog ein- bis zweimal von CD 3 (Track 13; MP3 188) und beantworten die Fragen.
**B:** S sammeln Wörter von Dingen, die man nicht kaufen kann. (Lösung ⟶ Schülerbuch, S. 203 oder CD-ROM).
***Cahier d'activités*, S. 91, Nr. 4:** Die Aufgabe wird nach Schülerbuch, S. 115, Nr. 3 bearbeitet und vertieft das Hörverstehen und die Textrezeption. Der Hörvorgang wird durch das in Teil A angeregte Bilden von Hypothesen methodisch vorentlastet. Lexikalisch kommt die (offizielle) Uhrzeit im B-Teil hinzu. Im Schülerbuch, S. 114, Nr. 1 wird unter dem rechten Bild unten ein Schild mit der offiziellen Uhrzeit abgebildet.
**A-Teil:** S beschreiben Bild und stellen Vermutungen an, was wohl passieren wird.
**B-Teil:** Im Grammatischen Beiheft, S. 56, Nr. 2, Offizielle Uhrzeit, sollten sich die S vor dem Anhören des Hörverstehenstextes über die Bildung der offiziellen Uhrzeit informieren.
S hören anschließend ein- bis zweimal CD 3 (Track 19; MP3 194) und kreuzen die korrekten

Uhrzeiten an. Da der für Bahnhofsdurchsagen typische Ausdruck *en provenance de* nicht erschließbar ist, wird er als Hilfe angegeben. (Lösung ⟶ CD-ROM)

**Portfolio**

**4 Un monologue minute**
Mit der Portfolio-Aufgabe bereiten S eine Einminutenrede vor, in die S die in der Station erworbenen Kompetenzen einfließen lassen. Die aufgeschriebene Szene wird im Portfolio-Ordner abgeheftet.
Wichtig: S können zuvor Adjektive sammeln, die für die Beschreibung von Gegenständen wichtig und bekannt sind: *cool, fantastique, génial, grand, intéressant, joli, long, petit, pratique, pas cher* und die Farbadjektive *blanc, bleu, noir, gris, rouge, vert, jaune*.

## S. 116–117 Station 4: Au parc Astérix (fakultativ)

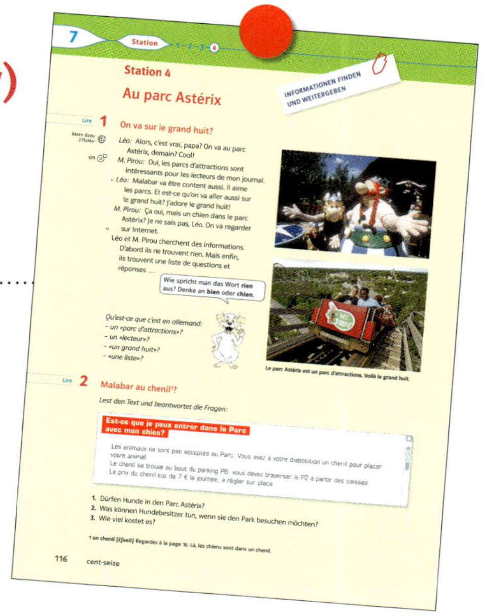
7 Station 1 – 2 – 3 – 4

Station 4

Au parc Astérix

INFORMATIONEN FINDEN UND WEITERGEBEN

Lire **1** On va sur le grand huit?

Mehr dazu 27kd6u

189

*Léo:* Alors, c'est vrai, papa? On va au parc Astérix, demain? Cool!
*M. Pirou:* Oui, les parcs d'attractions sont intéressants pour les lecteurs de mon journal.
*Léo:* Malabar va être content aussi. Il aime les parcs. Et est-ce qu'on va aller aussi sur le grand huit? J'adore le grand huit!
*M. Pirou:* Ça oui, mais un chien dans le parc Astérix? Je ne sais pas, Léo. On va regarder sur Internet.

Léo et M. Pirou cherchent des informations. D'abord ils ne trouvent rien. Mais enfin, ils trouvent une liste de questions et réponses …

Wie spricht man das Wort **rien** aus? Denke an **bien** oder **chien**.

*Qu'est-ce que c'est en allemand:*
*– un «parc d'attractions»?*
*– un «lecteur»?*
*– «un grand huit»?*
*– «une liste»?*

Le parc Astérix est un parc d'attractions. Voilà le grand huit.

Lire **2** Malabar au chenil[1]?

*Lest den Text und beantwortet die Fragen:*

**Est-ce que je peux entrer dans le Parc avec mon chien?**

Les animaux ne sont pas acceptés au Parc. Vous avez à votre disposition un chenil pour placer votre animal.
Le chenil se trouve au bout du parking P6, vous devez traverser le P2 à partir des caisses.
Le prix du chenil est de 7 € la journée, à régler sur place.

1. Dürfen Hunde in den Parc Astérix?
2. Was können Hundebesitzer tun, wenn sie den Park besuchen möchten?
3. Wie viel kostet es?

1 un chenil [ʃ(ə)nil] Regardez à la page 16. Là, les chiens sont dans un chenil.

116 cent-seize

**Neue Wörter**

le grand-huit, vrai(e), un parc d'attractions, un lecteur, adorer qn/qc, Internet, sur Internet, ne … rien, une liste, une réponse

**Ziel der Station**

Die S können Informationen einholen/erfragen und weitergeben; für Auskünfte zum *Parc Astérix* nutzen sie das Internet. Am Ende der Station gestalten die S einen Prospekt zum *Parc Astérix*, den sie in ihrem Portfolio-Ordner ablegen können.
Die fakultative Station 4 kann Wahlstation (Zusatzstation) für diejenigen sein, die frühzeitig und zufriedenstellend die ersten drei Stationen (Pflichtstationen) bearbeitet haben.

**Vorbereitung:** Neben Fotos vom *Parc Astérix* bieten sich, wenn vorhanden, kleine Astérixfiguren und -hefte sowie Plakate des Freizeitparks an; darüber hinaus „historische" Informationen zu den Themen der Astérixhefte, die auch von den S selbst im Internet herausgefunden werden können, schließlich eine Internetrecherche zu Goscinny und Uderzo (Wer sind sie?).

**Mitnehmen!** Utensilien (⟶ Vorbereitung), Schülerbuch, *Cahier d'activités*, CD-Player, CD 3 (Track 14; MP3 189)

**Hinweise zur Durchführung**

**1 On va sur le grand huit?**
Das unbekannte Vokabular kann weitestgehend erschlossen werden:
*le grand huit:* Abbildung auf S. 116 + evtl. ableitbar; *un parc d'attractions: un parc* eingeführt in *Unité 5*, *des attractions* wie dt. „Attraktionen"; *un lecteur:* evtl. ableitbar von „Lektüre" sowie Kontext *les lecteurs de mon journal*; *Internet* ohne Probleme, allerdings Hinweis auf *sur* anstelle Übersetzung des dt. „im"; *une liste* wie „Liste"; *une réponse* wahrscheinlich Unterrichtsvokabular.

Die Fragen unter dem Text können auch vor der Lektüre beantwortet werden, was das Verstehen des Textes wesentlich erleichtert.
Vor der Lektüre Hinweis auf Analogiebildung für die Aussprache von *rien* (⟶ Hinweis in Sprechblase).
***Cahier d'activités*, S. 92, Nr. 1:** Übung wird im Anschluss an den Schülerbuchtext bearbeitet und schließt thematisch an diesen an. Es ist eine Übung zur Sprachmittlung. Gefordert wird mündliches interaktives Dolmetschen sowie Textproduktion. Die Aufgabe sollte nur zu dritt gemacht werden.
Der Aufgabentyp ist anspruchsvoll. Er kommt nach *Cahier d'activités* S. 43, Nr. 15 (*Unité 3)* hier zum zweiten Mal im *Cahier d'activités* vor. Die S erfahren bei dieser Aufgabe, dass ihre Ausdrucksmöglichkeiten beim Dolmetschen ins Deutsche viel größer sind als evtl. gedacht und dass sie trotz der eingeschränkten Mittel bereits erfolgreich ins Französische übertragen können. (Lösungsvorschlag ⟶ CD-ROM)

**2 Malabar au chenil?**
Authentischer Text aus einer FAQ-Liste des *Parc Astérix*. Die einzige Wortangabe/Hilfe bezieht sich auf das nicht erschließbare Schlüsselwort *chenil* (Zwinger).
*Stratégie:* Begegnung und Umgang mit authentischem Informationstext, Erschließen von Bedeutungen.
Der Text enthält zahlreiche unbekannte Lexeme, die keine Lernwörter sind. Ziel ist es derartigen Texten dennoch zentrale Informationen zu entnehmen.
S lesen Text in Einzelarbeit und beantworten die Fragen 1–3:
1. Nein, Hunde sind im *Parc Astérix* nicht zugelassen. (*ne sont pas acceptés*: von Fremdwort „akzeptieren“ ableitbar)
2. Die Besucher können ihre Hunde in einem Käfig/Zwinger abgeben. (*chenil* ist angegeben, Verweis auf Illustration, Schülerbuch, S. 16; *pour placer votre animal* ist ableitbar)
3. Das kostet 7 Euro. (Euro-Zeichen weist auf den Preis hin, Preisangabe des Jahres 2010)

**3 Malabar ne dit rien.**
Neue Grammatik: Verneinung mit *ne … pas* und *ne … rien*, gesteuert durch Info oben rechts. Nachschlagbar ⟶ auch G 29 im Grammatischen Beiheft, S. 45 oder im Schülerbuch, S. 120. S erarbeiten Grammatik und bearbeiten Lückenübung. (Lösung ⟶ Schülerbuch, S. 203 oder CD-ROM)
***Cahier d'activités*, S. 92, Nr. 2:** Übung kann anstelle oder nach Schülerbuch, S. 117, Nr. 3 gemacht werden. Schwerpunkt der Übung ist die Verneinung mit *ne … pas, ne … rien* und *ne … plus.*
Die *Cahier*-Übung ist etwas anspruchsvoller, da sie auch die Verneinung mit *ne … plus* integriert: *ne … plus de* kommt in Station 3 vor. (Lösung ⟶ CcA, S. 104 oder CD-ROM)

**4 Tu aimes les parcs d'attractions?**
Musterdialog beinhaltet verschiedene Abstufungen, um Vorlieben oder Abneigungen auszudrücken.
**A:** Mündliche Frage-Antwort-Sequenzen werden zu zweit entsprechend des vorgegebenen Beispiels durchgeführt. Falls *Unité* nicht im Stationenlernen erarbeitet wird, sollte die korrekte Aussprache durch Vortragen/Vorspielen der Dialoge vor der Klasse kontrolliert werden.
**B:** S notieren zwei Dialoge im Heft zur Sicherung.

Portfolio **5 Des attractions pour tout le monde!**
Diese Aufgabe kann entweder individuell zu Hause oder an der Station gemeinsam gemacht werden, wenn der Klassenraum mit PC-Arbeitsplätzen ausgestattet ist.
Beantwortung der Frage erfolgt durch Auffinden der Internetadresse über eine Suchmaschine oder L gibt Internetadresse an.

Tipp Entwurf eines Prospekts (evtl. fächerübergreifendes Arbeiten: Kunstunterricht, Informatik) zum Zeigen in der Klasse und anschließendem Ablegen in der Portfolio-Mappe.
Die S, die die Station bereits bearbeitet haben, können den anderen S Thema und Ergebnis ihrer Station nach der LDL-Methode vorstellen (⟶ *Unité 1, Boîte à outils 19).*

# S. 118–119 Bilan

Im *Bilan*-Teil überprüfen die S ihre in dieser *Unité* erworbenen Fertigkeiten selbstständig. Zu dieser Einheit gibt es kein Material zu Diagnose, Fördern, Differenzieren, da die Einheit im Stationenlernen durchgeführt wird und keines weiteren Materials bedarf.

Evaluation

**Schülerbuch, S. 118–119: Le jeu de l'escargot**

Quiz-Spiel, das die letzte Einheit des Schuljahres auf lockere Weise abschließt und die in *Unité 7* (Station 1–3) erworbenen Kenntnisse überprüft. Die Inhalte der fakultativen Station 4 werden nicht abgefragt. (Lösung ⟶ Schülerbuch, S. 204 oder CD-ROM)

Parler et écrire

***Cahier d'activités*, S. 93, Nr. 1**

Im Schülerbuch wird im *Bilan*-Teil ein Spiel angeboten. Aus diesem Grund verwendet das *Cahier d'activités* eine *Bilan*-Aufgabenform, die sonst typisch für den *Bilan*-Teil des Schülerbuchs ist:

S schätzen sich selbst ein und kreuzen in der Ampel ihre Selbsteinschätzung hinsichtlich der geforderten Kompetenz an (rot für „klappt noch nicht", gelb für „geht so", grün für „prima"). Danach machen S die Übung und überprüfen, ob ihre Selbsteinschätzung richtig war. Die Lösungen sind sowohl im Schülerbuch als auch im *Cahier d'activités* auf der Seite 104 und ebenso auf der CD-ROM abgedruckt.

Die S versprachlichen vorgegebene Redeabsichten mit Redemitteln, die sie in der *Unité* kennen gelernt haben (sich zum Wetter, zum Befinden, zu Vorlieben, zu Verkehrsmitteln äußern). Redemittel der fakultativen Station 4 werden ausgespart. Einsatz vor oder nach Schülerbuch, S. 118/119.

Théâtre

***Cahier d'activités*, S. 93, *En plus 1:***

Kompetenz: Die S können kreativ schreiben und sprechen sowie die Szene eines Theaterstückes darstellend spielen.

Die S können sich selbst eine Handlung ausdenken oder den vorgeschlagenen Rahmen realisieren (Sommerferien: Die Freunde sind bei Lisa, die am nächsten Tag für 6 Wochen nach Deutschland fahren will.) Die Verbindung zwischen den einzelnen Szenen wird lektionsübergreifend so sein, dass eine aufführbare Gesamthandlung entsteht.

Mögliches Vorgehen: 1. Die S erarbeiten die Dialoge mit einem Partner. 2. Danach markieren sie gemeinsam die sinntragenden Wörter, so dass sie sich immer mehr von der Vorlage lösen. 3. Am Ende dieses Prozesses reichen Stichworte, um den Dialog vorzuspielen. 4. Auf diese Weise werden die S allmählich zu dem eigentlichen Ziel, dem Theaterspielen ohne Hilfsmittel in einer fremden Sprache, hingeführt.

Lire

***Cahier d'activités*, S. 94, *En plus 2:***

Die letzte Seite soll vollständig einem längeren zusammenhängenden Lesetext gewidmet sein. Aus diesem Grund steht das Theaterspiel zu Beginn des *En-plus*-Teils.

Der Lesetext fußt auf der Geschichte *Où est la Joconde?* aus Marie Gauvillé, Laurent Jouvet: *Les copains du quartier Bastille*, Klett 2008, S. 18–20. Der Text wurde für die Übernahme in das *Cahier* adaptiert.

Kompetenzerwartung: Die S können einen einfachen literarischen Text verstehen.

Sie können ihr Vorwissen aktivieren, Hypothesen zum Textinhalt formulieren und unbekannte Wörter aus dem Kontext erschließen. Die Aufgaben umfassen Aktivitäten vor dem Lesen und nach dem Lesen. (Lösung ⟶ CdA, S. 104 oder CD-ROM)

## P comme ... papa à Paris

*Qu'est-ce qui va ensemble? (Was passt zusammen? Ordne den Bauwerken die passenden Namen zu und schreibe die Buchstaben in die Kästchen.)*

**a.** *Le Louvre*
**b.** *La Défense*
**c.** *L'Hôtel des Invalides*
**d.** *Le Sacré-Cœur*
**e.** *L'Arc de triomphe*
**f.** *La cathédrale Notre-Dame*
**g.** *Le centre George-Pompidou*
**h.** *La place de la Concorde*

1.

2.

3.

4.

5.

6.

7.

8.

## Laufzettel (nach SB S. 109, Nr. 1)

***Beachtet:***
1. *Station 4 ist freiwillig.*
2. *Von den insgesamt vier Portfolioaufgaben müsst ihr nur eine bearbeiten.*
3. *Manchmal könnt ihr zwischen einer Aufgabe im Buch und einer hier im Heft wählen.*

*Damit ihr die **Übersicht** behaltet, könnt ihr hier **„abhaken“**, welche Aufgaben ihr erledigt habt. Fandet ihr die Station schwer, normal oder leicht? Kreuzt die **Ampelfarbe** an.*

| STATION | AUFGABEN | MATERIALIEN | LÖSUNGEN | ✓ |
|---|---|---|---|---|
| **1: Bonjour de Paris!** | | | | ☐ |
| | Text lesen | Buch S. 110, Nr. 1 | | ☐ |
| | Text verstehen | Buch S. 110, Nr. 1 A, B | Buch S. 203 | ☐ |
| | Über das Wetter sprechen | Buch S. 110, Nr. 2 | | ☐ |
| | Verben „écrire“ und „lire“ verwenden | Buch S. 111, Nr. 3 | Buch S. 203 | ☐ |
| | | **oder** Cahier S. 88, Nr. 4 | Cahier S. 104 | ☐ |
| | Postkarte lesen | Buch S. 111, Nr. 4 A | Buch S. 203 | ☐ |
| | Postkarte schreiben | Buch S. 111, Nr. 4 B | | ☐ |
| | **Portfolio:** Wetterbericht gestalten | Buch S. 111, Nr. 5 | | ☐ |
| **2: Des millions de kilomètres** | | | | ☐ |
| | Text lesen | Buch S. 112, Nr. 1 | | ☐ |
| | Wörter aussprechen | Buch S. 112, Nr. 1 A | | ☐ |
| | Vorlesen | Buch S. 112, Nr. 1 B | | ☐ |
| | Verkehrsmittel in Paris kennen lernen | Buch S. 112, Nr. 2 | Buch S. 203 | ☐ |
| | Über Verkehrsmittel sprechen | Buch S. 113, Nr. 3 | | ☐ |
| | | **oder** Cahier S. 89, Nr. 1 | Cahier S. 104 | ☐ |
| | Lied hören und verstehen | Buch S. 113, Nr. 4 | Buch S. 203 | ☐ |
| | **Portfolio:** Wörter gestalten | Buch S. 113, Nr. 5 | | ☐ |
| **3: Au marché aux puces** | | | | ☐ |
| | Text lesen und verstehen | Buch S. 114, Nr. 1 | Buch S. 203 | ☐ |
| | Einkaufsgespräch führen | Buch S. 115, Nr. 2 | | ☐ |
| | (dabei Mengenwörter verwenden) | **oder** Cahier S. 90, Nr. 2 | | ☐ |
| | | und S. 91, Nr. 3 | Cahier S. 104 | ☐ |
| | Text hören und verstehen | Buch S. 115, Nr. 3 | Buch S. 203 | ☐ |
| | **Portfolio:** Einminutenrede | Buch S. 115, Nr. 4 | | ☐ |
| **4: Au parc Astérix** | | | | ☐ |
| | Text lesen, Wörter verstehen | Buch S. 116, Nr. 1 | Buch S. 203 | ☐ |
| | Hinweisschild verstehen | Buch S. 116, Nr. 2 | Buch S. 203 | ☐ |
| | Verneinungswörter „ne … pas / rien“ | Buch S. 117, Nr. 3 | Buch S. 203 | ☐ |
| | verwenden | **oder** Cahier S. 92, Nr. 2 | Cahier S. 104 | ☐ |
| | Vorliebe und Abneigung ausdrücken | Buch S. 117, Nr. 4 | | ☐ |
| | **Portfolio:** Im Internet nach Informationen zum Parc Astérix suchen und ihn in einem Prospekt vorstellen | Buch S. 117, Nr. 5 | | ☐ |

## Laufzettel

| STATION | AUFGABEN | MATERIALIEN | LÖSUNGEN | ✓ |
|---|---|---|---|---|
| 1: | | | | ☐ |
| | | | | ☐ |
| | | | | ☐ |
| | | | | ☐ |
| | | | | ☐ |
| | | | | ☐ |
| 2: | | | | ☐ |
| | | | | ☐ |
| | | | | ☐ |
| | | | | ☐ |
| | | | | ☐ |
| | | | | ☐ |
| 3: | | | | ☐ |
| | | | | ☐ |
| | | | | ☐ |
| | | | | ☐ |
| | | | | ☐ |
| | | | | ☐ |
| 4: | | | | ☐ |
| | | | | ☐ |
| | | | | ☐ |
| | | | | ☐ |
| | | | | ☐ |
| | | | | ☐ |

 

## Ecrire – lire

*So ein Durcheinander! Welche Personalpronomen, Verbstämme und -endungen von* ***lire*** *und* ***écrire*** *haben die Fische aufgefressen? Suche sie und notiere die Personalpronomen mit den passenden Verbformen in der Tabelle.*

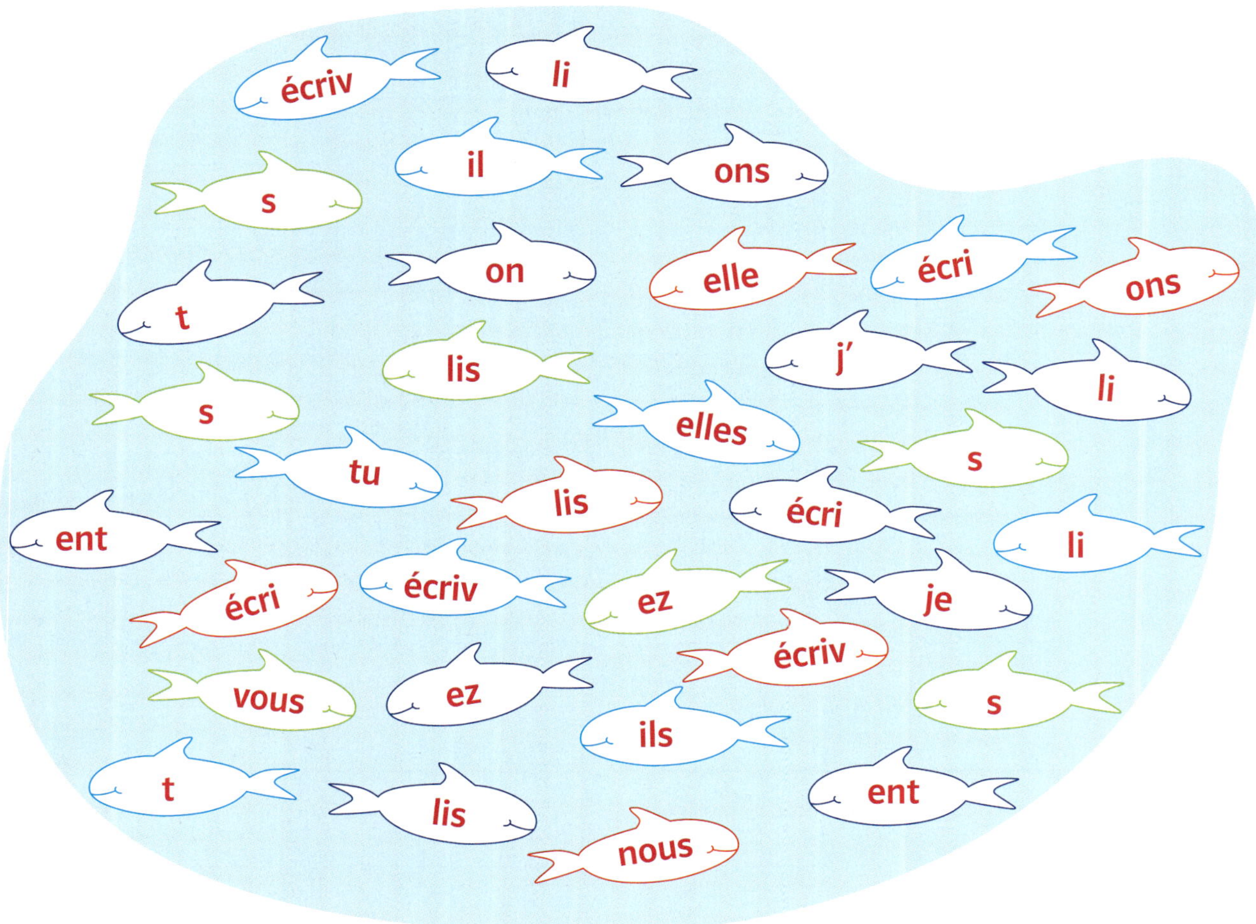


| Pronom personnel | lire | écrire |
|---|---|---|
| | | |
| | | |
| | | |
| | | |
| | | |
| | | |

# S. 121–123 Plateau 3

## Ziel des Plateau 3

Allgemeine Hinweise zu den *Plateaux*-Einheiten ⟶ Plateau 1, S. 94.

**Inhaltlicher Schwerpunkt**

*Plateau* 3 bezieht sich auf die in *Unités 5–7* erworbenen Kompetenzen und Kenntnisse. *Plaisir de lire* schließt an die Thematik der *Unité 7* in Form eines klassischen Kindergedichts von Paul Eluard zu Paris an. In *Révisions* geht es um Wegbeschreibungen (Aufgabe 1), Bildung von Sätzen auf der Basis von Vorgaben (Aufgabe 2), Ergänzung einer Postkarte mit vorgegebenen Wörtern. Daran schließen sich Aufgaben zur Vorbereitung der *DELF*-Prüfung an.

**Kompetenzerwartung**

Die S können gemeinsam ein Gedicht verstehen und wiedergeben sowie aufgrund einer vorgegebenen Struktur ein eigenes Gedicht verfassen. Sie können eine Wegbeschreibung verstehen und einen Weg eigenständig erklären. Die S können sowohl mithilfe von Strukturhilfen eine Postkarte rekonstruieren als auch nach inhaltlichen Vorgaben eine Postkarte an einen Freund/eine Freundin verfassen. Sie können Detailinformationen aus einer Radiodurchsage verstehen und Fragen dazu beantworten, Aussagen über einen Lesetext beurteilen (*vrai/faux*) und ein Verkaufsgespräch an einem *Crêpes*-Stand führen.

## S. 121 Plaisir de lire: Dans Paris

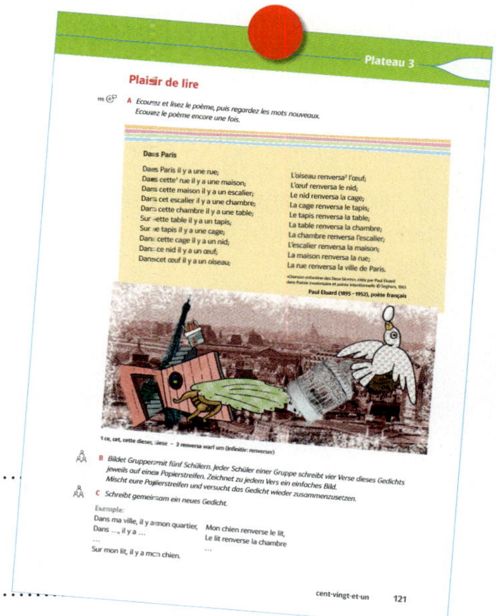
Plateau 3

Plaisir de lire

195 A *Ecoutez et lisez le poème, puis regardez les mots nouveaux. Ecoutez le poème encore une fois.*

**Dans Paris**

Dans Paris il y a une rue;
Dans cette[1] rue il y a une maison;
Dans cette maison il y a un escalier;
Dans cet escalier il y a une chambre;
Dans cette chambre il y a une table;
Sur cette table il y a un tapis;
Sur ce tapis il y a une cage;
Dans cette cage il y a un nid;
Dans ce nid il y a un œuf;
Dans cet œuf il y a un oiseau;

L'oiseau renversa[2] l'œuf;
L'œuf renversa le nid;
Le nid renversa la cage;
La cage renversa le tapis;
Le tapis renversa la table;
La table renversa la chambre;
La chambre renversa l'escalier;
L'escalier renversa la maison;
La maison renversa la rue;
La rue renversa la ville de Paris.

«Chanson enfantine des Deux Sèvres», citée par Paul Eluard dans Poésie involontaire et poésie intentionnelle © Seghers, 1963
**Paul Eluard (1895–1952), poète français**

1 ce, cet, cette dieser, diese – 2 renversa warf um (Infinitiv: renverser)

B *Bildet Gruppen mit fünf Schülern. Jeder Schüler einer Gruppe schreibt vier Verse dieses Gedichts jeweils auf einen Papierstreifen. Zeichnet zu jedem Vers ein einfaches Bild. Mischt eure Papierstreifen und versucht das Gedicht wieder zusammenzusetzen.*

C *Schreibt gemeinsam ein neues Gedicht.*

Exemple:
Dans ma ville, il y a mon quartier,
Dans …, il y a …
…
Sur mon lit, il y a mon chien.

Mon chien renverse le lit,
Le lit renverse la chambre
…

cent-vingt-et-un 121

**Préparation en 3 minutes**

- **Mitnehmen!** Schülerbuch, CD-Player, CD 3 (Track 20; MP3 195), Kopiervorlagen 1, 2, Overheadprojektor
- **Schülerbuch:** S. 121: Gedicht von P. Eluard
- **Inhaltlicher Schwerpunkt:** Hörverstehen, Textgestaltung (Gedicht)
- **Methodischer Schwerpunkt:** Echo-Lesen (⟶ *Boîte à outils 15*)
- **Hausaufgabe:** Schülerbuch, S. 121, Teil C (Illustration und Präsentation)

**Neue Wörter/ Kein Lernwortschatz**

un escalier, ce/cet/cette, un tapis, une cage, un nid, un œuf, un oiseau, renverser

**Schritte zur Erarbeitung**

**Hinführung** (Tafel, Kopiervorlage 1)
L schreibt den Titel *Dans Paris* an die Tafel und zeigt auf einer vorbereiteten Folie Bilder von Kopiervorlage 1. L fragt S, wovon das Gedicht wohl handeln könnte. S formulieren Vermutungen auf Deutsch. L kann Stichworte an der Tafel festhalten.

**Problematisierung** (Kopiervorlage 1)
L semantisiert anhand der Folie (Kopiervorlage 1) neue Vokabeln, die im Chor oder einzeln nachgesprochen werden.

**Erarbeitung** (CD 3 (Track 20; MP3 195), Schülerbuch, Kopiervorlage 2)
Gedicht wird vom Tonträger bei geöffneten oder geschlossenen Schülerbüchern präsentiert. Anschließend bearbeiten S Kopiervorlage 2 und nummerieren die Orte in der Reihenfolge, wie sie im Gedicht vorkommen. Die Kontrolle erfolgt im Plenum. Lösungswort: Tour Eiffel.

**Sicherung** (Schülerbuch)
**B:** In Gruppenarbeit zu fünft teilen die S die 20 Verse untereinander auf, jeder S schreibt vier Verse auf je einen Papierstreifen, die er noch mit einem einfachen Bild illustriert. Dann werden die Papierstreifen gemischt und das Gedicht in der Gruppe wieder zusammengesetzt. Am Ende präsentiert jede Gruppe gemeinsam das Gedicht vor der Klasse.
(⟶ Zur Methodik)

**Festigung** (Schülerbuch)
**C:** In Gruppenarbeit (3–5 S) verfassen die S nach dem Schema *Dans …, il y a…* ein neues Gedicht, in dem sie ihr eigenes Viertel bzw. ihre Umgebung beschreiben.
**Hausaufgabe:** Illustration und Präsentation der eigenen Gedichte.

## Tipps und Tricks

**Interkulturelles**

**Paul Eluard** (1895–1952)
Unter seinen berühmten Gedichten befinden sich Gedichte von der *poésie de la Résistance*, z.B. das Gedicht *Courage*, in dem er die Situation der Pariser während der französischen Besatzung beschreibt. Ein weiteres berühmtes Gedicht ist aus derselben Zeit und heißt *Liberté*. Das Gedicht besteht aus 21 Strophen, die immer mit folgendem Refrain enden: *J'écris ton nom* – eine Hymne auf die Freiheit!
*Dans Paris:* Eine für Kinder illustrierte Fassung des Gedichts erschien in dem Album: *Auteur:* Paul Eluard, *Editeur:* Rue Du Monde, *Collection:* Petits Géants, 2001

**Zur Methodik**

Bei der Präsentation ist auf Folgendes zu achten:
- Die S sprechen laut und deutlich, während sie stehen;
- sie stehen nicht in der Reihenfolge der vorzutragenden Verse, sondern durcheinander;
- sie können jeweils am Ende eines Verses einen Laut geben (z.B. Klack, Puff, Piep usw.), der den Inhalt des Gedichts unterstützt;
- sie können am Ende ihres Teils den nächsten S anschauen;
- sie können zu Hause eine eigene Präsentationsform vorbereiten (z.B. das Gedicht ganz schnell oder mit bestimmten Betonungen vortragen).

**Portfolio**

**Cahier d'activités, S. 95**
Informationen zur Portfolio *Auto-Evaluation* auf ⟶ S. 97
Die Aussagen beschreiben den nach *Unité 7* erreichten Lernstand nicht vollständig, sondern bilden nur die wichtigsten Fähigkeiten und Kenntnisse ab.
Die Einträge, bei denen „grüne Ampeln" vergeben wurden, können in das Portfolio im Anschluss an *Cahier d'activités*, S. 105 übertragen werden.

## S. 122 Révisions

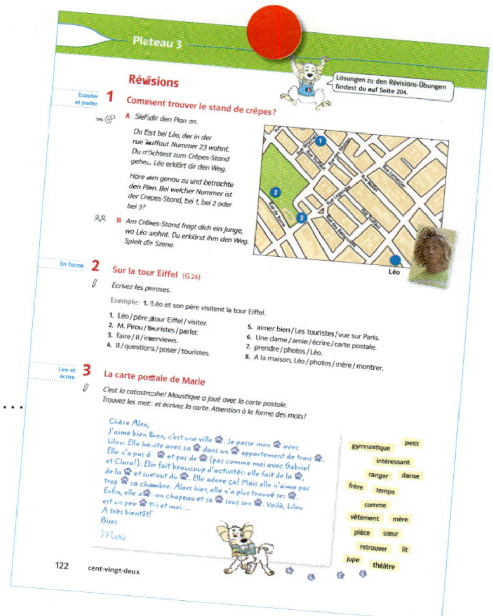


Informationen zu den *Révisions*-Übungen auf S. 97.
Im *Cahier d'activités* gibt es in *Plateau* 3 im Gegensatz zu *Plateau 1* und *2* keine Grammatikübungen, sondern die Erläuterung und eine Aufgabe zu der *Stratégie „Trouve les fautes"*, gefolgt von vier Seiten zu *Mon dico personnel*.

**Ecouter et parler**

**Schülerbuch, S. 122, Nr. 1/CD 3 (Track 21; MP3 196)**
**A:** Für die Bearbeitung wird zunächst die Aussprache der Straßennamen geübt. Anschließend spielt L zweimal den Hörtext mit der Wegbeschreibung vor und S nennen die Nummer des *Crêpes*-Stands (Nr. 2).
In lernschwächeren Gruppen kann die Wegbeschreibung als Lückentext ausgeteilt und bearbeitet werden (Kopiervorlage 3). (Lösung ⟶ Schülerbuch, S. 204 oder CD-ROM)
**B:** Das Rollenspiel erfolgt in Partnerarbeit. Einzelne Szenen werden anschließend im Plenum vorgespielt.

**En forme**

**Schülerbuch, S. 122, Nr. 2**
S bearbeiten Aufgabe zu direkten und indirekten Objekten in Einzelarbeit und schreiben Sätze mithilfe der vorgegebenen Satzteile in ihre Hefte. Anschließend kontrollieren sie ihre Lösungen im Schülerbuch auf S. 204. Bei Satz 2, 4, 6 und 8 sind mehrere Lösungen möglich. (Lösung ⟶ Schülerbuch, S. 204 oder CD-ROM)

**Lire et écrire**

**Schülerbuch, S. 122, Nr. 3**
S lesen zunächst reihum je einen Satz der *carte postale* und können für die Leerstelle einen Hundelaut von sich geben. Im Anschluss bearbeiten S die Aufgabe in Einzelarbeit, indem sie die Wörter rechts an der richtigen Stelle einfügen. Dabei müssen sie besonders auf die Angleichung der Nomen, die Angleichung der Verben/Partizipien (auch *passé composé*) und die Angleichung der Adjektive achten. Zur Kontrolle nehmen S zu zweit die Lösungen zur Hilfe (Schülerbuch, S. 204) und lesen sich gegenseitig die Postkarte vor. Die S kontrollieren gegenseitig die richtige Wahl des Wortes sowie dessen korrekte Schreibung. (Lösung ⟶ Schülerbuch, S. 204 oder CD-ROM)

**Stratégie: Trouve les fautes.**

***Cahier d'activités*, S. 96**
S lesen laut die *Stratégie „Trouve les fautes"* und die darunter stehenden Fragen und Beispiele vor. Im Anschluss erfolgt die Bearbeitung der Aufgabe in Einzelarbeit. L gibt vor der Bearbeitung den Hinweis, dass sich in dieser Übung 15 Sätze befinden, in denen Fehler eingebaut wurden, die zu den angegebenen fünf Fehlerbereichen passen. Es handelt sich hierbei um typische Fehlerquellen, die den gesamten ersten Band des Lehrwerks umfassen. Die Kontrolle erfolgt selbstständig mithilfe der Lösungen im *Cahier d'activités*. (Lösung ⟶ S. 104/105 oder CD-ROM)

**Mon dico personnel**

***Cahier d'activités* im Anschluss an S. 96**
S bearbeiten selbstständig die Seiten im Unterricht oder als Hausaufgabe und heften sie in ihrem Portfolio-Ordner ab. Die Bearbeitung der Seiten soll und muss nicht „am Stück" erfolgen, die Teilbereiche lassen sich gut auf das ganze Schuljahr verteilen.

## S. 123 On prépare le DELF

Allgemeine Hinweise zu *DELF* ⟶ S. 99

Plateau 3

On prépare le DELF

**1 Compréhension de l'oral**

*Lisez d'abord les questions. Ecoutez, puis trouvez les bonnes réponses.*

1. C'est une information — A à la radio? B à la gare? C à la télévision?
2. Le feu d'artifice commence à — A dix heures et quart? B dix heures et demie? C onze heures moins le quart?
3. On présente un film samedi soir à — A neuf heures et quart? B dix heures et quart? C neuf heures moins le quart?

**2 Compréhension des écrits**

*Regardez le livre, lisez le texte, puis les phrases de 1 à 4. Vrai ou faux?*

1. Sur le livre, il y a l'Arc de triomphe.
2. C'est un livre pour les professeurs.
3. Le livre parle des endroits intéressants de Paris.
4. Dans le livre, il y a des jeux.

*De A comme Arc de triomphe à Z comme Zoo, les enfants partent à la découverte de Paris! Du haut de la tour Eiffel ou dans le métro, au musée ou dans la rue, les petits explorateurs vont résoudre les énigmes qui leur sont proposées. Jeu des 7 erreurs, labyrinthe, cherchez l'intrus, quoi-est-à-qui … à toi de jouer!*



**3 Production écrite**

*Tu es en vacances chez des amis. Ecris une carte postale à ton correspondant français. Raconte:*
*– comment tu trouves la ville et les amis,*
*– quel temps il fait,*
*– quelles sont vos activités.*

**4 Production orale**

*Tu es à Paris et tu as faim et soif. Tu as 6 euros. Au stand de crêpes, tu parles à un vendeur ou une vendeuse. Préparez le dialogue et jouez-le.*



cent-vingt-trois 123

**Zur Methodik**

Vor der Bearbeitung erläutert der L erneut den Aufbau einer *DELF*-Prüfung und weist darauf hin, dass Übungen immer auch unbekanntes Vokabular enthalten können.
Die Bearbeitung erfolgt in der vorgegebenen Reihenfolge. Die Ergebnissicherung erfolgt nach jeder Aufgabe, um die S behutsam an die eigenständige Bearbeitung der Prüfungsformate heranzuführen.

**Compréhension de l'oral**

**Schülerbuch, S. 123, Nr. 1/CD 3 (Track 22; MP3 197)**
L weist S darauf hin, dass unbekannte Vokabeln im Hörtext vorkommen, deren Kenntnis jedoch für die Beantwortung der Fragen unerheblich sind. Neue Vokabeln sind: *attendre, le centre-ville, Afrique, le week-end, la passion, le service, local.*
Anschließend wird die Hörverstehensaufgabe im Klassenverband durchgeführt. S lesen zunächst die Fragen durch, hören den Hörverstehenstext zweimal an und notieren die Lösungen in ihren Heften. Die Kontrolle erfolgt im Plenum. (Lösung ⟶ CD-ROM)

**Compréhension des écrits**

**Schülerbuch, S. 123, Nr. 2**
S schauen sich als erstes das Bild an. L informiert S, dass es sich um die *quatrième de couverture* eines Buches handelt. Danach sollen S sich Gedanken zum Inhalt des Buches machen, die Aufgaben lesen und sich dann erst den Text durchlesen.
Bei dem Text handelt es sich um einen Auszug aus Raphaëlle Aubert, *ABC de Paris*; Ed. Parigramme 2005. Die S sagen, ob die vier Sätze *vrai* oder *faux* sind. Im Anschluss nennen die S die unbekannten Wörter (*une découverte, haut, un explorateur, résoudre, un énigme, une erreur*) und im Unterrichtsgespräch kann dann kurz besprochen werden, warum die Fragen trotz einiger unbekannter Wörter beantwortet werden können. (Lösung ⟶ CD-ROM)

**Production écrite**

**Schülerbuch, S. 123, Nr. 3**
Vor der Bearbeitung der Aufgabe sollen S erneut auf die Fehleranalyse im *Révisions*-Teil, *Cahier d'activités*, S. 96, hingewiesen werden. Der L kann damit die weniger geübten S sich diese anschauen und ebenfalls in angemessener Zeit zum Ziel kommen lassen. Bevor die S die Postkarte in Einzelarbeit schreiben, notieren sie ein Stichwortgeländer, indem sie zu jedem der drei Inhaltsaspekte zwei bis drei Ausdrücke auflisten. Ebenso wird eine Begrüßungs-, Verabschiedungsformel und ein Schlusssatz formuliert. Zur Ergebnissicherung schreibt L oder S Mustertext an die Tafel. S tragen diesen in ihre Hefte ein. (Lösungsmöglichkeit ⟶ CD-ROM)

**Production orale**

**Schülerbuch S. 123, Nr. 4**
Als Vorentlastung wird eine Redemittelliste erstellt und die Struktur für das Verkaufsgespräch (Bestellung) wiederholt. Das kann durch das Lesen des *On-dit*-Kastens, Schülerbuch, S. 85 und/oder das Wiederholen des Tandembogens im *Cahier d'activités*, S. 91, Nr. 3 erfolgen. Die S führen das Mini-Verkaufsgespräch mit einer Partnerin/einem Partner gemäß der Kugellagermethode (⟶ *Boîte à outils 31*) durch. S oder L schreiben Musterlösung an die Tafel und S schreiben diese ab. (Lösungsmöglichkeit ⟶ CD-ROM).
Zusätzlich dazu kann zur Übung ein Verkaufs- bzw. Einkaufsgespräch zu einem Paris-Souvenir interessant und sprechintensiv mithilfe der Kopiervorlage 4 in Form einer

Kugellager-Übung gestaltet werden. Dazu wird zunächst der entsprechende Wortschatz reaktiviert (*On-dit*-Kasten, Schülerbuch, S. 115). Anschließend werden die Kugellagerkreise gebildet. Die Einkäufer/innen sitzen im äußeren Kreis, die Verkäufer/innen im inneren. Dabei liegen die Kärtchen mit den Souvenirgegenständen auf den Stühlen des äußeren Kreises und bilden den einzukaufenden Gegenstand ab. Dann beginnt das Verkaufsgespräch mit dem Gegenüber und nach ca. zwei Minuten wird das Gespräch beendet und die Karte wieder auf den Stuhl zurückgelegt. Die S gehen einen Stuhl in entgegen gesetzter Richtung weiter und wechseln die Gesprächspartnerin/den Gesprächspartner.

**DELF-Prüfung**

Nachdem die *DELF*-Prüfung im Schülerbuch bearbeitet und ausgewertet wurde, wird der bepunktete Test im *Cahier d'activités*, S. 97/98 in Form einer Prüfungssimulation durchgeführt.
Das *DELF*-Training in *Plateau 3* festigt die Aufgabenformate und Verfahren, die in *Plateau 2* auf dem Weg zum Niveau A 1 vorgestellt wurden. Der *DELF*-Teil von *Plateau 3* kann deshalb auch dann erfolgreich bewältigt werden, wenn *Plateau* 2 nicht behandelt wurde. Es werden weiterhin alle für die *DELF*-Prüfung relevanten Fertigkeiten trainiert.
Wie bei *DELF* üblich, enthält die Tonaufnahme bereits die Pausen. Die Arbeitsanweisungen sind noch nicht vollständig nach dem Standard des *CIEP* formuliert, sie sind vereinfacht, enthalten aber keine ausgedruckten deutschen Übersetzungen mehr. Es wird davon ausgegangen, dass die so vereinfachten Anweisungen erschlossen werden können, auch wenn nicht jedes einzelne Wort bekannt ist.
Die Hörverstehenstexte, die sich auf dem Tonträger befinden, formulieren hingegen die Aufgaben bereits in der vom *CIEP* gewünschten Form. Hier sind sie jedoch zur besseren Verständlichkeit noch von deutschen Erläuterungen begleitet. Diese Erläuterungen sollen das Verständnis des Verfahrens erleichtern und sind deshalb mehr als eine bloße Übersetzung.
Punktevergabe und Auswertung: Bei der Punktevergabe wird dem Prinzip der *DELF*-Prüfung gefolgt, bei der alle vier Teilprüfungen mit der gleichen Punktzahl (25 Punkte) bewertet werden. Bei der Auswertung des „echten" *DELF* gibt es zwei Kriterien: 1. Bei jeder Teilprüfung muss die Mindestpunktzahl fünf erreicht werden. 2. Insgesamt muss mindestens die Hälfte der möglichen Gesamtpunktzahl (d. h. 50 oder mehr) erzielt werden. Die hier vorgeschlagene zweite Mini-*DELF*-Prüfung umfasst somit ca. 1/3 der tatsächlichen *DELF*-Prüfung (bei jeder Teilprüfung maximal acht Punkte erreichbar, mögliche Gesamtpunktzahl 32).

**Compréhension de l'oral**

***Cahier d'activités*, S. 97, Nr. 1/CD 3 (Tracks 23–24; MP3 198–199)**
Die Hörverstehensaufgabe wird im Klassenverband oder einzeln durchgeführt. Der Ablauf der Aufgabe kann vor dem Anhören des Tondokuments mit den S besprochen werden: Arbeitsanweisung auf Französisch und Deutsch, Pause zum Bilder- bzw. Sätze-Anschauen, erstes Anhören des Hörtextes, 30 Sekunden Zeit zur Bearbeitung, erneutes Anhören des Hörtextes, 30 Sekunden Zeit zur Bearbeitung. Vor dem Hören sollen S immer Bleistift, Radiergummi, Textmarker und Kugelschreiber/Füller bereitlegen. Beim ersten Hören wird mit Bleistift gearbeitet, nach dem zweiten Hören werden die Bleistiftnotizen mit dem Füller überschrieben.
Nach der Bearbeitung überprüfen S selbstständig ihre Lösungen im *Cahier d'activités*. (Lösung ⟶ *Cahier d'activités*, S. 105 oder CD-ROM)

**Compréhension des écrits**

***Cahier d'activités*, S. 97, Nr. 2**
Die S bearbeiten die Aufgabe in Einzelarbeit: Zunächst werden die Buchbeschreibungen still gelesen, anschließend die passenden Bücher mithilfe von Ziffern notiert. Die Kontrolle erfolgt selbstständig mithilfe der Lösungen im *Cahier d'activités*. (Lösung ⟶ *Cahier d'activités*, S. 105 oder CD-ROM)

**Production écrite**

***Cahier d'activités*, S. 98, Nr. 3**
Die S stellen sich schriftlich vor, indem sie von ihrem unmittelbaren Umfeld (Familie, Wohnung oder Haus) berichten. Nach Bearbeitung können die S selbstständig ihre Lösungen mit dem Lösungsvorschlag im *Cahier d'activités*, S. 105 vergleichen. Das Vortragen einzelner Schülerarbeiten im Plenum oder das Besprechen einer Musterlösung auf Folie nach Abschluss der Prüfung ist auch möglich. (Lösungsvorschlag → *Cahier d'activités*, S. 105 oder CD-ROM)

**Production orale**

***Cahier d'activités*, S. 98, Nr. 4**
Die Personenvorstellung ist die Standardeinleitung bei der *DELF*-Prüfung auf dem Niveau A1 und A2. Die Erweiterung dieses mündlichen Prüfungsteils ist nach dem Fragenstellen das Rollenspiel, hier Verkaufsgespräch. Situation und Lösungsvorschlag orientieren sich an der Aufgabe im *Cahier d'activités*, S. 91, Nr. 3.
**A:** S1 ist der Prüfer/die Prüferin, S2 antwortet.
**B:** S2 ist Kundin/Kunde, S1 ist Prüfer/in und Verkäufer/in zugleich. Prüfer/in bewertet Leistungen von S2. Danach werden die Rollen getauscht. L kann auch die Rolle der Prüferin/des Prüfers übernehmen. Der Rollentausch erübrigt sich in diesem Fall. (Lösungsvorschlag → *Cahier d'activités*, S. 105/CD-ROM)

## Dans Paris, il y a …

*Regardez les images.*

## Dans Paris

*Ecoutez le poème et notez le numéro selon la chronologie des objets. Puis trouvez le mot.*
*(Hört das Gedicht an und notiert nach der Reihenfolge der Objekte die jeweilige Nummer.*
*Findet dann das Lösungswort.)*

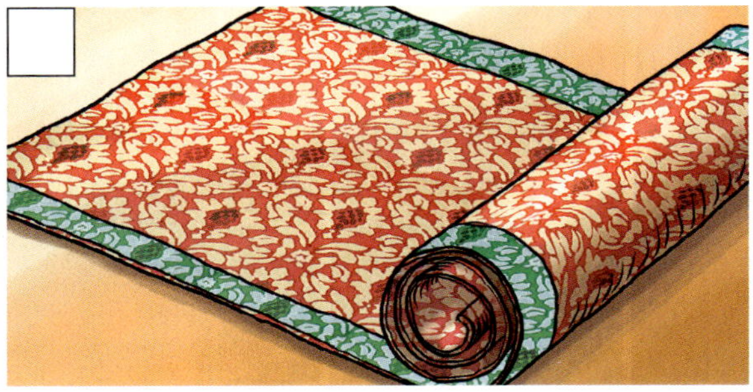

Lösungswörter: ___ ___ ___ ___   ___ ___ ___ ___ ___ ___
1 2 3 4   5 6 7 8 9 10

## Comment trouver le stand de crêpes?

*Complétez la description du chemin et jouez la scène.*
*(Vervollständigt die Wegbeschreibung und spielt die Szene.)*

Léo habite 23, ______________________________.

Quitte le parc et va ______________________________.

Tu ______________________________ à la rue Truffaut. Tourne à ______________________________

et va ______________________________. Traverse la rue ______________________________

puis traverse la rue ______________________________. Va ______________________________

______________________________. La maison de Léo est ______________________________.

## Acheter un souvenir

*Für die Lehrperson: Schneiden Sie die Kärtchen aus und legen Sie jeweils ein Kärtchen auf jeden Stuhl der äußeren Stuhlreihe.*

un sac

une tasse de Paris

un porte-monnaie

un porte-clés

un parfum de Paris

la tour Eiffel

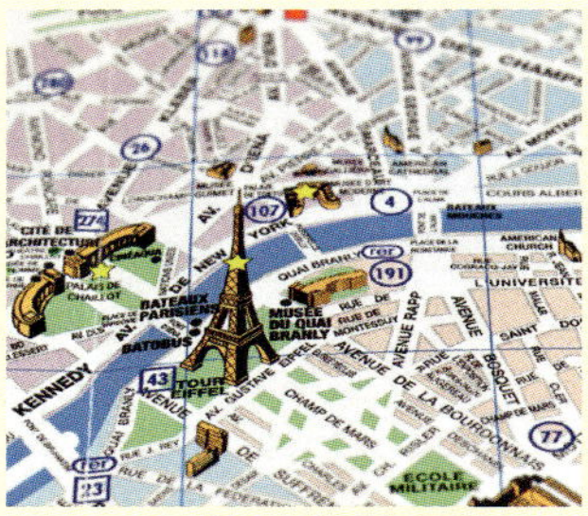

un plan de Paris

un t-shirt

un parapluie

une affiche

l'Arc de triomphe

un livre

une carte postale

une casquette

une trousse

*Hier kannst du dich selbst einschätzen:*

☺ Super!

😐 Na ja.

☹ Das muss ich noch üben.

Trage hier deine Lösungen ein und vergleiche sie m t dem Lösungsblatt. Hast du Fehler gemacht oder etwas nicht gewusst, dann mache die Aufgaben, die neben meiner Pfote stehen.

| | | | | |
|---|---|---|---|---|
| 1 | ☐ | Du kannst sagen, wie du heißt. | Je m'__________ .<br>Moi, je __________ . | 1 |
| 2 | ☐ | Du kannst sagen, woher du kommst/jemand kommt. | Je __________ .<br>Léo __________ Paris. | 2<br>3 |
| 3 | ☐ | Du kannst fragen, woher jemand kommt. | Tu __________ Paris? | 3 |
| 4 | ☐ | Du kannst fragen, wer das ist und darauf antworten. | Qui __________ ? __________ Marie. | 4 |
| 5 | ☐ | Du kannst fragen, wie es jemandem geht und darauf antworten. | Ça __________ ?<br>– ☺ Oui, __________ .<br>– ☹ __________ ! | 5 |
| 6 | ☐ | Du kannst einen Herrn/eine Dame begrüßen. | Bon __________ , mon __________ !<br>__________ , madame! | 6 |
| 7 | ☐ | Du kannst einen Freund/eine Freundin begrüßen. | S __________ ! | 6 |
| 8 | ☐ | Du kannst dich verabschieden. | Au __________ . S __________ ! | 7 |
| 9 | ☐ | Du kannst jemanden jemandem vorstellen. | V __________ . C' __________ . | 8 |
| 10 | ☐ | Du kannst dich entschuldigen. | P __________ ! | 9 |
| 11 | ☐ | Du kannst jemanden (vor etwas) warnen. | Att __________ ! | 9 |
| 12 | ☐ | Du kannst dich bedanken. | M __________ . | 9 |

*Hier kannst du dich selbst einschätzen:*

☺ Super!

😐 Na ja.

☹ Das muss ich noch üben.

Trage hier deine Lösungen ein und vergleiche sie mit dem Lösungsblatt. Hast du Fehler gemacht oder etwas nicht gewusst, dann mache die Aufgaben, die neben meiner Pfote stehen.

| | | | | |
|---|---|---|---|---|
| 1 | ☐ | Du kannst sagen, wessen Freund(in) du bist und wer die Freunde der anderen sind. | Je suis ______<br>______ Nathalie. | 1 |
| 2 | ☐ | Du kannst fragen, wo jemand wohnt. | Tu ______ ? | 2 |
| 3 | ☐ | Du kannst sagen, wo du wohnst oder wo jemand wohnt. | J' ______ à Karlsruhe, Hauptstraße 23.<br>Marie ______ à Paris. | 2 |
| 4 | ☐ | Du kannst fragen, was etwas auf Französisch heißt und Gegenstände, z. B. eines Schreibwarengeschäftes benennen. | Qu'______ en français? <br>– C'est ______. | 3 |
| 5 | ☐ | Du kannst fragen, was jemand macht und sagen, was du und andere machen. | Que ______ Marie?<br>– Elle ______<br>un livre.  | 4 |
| 6 | ☐ | Du kannst fragen, was jemand mag. | Qu'______ tu ______? | 5 |
| 7 | ☐ | Du kannst sagen, dass du etwas gerne magst. | J' ______ le vélo. | 5 |
| 8 | ☐ | Du kannst sagen, dass du etwas gar nicht magst. | Je ______ le rap. | 6 |
| 9 | ☐ | Du kannst sagen, dass du mit etwas einverstanden bist. | D' ______. | 7 |
| 10 | ☐ | Du kannst sagen, dass du Ferien hast. | Je suis ______. | 8 |

*Hier kannst du dich selbst einschätzen:*

- ☺ Super!
- 😐 Na ja.
- ☹ Das muss ich noch üben.

Trage hier deine Lösungen ein und vergleiche sie mit dem Lösungsblatt. Hast du Fehler gemacht oder etwas nicht gewusst, dann mache die Aufgaben, die neben meiner Pfote stehen.

| | | | | |
|---|---|---|---|---|
| 1 | ☐ | Du kannst jemandem zum Geburtstag gratulieren. | Bon ________________ !<br>________________ ! | 1 |
| 2 | ☐ | Du kannst sagen, wann du Geburtstag hast und andere fragen, wann sie Geburtstag haben. | Mon anniversaire c'est ________________<br>Ton anniversaire, ________________ ?  | 2 |
| 3 | ☐ | Du kannst sagen, wie alt du bist und andere nach ihrem Alter fragen. | ________ onze ans. Tu as ________________ ? | 2 |
| 4 | ☐ | Du kannst die Zahlen bis 39 nennen. | 17 ________________, 30 ________________ . | 2+3 |
| 5 | ☐ | Du kannst über deine Familie sprechen. | Moi, j'ai un f________________ et une s________________ . | 4 |
| 6 | ☐ | Du kannst jemanden um etwas bitten. | Tu ranges ta chambre, ________________ ? | 5 |
| 7 | ☐ | Du kannst jemanden fragen, ob er Hunger hat. | Tu ________________ ? | 5 |
| 8 | ☐ | Du kannst fragen, was es irgendwo gibt (z. B. in einem Schreibwarengeschäft), und darauf antworten. | Qu'est-ce qu'________ dans le magasin?<br>– Il y a ________________ .  | 6 |
| 9 | ☐ | Du kannst über deine Geschenke sprechen. | Voilà mes c________________ . | 7 |
| 10 | ☐ | Du kannst sagen, dass du bestimmte Dinge magst oder verabscheust. | ________________ les BD.<br>________________ ranger ma chambre. | 8 |
| 11 | ☐ | Du kannst sagen, dass du auf etwas Lust hast und andere auf etwas Lust haben. | J'________________ écouter un CD.<br>Léo et Alex ________________ manger le gâteau. | 9 |

*Hier kannst du dich selbst einschätzen:*

☺ Super!
😐 Na ja.
☹ Das muss ich noch üben.

Trage hier deine Lösungen ein und vergleiche sie mit dem Lösungsblatt. Hast du Fehler gemacht oder etwas nicht gewusst, dann mache die Aufgaben, die neben meiner Pfote stehen.

| | | | | |
|---|---|---|---|---|
| 1 | ☐ | Du kannst fragen, wie viel Uhr es ist und darauf antworten. | Quelle ________________ ? – __________ sept heures et demie. | 1 |
| 2 | ☐ | Du kannst sagen, von wann bis wann du etwas tust. | Je regarde la télé ______ six heures ____ sept heures. | 2 |
| 3 | ☐ | Du kannst sagen, welcher Wochentag ist. | Aujourd'hui, __________ jeudi. Demain, c'est _______________ . | 2 |
| 4 | ☐ | Du kannst sagen, was du an welchem Wochentag machst und was andere Personen machen. | ______________ *(Am Montag)* à sept heures, je regarde la télé. ______________ *(Am Dienstag)*, mon copain et moi, nous faisons les devoirs ensemble. | 2 |
| 5 | ☐ | Du kannst über deinen Tagesablauf und den von anderen Personen sprechen. | Je ________________ *(in die Schule gehen)* à huit heures moins le quart. Après les cours, je ________________ *(nach Hause gehen)*. A sept heures, nous ________________ *(essen)*. | 3 |
| 6 | ☐ | Du kannst eine Freundin/einen Freund fragen, ob ihr etwas gemeinsam macht und auf Vorschläge reagieren. | On joue ________________ ? – D' ________________ ! | 4 |
| 7 | ☐ | Du kannst fragen, wohin jemand geht und sagen wohin du gehst. | Tu vas ___________ ? – Je _______________ cantine./ Je vais _____________ mon copain. | 5 |
| 8 | ☐ | Du kannst etwas verneinen. | Il ________ range ___________ sa chambre.  | 6 |
| 9 | ☐ | Du kannst angeben, wo sich Dinge und Personen befinden. | Marie est ________________ l'ordinateur.  | 7 |
| 10 | ☐ | Du kannst über die Schule sprechen. | C'est le _____________ .  | 8 |
| 11 | ☐ | Du kannst sagen, dass du etwas nicht weißt. | Je ________________________ . | 9 |
| 12 | ☐ | Du kannst um Entschuldigung bitten. | ________________-moi./Pardon. | 10 |

*Hier kannst du dich selbst einschätzen:*

☺ Super!
😐 Na ja.
☹ Das muss ich noch üben.

Trage hier deine Lösungen ein und vergleiche sie mit dem Lösungsblatt. Hast du Fehler gemacht oder etwas nicht gewusst, dann mache die Aufgaben, die neben meiner Pfote stehen.

| Nr. | ☐ | Kompetenz | Aufgabe | Pfote |
|---|---|---|---|---|
| 1 | ☐ | Du kannst jemanden nach seinem Hobby fragen und darauf antworten. | ________ comme activités?  – Je ________ . | 1 |
| 2 | ☐ | Du kannst sagen, dass du (immer) an einem Tag um eine bestimmte Zeit, eine Tätigkeit ausübst. | Le samedi m________ , je fais du sport. | 2 |
| 3 | ☐ | Du kannst nach dem Grund fragen und einen Grund angeben. | ________ est-ce que tu rentres déjà? – ________ il est tard. Il est déjà minuit. | 3 |
| 4 | ☐ | Du kannst fragen, wann man etwas macht und darauf antworten. | ________ on va à Paris? – Demain matin. | 3 |
| 5 | ☐ | Du kannst jemanden etwas fragen, z. B. ob er Schmerzen hat, und darauf antworten. | ________ tu as mal? – Oui, ________ au pied. | 4 |
| 6 | ☐ | Du kannst einen schönen Tag wünschen. | Bonne ________ ! | 5 |
| 7 | ☐ | Du kannst jemanden nach dem Weg fragen, einen Weg beschreiben und eine Wegbeschreibung verstehen. | Pardon monsieur/madame, pour ________ la piscine?/ ________ la piscine? – Tu vas tout ________ . Au café, tourne à g________ et t________ la place. | 6 |
| 8 | ☐ | Du kannst jemanden bitten, etwas zu wiederholen. | Vous pouvez ________ ? | 6 |
| 9 | ☐ | Du kannst über deine Umgebung sprechen. | Dans notre qu________ , il y a des rues et des parcs. | 7 |
| 10 | ☐ | Du kannst etwas bestellen und sagen, was du möchtest. | Je ________ une eau minérale, s'il vous plaît. | 8 |
| 11 | ☐ | Du kannst fragen, wie viel etwas kostet und die Frage beantworten. | ________ , une crêpe? – ________ 2 €. | 8 |
| 12 | | Du kannst sagen, dass du hungrig und durstig bist. | J'ai f________ et ________ . | 9 |
| 13 | | Du kannst über Vorhaben sprechen. | Demain, ________ à l'école. | 9 |

*Hier kannst du dich selbst einschätzen:*

- ☺ Super!
- 😐 Na ja.
- ☹ Das muss ich noch üben.

Trage hier deine Lösungen ein und vergleiche sie mit dem Lösungsblatt. Hast du Fehler gemacht oder etwas nicht gewusst, dann mache die Aufgaben, die neben meiner Pfote stehen.

| | | | |
|---|---|---|---|
| 1 | ☐ Du kannst einen Freund/eine Freundin fragen, was er/sie letzten Samstag gemacht hat und darauf antworten. |  Qu'est-ce que tu ______ ______ ? – ______ | 1 |
| 2 | ☐ Du kannst über Ereignisse in der Vergangenheit erzählen. | Hier, Louise ______ ______ et puis son copain ______ le gâteau.   | 2 |
| 3 | ☐ Du kannst sagen, dass etwas eine gute Idee ist und wie du etwas findest. | C'est une ______ .  C'est une idée ______ !  | 3 |
| 4 | ☐ Du kannst sagen, wie es dir geht und zum Ausdruck bringen, wie du etwas findest. | Je suis t______ .  | 4 |
| 5 | ☐ Du kannst fragen, was jemand anzieht und sagen, was du anziehst. | Qu'est-ce que tu ______ ? – Je ______ ______ .  | 3 |
| 6 | ☐ Du kannst Eigenschaften und Farben beschreiben. | Moustique aime bien le g______ chapeau r______ de Lilou.  | 5 |
| 7 | ☐ Du kannst sagen, dass du einer Freundin/einem Freund geholfen hast. | J'______ . | 6 |
| 8 | ☐ Du kannst sagen, dass du jemandem etwas gegeben/gezeigt/erzählt usw. hast. | ______ (donner) un livre à mon copain. | 6 |
| 9 | ☐ Du kannst über Feiertage und Feste sprechen. | Le 14 Juillet, en France, c'est ______ . | 7 |

**1** *Réponds à la question. Coche les bonnes réponses.*
*(Beantworte die Frage. Kreuze die möglichen Antworten an.)*

Tu t'appelles comment?

- ☐ Je m'appelle Elise.
- ☐ Je suis Elise.
- ☐ Viens, Elise!
- ☐ Je suis de Paris.

**2** *Complète le dialogue. (Vervollständige den Dialog.)*
*Sarah und Anne sagen, woher sie kommen.*

*Sarah:* Je suis ____________ Paris. Paris, c'est super.

*Elise:* Ah, tu es aussi de Paris?

*Anne:* Non. Moi, je ________________ ____________ Berlin.

**3** **A** *Die Schlange hat die Formen von* ***être*** *gefressen. Finde sie und notiere sie zusammen mit dem passenden Subjektpronomen oder den passenden Subjektpronomen. Die übrig gebliebenen Buchstaben bilden ein Begrüßungswort. Wie heißt es?*

Das Lösungswort lautet:

______________________________

1. ______________________ 2. ______________________ 3. ______________________

**B** *Réponds aux questions. (Beantworte die Fragen mit Hilfe der Angaben im Kasten.)*

| Gaspard (Nice) | Lucie (Toulouse) | Gabriel (Brest) | Marie (Paris) |
|---|---|---|---|

1. Gabriel est de Brest? – Oui, il est de Brest.
2. Gaspard est aussi de Brest? – Non, ______________________________.
3. Lucie est de Paris? – ______________________________.
4. Marie est de Paris? – ______________________________.

**4** *Complète les phrases avec* ***qui*** *ou* ***c'est****. (Vervollständige die Sätze mit* ***qui*** *oder* ***c'est****.)*

____________ est-ce?

____________ un chien?

Mais non, ____________ un chat.

____________ Minnie.

**5** *Complète le dialogue entre Antoine et Christine.*
*(Vervollständige den Dialog zwischen Antoine und Christine.)*

*Christine:* Salut, Antoine. Ça ____________ b____________ ?
(Christine begrüßt Antoine und fragt ihn, ob es ihm gut geht.)

*Antoine:* ____________ ! ____________ .
(Antoine sagt, dass es ihm nicht so gut geht.)

*Antoine:* Et toi, Christine, ____________ va ____________ ?
(Antoine fragt, ob es Christine gut geht.)

*Christine:* Oui, ________________________ , merci!
(Christine bejaht dies und bedankt sich.)

**6** *Qui dit quoi? (Wer sagt was?) Lies die Angaben und notiere, was die einzelnen Personen sagen.*

**1.** Herr Leblanc begrüßt Frau Lenoir: ________________________

**2.** Frau Lenoir begrüßt Léa: ________________________

**3.** Léa begrüßt Théo: ________________________

**4.** Théo begrüßt Herrn Leblanc: ________________________

## 7 *Coche la bonne réponse. (Kreuze an, was du in den folgenden Situationen sagst.)*

**1.** Du möchtest dich von einem Freund verabschieden.

☐ Bonjour! ☐ Au revoir! ☐ Salut! ☐ Ça va, merci!

**2.** Du verabschiedest dich von deiner Lehrerin.

☐ Salut, madame! ☐ Au revoir, madame! ☐ Bonjour, madame! ☐ Vite, madame.

## 8 *Présente ce garçon et son chien. Mets les mots dans le bon ordre. (Stelle diesen Jungen und seinen Hund vor. Bringe die Wörter in die richtige Reihenfolge.)*

**1.** Nicolas / Voilà ______________________

**2.** un / copain super / C'est ______________________

**3.** voilà / Max / Et ______________________

**4.** un / C'est / chien ______________________

## 9 *Qu'est-ce qu'on dit?*
*Notiere, was die Personen in den folgenden Situationen sagen. Wähle zwischen den angegebenen Möglichkeiten aus.*

Merci! Oh, pardon! Attention!

**1** *Raconte. Qui est l'ami de qui? Relie les parties des phrases avec des lignes colorées et écris les phrases. (Erzähle: Wer ist mit wem befreundet? Verbinde die Satzteile mit farbigen Linien und schreibe die Sätze auf.)*

| | |
|---|---|
| **1.** Moi, je | **a.** est le copain de Clément. |
| **2.** Tu | **b.** sommes les amies de Sarah. |
| **3.** Paul | **c.** suis l'amie d'Anne. |
| **4.** Marie et moi, nous | **d.** sont les copains d'Antoine. |
| **5.** Vous | **e.** êtes les copains de Pierre et de Louis. |
| **6.** Ils | **f.** es la copine de Justin. |

________________________________________

________________________________________

________________________________________

________________________________________

________________________________________

________________________________________

**2** *Complète les dialogues avec la forme correcte du verbe **habiter**. Puis réponds aux questions. (Vervollständige die Dialoge mit der korrekten Form des Verbs **habiter**. Beantworte dann die Fragen mit Hilfe der Angaben. Die letzte Frage ist an dich selbst gerichtet. Beantworte sie entsprechend.)*

**1.** Anne (Paris) | **2.** Christian (Tours) | **3.** Nicole/Sophie (Strasbourg) | **4.** Pierre/Thomas (Nice)

**1.** Salut Anne. Tu __________ à Paris? – Oui, ____________________ .

**2.** Et Christian? Il habite où? – Il __________________________ .

**3.** Nicole et Sophie, vous __________ aussi à Tours?

– Non, ____________________________________ .

**4.** Et Pierre et Thomas? Ils __________ où?

– ______________________________________ .

**5.** Tu __________ où? – Moi, j' ________________________ .

**3** **A** *Coche la bonne question. (Du weißt nicht, wie die unten abgebildeten Gegenstände auf Französisch heißen. Welche Frage verwendest du?)*

**1.** ☐ Qu'est-ce que c'est en français?

**2.** ☐ Qui est-ce?

**3.** ☐ Où est Marie?

**4.** ☐ Qu'est-ce que tu aimes?

**B** *Deine Freundinnen antworten dir. Trage die Wörter in das Kreuzworträtsel ein und ergänze den unbestimmten Artikel. Das Lösungswort bezeichnet einen Gegenstand in der Schule.*

1

2

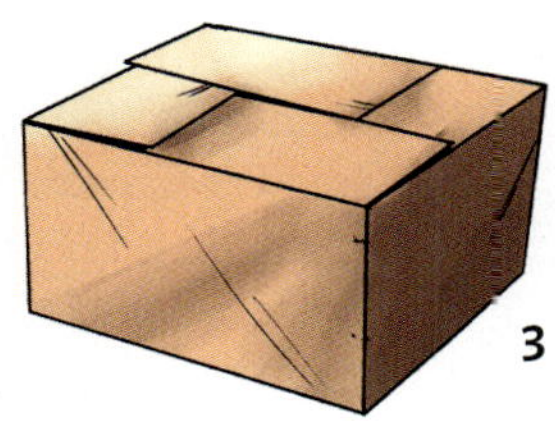
3

1 C'est ____________

2 C'est ____________

3 C'est ____________

4 C'est ____________

5 C'est ____________

| | | | | | | |
|---|---|---|---|---|---|---|
| | | 4 | | | | |
| | | | | 7 | | |
| | | 2 | 1 | | | |
| | | | 6 | 3 | | |
| 5 | | | | | | |

4

5

**Lösungswort:**

| | | | | | | |
|---|---|---|---|---|---|---|
| | | | | | | |
| 1 | 2 | 3 | 4 | 5 | 6 | 7 |

**4** *Découvre. Que font les copains? Trouve les formes des verbes et note-les. (Finde heraus, was die Freunde machen. Entschlüssle die Verbformen und notiere sie.)*

**1.** Que **(tfia)** ____________ Nicolas? – Il **(eragred)** ____________ des photos.

**2.** Et les filles? – Elles **(tencherch)** ____________ un chat.

**3.** Et vous? – Nous **(tonscoué)** ____________ une chanson.

**4.** Et toi? Tu **(sevirra)** ____________ à l'école? – Oui, j' **(eviarr)** ____________ à l'école.

**5.** Que **(tiaf)** ____________ Louise? – Elle **(proet)** ____________ un carton.

## 5

*Qu'est-ce qu'ils aiment? Complète les dialogues avec la forme correcte du verbe* ***aimer****.*
*Puis regarde les dessins et réponds aux questions.*
*(Was mögen sie? Vervollständige die Dialoge mit der korrekten Form des Verbs* ***aimer****.*
*Schau dann die Bilder an und beantworte die Fragen.)*

**1.** – Qu'est-ce que tu ______________, Léo?

– J'______________________________________________.

**2.** – Qu'est-ce que Marie ______________?

– Elle ______________________________________________.

**3.** – Gaspard et Luc ________________ les chiens?

– Non, ils ______________________________________________.

**4.** – Qu'est-ce que vous ______________?

– Nous ______________________________________________.

1

2

3

4

## 6

*Die Schlange hat alle Sportarten gefressen, die du gar nicht magst.*
*Finde die Wörter und notiere sie mit dem bestimmten Artikel.*

Je déteste ______________________________

______________________________

______________________________

______________________________

## 7

*Coche la bonne réponse.*
*(Was kannst du sagen,*
*wenn du mit etwas einverstanden bist?*
*Kreuze die richtige Lösung an.)*

**1.** ☐ Oh, non.

**2.** ☐ Zut! C'est la catastrophe!

**3.** ☐ Je suis d'accord.

## 8

*Relie les phrases aux images.*
*(Was sagen die Personen auf den Bildern? Ordne die Sätze den Sprechblasen der Bilder zu.)*

**1.** Je suis en vacances. **2.** Nous sommes dans la rue. **3.** J'entre dans le magasin.

**1** *Coche la bonne réponse.*
*(Was sagst du, wenn du jemandem zum Geburtstag gratulierst? Kreuze an.)*

**1.** ☐ Ah bon?
**2.** ☐ A bientôt!
**3.** ☐ Bon anniversaire!
**4.** ☐ S'il te plaît.
**5.** ☐ Joyeux anniversaire!
**6.** ☐ C'est sympa!

**2** *Complète le dialogue avec l'aide des images. Ecris les chiffres en mots.*
*(Vervollständige den Dialog mit Hilfe der Zeichnungen. Schreibe die Zahlen aus.)*

– Tu ______________________________, Béatrice?

– J'______________________________ ans.

– ______________________________, c'est quand?

– Mon anniversaire, c'est ______________________________.

– Et Paul?

– Il ______________________________. Son anniversaire, c'est ______________________________.

– Léa et Romain, vous ______________________________?

– Ensemble, nous ______________________________. Moi, j'______________________________ et Léa a aussi treize ans. Mon anniversaire, c'est le premier décembre.

– Et l'anniversaire de Léa? ______________________________?

– ______________________________, c'est aussi le premier décembre.

– Tiens, c'est bizarre!

– Mais, non! Nous sommes des jumeaux[1].

1 **des jumeaux** Zwillinge

**3** **A** *Note les chiffres derrière les mots. (Schreibe die Zahlen hinter die Wörter.)*

**1.** quinze ____________
**2.** dix-huit ____________
**3.** vingt-quatre ____________
**4.** trente ____________
**5.** trente-et-un ____________
**6.** trente-six ____________
**7.** seize ____________
**8.** vingt-cinq ____________
**9.** trente-neuf ____________

**B** *Note les chiffres en mots. (Schreibe die Zahlen in Worten).*

**1.** 13 ____________
**2.** 19 ____________
**3.** 37 ____________
**4.** 26 ____________
**5.** 14 ____________
**6.** 20 ____________
**7.** 12 ____________
**8.** 23 ____________
**9.** 11 ____________

**4** *C'est la catastrophe. Il manque des lettres. Trouve les lettres et complète le texte. (Das ist eine Katastrophe. Es fehlen Buchstaben. Finde die Buchstaben und vervollständige den Text.)*

Mon p________ s'appelle Alain et ma m________

s'appelle Anne. Ma m________ a un f________ et deux

s________. Mon o________ s'appelle Marc. Il habite à Nice.

Il a deux e________.

Son f________ s'appelle Pierre et sa f________ s'appelle Zoé.

Pierre est mon c________ et Zoé est ma c________.

Mes t________ habitent à Paris. Elles sont très sympas. Mes

g________-p________ habitent aussi à Paris.

Mon g________-p________ travaille pour un journal et ma

g________-m________ travaille dans un magasin.

**5** *Lis les questions et trouve les bonnes réponses. (Lies die Fragen und finde die passenden Antworten. Streiche die Antwort, die nicht passt, durch.)*

1. Tu ranges ta chambre, s'il te plaît?
2. Tu as faim?
3. Tu prépares le gâteau, s'il te plaît?
4. Vous soufflez les bougies, s'il vous plaît?

a. D'accord, mais demain. / C'est bizarre!
b. A bientôt. / Oui.
c. Oui. / Oh pardon!
d. Bien sûr! / C'est dommage!

**6** *Complète le dialogue. (Vervollständige den Dialog. Notiere die Wörter der abgebildeten Gegenstände zusammen mit dem unbestimmten Artikel.)*

*Paul:* Salut Sarah. Qu'est-ce qu'il y a dans le magasin de ta grand-mère?

*Sarah:* Dans le magasin, il y a (1) ________________,

(2) ________________,

(3) ________________,

(4) ________________,

(5) ________________

et (6) ________________.

1

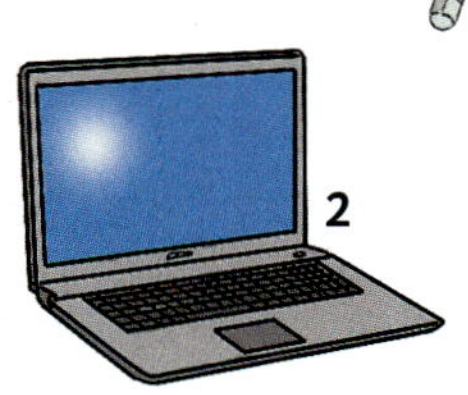
2

3

4

5

6

## 7 *Quel texte va avec l'image? Coche la bonne réponse. (Welcher Text passt zu dem Bild? Kreuze an.)*

1. ☐ Aujourd'hui, c'est l'anniversaire de Sophie.
Les copains arrivent avec des cadeaux.
Sophie regarde ses cadeaux: il y a un CD et un t-shirt.

2. ☐ Aujourd'hui, c'est l'anniversaire de Sophie.
Sa mère porte un cadeau. C'est une surprise. C'est un chien.

## 8 *Entschlüssle zunächst die Symbole und notiere die Wörter dahinter. Überlege dir anschließend, ob du die Dinge magst oder verabscheust und notiere dies in der ersten Spalte. Ergänze anschließend „mon", „ma" oder „mes" vor den Symbolen.*

| a | b | c | e | f | g | h | i | l | m | n | p | r | s | t |
|---|---|---|---|---|---|---|---|---|---|---|---|---|---|---|
| ♥ | ✿ | ⚓ | 🎀 | 🪁 | ♫ | 🔔 | ✨ | ☼ | ⚡ | 👁 | 👓 | 👒 | 𝄞 | 🗝 |

| | | | |
|---|---|---|---|
| J'aime/Je déteste | ma | 🪁 ♥ ⚡ ✨ ☼ ☼ 🎀 | famille. |
| | | ⚓ 🔔 ♥ ⚡ ✿ 👒 🎀 | |
| | | ⚓ 🔔 ♥ 🗝 | |
| | | ♥ 🪁 🪁 ♥ ✨ 👒 🎀 𝄞 | |
| | | ⚓ 🔔 ✨ 🎀 👁 𝄞 | |
| | | ♥ ⚡ ✨ 🎀 | |
| | | ♥ 🪁 🪁 ✨ ⚓ 🔔 🎀 | |

## 9 **A** *Qu'est-ce qui va ensemble? (Was passt zusammen?)*

**1.** manger
**2.** regarder
**3.** inviter
**4.** chanter

**a.** des amis
**b.** une chanson
**c.** une BD
**d.** un gâteau

**B** *Qui a envie de faire quoi? Ecris les phrases. (Wer hat Lust, was zu machen? Schreibe die Sätze auf.)*

**1.** Moi, ____________________.

**2.** Léo ____________________.

**3.** Nous ____________________.

**4.** Les parents de Léo ____________________.

Hier findest du die Aufgaben, mit denen du üben und dich verbessern kannst.

**1** **A** *Wie lautet die Frage nach der Uhrzeit? Notiere sie in den Kästchen.*

**B** *Ecris l'heure. (Notiere die Uhrzeit.)*

1 

3 

5 

**1.** ______________________________

**2.** ______________________________

**3.** ______________________________

**4.** ______________________________

**5.** ______________________________

**6.** ______________________________

4 

2 

6 

**2** *Regarde le plan. Puis complète les phrases avec les mots qui manquent. (Schau dir den Plan an. Vervollständige dann die Sätze mit den Wörtern, die fehlen.)*

| | |
|---|---|
| LUNDI: | 8 h 00 – 16 h 30: école |
| MARDI: | 8 h 00 – 16 h 30: école |
| MERCREDI: | 9 h 00: école |
| JEUDI: | 13 h 30 – 15 h 25 E.P.S. (gymnas |
| VENDREDI: | 16 h 30 cours de musique |
| SAMEDI: | 20 h 15 – 22 h 00 regarder la tél |
| DIMANCHE: | 16 h 00 grand-mère |

**1.** ____________ et mardi, je suis au collège ______________________________ .

**2.** Aujourd'hui, c'est ____________ . Les cours commencent ____________ .

**3.** ____________ , je suis au gymnase ______________________________ .

**4.** C'est ____________ . Je vais à un cours de musique avec mon frère ______________________________ .

**5.** ____________ , je regarde la télé ____________ .

**6.** C'est déjà ____________ ! ____________ .

## 3

*Décris la journée de Fleur. Ecris une phrase pour chaque image.*
*(Beschreibe den Tagesablauf von Fleur. Schreibe einen Satz zu jedem Bild.)*

1 6 h 30

2 7 h 00

3 10 h 05–12 h 00

4 12 h 10

5 13 h 00

6 16 h 45

7 18 h 00

8 19 h 40

1. ______
2. ______
3. ______
4. ______
5. ______
6. ______
7. ______
8. ______

## 4

*Mache Vorschläge mithilfe der angegebenen Wörter. Kreuze die möglichen Antworten an.*

1. écouter / un CD *On écoute un CD ensemble?*
   ☐ Bonne idée! ☐ C'est dommage.
2. faire / les devoirs ______
   ☐ D'accord. ☐ Pardon.
3. regarder / une BD ______
   ☐ Bien sûr. ☐ Ça va?
4. préparer / un gâteau ______
   ☐ Chut! ☐ Oui, c'est cool.

## 5

**A** *In dem Silbenrätsel verbergen sich verschiedene Orte und ein Name. Finde die Wörter. Vervollständige anschließend die Sätze mit der korrekten Form von* ***aller*** *und den gefundenen Wörtern.*

can | lettes | rie | tine | Pa | gym | in | toi | nase | firmerie | Ma | ris

1. Je ________ à la ____________________
2. Léo ________ aux ____________________
3. Vous ________ à ____________________
4. Les filles ________ chez ____________________
5. Tu ________ à l' ____________________
6. Nous ________ au ____________________

**B** *Trouve la bonne réponse pour chaque question. (Finde die passende Antwort zu jeder Frage.)*

1. Tu vas où?
2. Vous allez où?
3. Léo, il va où?

a. Il va à la maison de la presse.
b. Je rentre à la maison.
c. Nous allons au collège.

## 6

*Réponds aux questions et utilise* ***ne … pas****. (Antworte und benütze* ***ne … pas****.)*

1. Tu aimes les devoirs? – Non, ____________________
2. Vous rangez votre chambre? – ____________________
3. Gabrielle est au lit? – ____________________
4. Les copains ont raison. – ____________________

## 7

*Réponds aux questions. Utilise* ***devant, derrière, sous*** *et* ***sur****.*
*(Beantworte die Fragen. Verwende* ***devant, derrière, sous*** *und* ***sur****.)*

1. Où sont les filles? – Elles sont devant l'ordinateur.
2. Où est le garçon? – ____________________
3. Où est le journal? – ____________________
4. Où est la BD? – ____________________

**8** *Marie parle de son collège. Corrige les phrases avec des fautes.*
*(Marie spricht über ihr Collège. Korrigiere die Sätze mit Fehlern.)*

**1.** C'est le collège Balzac. Il y a une cour. Dans la cour, les élèves mangent.

________________________________________

________________________________________

**2.** Au CDI, on prépare des gâteaux. A midi, on va à l'infirmerie et on mange.

________________________________________

**3.** Il y a aussi un gymnase. Là, on a cours de français. C'est ça.

________________________________________

**9** *Coche la bonne réponse. (Kreuze die korrekte Antwort an.)*

*Un nouveau:* Où est le CDI, s'il te plaît?

*Un élève:*
- ☐ Je ne trouve pas.
- ☐ Je n'ai pas envie.
- ☐ Pardon.
- ☐ Je ne sais pas.
- ☐ Ça va?
- ☐ Ce ne sont pas mes affaires.

**10** *Le garçon dit quoi?*
*(Was sagt der Junge?)*

**1** *Regarde les dessins et complète le texte.*
*(Schau dir die Bilder an und vervollständige den Text.)*

*Gaspard:* Qu'est-ce que tu fais comme activités, Mathilde?

*Mathilde:* Moi, ______________________________

*Gaspard:* Emilie fait du roller?

*Mathilde:* Non, elle ne fait pas ______________________________

______________________________ vélo.

*Gaspard:* Et toi, Mathieu? Tu fais aussi du sport?

*Mathieu:* Le sport, non merci. Moi, ______________________________

*Gaspard:* Pascal et Romain, vous faites du judo?

*Pascal et Romain:* Ah, non! Nous ______________________________ Et toi?

*Gaspard:* Je ______________________________

Romain et Pascal

Emilie

Gaspard

Mathieu

Mathilde

**2** *Quelle activité va avec le matin, le midi, l'après-midi ou le soir en France?*
*(Welche Aktivität passt zu morgens, mittags, nachmittags und abends in Frankreich? Notiere die passsende Tageszeit.)*

1. aller à l'école ______________________________
2. aller au théâtre ______________________________
3. manger à la cantine ______________________________
4. rentrer de l'école à la maison ______________________________

**3** *Trouve les bonnes questions.*
*(Finde Fragen zu den Antworten. Frage nach den unterstrichenen Satzteilen.)*

1. – ______________________________

   – Marie va à Interclub le samedi après-midi.

2. – ______________________________

   – Je joue au foot parce que j'aime le sport.

3. – ______________________________

   – Le vendredi soir, je regarde la télé.

4. – ______________________________

   – Mathieu fait de la natation parce qu'il aime l'eau.

5. – ______________________________

   – Nous n'allons pas à la cantine parce que nous n'avons pas faim.

**4** *Complète les phrases. (Vervollständige die Sätze.)*

Zoé, Manon et Julien font du vélo. A un carrefour, ils tombent.

*Julien:* Ça va, Zoé? Tu ______________ ?

*Zoé:* Non, ça va. Je n'ai pas mal. Et vous, Manon et Julien, vous avez mal?

*Manon:* Julien a mal 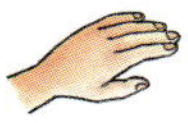 ________________ et moi, 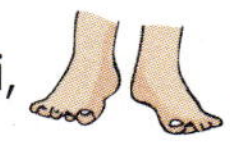 ___________________________

**5** *Coche la bonne réponse. (Kreuze die richtige Antwort an.)*

Was sagt man, wenn man jemandem einen schönen Tag wünscht?

☐ Zut! ☐ Aïe! ☐ Bonjour! ☐ Bonne journée!

**6** *Mets le dialogue dans le bon ordre et anote le mot de solution.*
*(Bringe den Dialog in die richtige Reihenfolge und notiere das Lösungswort.)*

Du möchtest dich mit einer Freundin im Kino treffen, aber du weißt nicht, wo das Kino ist.
Du fragst eine Dame nach dem Weg.

| | | |
|---|---|---|
| **R** | | Mais ne traverse pas le carrefour. |
| **É** | | Pas de problème. D'abord, tu vas tout droit. |
| **C** | | Oui, bien sûr. |
| **B** | 1 | Pardon, madame. Je cherche le cinéma[1] Lux. |
| **E** | | Merci beaucoup, madame. |
| **I** | | Pardon, madame. Ça va trop vite. Vous pouvez répéter, s'il vous plaît? |
| **T** | | Après le théâtre, il y a un carrefour. |
| **A** | | Puis tu tournes à gauche dans la rue du Théâtre. |

**1 le cinéma** das Kino

Solution: L'amie s'appelle ______________ .

**7** *Décode les mots et complète le texte. (Entschlüssle die Wörter und vervollständige den Text.)*

Nous aimons notre **aquerti** ________________ . Il est super. Il y a des **suer** ________________ ,

un **cpar** ________________ , une **senicip** ________________ , des **gsaamsni** ________________ ,

une **lecoé** ________________ et un **httâere** ________________ .

**8** **A** *Coche les bons mots. (Kreuze die passenden Wörter an.)*

Léa est au stand de crêpes.

*Léa:* Bonjour, madame, je ☐ trouve / ☐ porte / ☐ voudrais une crêpe.

Ça ☐ coûte / ☐ prend / ☐ fait / ☐ porte combien?

*Le vendeur:* Ça ☐ fait / ☐ prend / ☐ voudrais 2,50 €.

**B** *Ecris les prix en chiffres. Puis note la somme. Ça fait combien?*
*(Schreibe die Preise in Ziffern. Notiere dann die Summe. Wie viel kostet alles zusammen?)*

Julien et ses copains prennent une crêpe, deux gaufres, deux jus d'orange et un coca. Ça fait combien?

| | | | Nombre | Somme |
|---|---|---|---|---|
| une crêpe | deux euros cinquante | € | 1 | € |
| une gaufre | deux euros quatre-vingts | € | 2 | € |
| un jus d'orange | trois euros quinze | € | 2 | € |
| un coca | deux euros cinquante-cinq | € | 1 | € |
| | | | | € |

**9** *Complète les phrases à l'aide des symboles, des dessins et l'indication du verbe.*
*(Vervollständige die Sätze mithilfe der Symbole, Zeichnungen und Angaben der Verben.)*

avoir faim ✱ | avoir soif ✿ | aller faire qc ❤

1. Sarah est au lit. Elle n'a pas faim. Elle ❤ **(manger)** ne va pas manger.
2. Nous ❤ **(prendre)** ____________ une crêpe. Nous ✱ ____________
3. – Et toi, Gaspard? Qu'est-ce que tu ❤ **(prendre)** ____________

   – Je ❤ **(prendre)** ____________ un coca. Moi, ✿ ____________
4. Papa ✱ ____________ et il ✿ ____________ Il ❤ **(prendre)** ____________

   ____________

**1** *Complète le texte au **passé composé**.*
*(Vervollständige den Text im **Passé composé**.)*

*Zoé:* Justin et Alex, qu'est-ce que ______________ (faire) samedi?

*Justin:* ______________ (regarder) un film. Et toi?

Qu'est-ce que ______________ (faire)?

*Zoé:* Moi, ______________ (inviter) des copains. Et Paul?

Qu'est-ce qu'il ______________ (faire)?

*Justin:* ______________ (danser) avec ta sœur à la fête. Et puis ils ______________ (parler)

et ______________ (manger).

*Zoé:* Quoi??

**2** *Complète les phrases avec la bonne forme du verbe au **passé composé**.*
*Puis mets les phrases dans le bon ordre. Donne un numéro a chaque phrase.*
*(Vervollständige die Sätze mit der korrekten Verbform im **Passé composé**.*
*Bringe dann die Sätze in die richtige Reihenfolge. Nummeriere jeden Satz.)*

[1] J'______________ ma copine Sarah devant le stand de crêpes. **rencontrer**

[ ] Nous ______________ à droite et à gauche, mais nous ______________ le sac. **regarder / ne pas trouver**

[ ] Puis nous ______________ un petit tour mais Sarah ______________ son sac au stand. **faire / oublier**

[ ] Nous ______________ une crêpe et nous ______________ . **manger / discuter**

[ ] Ils ______________ le sac à Sarah. **donner**

[ ] Deux garçons ______________ avec nous, et ils ______________ le sac sous une table. **chercher / trouver**

**3** *Coche. (Kreuze an.)*

Was sagst du, wenn etwas toll bzw. eine gute Idee ist?

- [ ] C'est super!
- [ ] C'est une bonne idée!
- [ ] C'est sympa!
- [ ] Tiens!
- [ ] C'est dommage!
- [ ] C'est une idée super!
- [ ] A plus.
- [ ] Aïe!

**4** *Relie les expressions. (Ordne die Ausdrücke zu.)*

| ☺ | ☹ |
|---|---|
| | |
| | |
| | |
| | |
| | |

détester — aller bien — trouver bon — être content — aimer — être triste — être dommage — trouver sympa — être trop nul — aller mal

**5** *Coche la bonne réponse. Puis colorie les vêtements de Gabrielle et de Vincent avec les couleurs décrites. (Kreuze die richtige Lösung an. Male dann die Kleidung von Gabrielle und Vincent in den beschriebenen Farben an.)*

**Gabrielle**

**1.** Gabrielle met un t-shirt
☐ rouge / ☐ rouges
un ☐ grand / ☐ grands chapeau
☐ vert / ☐ verte,
une jupe ☐ bleu / ☐ bleue
et une veste ☐ vert / ☐ verte.

**Vincent**

**2.** Vincent met un jean ☐ bleu / ☐ bleus,
un pull ☐ jaune / ☐ jaunes,
une ☐ petite / ☐ petits veste,
☐ gris / ☐ grise,
une casquette ☐ noire / ☐ noires et
des baskets ☐ blanches / ☐ blancs.

## 6

*Raconte au passé composé et mets les phrases dans le bon ordre.*
*(Erzähle im Passé composé und setze die Wörter in die richtige Reihenfolge.)*

1. J' • ma sœur • (aider)

   J'ai aidé ma sœur.

2. mes devoirs • Après les cours, • j' • (montrer) • au prof

   ______________________________

3. (donner) • Sophie • Dans la cour, • à un copain • un CD

   ______________________________

4. une histoire intéressante • aux enfants • Dans le magasin, • (raconter) • Mme Latière

   ______________________________

5. (regarder) • Justin et Thomas • les filles

   ______________________________

6. des gens sympas • Hier soir, • (rencontrer) • nous

   ______________________________

## 7

*Complète les textes avec les mots donnés. Puis relis chaque texte à la bonne image. (Vervollständige die Texte mit den fehlenden Wörtern. Verbinde dann jeden Text mit dem passenden Bild.)*

1. ☐ Le 14 Juillet, en France, c'est la ______________ . A Paris, il y a un ______________ à la tour Eiffel. Les gens vont au bal et ______________ dans la rue.

2. ☐ Le premier dimanche de ______________ , c'est la ______________ . On mange la galette des rois. Quand on trouve la fève, on est le ______________ ou la reine.

3. ☐ C'est ______________ ! Dans la nuit du 24 ______________ , le père Noël passe. Et le matin du 25, les enfants trouvent les ______________ sous l'arbre.

Fête des Rois | janvier | cadeaux | Noël | dansent | décembre | grand feu d'artifice | roi | Fête nationale

a

b

c

## Atelier A (Schülerbuch, S. 18, Nr. 2)

**1** △ *Ihr kennt bereits die Geschichte: „Moustique et Malabar". Was haben Léo und Marie im Tierheim gesagt? Schreibt die Sätze in die Sprechblasen. Folgende Wörter könnt ihr benutzen.*

C'est | je suis | Marie | toi? | Et | Malabar! | Léo. | comment?

Tu t'appelles | Moi, | voilà | Salut! | Moustique! | Je m'appelle | Et

## Atelier B (Schülerbuch, S. 19, Nr. 1)

**1** △ *Lest zuerst die Geschichte „C'est bizarre, Malabar!" im Schülerbuch auf Seite 19. Kreuzt dann an, ob die Sätze richtig (vrai) oder falsch (faux) sind.*

**1.** Malabar est un chat. vrai ☐ faux ☐

**2.** Moustique est un chien. vrai ☐ faux ☐

**3.** Léo est de Paris. vrai ☐ faux ☐

**4.** Marie va bien. vrai ☐ faux ☐

**5.** Léo est un papa. vrai ☐ faux ☐

**2** △ *Tragt die französischen Entsprechungen der deutschen Wörter in das Kreuzworträtsel ein. Rechts tragt ihr das Wort mit dem unbestimmten Artikel (un/une) ein. Schreibt die femininen Nomen in rot und die maskulinen Nomen in blau. Wie lautet das Lösungswort? Notiert es.*

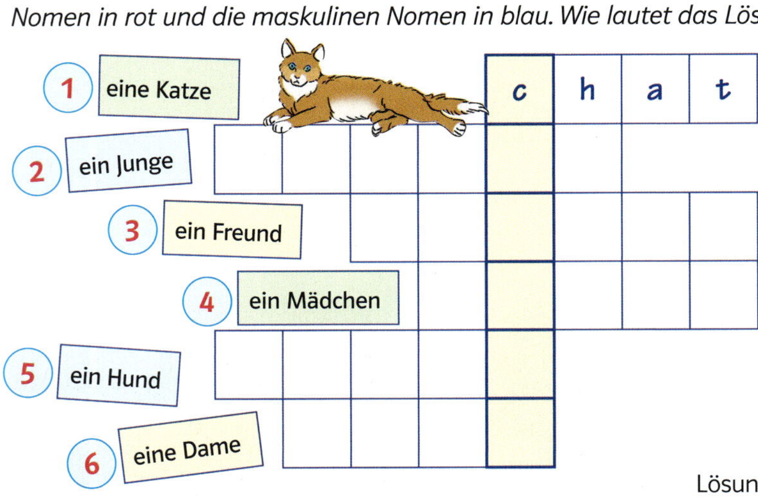


1. un chat
2. ____________
3. ____________
4. ____________
5. ____________
6. ____________

Lösungswort: ____________

## Pratique (Schülerbuch, S. 23, Nr. 4)

**1** **Memo-Spiel – C'est qui?**
△ *Das Spiel könnt ihr zu zweit oder zu dritt spielen.*

1. *Schneidet die Kärtchen mit den Bildern aus und malt auf die Rückseite ein Herz.*
2. *Schneidet dann die Kärtchen in der mittlere Spalte aus und malt auf die Rückseite ein Kreuz.*
3. *Anschließend schneidet ihr die Kärtchen der rechten Spalte aus.*
4. *Mischt alle Kärtchen und legt sie mit der Rückseite nach oben auf den Tisch.*
5. *Spieler A beginnt, zieht drei Kärtchen und dreht sie um. Passen alle drei Kärtchen zusammen, darf er sie behalten. Passen sie nicht zusammen, werden sie wieder verdeckt auf den Tisch gelegt. Danach ist Spieler B an der Reihe.*
6. *Wer am Schluss die meisten Dreiergruppen hat, hat gewonnen.*

| | | |
|---|---|---|
|  | C'est Malou. | C'est un garçon. |
|  | C'est Marie. | C'est un chat. |
|  | C'est Moustique. | Malabar est un chien super! |
|  | C'est Léo. | C'est une fille. |
|   | C'est Malabar. | Moustique est un chien fantastique! |

## Atelier A (Schülerbuch, S. 30, Nr. 7)

**1** △ *Complète les phrases avec les bonnes formes du verbe.*
*(Ergänze die Sätze mit den korrekten Verbformen.)*

1. Marie ______________________ (parler) avec la grand-mère.
2. Elle ______________________ (regarder) une BD.
3. Alex ______________________ (porter) un carton.
4. Tu ______________________ (chercher) une BD?
5. Un monsieur ______________________ (parler) avec la grand-mère d'Alex.
6. Je ______________________ (regarder) une affiche.
7. On ______________________ (chercher) un chien.
8. Une fille ______________________ (entrer) dans un magasin.
9. Tu ______________________ (être) en vacances.
10. Léo ______________________ (arriver).

**2** ▲ *Regarde les images. Que font les personnes? Ecris des phrases.*
*(Schau die Bilder an. Was machen die Personen? Schreibe Sätze.)*

1. La fille ______________________
______________________

2. Tu ______________________
______________________

3. Le monsieur ______________________
______________________

4. Moi, je ______________________
______________________

5. Le chien ______________________
______________________

6. Le garçon ______________________
______________________

## Atelier B (Schülerbuch, S. 32, Nr. 5)

**1** △ *Cherche les formes du verbe **être**. Ecris chaque forme avec son pronom. Puis fais l'exercice numéro 5, page 32 dans ton livre. (Suche die Formen des Verbs **être**. Notiere jede Form mit dem Pronomen. Mache danach Übung 5 auf Seite 30 in deinem Schülerbuch.)*

____________________ ____________________

____________________ ____________________

____________________ ____________________

**2** ▲ *Lis encore une fois le dialogue de l'exercice 5, page 32 dans ton livre. Puis réponds aux questions. (Lies den Dialog der Übung 5, S. 32 in deinem Schülerbuch noch einmal durch. Beantworte dann die Fragen.)*

1. Que fait le garçon? ____________________
2. Qui est madame Latière? ____________________
3. Jérôme est le frère de Marie? ____________________
4. Alex et Jérôme sont où? ____________________

## Pratique (Schülerbuch, S. 34, Nr. 2)

**1** △ *Lis les présentations de Lylia et de Noah dans le livre, page 34, numéro 2 et complète le tableau. (Lies die Vorstellungen von Lylia und Noah im Schülerbuch auf S. 34, Nr. 2 durch und erstelle einen Steckbrief.)*

Nom[1]: ____________________

Ville: ____________________

J'aime: ____________________

____________________

____________________

Je déteste: ____________________

Nom[1]: ____________________

Ville: ____________________

J'aime: ____________________

____________________

____________________

Je déteste: ____________________

1 **le nom** der Name

**2** **A** ***Tandembogen***

1. *Bevor ihr mit der Übung beginnt, lest euch den Text von Amélie im Schülerbuch auf S. 34, Nr. 2 durch.*
2. *Übt zu zweit und entscheidet zunächst, wer welche Seite übernimmt. Wer die Seite mit **Toi** hat, stellt die auf Deutsch angegebenen Fragen auf Französisch. Wer **Amélie** hat, vesetzt sich in die Rolle von **Amélie** und antwortet entsprechend der Vorgaben.*
3. *Kontrolliert euch gegenseitig mit den Lösungen in eckigen Klammern.*
4. *Wechselt die Rollen nach einem Durchgang.*
5. *Faltet den Bogen entlang der Mittellinie.*

Du triffst dieses Mädchen auf dem Schulhof und möchtest sie kennenlernen.
Du stellst ihr ein paar Fragen und sie antwortet dir.

| **Toi** |  |
|---|---|
| **Du begrüßt das Mädchen und fragst, wie sie heißt.** | [Salut. Tu t'appelles comment?] |
| [Je m'appelle Amélie. Je suis de Paris.] | **Du sagst, dass du Amélie heißt und aus Paris kommst.** |
| **Du möchtest wissen, ob sie gerne Sport mag.** | [Tu aimes le sport?] |
| [J'aime le volley et le basket.] | **Du sagst, dass du Volleyball und Basketball magst.** |
| **Du fragst sie, ob sie auch Musik mag.** | [Tu aimes aussi la musique?] |
| [Oui, j'aime les chansons, mais je déteste la musique pop. ] | **Du sagst ja, du liebst Chansons, aber du hasst Popmusik.** |

**B** *Wählt eine andere Person vom Schülerbuch S. 34, Nr. 2 aus und schreibt einen ähnlichen Dialog.*

## Atelier A (Schülerbuch, Seite 47, Nr. 7)

**1** △ *Quelle est la bonne solution? (Kreise die richtige Lösung ein.)*

**1.** *Léo:* C'est **[ton / ta / tes]** chambre?
*Alex:* Oui, c'est **[mon / ma / mes]** chambre.

**2.** *Léo:* Clara est **[ton / ta / tes]** sœur?
*Alex:* Non, c'est **[le / la / les]** sœur de Marie.

**3.** *Léo:* C'est **[ton / ta / tes]** vélo?
*Alex:* Oui, c'est **[mon / ma / mes]** vélo.

**4.** *Léo:* Où sont **[ton / ta / tes]** amies?
*Alex:* Elles sont dans **[le / la / les]** rue.

**5.** *Léo:* Ce sont **[ton / ta / tes]** copains?
*Alex:* Non, ce sont **[le / la / les]** copains de Clara.

**6.** *Léo:* C'est **[ton / ta / tes]** idée?
*Alex:* Oui, c'est **[mon / ma / mes]** idée.

**7.** *Léo:* Où sont **[ton / ta / tes]** livres?
*Alex:* Ils sont dans **[mon / ma / mes]** sac[1].

[1] **le sac** die Tasche

**2** △ *Complète le dialogue avec **le, la, les, mon, ma, mes, ton, ta, tes**.*
*(Vervollständige den Dialog mit **le, la, les, mon, ma, mes, ton, ta, tes**.)*

| le, la, les | mon, ma, mes | ton, ta, tes |
|---|---|---|
| ♥ | ✿ | ⚓ |

**L'anniversaire de Marie**

*Marie:* Mais où est ♥ ___________ cadeau de ✿ ___________ grands-parents[1]?

*La mère:* Il est encore[2] dans ♥ ___________ chambre de ⚓ ___________ frère.
Voilà ♥ ___________ cadeau de ⚓ ___________ grands-parents.

*Marie:* C'est un ordinateur. Super! Maintenant, je cherche ♥ ___________ chien.
Où est ✿ ___________ chien?

*La mère:* ⚓ ___________ chien? Il est dans ⚓ ___________ chambre.

*Marie:* Ah, oui. Il est dans ✿ ___________ chambre.

*La mère:* Marie, ⚓ ___________ copains arrivent avec ⚓ ___________ cadeaux.

*Les copains:* Joyeux anniversaire, Marie! Voilà ⚓ ___________ cadeaux.

*Marie:* J'aime bien ✿ ___________ cadeaux et ✿ ___________ anniversaire!

[1] **les grands-parents** die Großeltern – [2] **encore** noch

## Atelier B (Schülerbuch, Seite 52, Nr. 9)

**1** △ **A** *Trouve les formes d'**avoir** ou les pronoms.*
*(Finde die Formen von **avoir** oder die Pronomen.)*

| tu | | vous | il/elle | | ils/elles |
|---|---|---|---|---|---|
| | ai | | | avons | |

**B** *Complète les phrases avec la forme correcte d'**avoir**.*
*(Vervollständige die Sätze mit der korrekten Form von **avoir**.)*

1. Tu ________________ quel âge? – J'________________ 12 ans.
2. Vous ________________ des cousins? – Oui, nous ________________ des cousins.
3. Mehdi ________________ 9 ans? – Non, il ________________ 11 ans.
4. Mona et Victor ________________ un chat? – Oui, ils ________________ un chat.

**2** △ ***Tandembogen***

1. *Übt zu zweit und entscheidet zunächst, wer welche Seite übernimmt.*
2. *Versetzt euch in die Personen (Valentin und Gaspard) und sprecht aus ihrer Perspektive. Valentin beginnt.*
3. *Kontrolliert euch gegenseitig mit den Lösungen in eckigen Klammern.*
4. *Wechselt die Rollen nach einem Durchgang.*
5. *Faltet den Bogen entlang der Mittellinie.*

| A (Valentin) | B (Gaspard) |
|---|---|
| **Du möchtest wissen, wie alt Gaspard ist.** | [Tu as quel âge?]<br>**Du sagst, dass du 12 Jahre alt bist.** |
| [J'ai douze ans.]<br>**Du fragst, wann er Geburtstag hat?** | [Ton anniversaire, c'est quand?]<br>**Du antwortest, dass du am 12. Mai Geburtstag hast.** |
| [Mon anniversaire, c'est le 12 mai.]<br>**Du möchtest wissen, ob er Geschwister hat?** | [Tu as des frères et sœurs?]<br>**Du sagst, dass du einen Bruder hast. Er heißt Julien. Du hast auch eine Schwester. Sie heißt Julie.** |
| [J'ai un frère. Il s'appelle Julien. J'ai aussi une sœur. Elle s'appelle Julie.]<br>**Du fragst, ob seine Eltern ein Geschäft haben.** | [Tes parents ont un magasin?]<br>**Du antwortest, dass sie ein Geschäft haben.** |
| [Oui, ils ont un magasin. ]<br>**Du fragst, ob er einen Hund hat.** | [Tu as un chien?]<br>**Du antwortest, dass du eine Katze hast.** |
| [Non, j'ai un chat.]<br>**Du fragst, ob er Comics hat.** | [Tu as des BD?]<br>**Du sagst, dass du Comics hast.** |
| [Oui, j'ai des BD.] | |

## Pratique (Schülerbuch, Seite 53, Nr. 2)

**1** △ *Lies die Texte in deinem Schülerbuch auf S. 53, Nr. 2 durch. Hier findest du die Zusammenfassung eines Textes auf Deutsch. Kreuze an, zu welchem französischen Text sie passt.*

- ☐ Rencontre France-Angleterre
- ☐ A vendre
- ☐ MUSICOMANIA
- ☐ Pâtisserie Le Choc

**Wir haben den Kuchen für Ihr Fest!**

Voller Schokolade, Sahne und Smarties, mit und ohne Kerzen.

Die wahre Freude für die Großen und die Kleinen. Ab 12 €.

**2** ▲ *Gabrielle, deine französische Austauschpartnerin, hat dir eine Geburtstagseinladung geschickt. Versuche der Einladung die folgenden Informationen zu entnehmen. Notiere auf Deutsch.*

1. Wer ist eingeladen? ______
2. Wo findet das Fest statt? ______
3. Wann findet das Fest statt? ______
4. Gibt es auf dem Fest etwas zu essen? ______
5. Welche Geschenke wünscht sich Gabrielle? ______

## Atelier A (Schülerbuch, Seite 63, Nr. 8)

**1** △ *Complète les phrases avec la bonne forme d'**aller** et les mots donnés avec la bonne préposition. (Vervollständige die Sätze mit der korrekten Form von **aller** und den angegebenen Wörtern, die jeweils zu der Präposition passen.)*

maison | toilettes | Mehdi | infirmerie | cantine | Nice | lit | magasin | école | Paris | Jérôme

1. Je ________________ à ________________ / ________________ .
2. Nous ________________ au ________________ / ________________ .
3. Alex et Mehdi ________________ à la ________________ / ________________ .
4. Marie ________________ à l'________________ / ________________ .
5. Vous ________________ aux ________________ .
6. Léo, tu ________________ chez ________________ / ________________ .

**2** ▲ *Arbeitet zu zweit. Schneidet die Kärtchen aus und legt sie mit der Schrift nach oben auf den Tisch. Fügt sie zu insgesamt sechs Sätzen zusammen und legt sie auf den Tisch. Schreibt sie dann in eure Hefte.*

| | | |
|---|---|---|
| Léo ne | vont à l' | Alex et Jérôme. |
| vais à la | cantine. | Moi, je |
| toilettes? | va pas à | vas au |
| Marie, tu | Vous | CDI? |
| allez aux | Nice. | allons chez |
| Nous | infirmerie? | Est-ce que les filles |

## Atelier B (Schülerbuch, Seite 67, Nr. 12)

**1** △ **A** *Finde die Enten mit Possessivbegleitern und markiere sie farbig.*

**B** *Marque la forme correcte du déterminant possessif.*
*(Markiere die korrekte Form des Possessivbegleiters.)*

Fleur et Léa sont dans **[leur / leurs]** chambre. Elles cherchent **[leur / leurs]** cahiers, **[leur / leurs]** livres et **[leur / leurs]** emploi du temps.

*Fleur:* Maman, où sont **[notre / nos]** cahiers, **[notre / nos]** livres et **[notre / nos]** emploi du temps?

*Maman:* **[Votre / Vos]** cahiers sont dans **[votre / vos]** sacs, **[votre / vos]** emploi du temps est sur **[votre / vos]** ordinateur et **[votre / vos]** livres sont sous le lit de Fleur.
Rangez[1] **[votre / vos]** chambre!

*Fleur et Léa:* Merci, maman!

**2** ▲ *Complète le texte avec le bon déterminant possessif.*
*(Vervollständige den Text mit den passenden Possessivbegleitern.)*

Marie et Jérôme cherchent __________ affiches. Marie cherche aussi __________ clé USB et __________ livre de français. Ils parlent avec __________ copains.

*Marie:* Je cherche __________ clé USB et __________ livre de français.

*Mehdi:* __________ clé USB? Elle est dans l'ordinateur au CDI et __________ livre de français est dans la salle de classe.

*Jérôme:* Et où sont __________ affiches?

*Mehdi:* __________ affiches sont au CDI.

Marie et Jérôme vont au CDI pour chercher __________ affiches.

1 **rangez** räumt auf

## Pratique (Schülerbuch, Seite 69, Nr. 2)

**1** *Lies dir das Plakat des Collège Honoré de Balzac durch. Einige Wörter kennst du nicht, aber du kannst sie erschließen. Verbinde die deutschen und die französischen Wörter, die zusammenpassen. Bearbeite dann die Aufgabe in deinem Schülerbuch auf S. 69, Nr. 2.*

| | |
|---|---|
| **1.** träumen von | **a.** de tous les âges |
| **2.** ein kurzer Film auf Deutsch | **b.** ils sont les bienvenus |
| **3.** jeden Alters | **c.** rêver de |
| **4.** sie sind willkommen | **d.** tourner un film |
| **5.** einen Film drehen | **e.** un mini-film en allemand |

**2** *Lies dir das Plakat des Collège Honoré de Balzac durch. Beantworte die Fragen auf Französisch.*

**1.** Welche Fragen werden an die Schüler gestellt?

1. ______________________________

2. ______________________________

3. ______________________________

**2.** Wer wird auf dem Plakat gesucht und wofür?

______________________________

______________________________

______________________________

**3.** Wer kann an dem Projekt teilnehmen?

______________________________

______________________________

______________________________

## Atelier A (Schülerbuch, Seite 80, Nr. 6)

**1** △ *Qui fait quoi et quand? Décode l'activité, le jour de la semaine et l'heure du jour. Puis complète le dialogue. (Wer macht was und wann? Entschlüssle die Tätigkeit, den Wochentag und die Tageszeit. Vervollständige dann den Dialog.)*

1. Marc, tu fais de la **(tiugera)** guitare ? – Oui, le **(crreemdi)** ________ .
2. Léo fait du **(évol)** ________ ? – Non, il fait du **(buryg)** ________ le **(idlun)** ________ .
3. Marie, tu fais de l'**(metisthalé)** ________ le **(viderend iosr)** ________ ?
   – Non, je fais de la **(niotanta)** ________ le **(manhceid nimat)** ________ .
4. Et Gabriel et Thomas? – Ils font du **(doju)** ________ le **(euidj)** ________ .
5. Et vous, qu'est-ce que vous faites? – Nous faisons du **(tofo)** ________ le **(ramid)** ________ .
6. Et toi? – Moi, je fais de la **(nesda)** ________ le **(disaem aèsrp-idim)** ________ .

**2** △ ***Tandembogen zu dritt***

1. *Übt zu dritt und entscheidet zunächst, wer welche Rolle übernimmt.*
2. *Max und Lilou unterhalten sich. Da Max kein Französisch und Lilou kein Deutsch spricht, übersetzt Sonia sinngemäß. Was Sonia genau machen muss, ist in kursiver Schrift angegeben.*
3. *Max und Lilou kontrollieren mithilfe der Lösungen in eckigen Klammern, ob Sonia das Gesagte korrekt wiedergegeben hat.*
4. *Faltet nun den Bogen entlang der Mittellinien. Wechselt die Rollen nach einem Durchgang.*

| Max | Sonia | Lilou |
|---|---|---|
| **1.** Hallo Lilou! Magst du Sport? | *Du sagst Lilou, was Max gesagt hat.* | [Salut, Lilou! Tu aimes le sport?] |
| [Ja, sie mag Rugby. Sie spielt montags und freitags Rugby.] | *Du sagst Max, was Lilou geantwortet hat.* | **2.** Oui, j'aime le rugby. Je fais du rugby le lundi et le vendredi. |
| **3.** Magst du auch Judo? | *Du fragst Lilou, was Max gesagt hat.* | [Tu aimes aussi le judo?] |
| [Nein, sie hasst Judo, aber sie mag Fußball.] | *Du sagst Max, was Lilou geantwortet hat.* | **4.** Non, je déteste le judo mais j'aime le foot. |
| **5.** Für ein Mädchen ist das komisch. | *Du sagst Lilou, was Max gesagt hat.* | [Pour une fille, c'est bizarre.] |
| [Nein! Sie findet Fußball toll! Dienstags und donnerstags spielt sie mit ihren Freunden.] | *Du sagst Max, was Lilou gesagt hat.* | **6.** Non! Le foot, c'est super! Le mardi et le samedi, je joue avec mes copains. |
| **7.** Ah, gut! Es ist schon spät. Tschüss! | *Du sagst Lilou, was Max gesagt hat.* | [Ah, bon. Il est déjà tard. Salut!] |

## Atelier B (Schülerbuch, Seite 83, Nr. 7)

**1** △ *Complète les questions avec **comment, est-ce que, où, pourquoi, quand** et **qu'est-ce que**.*
*(Vervollständige die Fragen mit **comment, est-ce que, où, pourquoi, quand** und **qu'est-ce que**.)*

Comment | Où | Pourquoi | Qu'est-ce que | Est-ce que | Quand

1. ______________________ est-ce que tu vas? – Je vais au collège.
2. ______________________ est-ce que ton copain arrive? – Il arrive à huit heures.
3. ______________________ est-ce que Luc et Anne ne sont pas là? – Ils sont en retard.
4. ______________________ est-ce que tu trouves ton prof? – Il est sympa.
5. ______________________ vous faites demain? – Nous allons jouer dans le parc.
6. ______________________ Gaspard fait du foot? – Non.
7. ______________________ est-ce que le cours commence? – Il commence à huit heures.
8. ______________________ tu aimes? – Moi, j'aime la musique et la danse.

**2** ▲ *Trouve les bonnes questions pour les éléments marqués des réponses.*
*(Finde die passenden Fragen zu den markierten Satzteilen in den Antworten.)*

Patrick est à Interclub pour faire du judo. Zoé ne fait pas de judo. Elle pose des questions à Patrick.

*Zoé:* Est-ce que tu aimes le judo?

*Patrick:* **Oui, j'aime le judo.** C'est un sport super!

*Zoé:* ______________________

*Patrick:* Je trouve mes copains du club **sympas**.

*Zoé:* ______________________

*Patrick:* Nous faisons les exercices de judo **l'après-midi, après le collège**.

*Zoé:* ______________________

*Patrick:* Mon copain Marc n'est pas là aujourd'hui **parce qu'il n'aime pas le judo**.

*Zoé:* ______________________

______________________

*Patrick:* Après le judo, nous allons **au stand de crêpes**.

*Zoé:* ______________________

______________________

*Patrick:* **Oui, nous avons des combats à Interclub**.

## Atelier C (Schülerbuch, Seite 85, Nr. 5)

**1** △ *Trouve le bon ordre du dialogue.*
*(Bringe den Dialog in die richtige Reihenfolge.)*

☐ Ça fait combien?

☐ Merci et bonne journée!

☐ Je prends un coca.

☐ Voilà 3 euros.

☐ Bonjour, monsieur.

☐ Bonjour. Qu'est-ce que tu prends?

☐ Et voilà.

☐ Et 50 centimes, merci.

☐ Merci, au revoir monsieur.

☐ Ça fait 2 euros et 50 centimes.

**2** ▲ *Complète le dialogue au stand de crêpes.*
*(Vervollständige den Dialog am Imbissstand.)*

*La cliente:* ____________________, monsieur.

*Le vendeur:* Bonjour. Qu'est-ce que vous ____________________?

*La cliente:* Alors, je ____________________ un jus ____________________ et une crêpe.

*Le vendeur:* Et ____________________!

*La cliente:* Ça ____________________ combien?

*Le vendeur:* Ça fait 6 ____________________ et 40 ____________________.

*La cliente:* ____________________.

*Le vendeur:* Merci! ____________________, madame.

*La cliente:* Au revoir, ____________________.

## Atelier A (Schülerbuch, Seite 96, Nr. 7)

**1** △ **A** *Mets les verbes au **passé composé**.*
*(Setze die Verben in das **Passé composé**.)*

1. **travailler** → tu ______ les parents ______
2. **jouer** → j' ______ vous ______
3. **préparer** → Alex ______ nous ______
4. **faire** → j' ______ les élèves ______

**B** *Mets les verbes au **passé composé** et utilise aussi **ne ... pas**.*
*(Setze die Verben ins **Passé composé** und verwende auch **ne... pas**.)*

1. **chercher** → les garçons n'ont pas cherché je ______
2. **inviter** → vous ______ Fleur ______
3. **discuter** → nous ______ tu ______

**2** △ *Trouve le bon ordre des mots. Ecris les phrases et mets les verbes au **passé composé**.*
*(Bringe die Wörter in die richtige Reihenfolge. Schreibe die Sätze auf und setze die Verben in das **Passé composé**.)*

Antoine, Thomas et Léa ont passé une semaine chez leur grand-mère à Toulouse. Léa raconte.

1. des vacances • Toulouse • **(passer)** • super • Nous • à

   Nous avons passé des vacances super à Toulouse.

2. aussi • **(jouer)** • des copains • Nous • avec

   ______

3. Antoine • nos • parents • **(téléphoner)** • à • toujours

   ______

4. le cadeau • grand-mère • **(oublier)** • Moi, • pour • notre • j'

   ______

5. dans • Thomas, Antoine et moi • la cuisine • grand-mère • **(aider)**

   ______

6. J' • un • **(faire)** • gâteau.

   ______

## Atelier B (Schülerbuch, Seite 100, Nr. 8)

**1** △ *Colorie chaque vêtement.*
*(Male jedes Kleidungsstück farbig an.)*

des baskets blanches

un anorak vert

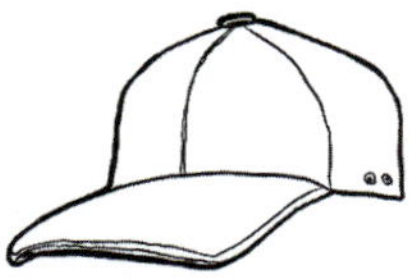

une casquette bleue

un pull blanc

des chaussures rouges

deux jeans noirs

une robe bleue

une chemise grise

des jupes jaunes

**2** ▲ **A** *Complète les phrases avec l'aide des indications en allemand.*
*(Vervollständige die Sätze mithilfe der deutschen Angaben.)*

C'est l'anniversaire de la mère de Mme Chabane. La famille arrive. Qu'est-ce qu'ils portent?

**1.** M. Chabane porte **(eine graue Weste)** ______________________________,

**(schwarze Jeans)** un ______________________________ et

**(ein weißes Hemd)** ______________________________.

**2.** Mme Chabane porte **(ein blaues Kleid)** ______________________________.

**3.** Clara porte **(einen grünen Rock)** ______________________________ et

**(ein gelbes T-Shirt)** ______________________________.

**4.** Gabriel porte **(blaue Turnschuhe)** des ______________________________,

**(eine weiße Hose)** ______________________________ et

**(ein blaues T-Shirt)** ______________________________.

**5.** Marie porte **(ein gelbes Kleid)** ______________________________ et

**(gelbe Schuhe)** des ______________________________.

**B** *Choisis une personne et dessine la personne avec ses vêtements.*
*(Wähle eine Person aus und zeichne die Person mit ihren Kleidungsstücken.)*

## Pratique (Schülerbuch, S. 103, Nr. 3)

**1** △ *Regarde l'annonce et réponds aux questions en allemand.*
*(Schau dir die Anzeige an und beantworte die Fragen auf Deutsch.)*

**1.** Warum kannst du die drei unterstrichenen Wörter verstehen?

______________________________________________

______________________________________________

______________________________________________

**2.** Übersetze die beiden **unterlegten** Wörter. Du verstehst sie bestimmt aus dem Zusammenhang.

______________________________________________

**2** △ *Regarde l'annonce page 103, numéro 3 dans ton livre. Puis lis les phrases et coche la bonne réponse. Corrige les fautes. (Schau dir die Anzeige auf S. 103, Nr. 3 in deinem Schülerbuch an. Lies dir dann die Sätze durch und kreuze die passende Antwort an. Verbessere die Fehler.)*

| | vrai | faux | correction |
|---|---|---|---|
| **1.** Le quinze juillet, | ☐ | X | le quatorze juillet |
| **2.** … il y a la fête de la Musique. | ☐ | ☐ | |
| **3.** La fête est dans le quartier Kilian. | ☐ | ☐ | |
| **4.** Elle commence à deux heures. | ☐ | ☐ | |
| **5.** Il y a une grande tombola pour les enfants. | ☐ | ☐ | |
| **6.** A sept heures, on mange des crêpes. | ☐ | ☐ | |

# Glossar A–Z auf einen Blick

**A1 des Gemeinsamen europäischen Referenzrahmens**
Auf dieser Niveaustufe verfügen die Schüler/innen über folgende Kompetenzen:
**Hörverstehen:** Sie können kurzen, langsam und deutlich gesprochenen Tonaufnahmen über vorhersehbare alltägliche Dinge wesentliche Information entnehmen.
**Leseverstehen:** Sie können kurze, einfache Texte lesen und verstehen, Internationalismen, gebräuchliche Zeichen und Schilder an öffentlichen Orten wie Straßen, Restaurants, Bahnstationen oder am Arbeitsplatz verstehen (Wegweiser, Verbotsschilder, Warnungen …). Sie können aus einfacheren schriftlichen Materialien spezifische Informationen herausfinden.
**Sprechen:** Sie können eine einfache Beschreibung von Vorlieben oder Abneigungen usw. geben, und zwar in kurzen listenhaften Abfolgen aus einfachen Wendungen und Sätzen. Sie können nach dem Weg fragen und den Weg erklären und dabei auf eine Karte oder einen Plan Bezug nehmen. Sie können sehr einfach um Wiederholung bitten, wenn sie etwas nicht verstehen.

**Alternative Lehr- und Lernverfahren**
Als „alternativ" werden Methoden bezeichnet, die für sich in Anspruch nehmen, anders zu sein als die „konventionellen", vor allem aber ganzheitlich und nicht nur kognitiv vorzugehen. Dazu gehören unter anderem die Suggestopädie, *Total physical response, Natural Approach* und *Community language learning.*

**Anfangsunterricht (Frühbeginn Französisch)**
Bei einem Frühbeginn mit Französisch als erste Fremdsprache wird beim Unterrichten v. a. ein erlebnisorientierter Ansatz angestrebt. Dieser verlangt bei der Unterrichtsplanung den Bezug zur Lebenswelt, Ganzheitlichkeit, Anschaulichkeit, Spielorientierung, Handlungsorientierung sowie das fächerübergreifende themenbezogene Lernen.

**Au marché**
→ *Boîte à outils 36*, S. 218

**Aufdecktechnik**
→ *Boîte à outils 32*, S. 190

**Aufgabenorientierter Unterricht (Task-based learning)**
Beim aufgabenorientierten Unterricht ist die kommunikativ orientierte Aufgabe *(task)* zentral. Diese Unterrichtsform ermöglicht Kommunikation im Klassenzimmer und implementiert gleichzeitig weiteren Sprach- und Wissenserwerb.

**Auswischtechnik**
→ *Boîte à outils 4*, S. 20

**Auto-contrôle**
Schüler/innen überprüfen Aufgaben selbstständig anhand von Lösungen oder mithilfe der Partnerin/des Partners.

**Auto-évaluation**
Schüler/innen schätzen ihren Kenntnisstand selbstständig ein.

**Berichtigen**
Berichtigen nennt man die Tätigkeit des Schülers nach Rückgabe einer schriftlichen Arbeit. Der Schüler/in soll zeigen, dass er/sie seine Fehler identifiziert hat und verbessern kann. Besonders geeignet ist die Arbeit mit individuellen Fehlerkorrekturgittern.

**Bienenkorb**
→ *Boîte à outils 26*, S. 128

**Bilan**
Schüler/innen evaluieren ihren Kenntnisstand anhand von Kompetenzerwartungen. Dies kann im Rahmen der Auto-Evaluation oder der Fremdevaluation erfolgen. Die *Bilan*-Seiten im Schülerbuch („Du kannst jetzt schon …") und Diagnosebögen im Lehrerbuch fassen die wichtigsten Kompetenzerwartungen der jeweiligen *Unité* zusammen. Die meist geschlossenen *Bilan*-Übungen und die Lösungen im Anhang ermöglichen die Selbstkontrolle. *Online-Links* zur Klett-Internetseite führen zu zusätzlichem kostenlosen Übungsmaterial.

**Bildungsplan/ Lehrplan**
Der Bildungsplan oder Lehrplan benennt die zu erreichenden Kompetenzen. Für die allgemein bildenden Schulen sind sie mit Niveaukonkretisierungen und Umsetzungsbeispielen auf der Webeite der jeweiligen Regierungspräsidien im Internet nachzulesen.

**Bildungsstandards**
Bildungsstandards sichern die Qualität schulischer Abschlüsse und verbessern die Vergleichbarkeit des schulischen Fremdsprachenlernens im Hinblick auf die zu erreichenden Abschlussniveaus.

| | |
|---|---|
| **CIEP** | *CIEP* ist die Abkürzung für *Centre international d'études pédagogiques*, das im Auftrag des französischen Erziehungsministeriums tätig ist. ⟶ DELF |
| **Comenius** | In dem EU-Programm Comenius geht es darum, innovative Wege der Zusammenarbeit und Partnerschaft von Schulen in Europa zu fördern. In Deutschland ist dafür der Pädagogische Austauschdienst zuständig. Weitere Informationen finden sich im Internet unter dem Suchbegriff „Comenius". |
| **Curriculum = Bildungsplan/ Lehrplan** | Das Curriculum, auch Bildungsplan oder Lehrplan genannt, benennt die Lernziele, die innerhalb eines Schuljahres zu erreichen sind. ⟶ schulinternes Curriculum |
| **DELF** | DELF-Zertifikate sind staatliche, vom französischen Erziehungsministerium vergebene, Sprachdiplome, die durch Standardisierung in der ganzen Welt anerkannt sind. Die Prüfungen werden vom *Centre international d'études pédagogiques (CIEP)* entwickelt und von den Kultureinrichtungen der französischen Botschaften durchgeführt.<br>Die Prüfungsinhalte sind an den Gemeinsamen europäischen Referenzrahmen für Sprachen (GeR) angelehnt. Es gibt spezielle DELF-Prüfungen für Schüler (DELF scolaire). |
| **Dico personnel** | *Dico personnel* bezeichnet den individuellen Wortschatz der einzelnen Schüler/innen. Schreiben oder sprechen Schüler/innen in der Fremdsprache z. B. über Familie, Haustiere, Hobbys, dann benötigen sie zunehmend in der Wortschatzprogression des Lehrwerks nicht enthaltenen, zusätzlichen Wortschatz. Dieser wird je nach Bedarf im Unterricht durch die Lehrperson ergänzt. Hilfestellungen bietet z. B. das neue *Découvertes* im lektionsbegleitenden Vokabular unter der Rubrik *Mon dico personnel*. So gelingt es den Lernenden, ihren individuellen Wortschatz thematisch zu ordnen und zu erweitern. |
| **Differenzierung und Individualisierung** | Es werden innere Differenzierung (Binnendifferenzierung) und äußere Differenzierung unterschieden. Das Ziel innerer Differenzierung ist, alle Lerner entsprechend ihren Voraussetzungen (Begabung, Lerntempo, Lernertyp) optimal zu fördern. Äußere Differenzierung bedeutet das Zusammenfassen von Lernern mit angenommenen annähernd gleichen Leistungsvoraussetzungen an bestimmten Schulformen. Das neue *Découvertes* unterstützt diese Förderung. Im *En plus*-Teil *(différenciation)* am Ende des Schülerbuches ab S. 124 ff. und im Anschluss an jede Einheit des *Cahier d'activités* finden die Lehrenden und Lernenden ein großes, zusätzliches Angebot an Übungen mit unterschiedlichen Niveaustufen. Diese zusätzlichen Übungen passen zu genau definierten Einsatzorten im *Atelier*-Teil der *Unités*. Weitere Differenzierungsangebote befinden sich im Lehrerbuch im Anschluss an die *unité*bezogenen Teile (Differenzieren). |
| **Doppelstunde** | Eine Doppelstunde bezeichnet einen 90-Minuten Unterrichtsblock, bestehend aus zwei Unterrichtseinheiten zu jeweils 45 Minuten ohne Pause. Das Doppelstundenmodell ist u. a. eine Folge der neuen Bildungspläne, die neue Anforderungen an die Unterrichtsgestaltung stellen, wie z. B. zunehmende Schülerorientierung, offenere Arbeitsformen, verstärkte Gruppenarbeit, Projektarbeit und fächerübergreifendes Arbeiten. Die darauf ausgerichtete Unterrichtsplanung ermöglicht mehr Methodenvielfalt, Handlungsorientierung und Raum für kreative Aufgabenstellungen und intensivere Übungsphasen. |
| **Echo-Lesen** | ⟶ *Boîte à outils 15*, S. 47 |
| **Echo-Methode/ Echo-Spiel** | ⟶ *Boîte à outils 21*, S. 77 |
| **Einsprachigkeit** | Lehrer/innen und Schüler/innen bemühen sich in allen Phasen des Unterrichts um eine weitgehende Verwendung der französischen Sprache. Bei der Semantisierung schwieriger Wörter oder bei Sprachreflexion ist der Gebrauch der Muttersprache erlaubt und ratsam. |

| | |
|---|---|
| **E-Learning** | Der Computer als multimediales Medium leistet für den Französischunterricht sowohl *offline* als auch *online* hervorragende Dienste. *Offline* bietet er die Möglichkeit der individuellen und stützenden Arbeit und des Übens mit Lernsoftware, mit Nachschlagewerken und Wörterbüchern auf CD-Rom, mit Textverarbeitungsprogrammen sowie mit Präsentationsprogrammen. *Online* ist der Computer ein Medium für die Recherche und Aufbereitung von authentischen Materialien sowie für Kommunikation im Internet. |
| **En plus** | *En plus* bezeichnet zusätzliche Aufgaben in unterschiedlichen Differenzierungsniveaus. |
| **Eselsbrücken** | Veranschaulichende Zusatzinformationen und interessante Beispiele für die Schülerin/den Schüler liefern Erkennungssignale für das aufnehmende Gehirn. Anschauliche Darstellungen im Unterricht lassen viele Eingangskanäle mitschwingen; insbesondere sind hier die motorischen und haptischen Kanäle angesprochen. Eselsbrücken erhöhen die Speicherfähigkeit im Kurzzeit- und Langzeitgedächtnis, wenn Vokabeln, grammatische Strukturen oder andere Inhalte „begriffen" werden. |
| **Europäisches Portfolio der Sprachen (EPS)** | EPS ist eine Sammlung in Form eines Ordners, basierend auf einer Initiative des Europarats, schulische und außerschulische Sprachlernleistungen eines Schülers auf der Grundlage des Gemeinsamen europäischen Referenzrahmens grenzüberschreitend und verständlich zu dokumentieren. Das EPS soll zu lebenslangem Weiterlernen ermutigen. Grundsätzlich besteht jedes EPS aus den drei Teilen Sprachenpass, Sprachenbiografie und Dossier. Eine Akkreditierung durch den Europarat ist erforderlich. |
| **Evaluation** | Mittels der Evaluation werden die Leistungen der Lernenden über einen bestimmten Zeitraum hinweg bewertet. Die geläufigsten Formen sind Tests oder Klassenarbeiten. Die Leistungsermittlung muss valide und objektiv sein und hat wichtige Funktionen, z. B. diagnostische Funktion, Rückmeldefunktion, Berechtigungsfunktion, erzieherische Funktion usw. |
| **Fachübergreifender Unterricht/ Fächerverbindender Unterricht** | Im fachübergreifenden/fächerverbindenden Unterricht werden in den regulären Unterricht eines Faches in Bezug auf einen Unterrichtsgegenstand oder ein Thema Beiträge aus einem anderen Fach bzw. anderen Fächern integriert, um Fachinhalte zu erweitern. Art und Umfang der Bearbeitung werden dabei vom jeweiligen Thema bestimmt. |
| **Farbige Karten** | → *Boîte à outils 30*, S. 162 |
| **Feedback** | Feedback wird eingesetzt um Lernvorgänge und Verhaltensveränderungen auszulösen. Dabei wird Verhalten analysiert, interpretiert und die Wirkung auf andere beschrieben. Feedbackmaßnahmen fördern eine offene Kommunikation, individuellen Leistungszuwachs und können die Arbeitsatmosphäre im Hinblick auf die Zusammenarbeit verbessern. |
| **Fehler** | Als Fehler werden gemeinhin Verstöße gegen das gültige Regelsystem (Kompetenzfehler) oder gegen den situationsbedingten Sprachgebrauch (Performanzfehler) angesehen. Fehler sollten als normale Begleiterscheinung unterschiedlicher Stadien von Lernprozessen („Interimssprachen") gesehen werden. Der Grad der Beeinträchtigung kommunikativer Handlungen ist bei der Fehlergewichtung entscheidend. |
| **Fehlerlesen** | → *Boîte à outils 22*, S. 79 |
| **Fehlerwächter** | → *Boîte à outils 17*, S. 54 |
| **Fertigkeiten** | Fertigkeiten sind automatisierte Komponenten fremdsprachlichen Handelns, die systematisch entwickelt werden müssen. Traditionellerweise wird von vier Grundfertigkeiten ausgegangen, den rezeptiven Bereichen des Hörverstehens und des Leseverstehens sowie den produktiven Fertigkeiten Sprechen und Schreiben. Rezeptiv darf nicht mit passiv verwechselt werden, da Sprachaufnahme und Sprachverarbeitung höchst aktive Konstruktionsprozesse darstellen. Im Bereich des Hörverstehens hat sich eine Erweiterung des Verständnisses dieser Fertigkeit vollzogen, wir sprechen heute vom Hör- und Hörsehverstehen. |
| **Flaggen basteln** | → *Boîte à outils 5*, S. 22 |

| | |
|---|---|
| **Frage-Antwort-kärtchen** | → *Boîte à outils 29*, S. 158 |
| **Fragekarten** | → *Boîte à outils 18*, S. 55 |
| **Fragekette** | → *Boîte à outils 13*, S. 46 |
| **Freiarbeit** | Freiarbeit ist eine Form offenen Unterrichts. In „freier Wahl der Arbeit“ (Maria Montessori) wählen die Schüler innerhalb einer „vorbereiteten Umgebung“ ihren Lerngegenstand aus, bestimmen ihr Lerntempo und ihre Lerndauer, entscheiden mit der Aufgabe auch über den Schwierigkeitsgrad und suchen sich ggf. einen Lernpartner oder eine Lerngruppe aus. Die gängigste Organisationsform ist die Wochenplanarbeit. |
| **Fremdevaluation** | An Schulen wird die Fremdevaluation z. B. durch eine Schulaufsichtsbehörde durchgeführt. Die Steuerungsinstanz befindet sich außerhalb der zu evaluierenden Organisation oder Person und legt bereits im Vorfeld der Evaluation die zu evaluierenden Kriterien fest.<br>Als Grundlagen der Evaluation dienen z. B. die Präsentation der Schule in einem Schulportfolio, Unterrichtsbesuche oder Interviews mit allen am Schulleben beteiligten Gruppen.<br>Die Fremdevaluation dient dazu, Stärken der Organisation zu ermitteln und möglichen Handlungsbedarf in anderen Bereichen aufzudecken (Qualitätssicherung und Qualitätsentwicklung). |
| **Fremdsprachen-biografie** | Das Motto „lebenslanges Lernen“ wird in vielen Bildungsbereichen genannt – auch oder gerade beim Lernen fremder Sprachen. Diese Bestrebungen führen automatisch zu dem Begriff der Fremdsprachenbiografie. Jedes Kind soll heute mit der Erfahrung aufwachsen, dass Fremdsprachen wichtig für eine erfolgreiche Zukunftsgestaltung sind. Mit dem Durchlaufen verschiedener Phasen und Sprachen soll jedes Kind eine eigene Fremdsprachenbiografie als wichtigen Teil seiner Bildung und Ausbildung erleben. Durch die Anleitung zu eigenständigem und motiviertem Fremdsprachenlernen sollen Kinder über ihre Schulzeit hinaus weitere Fremdsprachen lernen oder Kenntnisse auffrischen bzw. erweitern. Häufig wird von einer individuellen, schulzeitbegleitenden Fremdsprachenbiografie gesprochen. Diese sollte schon früh begonnen werden, so dass ein Kind das Fremdsprachenlernen von einer zur nächsten Institution mitnimmt und erweitert. Als eine Maßnahme kann das Fremdsprachenportfolio eines jeden Kindes angesehen werden. |
| **Frühbeginn** | Frühbeginn bezeichnet das frühzeitige Erlernen einer Fremdsprache. |
| **Ganzheitliches Lernen** | Dieses Prinzip geht insbesondere auf Pestalozzi (1746–1872) zurück, der das Lernen mit Kopf, Herz und Hand fordert. In der Reformpädagogik wird es intensiv weiterverfolgt. Neben der Kognition wird über alle Sinneskanäle gelernt und dabei die Affektion und Kreativität angesprochen. |
| **Gemeinsamer europäischer Referenzrahmen** | Der GeR, wie der Referenzrahmen abgekürzt wird, wurde mit dem Ziel entwickelt, Fremdsprachenkenntnisse in der EU vergleichbar zu machen und Standards für fremdsprachliche Lehr- und Lernprozesse zu erstellen. Mithilfe des Referenzrahmens ist eine fundierte Eigen- und Fremdeinschätzung möglich. Er ermöglicht zum einen, den Ist-Zustand zu ermitteln; zum anderen zeigt er die Lernbereiche auf, in denen sich die Lernerin/der Lerner noch verbessern kann. „Der Gemeinsame europäische Referenzrahmen: Lernen, Lehren und Beurteilen“ teilt die fremdsprachliche Kompetenz in Teilkompetenzen ein.<br>Der Referenzrahmen gibt verschiedene Niveaus der Sprachbeherrschung an. Vom niedrigsten Niveau beginnend werden sie als A1, A2, B1, B2, C1 und C2 bezeichnet. Bei allen Niveaus werden die einzelnen Fertigkeitsbereiche wie Leseverstehen, Hörverstehen, schriftliche Sprachproduktion und mündliche Sprachproduktion dargestellt. |
| **Geschlossene Unterrichtsformen** | Unterrichtskonzepte gelten als geschlossen, wenn sie relativ detailliert definiert, klar strukturiert und kleinschrittig sind. Der Unterricht ist für alle Schüler gleich, denn er wird vom Lehrer für alle gemeinsam durchgeführt. Dahinter steht die Überzeugung, dass auf diesem klar festgelegten Weg die meisten Schüler das Meiste in relativ kurzer Zeit lernen. |

| | |
|---|---|
| **Grammatikvermittlung** | Grammatikvermittlung erfolgt in der Schule didaktisch reduziert und in einer linguistischen und pragmatischen Progression. Man unterscheidet zwischen einem induktiven Vorgehen, bei dem die Lerner eine Regelhaftigkeit auf der Basis von Beispielen selbst erkennen sollen, und einem deduktiven, bei dem der umgekehrte Weg von der allgemeinen Regel zur Anwendung in konkreten Beispielen gegangen wird. Grammatik hat eine „dienende Funktion". Ziel ist die kompetente Reflexion über die Fremdsprache. |
| **Gruppenbildung mit Zahlen** | → *Boîte à outils 8*, S. 27 |
| **Handlungsorientierung** | Bei handlungsorientiertem Unterricht steht die Aktivität der Schülerin/des Schülers im Mittelpunkt. Die Schülerin/Der Schüler wird zur Selbstorganisation und -verantwortung erzogen mit der beratenden Lehrperson als Hilfe. Handlungsorientierter Fremdsprachenunterricht orientiert sich an der Lebenswelt der Schüler/innen, ist schülerzentriert, interaktiv, inhaltsorientiert, intentional und ganzheitlich. Leitziel ist die Kommunikationsfähigkeit, so dass eine Brücke geschlagen wird zwischen schulischem Lernen und außerschulischem Verhalten und der Anwendung des Wissens. |
| **Hörtext verstehen** | → *Boîte à outils 11*, S. 42 |
| **Individualisierung** | Methoden/Aufgaben usw., die auf das Individuum, den Einzelnen genau abgestimmt sind. |
| **Individualisiertes Lernen** | → Differenzierung/Individualisierung |
| **Individueller Wortschatz** | Individualisierter Wortschatz bezeichnet im Unterschied zum Lernwortschatz den Wortschatz, den jede/r Einzelne erworben hat. → *Dico personnel* |
| **Interkulturelle Kompetenz** | Bei dieser Kompetenz geht es darum, den Lernenden Neugier und Offenheit für andere Kulturen zu vermitteln, Orientierungswissen mit entsprechender Handlungsorientierung aufzubauen und mit der eigenen Kultur zu vergleichen. Dabei soll dem Aspekt der Fremdartigkeit tolerant und kritisch begegnet werden und die Bereitschaft eigene Positionen zu überdenken gefördert werden. |
| **IQB (Institut für Qualitätssicherung im Bildungswesen)** | Das Institut für Qualitätsentwicklung im Bildungswesen (IQB) unterstützt die Arbeiten der Länder in der Bundesrepublik Deutschland in Bezug auf Sicherung und kontinuierliche Weiterentwicklung von Bildungserträgen im Schulsystem. Ziele des IQB sind die Weiterentwicklung, Operationalisierung, Normierung und Überprüfung von Bildungsstandards. |
| **Kollokation** | Kollokationen sind typische und gebräuchliche Wortverbindungen aus mindestens zwei Wörtern, wie zum Beispiel *la carte bleue* (Visakarte), *le pain complet* (Vollkornbrot) oder *mettre la table*. Sie sind ein fester Bestandteil der alltäglichen Kommunikation. |
| **Kompetenzen** | Kompetenzen geben Auskunft über das, was jemand kann. In den neuen Bildungsstandards geht es um den Erwerb kommunikativer Fertigkeiten (Hör- und Hör-Sehverstehen, Leseverstehen, Sprechen, Schreiben und Sprachmitteln), um das Verfügen über sprachliche Mittel, um interkulturelle und methodische Kompetenzen. Diese werden im neuen *Découvertes* in jeder *Unité* Schritt für Schritt aufgebaut und thematisch sinnvoll miteinander verknüpft. |
| **Kooperatives Lernen** | Soziale Lernformen wie Partner- und Gruppenarbeit sind besondere Formen von Kleingruppenunterricht, die Prozesse beim Lernen thematisieren und strukturieren. Sie fordern eine hohe Aktivität der Lernenden bei der gemeinsamen Lösung eines Problems. |
| **Korrektur** | Korrektur nennt man die Tätigkeit des Lehrers, Fehler in Schülertexten zu markieren, zu klassifizieren und zu gewichten. Die Korrektur eines Fehlers ist abhängig vom Kenntnisstand des Lerners, von der konkreten Unterrichtssituation und von den verfolgten Lehrzielen. Wichtig beim Umgang mit Fehlern sind Fehlerprophylaxe und Fehlervermeidungsstrategien. |
| **Kugellager** | → *Boîte à outils 31*, S. 186 |

| | |
|---|---|
| **La chasse au trésor** | → *Boîte à outils 33*, S. 192 |
| **Lebenswelt der Schüler/-innen** | Lebenswelt der Schüler/innen bezeichnet ihre täglich individuell erfahrbare Welt bzw. Sicht der Welt. |
| **Lehrerraumprinzip** | Das Lehrerraumprinzip ordnet die Unterrichtsräume einer Schule den Lehrkräften zu. Diese unterrichten v.a. in ihrem Raum oder einer begrenzten Anzahl von Räumen. Die Lerngruppen wechseln die Räume und kommen zum Fachunterricht zu der jeweiligen Lehrperson. Räume können den Erfordernissen eines Faches entsprechend gestaltet und mit Materialien (z.B. frankophone Wandplakate, Leseecke im Französischunterricht) ausgestattet werden. |
| **Lernaufgaben** | Lernaufgaben im Fremdsprachenunterricht sind Arbeitsaufträge, bei denen die Schüler/innen im Anschluss an Übungen ihre erworbenen Kompetenzen (Hörverstehen, Schreiben, Sprechen, Mediation, Lesen) konkret situativ einsetzen müssen. |
| **Lernfortschritt** | Lernfortschritt bezeichnet die Entwicklung/Weiterentwicklung des Lernens einer Lernenden/eines Lernenden. Im Rahmen von Evaluationsbögen haben die Lernenden die Möglichkeit, ihren Lernfortschritt selber einzuschätzen. |
| **Lernorientierung** | In einem lernorientierten Fremdsprachenunterricht erwerben die Schüler/innen ihre fremdsprachlichen Kenntnisse aktiv und selbstbestimmt in der Interaktion mit der Lehrperson und den Mitschülern. Vorhandenes Wissen wird mit neu erworbenen Wissen verknüpft. Eine dafür geeignete Methode ist das entdeckende Lernen. Hier erschließen die Lernenden neue grammatische Strukturen auf der Grundlage von Beispielsätzen und formulieren anschließend selbstständig die Regel. |
| **Lernkompetenz/ Lern- und Arbeitstechniken/Lernen durch Lehren** | Lernkompetenz bei Schüler/innen umfasst die Fähigkeit, eigenes Lernen und Können zu planen, strukturieren, gestalten, reflektieren, kontrollieren und zu bewerten. Die Umsetzung der Lernkompetenz erfordert Lernstrategien, bestimmte Lern- und Arbeitstechniken, die bei den Lernaufgaben geübt werden. → *Boîte à outils 19*, S. 56 |
| **Lerntypen** | Es gibt nahezu so viele Lerntypen in einer Klasse wie Schüler/innen. Demzufolge sollen Schüler/innen angeleitet werden zu erkennen, wie sie am besten lernen. Eine mögliche Kategorisierung geht von fünf Lerntypen aus: Gesprächstyp, visueller Typ, haptischer Typ, verbal-abstrakter Typ und auditiver Lerntyp. Es sind auch Mischformen möglich. Wie hier zu sehen ist, sind insbesondere die Sinneskanäle von Bedeutung. Demzufolge stellt die Lehrperson den Schülerinnen/Schülern vielfältige Angebote zur Verfügung, um alle zu erreichen und bestmöglich zu fördern. |
| **Lernwortschatz** | Lernwortschatz bezeichnet den Wortschatz, den die Schüler/innen im Laufe eines Lehrgangs gemeinsam erwerben. |
| **Lire – regarder – parler** | → *Boîte à outils 7*, S. 23 |
| **Medien** | Zu den klassischen Medien zählen auditive (z.B. CD), visuelle (z.B. Tafel, Overheadprojektor, Bilder) und audiovisuelle Medien (z.B. Film, Video, DVD, Beamer) sowie das Lehrwerk. Zu den neuen Medien zählen Computer, Software, Smartboard usw. |
| **Mehrsprachigkeit** | Ein Mensch wird als mehrsprachig bezeichnet, wenn er in der alltäglichen Kommunikation zwei oder mehr Sprachen benutzt. Der Wechsel von der einen in die andere Sprache gelingt ohne Probleme. Mehrsprachigkeit wird immer wichtiger und als Schlüsselkompetenz angesehen. |
| **Mentales Lexikon** | Man vermutet, dass der Wortschatz einer Sprache in einer organisierten und geordneten Form in bestimmten Bereichen des Gehirns abgespeichert ist. Diese einzelnen „Speicherareale" für die verschiedenen Sprachen sind allerdings untereinander verbunden; sie können zu Interferenzen Anlass geben, stellen gleichzeitig aber ein Transferpotenzial dar. |

**Methodenkompetenz** Methodenkompetenz wird verstanden als die Fähigkeit, Informationen zu beschaffen, zu strukturieren, zu bearbeiten, aufzubewahren, wieder abzurufen und darzustellen; das eigene Lernen zu planen, zu gestalten und auszuwerten; Ergebnisse von Verarbeitungsprozessen richtig zu interpretieren und in geeigneter Form zu präsentieren; Problemlösungstechniken anzuwenden und Problemlösungsprozesse zu gestalten.

**Modulares Unterrichten** Beim Unterrichten in Modulen wird von der Lehrwerksprogress on abgewichen und themenorientiert gearbeitet.

**Monologue minute** → *Boîte à outils 38*, S. 228

**Motivation** Für das Erlernen einer Fremdsprache ist es wichtig, dass die Lernerin/der Lerner durch das Lehrwerk und den Unterricht motiviert wird. Dies gelingt z. B. durch Angebote im Lehrwerk, die verstärkt das eigenständige Üben in den Vordergrund setzen und das Gefühl vermittelt, sich in einer sanktionsfreien Lernumgebung zu bewegen. Dies findet man z. B. im neuen *Découvertes* in den *Bilan*-Teilen, *Plateau*-Phasen und bei den Differenzierungsaufgaben.

**Murmelphase** → *Boîte à outils 24*, S. 96

**Museumsgang** → *Boîte à outils 12*, S. 44

**Namenskarten** → *Boîte à outils 2*, S. 18; *Boîte à outils 16*, S. 47

**Netzwerkarbeit** Neue Tendenzen der Unterrichtsentwicklung streben an, Schulen unterschiedlicher Form und Trägerschaft immer stärker in lokalen Netzwerken zur Unterrichtsentwicklung zusammenzubringen, damit sie gemeinsam an verschiedenen Themen arbeiten und von- bzw. miteinander lernen können.

**Offene-Buch-Methode** → *Boîte à outils 34*, S. 196

**Offener Unterricht** Unterrichtskonzepte gelten als offen, wenn unterschiedliche Situationen überlegt und verschiedene unterstützende Hilfsmittel und Materialien vorbereitet werden, um Variabilität für den individuellen Zugang der Schüler/innen und für den Prozess des Lernens zu haben. Was Schüler/innen beitragen und einbringen, was die Gruppe vorschlägt und überlegt, wird ernst genommen und beeinflusst den Unterrichtsverlauf. Offener Unterricht ist dabei ein Sammelbegriff für viele verschiedene Unterrichtsformen, wie z. B. Lernen an Stationen, Freiarbeit, Projektunterricht, Simulationen, Rollenspiele und szenisches Interpretieren.

**Omniumkontakt** → *Boîte à outils 3*, S. 18

**Outputorientierung** Neben dem traditionellen Französischunterricht, der bislang eher an der Lernzielorientierung angelehnt war (Input), haben die Bildungsstandards eine Umorientierung hin zur Outputorientierung veranlasst, d. h. die Lehrperson gestaltet den Unterricht kreativer und freier gemäß neuen Bildungsstandards. Dabei steht nicht im Vordergrund was die Lehrperson lehrt, sondern was die Lernenden können. → Schülerorientierung

**Partnerevaluation** Partnerevaluation, auch Partnereinschätzung genannt, bezeichnet die Einschätzung der Lernpartnerin/des Lernpartners. Im *Cahier d'activités* unter der Rubrik „Das kann ich schon!" kommt die Partnereinschätzung als Evaluationsinstrument zum Einsatz.

**Partnerfolie** → *Boîte à outils 28*, S. 150

**Persönlichkeitsbezogene Kompetenzen / Savoir-Être** Teil der allgemeinen Kompetenzen; individuelle, die Persönlichkeit charakterisierende Faktoren wie positive Einstellungen zum Fremdsprachenunterricht, Motivationen, Selbstkontrolle, Selbsteinschätzung, Kritikfähigkeit und Werte.

**Phonem-Graphem-Korrespondenz** Hierbei geht es um die Vernetzung von visuellen und auditiven Leistungen. Die Verbindung von Laut- und Schriftsprache bereitet vielen Schülerinnen/Schülern gerade in der Fremdsprache Schwierigkeiten.

| | |
|---|---|
| **Plateauphase** | Plateauphasen sind Unterrichtsphasen, in denen die Schüler/innen sich keine neuen Strukturen und Wortschatz aneignen, sondern ihre erworbenen Kompetenzen sichern, anwenden und evaluieren. Diese sind im neuen *Découvertes* als fakultativ gekennzeichnet und befinden sich nach *Unité* 2, 4 und 7. |
| **Portfolio/ Portfolio-Mappen** | Ein Portfolio ist eine Sammelmappe mit individuellen Dokumentationen des schulischen und außerschulischen Lernens. Die für den Fremdsprachenunterricht wichtigste Form ist das Europäische Portfolio der Sprachen. Im neuen *Découvertes* werden die Schüler/innen behutsam Schritt für Schritt mittels einer Portfolio-Aufgabe am Ende jeder *Unité* zur Erstellung einer eigenen Portfolio-Mappe angeleitet. <br>⟶ *Boîte à outils 10*, S. 27 |
| **Prozedurales Wissen/Savoir-faire** | Teil der allgemeinen Kompetenzen; Fähigkeit, Handlungen und Prozesse zu planen und auszuführen und dabei die nötigen Mittel richtig einzusetzen. |
| **Referenzrahmen** | ⟶ Gemeinsamer europäischer Referenzrahmen |
| **Ritualisierung** | Rituale im Unterricht (z. B. die Art der Begrüßung, der Hausaufgabenbesprechung, der Vokabelüberprüfung usw.) geben jeder Unterrichtsstunde einen Rahmen. Sie strukturieren den Ablauf und bringen Abwechslung und Tempo in den Unterricht. Darüber hinaus liefern Rituale Transparenz und sorgen für eine bessere Planungskompetenz auf Seiten der Lehrenden und Lernenden. |
| **Sachkompetenz/ Savoir** | Unter Sachkompetenz wird das deklarative Wissen und die Entwicklung kommunikativer Fertigkeiten (Hör- und Hörsehverstehen, Leseverstehen, Sprechen, Schreiben) verstanden. Dazu gehören der Erwerb sprachlicher Mittel (Wortschatz, Grammatik, Aussprache und Intonation, Orthografie, Pragmatik), die Fähigkeit zur Sprachreflexion, das Wissen um Strukturen, Fähigkeiten im Umgang mit französischsprachigen Texten sowie der Erwerb soziokulturellen Orientierungswissens (grundlegendes Wissen über Geografie und Geschichte, Politik und Gesellschaft, Werte und Normen, Sitten und Bräuche, *Civilisation quotidienne* etc.) |
| **Schlüssel-qualifikation** | Schlüsselqualifikationen sind fachunspezifische Kompetenzen im kognitiven Bereich wie zusammenhängendes Denken, Problemlösen, kommunikative Kompetenzen, soziale Kompetenzen (Teamfähigkeit, Kritikfähigkeit), Selbstkompetenz (Kreativität, Ausdauer), die im Unterricht auf verschiedene Art und Weise eingeübt werden. |
| **Schlüsselwörter** | Als Schlüsselwörter werden Wörter bezeichnet, die für den Inhalt eines Textes, Gesprächs usw. wichtiger sind als andere Wörter. Anhand von Schlüsselwörtern können die Hauptaussagen von (Text)inhalten verstanden werden. |
| **Schülerfeedback** | Beim Schülerfeedback geben die Lernenden z. B. in Form von Fragebögen, ein Feedback darüber, wie sie den Unterricht und die Lehrperson wahrnehmen. |
| **Schülerorientierung** | Hierbei handelt es sich um einen kreativ und frei gestalteten Unterricht, der auf den neuen Bildungsstandards basiert, und auf den Lernenden und dessen Können fokussiert ist. |
| **Schulinternes Curriculum** | Schulinterne Curricula werden in den einzelnen Fachkonferenzen einer Schule verabschiedet und enthalten eine Zusammenstellung von Unterrichtseinheiten, die für das jeweilige Fach an der jeweiligen Schule verbindlich und spezifisch sind. |
| **Selbstevaluation/ Selbsteinschätzung** | ⟶ *Auto-évaluation* |
| **Sozialformen** | Sozialformen beschreiben, in welchen Beziehungsstrukturen im Unterricht gelernt wird. Einzel-, Partner- und Gruppenarbeit, aber auch moderne interaktive Formen sind die gebräuchlichsten Varianten. |
| **Soziokulturelles Wissen** | Unter soziokulturellem Wissen wird Orientierungswissen über die Alltagskultur des eigenen Landes und anderer (französischsprachiger) Länder verstanden. Soziokulturelles bzw. landeskundliches Wissen ist die Basis für die Entwicklung einer interkulturellen Kompetenz. |

| | |
|---|---|
| **Sprachbewusstsein** | Bei Sprachbewusstsein handelt es sich um das Bewusstsein für die Struktur von Sprache und das Erkennen von Einheiten wie Text, Satz, Wort und Silbe. Es ist von großer Bedeutung, dass Schüler/innen erkennen, wie sprachliche Einheiten in kleinere segmentiert und daraus wieder größere sprachliche Strukturen aufgebaut werden können. |
| **Sprachenbiografie** | → *Boîte à outils 6*, S. 22 |
| **Sprachenübergreifendes Unterrichten** | Sprachenübergreifendes Unterrichten meint das Einbeziehen von weiteren Sprachen in den Französischunterricht. Dies kann auf vielfältige Weise passieren: durch Wortschatzerschließung und -vernetzung, durch kontrastive Spracharbeit und die Schaffung von Sprachbewusstheit sowie durch Übertragen von in einer Sprache erworbenen Techniken auf andere Sprachen. Außerdem kann Französisch als „Brückensprache" für den Erwerb von rezeptiven oder produktiven Kenntnissen in anderen (romanischen) Sprachen dienen. |
| **Sprachmittlung/ Médiation** | Sprachmittlung/*Médiation* bedeutet, vorgegebene Äußerungen oder Texte aus der einen Sprache in eine andere Sprache zu übertragen. Damit ist sowohl das Übersetzen (schriftlich), das Dolmetschen (mündlich) als auch das sinngemäße Übertragen (schriftlich oder mündlich) gemeint. Letzteres gewinnt im Unterricht in lernerorientierten Situationen an Bedeutung; die traditionelle Übersetzung ist auf dem Rückzug. |
| **Sprachspiele** | Sprachspiele werden im Fremdsprachenunterricht verstärkt eingesetzt, um einen spielerischen Zugang zur Fremdsprache zu ermöglichen. |
| **Stopp-Lesen** | → *Boîte à outils 37*, S. 228 |
| **Tandembogen** | → *Boîte à outils 35*, S. 214 |
| **Theaterspielen** | Szenisches Spiel bietet im Fremdsprachenunterricht vielfache Möglichkeiten zur Anwendung und Förderung von Kompetenzen; v. a. jüngere Lerner spielen oft begeistert Lehrwerksdialoge oder selbst geschriebene Szenen mehr oder weniger frei nach. Diese Möglichkeit wird im neuen *Découvertes/Cahier d'activités* vor allem durch das Projekt *„Faisons du théâtre"* nach jeder *Unité* gefördert. |
| **TPR – Total physical response** | → *Boîte à outils 20*, S. 77 |
| **Treppenspiel** | → *Boîte à outils 27*, S. 150 |
| **Unterrichtsmappen** | → *Boîte à outils 10*, S. 27 |
| **Unterrichtsmethode** | Unterrichtsmethode: Unter Unterrichtsmethode versteht man die Gesamtheit der Schritte, Maßnahmen und Bedingungen, die über die Auseinandersetzungen mit den Unterrichtsinhalten zum Unterrichtsziel hinführen sollen. |
| **Unterrichtsplanung** | Unterrichtsmethoden beinhalten sorgfältige Planungsphasen, um mit Unterrichtsinhalten zum Unterrichtsziel zu gelangen. Auch die didaktisch reflektierte Organisierung von Lernprozessen ist dabei von großer Bedeutung. So ist die Lehrperson gefordert, eine abgestimmte Stoff- und Methodenauswahl zu treffen, die Schülervoraussetzungen und -interessen bei der Planung des Unterrichts miteinzubeziehen und darauf zu achten, dass die Unterrichtsplanung vorgenommen wird von der Hinführung zur Festigung, vgl. Rubrik „Schritte zur Erarbeitung". |
| **Vernetzung** | Dem fächerübergreifenden und -verbindenden Unterricht kommt eine große Bedeutung bei der Vernetzung von Lerninhalten zu, wenn Lernleistungen bei neu erworbenem Wissen mit bereits vorhandenem Wissen vernetzt werden. |
| **Visualisierung** | Im Fremdsprachenunterricht werden Bilder, Illustrationen und Grafiken zur Visualisierung eingesetzt. Sie dienen der Veranschaulichung, Motivation und der Anregung von Denkprozessen. |
| **Vokabellernen** | → *Boîte à outils 14*, S. 46 |
| **Vokabelmemory** | → *Boîte à outils 23*, S. 81 |

**Vorentlastung** Neue Unterrichtsgegenstände und -themen werden vorentlastet (Schlüsselwörter, Bilder, Beispielsätze usw.), so dass die Schüler/innen davon ausgehend Hypothesen bilden können. Dies umfasst Aktivitäten vor der Bearbeitung, die bedingen, dass die Schüler/innen ein neues Phänomen anschließend in seiner Gesamtheit schneller erfassen, weil sie bereits auf Vorkenntnisse/Vorwissen aufbauen.

**Wissen** Wissen und Fertigkeiten in der Fremdsprache werden durch zyklisches und wiederholendes Üben gefestigt. Dabei sollte Üben motivierend (situativ und kommunikativ) und methodisch abwechslungsreich gestaltet werden.

**Wochenplanarbeit** Wochenplanarbeit ist eine Form offenen Unterrichts. Wochen- oder auch Tages- bzw. Monatspläne legen Pflicht- und Wahlpflichtaufgaben für einen Schüler innerhalb eines abgegrenzten Zeitrahmens fest. Wochenpläne sind oftmals in einen thematischen Rahmen eingebunden. Sie können fachbezogen, fachübergreifend oder projektorientiert angelegt sein. Schüler können ebenfalls an der Erstellung von Wochenplänen beteiligt werden.

**Wortschatzarbeit** Wortschatzarbeit bezeichnet Unterrichtseinheiten, Aufgaben usw., die dem Wortschatzerwerb dienen.

**Wortschatzerwerb** Die Geschichte des Fremdsprachenunterrichts ist reich an methodischen Varianten zum Thema „Wörterlernen“, die einen Spannungsbogen von überwiegend mechanischen („Vokabelpauken“) zu mehr kognitiv ausgerichteten Konzepten (intelligentes Vernetzen im mentalen Lexikon) aufweisen. Man vermutet heute, dass der Wortschatz (und auch die Syntagmen) einer Sprache in einer organisierten und geordneten Form in bestimmten Bereichen des menschlichen Großhirns abgespeichert ist. Dies bezeichnet man als das mentale Lexikon. Es gibt geeignete Phasenmodelle zum Lehren und Lernen neuer Wörter.

**Zeitwächter** → *Boîte à outils 25*, S. 125

**Zweitsprachenerwerb** Zweitsprachenerwerb befasst sich mit der Frage, wie Menschen eine andere als ihre erste Sprache außerhalb des Unterrichts erlernen. Zum einen besteht die Auffassung, dass dies auf der Basis angeborener Prinzipien und Strukturen geschieht, zum anderen wird der Zweitsprachenerwerb als ein Ergebnis sozialer Interaktion gesehen.

**Bildquellennachweis**

Alamy Images (isifa Image Service s.r.o.), **17.1, 38.7;** (Jeff Greenberg), Abingdon, Oxon, **43.8;** Avenue Images GmbH (Banana Stock), **295.2;** (RF/Corbis), Hamburg, **244.5, 253.7;** Bétotè, Bill Akwa, **63.2, 64.1, 135.1, 136.1, 136.2, 136.3, 270.1, 293.1, 293.2, 297.1, 297.2, 297.3, 298.1;** (Bill Akwa Bétotè), Bagnolet, **285.1;** BigStockPhoto.com (Robyn Mackenzie), Davis, CA, **36.3;** Corbis (Nik Wheeler), Düsseldorf, **43.5;** creativ collection Verlag GmbH, Freiburg, **17.2, 38.8;** ddp images GmbH (AP/MARTIN MEISSNER), **58.1;** (dapd/Michael Urban), Hamburg, **20.1;** Deutsche Bahn AG, Berlin, **116.1;** DigitalVision (Digital Vision), Maintal-Dörnigheim, **36.4;** Dream Maker Software (RF), Colorado, **34.5, 34.10, 35.2;** dreamstime.com (Marc Slingerland), Brentwood, TN, **266.12;** Fotolia.com (Andrzej Tokarski), **84.1;** (anweber), **116.2;** (Buffy1982), **63.1;** (Delphimages), **266.10;** (Dmitry Rukhlenko), **266.11;** (Dominique VERNIER), **137.1;** (effe45), **84.2;** (Frédéric Massard), **266.13;** (illustrez-vous), **197.2;** (Israfil Sen), **36.8;** (Janine Fretz Weber), **43.2;** (Maceo), **17.11, 38.5;** (nico75), **216.1;** (pioregur), **36.6;** (Sigtrix), **43.4;** (stedah), **266.1;** (Václav Hroch), **291.2;** (valentina vasilieva), **266.2;** (VRD), New York, **22.1;** Fotosearch Stock Photography (Stockbyte), Waukesha, WI, **295.1;** Geoatlas, Hendaye, **34.7;** Getty Images, München, **291.3;** Getty Images RF, München, **243.6, 253.3;** Image Source Ltd (Imagesource), Soho, London, W1F 9NZ, **135.2;** Imago, Berlin, **248.1;** Ingram Publishing, Tattenhall Chester, **17.5, 38.2, 305.3;** Interfoto (UGC CLAUDE OSSARD PRODUCTIONS/UGC/VICTOIRES PRODUCTIONS/Ronald Grant Archive/Mary Evans ), München, **84.3;** iStockphoto (digitalimagination), **248.2;** (Janne Ahvo), **135.3;** (John de la Bastide), **36.7;** (Juan Monino), **17.12, 38.6;** (kemie), **83.1;** (KERMARREC AURELIEN), **244.2;** (NLshop), **302.1;** (Olivier Blondeau), **17.6, 38.3;** (pixhook), **266.9;** (RF/Achim Prill), **17.7, 38.10;** (RF/Adam Booth), **273.2;** (RF/Jennifer Trenchard), **273.1;** (Roma), **243.1, 266.7;** (stockcam), **244.6;** (Zeiss4Me), Calgary, Alberta, **305.2;** JupiterImages photos.com, Tucson, AZ, **17.3, 38.9;** Klett-Archiv, **12.1, 12.2, 12.3, 12.4, 12.5, 12.6, 12.7, 12.8, 13.1, 13.9;** (Leicht, Jürgen), **17.9, 38.12;** (Prisca Martaguet), **296.1;** (Produktion Film: TeVau, Mannheim, Kamera: Stefan Zaiser, Regie: Leo Koesten), **13.2, 13.4, 13.5, 13.6, 13.7;** (Roger M. Gill ), **184.2;** (Stefan Zörlein), **184.1, 243.2, 243.4, 253.1;** (Tebitron), **34.9;** (Turan Batman), Stuttgart, **13.3;** Klub Music Publishing (Editeur: Alpina Music), Lille Cedex, **13.8;** laif (Berti HANNA/REA), **43.3;** (Eric CATARINA/GAMMA), **175.1;** (Gilles SAUSSIER/GAMMA), **43.7;** (Michel GAILLARD/REA/laif), Köln, **20.2;** MARCO POLO, F. Bouillot, Paris, **206.1, 206.2, 206.3, 305.1;** Mauritius Images (Merten), **60.3;** (Stockbroker RF), Mittenwald, **291.1;** Feyo, Lic. IMPS Brussels 2012, Paris, **84.4;** MEV Verlag GmbH, **36.1, 83.2, 83.3;** (MEV (Augsburg)), Augsburg, **36.2;** Modular (Steinle), Stuttgart, **43.1;** PantherMedia GmbH (Thomas K.), München, **60.1;** Parc Astérix 2009, **250.1;** Parc Astérix Communication Department, Plailly, **250.2;** Picture-Alliance, Frankfurt, **60.5, 60.6;** shutterstock (Alexey Seleznev), **244.4, 253.5;** (Booka), **83.4;** (f9photos), **266.6;** (Fotosin), **60.4;** (Gregory Guivarch), **244.1, 253.4;** (infografick), **197.1;** (Jorge Felix Costa), **243.7, 253.2;** (Marc Pagani Photography), **17.8, 38.11;** (Michael Roeder), **34.6, 35.1;** (Michael Stokes), **243.5, 253.8;** (mitzy), **75;** (Oceania), **91.1;** (pdesign), **272.1, 272.2, 272.3;** (Sean MacD), New York, NY, **36.5;** Thinkstock (Brand X Pictures), **64.2;** (Hemera), **43.6;** (iStockphoto), München, **60.2, 63.3, 64.3, 64.4, 105.1, 105.2, 135.4, 243.3, 244.3, 253.6, 266.3, 266.4, 266.5, 266.8, 266.14, 266.15;** Ullstein Bild GmbH (Photos 12), Berlin, **17.4, 38.1**

Sollte es in einem Einzelfall nicht gelungen sein, den korrekten Rechteinhaber ausfindig zu machen, so werden berechtigte Ansprüche selbstverständlich im Rahmen der üblichen Regelungen abgegolten.

# Inhalte der CD-ROM

**Kopiervorlagen zur Differenzierung aus dem Lehrerbuch ...**

- Diagnosebögen mit Lösungen
- Förderübungen mit Lösungen
- Differenzierungsübungen mit Lösungen

**Lösungen ...**

zu den Übungen aus dem Schülerbuch und dem *Cahier d'activités*

**alle Kopiervorlagen aus dem Lehrerbuch ...**

sowie die Lösungen dazu

**Transkripte ...**

aller Hörtexte des Schülerbuchs und des *Cahier d'activités*

**in Kürze ...**

- alle *Boîtes à outils*
- alle *Préparations en 3 minutes*
- „Auf einen Blick-" und *„Mon dico personnel"*
- alle Kästchen aus dem lektionsbegleitenden Vokabular des Schülerbuchs

**Übergreifendes Zusatzmaterial ...**

- Schülerbuchtexte zur Differenzierung
- editierbares Theaterstück
- Beispiel für ein schulinternes Curriculum und eine Vorlage dazu